波登的
世界旅遊
指南

一直在路上，
體驗在地風味的
非典型之旅

AN IRREVERENT GUIDE

WORLD
TRAVEL

廖亭雲 ——— 譯

安東尼‧波登 Anthony Bourdain
勞莉‧屋勒佛 Laurie Woolever   ——— 著

推薦序
美食不設限，波登亦如是

飲食作者、廚師　范僑芯（佐餐文字）

你每天可以用十分鐘，旅遊一個國家、一個城市。

「這個世界需要這本書嗎？」本書的共同作者勞莉・屋勒佛在書寫序中提及此疑問。

當然需要，無庸置疑。

身為飲食工作者，也是廚師的我，對於波登的萬分景仰，比起遙望電視螢幕上的他，我覺得透過閱讀這些細微文字，似乎更能真實地貼近他身邊，與他一起坐飛機、搭地鐵，品嚐那些波瀾壯闊、尋幽入微，卻又了然於心的美食。

但這倒也不僅僅限於他的粉絲才能夠體會到的「需要」。

波登從未給自己設限，世界的美食當然也不該設限。

小至物美價廉的街邊攤販，大至炊金爨玉的星級餐廳，在波登的旅程中都有。你可以看見在柬埔寨一片戰亂混沌中，金邊中央市場的河粉有多麼璀璨；你可以看見在印度旁遮普，奶油黑扁豆咖哩如何溫暖大家的胃；你可以看見古巴在專政之下，稀少的私有餐廳如何在官僚體制的控管之下保有自我。

世界遠比我們想像來得大許多。而這些世界的各個角落，透過波登的視角與敘述，你彷彿就站在那個城市中，看著熙來攘往的人潮，逐步建構起這些精彩多異的世界飲食文化。

　　閱讀到波登在法國里昂時的篇章，我重溫了幾年前自己也遊歷里昂的感動，如同比爾・布福特（Bill Buford）所說：「里昂帶出了東尼柔軟的一面。」里昂確實是鐵漢柔情的地方，那裡的人民對於自身的飲食文化有所信仰、有所依戀，而孕育出眾多專業且知名的廚師，這點光看文字，或你曾經到訪，都能深刻感受波登當時體悟到的力量。

　　行至台灣，也許波登對於歷史的詮釋不盡然符合全部台灣人的意念，但這並不妨礙我想一窺究竟的動機：在外國人眼中，台灣到底是什麼樣子？在波登的眼裡，台灣的夜市就是最精彩的縮影。有些台灣食評家會認為台灣夜市小吃端不上檯面，但我思亦如波登所想，我們真的無須看輕自己。

　　美食從來就沒有設限過，波登如此，台灣應是如此。

　　唯有自由，才能讓萬物真正的活著。

　　如今波登已離世多年，再次閱讀到他的出版品，即便撰文者非他本人，但集結過往的種種，以及憑藉著勞莉・屋勒佛與他共事多年的默契，這本書仍舊充滿濃濃的「波登氣息」，絕對是能夠讓讀者重溫他往日率性風格之作。

目錄

✈

WORLD TRAVEL

引言

✈

「我從未想過要成為記者、評論家或倡議者，我也從未試圖要讓觀眾對一個地方『瞭若指掌』——或甚至完整地呈現某個地方的全貌。我是說故事的人；我會前往不同的地方，再踏上歸途；我會告訴你各個地方帶給我的感覺。透過運用效果十足的工具，像是出色的攝影、純熟的編輯、音效混編、色彩校正、配樂（通常是特別為節目內容而製作）以及超群的製作人，我可以——在最理想的情況下——為你重現我當時在現場的感受，至少我希望如此。這整個過程經過精心策劃，也令人十分滿足。」

——安東尼・波登，2012 年

這個世界還需要多一本旅遊指南嗎？我們有必要再寫一本嗎？2017年3月，當東尼和我開始討論這本書的概念——透過他的雙眼（以及電視鏡頭）所看到的世界地圖——我實在不太確定。他的忙碌和多產已經達到前所未見的程度，一系列著作、旅遊網站，以及多部電影和出於興趣的寫作計畫，當然還有緊湊的電視節目工作。計畫和推出如此大量內容的影音、書籍等，有時會讓我覺得我們的職業生涯目標就是登上「波登巔峰」（Peak Bourdain）。

話雖如此，我相當享受和東尼於2016年出版一起寫作食譜書《食指大動》的過程。我們在2002年相識，當時我受雇擔任編輯，以及試做和實做《把紐約名廚帶回家》中的食譜，這是他推出的第一本食譜書。我在2009年開始擔任他的助理（或者照他喜歡的說法是「中尉」），多年來除了一般助理要負責的基本事務，我還參與了多項編輯和寫作計畫，當他問我願不願意和他合作再寫一本書時，我並不打算拒絕。

我們合作地相當順利，我每天會花時間和東尼充分溝通，盡量掌握他選擇

用字及安排節奏的方式。他寫出的散文無懈可擊,不過在需要一點修飾或去蕪存菁的時候,我自認可以不著痕跡地代替他做到這些事。

出版業有其運作方式,再加上東尼的工作行程猶如不可能的任務,從我們最初談起這個計畫,到真正如火如荼寫作這本書,中間隔了將近一年。我們的第一項任務就是坐下來腦力激盪,思考書中要涵蓋哪些內容,近二十年來為了製作電視節目而環遊世界各地的過程中,那些即使沒有筆記或影片提示,還是深深烙印在他腦海中的地點、人物、食物、景點、市場、飯店等等。

2018年春季的某個下午,在曼哈頓的高樓層公寓,我和東尼面對面坐在他家的餐桌前,他用心把家中佈置地媲美他最愛的洛杉磯飯店馬爾蒙莊園(Chateau Marmont,請見359頁)套房。東尼在戒菸多年之後又開始抽菸,他信誓旦旦說自己有打算要戒菸;但另一方面,近期他為了解決鄰居的投訴,在家中加裝了工業級的煙塵處理機,這種類型和口徑的機器通常只會在賭場和酒吧看到。

我選的座位不太理想,就位於加裝在天花板的煙塵處理機正下方。東尼一支又一支地抽著煙,一邊自由發想了超過一小時,回想自己最愛的料理、飯店和人們;與此同時,煙塵處理機的強大吸力使得煙在竄入管道之前,不停劃過我的臉。離開公寓時,我聞起來像1990年代晚期瘋狂喝通關的酒客,不過我手裡握有長達一小時的錄音檔案,會成為這本書的草稿,而這些內容就如同一扇窗,讓我們一窺當東尼不辭辛勞地探索和記錄世界上最有趣的地方,他對這些地方的理解和欣賞是從何而來。

這次對談過後,東尼重回工作崗位,**繼續**為了他的電視節目《波登闖異地》探索世界,包括肯亞、德州、曼哈頓下東城、印尼。我則是開始查找過去的集數,努力抄錄可以派上用場的內容,並且列出一連串的問題。我的計畫是先完成幾章的大綱再交給東尼,來確保我們對內容有共識,接著請他開始把精彩的部份填滿整本書,也就是如假包換的東尼風格。只是,我沒能等到那一刻。

　　要是知道那次會面將是我們討論這本書的唯一機會，我一定會在他說「之後再回頭講這裡好了」或是「先看看妳可以寫出什麼」的時候，向他逼問更多具體細節。當你寫作的書是在講述環遊世界的美好，而你的寫作夥伴、那位真正踏上旅途的人，卻已經不再遊歷這個世界，這實在是太艱難又太孤獨了。而且說實話，在他去世後幾週，也就是我最悲痛的時候，我又再一次自問：「這個世界需要這本書嗎？」

　　從東尼離開當時震驚各界，到現在甚至過了一年多，從世上各個角落，仍不斷傳來對他非凡成就的感佩聲音，以及失去他的沉痛心情，這實在是一大安慰。在東尼去世之後，我才深刻感受到他的文化影響力無遠弗屆。

　　也許這個世界會用得到另一本旅遊指南，可以從中看見東尼尖酸刻薄的機智和鞭辟入裡的觀察，還有一窺他那傷痕累累的心若隱若現的神秘輪廓，而他縫補這顆心的方式，就是用自己的觀點訴說和寫下世界上各種美妙又令人發笑的事物。

　　我們原本的計畫是請東尼撰寫幾篇短文，談一談打動他的特定主題，像是他對法國的長年熱愛；因為惹怒了當地政府而下令不再對他敞開大門的國家；京都近郊的一處溫泉實在是太靜謐舒適又風情萬種，即使多次造訪日本，那裡仍是他的最愛。

　　但他還沒寫下任何一篇短文就離開了，所以我邀請東尼的幾位好友、家人和同事，分享他們對和東尼一起體驗過的地方有何共同的想法和回憶。東尼的弟弟克里斯多福·波登（Christopher Bourdain）重述了前往法國、烏拉圭和紐澤西州的回憶；東尼的製作人和導演納利·桂（Nari Kye）訴說了在首爾拍攝節目時漸漸接受自身韓裔背景的故事；製作人及音樂家史蒂夫·阿爾比尼（Steve Albini）則介紹了他希望可以和東尼在芝加哥等地共進一餐的店家。

　　讀者應該會注意到，儘管這本書確實有包含交通和飯店等基本資訊，但完全稱不上是任何一個景點的全面指南。價格、匯率、旅遊路線、地緣政治穩

定度，以及製作和銷售餐飲的商家全都是彈性且不斷變動的因子。例如，有關該如何搭乘往返胡志明市和河內的火車，或是要搭哪幾班公車才能從曼哈頓中城前往布朗克斯，如果你想要知道最新且最詳盡的資訊，建議找一本以單一城市或國家為主題的厚重全彩指南再搭配本書，或是利用你也知道的方式，上網查就對了。

另外要特別聲明的是，在某些情況下，為了讓文意更清楚，有些引用自東尼的文字會經過些微編輯或縮減；這些引用內容取自多個來源，主要是將他的電視節目《波登不設限》、《波登過境》和《波登闖異地》內容抄錄成文字，以及東尼配合特定集數而寫的一些短文，還有偶爾會引用他在各個出版內容中對特定人物或地點所做的評論。

我已竭盡所能地實現東尼當初規劃這本書的構想；然而，有些他鍾愛的餐廳或酒吧已經永久歇業，或是換人經營，而產品、氣氛或態度也隨之改變。另外有些商家則飽受「波登效應」所苦，也就是原本低調的餐廳、酒吧或肉腸小店在登上節目之後，來店人數通常會一飛沖天，追隨波登來朝聖的顧客蜂擁而至，就為了一嚐東尼在鏡頭前吃過的美食。理論上，這是好事一件，是商家求之不得的結果，但這也可能徹底顛覆一家深受喜愛的在地老店，端視商家的應對方式而定，那裡可能會變成餘興節目或者是爛秀的舞台。東尼和他的團隊深知這樣的可能性，而且對此十分注意，不過當然，最終決定權還是在店家經營者的手上。

在渴望像東尼一樣享受美食、旅遊和生活的全球觀眾前曝光，有風險也有回報。

「誰有資格說故事？」東尼在《波登闖異地》肯亞篇問道，這是他和CNN的同事W・卡茂・貝爾（W. Kamau Bell）一起製作的內容，也是由他錄製旁白的最後一集節目，並在2019年獲得艾美獎（Emmy Award）電視節目最佳編劇。

「常有人問這個問題，但不論最終是好是壞，眼前的答案就是『我有資

格』。至少在這一次的旅行，我盡力做到最好、我認真觀察、我仔細聆聽。
我很清楚，說到底，這是我的故事，不是卡茂的、不是肯亞的、也不是肯亞
人的。那些故事還等著世界去聆聽。」1

---

1. 本章引用內容皆出自《波登闖異地》第1201集：肯亞。

1

阿根廷
ARGENTINA

✈

布宜諾斯艾利斯

「布宜諾斯艾利斯，是阿根廷首都，南美洲第二大城，古怪而獨特地自成一格。在其他地方看不到像這樣的景色，也感受不到這樣的氣氛。」[1]東尼在2007年為了拍攝《波登不設限》而造訪阿根廷，九年後他為了以更深刻的角度觀察這座城市，帶著《波登闖異地》回訪。當時正值近乎半沙漠氣候的炎熱夏季。

他說：「我喜歡這裡有種哀悼、悲傷卻又溫馨的氛圍，和建築風格很搭。」一月和二月是這裡最炎熱的月份，正值酷暑，大多數的「港口都市人」（Porteños）都有財力可以出城避暑。

「阿根廷是世界上精神科醫師人數比例最高的國家。現在，這是個值得引以為傲的國家。我的意思是，有一種刻板印象就是阿根廷人太驕傲，非常自滿、虛榮。如果是這樣，為什麼心理治療在這個國家會這麼風行？我覺得，這是個充滿懷疑的國度，非常不可思議。因為在很多文化中，光是坦承自己需要和其他人說心事，就會被視為是軟弱的象徵。但在這裡，人人都在接受心理治療，而且也絕對不會顯露出不以為然的表情。」

東尼在鏡頭前接受一位心理醫師的療程，影片內容穿插在這一整集節目

---

1. 本章引用內容皆出自《波登闖異地》第708集：布宜諾斯艾利斯。

中；在療程裡，他透露自己不斷做同一個惡夢：他被困在豪華飯店，還有難吃的機場漢堡讓他陷入沮喪的漩渦。

「我覺得自己像《鐘樓怪人》的主角加西莫多一樣。如果他是住在有高織數寢具的高級飯店套房就會像這樣。我覺得自己有點像怪胎，而且……完全是與世隔絕。」

抵達後通達四方

布宜諾斯艾利斯有兩座機場，比較大型的是皮斯塔里尼部長國際機場（Ministro Pistarini International），又稱作埃塞薩國際機場（Ezeiza International，EZE），距離布宜諾斯艾利斯市中心約22公里。這裡負責全國85％的國際線運量，也是阿根廷航空（Aerolineas Argentinas）的中樞。此機場的航班遍及整個南美洲、部份北美洲城市，以及一些歐洲和中東城市。計程車在入境大廳外列隊；從EZE到市中心大約35分鐘，費用大約為1,750阿根廷披索，或是30美元。計程車司機不會要求收取固定比例的小費，不過建議可以四捨五入支付整數金額，讓司機收下找零的部份，尤其是當司機協助搬運行李時。也可搭乘從EZE出發的巴士路線，或是選擇租車。

布宜諾斯艾利斯另一個較小型的機場是荷西紐貝瑞機場（Jorge Newbury Airfield），專供國內航線使用（唯一的例外是飛往烏拉圭首都蒙特維多〔Montevideo〕的單程航線），距離布宜諾斯艾利斯市中心僅2.4公里，可搭乘接駁巴士、跳表計程車或租車。

在烏拉圭的旅客可以選擇搭乘渡輪橫越實際上是河口灣的拉普拉塔河（River Plate），從蒙特維多前往布宜諾斯艾利斯，費時約2到4個多小時，單程費用介於2,900至8,700披索，或50至150美元之間，視當天的時間以及是否只有搭船或轉乘巴士而定。請注意，這是跨越國境的交通方式，因此你必須通過安檢、護照查驗和海關，就像搭乘飛機一樣。這裡的兩大渡輪公車是Buquebus和Colonia Express。

布宜諾斯艾利斯市中心有完善的公車路線，以及共7條路線的地鐵系統Subte，從市中心延伸到城市的外圍地區。巴士和地鐵的費用都是透過可加值的SUBE卡支付，市區各處都有購買地點，包括地鐵站、公家遊客服務中心、各處的販售亭，或是街角的香菸和糖果店。

如果需要詳細的市區轉乘資訊，可以參考www.argentina.gob.ar/sube。

大口吃肉

Bodegón Don Carlos

東尼很享受在Bodegón Don Carlos的用餐體驗，這家低調的家庭餐館就在糖果盒（La Bombonera）足球場對面，老闆胡安・卡洛斯・吉諾拉（Juan Carlos Zinola）從1970年開始經營，後來改由卡力托（Carlito）、妻子瑪塔・溫突利尼（Marta Venturini）和他們的女兒蓋比・吉諾拉（Gaby Zinola）接手。

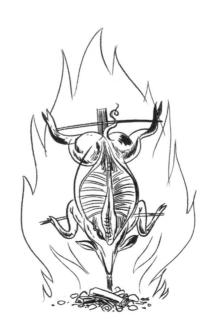

餐館位於拉博卡（La Boca）區，雖然眾所皆知是個稍嫌破舊的地帶，在白天卻是相當有人氣的觀光景點，吸引了足球迷、前往PROA基金會當代藝術中心（Fundación Proa）朝聖的現代藝術愛好者，以及想在卡米尼托街（Caminito）找到便宜娛樂的大眾。此區也是各路藝術家的據點，後來發展成消費低廉的固定市集。

自開幕以來，Bodegón Don Carlos就沒有菜單，而是會在招呼顧客後詢問他們有多餓、喜歡什麼食物，然後再根據答案送上餐點，像是肉丸，西班牙馬鈴薯蛋餅（tortilla patata）、蕃茄沙拉、餡餃（empanada)、血腸、牛排，義大利麵等。據傳在東尼造訪之後，Bodegón Don Carlos的外國來客明顯增加，而且在客人要求下會提供標有價格的菜單。話雖如此，乖乖把自己的胃交到卡力托萬能的手中，仍然是非常值得一試的選擇。

Los Talas del Entrerriano

「在市郊的炎炎暑氣之中，炭火依然猛烈燃燒，令人垂涎的烤肉香氣瀰漫在午後的空氣之中。」東尼和他在節目上的心理治療師瑪莉娜（Marina）約在Los Talas del Entrerriano見面，一起享用傳統的阿根廷碳烤（parrilla）午餐：一盤又一盤的肋排、牛排、肉腸，以及在瑪莉娜的堅持之下點的內臟（achura）。東尼把腸子、腎臟、血腸等這類食物稱為「髒東西」，他是這樣形容的：「在烤爐上，各種曾經屬於生物體內的內臟滋滋作響、烤得焦黑，好讓留在市中心的都市人大飽口福。肉類是炭火之王，為了向烈火致敬，我們得大快朵頤。」

Los Talas的用餐空間寬敞而隨性，有可容納多達十人的桌位；人數較少的客人得併桌。餐點份量驚人，配菜和飲料只能算是附屬品。炭火燒得正旺，氣氛更是火熱。

●**Bodegón Don Carlos**：Brandsen 699 La Boca、Buenos Aires C1161AAM，電話：
+54 11 4362 2433（每人全餐附飲料約3,500 披索／60美元）

●**Los Talas del Entrerriano**：Avenida Brigadier Juan Manuel de Rosas 1391, Jose
Leon Suarez, Buenos Aires，電話：+54 11 4729 8527（每人約1,750 披索／30美
元）

2

澳洲
AUSTRALIA

✈

墨爾本

「澳洲,是位於世界另一端的新世界,擁有迅速扎根深化並蓬勃發展的美食和主廚文化,還有美酒。這裡也是重要的族群大熔爐,還有許多未知空間值得探索。澳洲動作喜劇片《鱷魚先生》塑造的形象——開口閉口都是觀光廣告台詞『再烤一隻蝦』(shrimp on the barbie)、大口喝啤酒的友善澳洲佬(matey),透過這種胡說八道認識澳洲實在是一大錯誤。」[1]

「我來過這裡好幾次,我熱愛的澳洲並不是那個樸實、適合戶外活動的野外王國,完全不同於福斯特啤酒(Foster's)的短片和廣告所呈現出的傻里傻氣氛圍。」

東尼的住家位在紐約市,以美、澳兩國的距離而言,他待在澳洲的時間確實很長,包括為了拍攝電視節目、宣傳著作(澳洲讀者熱愛他的作品已經到了渴求的程度)以及出席談話性活動,最近一場就是傳說中的墨爾本美食美酒節(Melbourne Food & Wine Festival)二十週年活動。他從不隱藏自己對這座城市的熱愛。

「很多人盛讚墨爾本是『沒有霧的舊金山』,這座城市奇妙地融合了華人、越南人、希臘人和黎巴嫩人的文化。我向來都覺得自己和墨爾本的主廚

---

1. 本章引用內容皆出自《波登不設限》,第5季第11集:澳洲。

幫特別親近，這是個可愛的團隊，由當地人和旅外英國人所組成，有好一段時間都不斷在嘗試創新和冒險。雪梨的精緻餐飲固然很出色，但墨爾本才是讓我一直回訪的地方。也許是因為朋友，也許是因為食材；我想大概是墨爾本獨有的態度吧。每個人心中一定都有最鍾情的地點，而在澳洲，我最喜歡的地方就是墨爾本。」

抵達後通達四方

墨爾本機場（MEL）被當地人稱作圖拉馬林機場（Tullamarine），是澳洲第二繁忙的機場，僅次於雪梨機場。環太平洋的各大航空公司都有在此提供服務：澳洲航空（Qanta）、新加坡航空、國泰航空、中國航空、維珍澳洲航空等，機場距離市中心商業區大約23公里。

在入境大廳外的候車站可以搭計程車，從機場到墨爾本市中心費時約30分鐘，視交通狀況而定，費用則大約為60澳幣（40美元）；若對服務滿意可以給小費，但並不強制規定。

SkyBus接駁車有很多班次往返於機場和市中心，單程票價格為19澳幣（13美元），來回票則是36澳幣（美元），請參考www.skybus.com.au。

抵達市中心後，可以運用墨爾本完善的大眾運輸系統，包括鐵路、公車和路面電車，這些全都隸屬於維多利亞交通運輸部（Public Transport Victoria，www.ptv.vic.gov.au）。墨爾本也有共享自行車計畫，而計程車可以在街上招攬，或是在市區各處的候車站搭車。

大快朵頤之道

維多利亞市場（Queen Victoria Market）

「維多利亞市場是個廣闊又繁忙的室內空間，好像所有人都會來此採購蔬菜、魚肉、乳製品，還有酪梨、鮟鱇魚和品質良好的肉類，而且不用花太多錢就能買到。」

維多利亞市場（Queen Victoria Market）在1978年落成，此處不僅吸引遊客到訪和滿足當地大廚的需求，更是對超級市場沒興趣的在地人購物和填飽肚子的去處。在這個橫跨兩個市中心街區的空間中，有超過六百間商家在做生意。

Bratwurst Shop

2009年東尼在拍攝《波登不設限》時拜訪了主廚保羅‧威爾森（Paul Wilson），他觀察到：「令人意外的是，德國油煎香腸（bratwurst）居然是愛逛市場的墨爾本人最常吃的午餐，可以說是墨爾本最知名的街邊小吃。來到墨爾本，就一定要去維多利亞市場，然後享用德國油煎香腸。這是所有人、任何人都不會錯過的行程。」

他們兩人在 Bratwurst Shop 找到東尼最愛的「管狀肉類料理2」，這頓「天殺的道地早餐」讓他不由得大讚「口感豐富、香辣夠味……老天，真是太美味了。」

天府川菜館（Dainty Sichuan）

東尼深深著迷於美味四川料理帶給他的愉悅和刺激，在他心中留下深刻印象的餐廳，就是由邵葉（Ye Shao）和李婷（Ting Lee）夫婦經營的天府川菜館（Dainty Sichuan）。

「四川料理是我最喜歡的中國地方菜系，要找到真正道地的餐廳出乎意料地困難，即使在曼哈頓也是如此，大部分的川菜館廚師都是來自香港或福州。四川（料理）的特點是具有強烈的辣味，其實這是一種非常美妙的施虐和受虐快感，愉悅和痛苦相互交織，乾燥的四川紅辣椒帶來熾熱、灼燒的疼

---

2. 編註：加入調味品、澱粉等製成的肉製品，通常為管狀或圓柱形狀，例如熱狗、香腸、火腿腸等。這些肉製品通常被煮、烤或煙燻過，以提高口感和保鮮期。

痛感，與黑色四川花椒粒和緩、帶有花草清香、又刺又麻的特性形成絕妙搭配。」

一抵達天府川菜館，東尼就表示：「進門後馬上就可以聞到四川料理使用的各種辣椒味，難怪一直有傳言說，四川廚師會用鴉片來調味料理，不然該怎麼解釋，為什麼人會對造成這麼多痛苦的東西深深上癮。」來到這裡，不妨用口水雞、滷豬心和豬舌、肥嫩豬肚和孜然豬肉來一解川菜癮。

「現在我的味蕾接受到的美味洗禮，有如一整個週末狂歡做樂的愉悅，怎麼可能再超越這麼棒的味覺體驗？簡直太不真實了，非常超現實，非常怪異，不過是好的那一種。你會徹底忘記自己身在繁忙的墨爾本市中心，感覺像是置身另一個世界，在一波又一波的味覺衝擊下品嚐美食。」

Supper Inn

東尼把晚餐全權交給他在墨爾本的一幫主廚朋友決定，所以他經常會前往中國城不起眼的廣東餐廳Supper Inn，享用熱粥、烤乳豬、火鍋和清蒸魚來配酒。

這家店四十年來都是以提供宵夜為主（營業時間到凌晨兩點半）。走上木板拼接的樓梯，就進入到採用日光燈照明的用餐空間。這裡一到晚上，總是擠滿在墨爾本辛勤工作的服務業勞工。在規劃這一章的內容時，東尼記憶猶新地回想著，並且說道：「那個地方真的很不錯。」

● **Queen Victoria Market**：Corner of Elizabeth and Victoria Streets, Melbourne 3000，電話：+03 9320 5822，www.qvm.com.au

● **Bratwurst Shop**：Queen Victoria Market, Shop 99–100, 乳製品 Produce Hall, Melbourne 3000，電話：+03 9328 2076, www.bratwurstshop.com（一般德國油煎香腸的價格為8澳幣／5.5美元）

● **天府川菜館（Dainty Sichuan）**：176 Toorak Road, South Yarra, Melbourne 3141，

電話：+61 3 9078 1686，www.daintysichuanfood.com（一餐價格約每人60澳幣／40
美元）

● **Supper Inn**：15 Celestial Avenue, Melbourne 3000，電話：+61 3 9663 4759（約
每人30澳幣／20美元）

雪梨

「雪梨，以舒適晴朗的氣候、溫暖迎人的海灘以及碧綠清澈的大海聞
名。」

除了要從紐約歷經超長途飛行才能抵達之外，東尼把造訪雪梨的體驗形容
為「低衝擊」的，也就是對身心沒有太多壓力或不適。這裡有怡人的天氣、
世界級的住宿品質、豐富的美食和美酒，而且沒有語言隔閡。澳洲是他可以
完全放鬆和享受一切的地方。

2012年在拍攝《波登不設限》最後一季時，東尼提到：「這真的是有史以
來第一次，我有了想要置產的衝動。」

「沒有人會抱怨雪梨的任何事……大家真的應該要多提倡在白天喝酒，這
是這個國家最棒的特色之一，你可以在路上喝酒。在澳洲吃東西也是很美好
的體驗，而且餐飲水準會越來越好。人人都可以在這座城市過得很享受。」

抵達後通達四方

雪梨金斯福德・史密斯國際機場（Sydney Kingsford Smith International
Airport，SYD）是澳洲最大、也最繁忙的機場，距離市中心約9公里。這裡
是澳洲航空的基地，也有太平洋各大航空公司和許多國內航線可搭乘。

如果要從機場前往市區，可以在入境大廳外的排班隊伍搭計程車，路程大
約為25分鐘，車資則約為50澳幣（34美元）。對服務滿意的話可以給小
費，但不強制。機場也提供多種接駁車選擇，可以前往航廈的Redy2Go服

務櫃台辦理。

雪梨的機場快線（Airport link）列車是每10分鐘一個班次，與市區的多路線地鐵和鐵路網相連。在機場航廈的月台或指定報攤可以購買澳寶卡（Opal card），成人的單程費用大約為20澳幣（13.5美元），兒童的單程費用則約為16澳幣（11.5美元）。

相關資訊請參考www.airportlink.com.au。

雪梨風格、生猛海鮮、經典街邊派及「萬肉殿」

東尼在雪梨的旅伴是班‧米爾蓋特（Ben Milgate）和艾維斯‧亞伯拉漢諾維茲（Elvis Abrahanowicz），他們經營並擔任主廚的餐廳叫做Porteño。

Porteño

「Porteño這家餐廳非常出色、不可思議地美味，而且有超級道地的阿根廷風情。當富含油脂的大塊肉料理正在澳洲興起時，這家餐廳就將這股新風潮帶向可謂極致的境界。在用餐空間的正中央，肉品在裝有輪子的軌道上以非常非常緩慢的速度轉動著，附近則是柴火熊熊燃燒的阿根廷碳烤架。烤肉站的溫度很高，高到足以把人身上的刺青融化，但這些料理達人實在是他媽的投入了，他們渾然忘我。」

東尼在2012年造訪過後，Porteño搬家了（當然餐廳裡的火烤器具也一併搬去）。現在為了跟上以植物為主的飲食潮流，烤架上有一部份的料理變成了蔬食，不過大受歡迎的烤全豬、牛肉、血腸和牛胸腺這些料理仍然在菜單上。可惜原店址樓上的酒吧Gardel'已經關閉，以前顧客會耐心在現場排隊，只為了喝上一杯。足堪告慰的是，現在Porteño開始接受訂位。

金唐（Golden Century）

「金唐是所有廚師在早上或晚上必定造訪之處。通常會是晚一點，例如深

夜打烊後醉醺醺的時候。只要是都市裡餐廳文化興盛的地方，就會有這類廚師專屬的避風港，專門服務忙到深夜的同行。如果你在餐飲業工作，真的會覺得自己無法和一般人聊天，尤其是在輪班之後。你相處的對象得要能理解你是身在多麼詭異和恐怖的世界。我這樣說你能瞭解嗎？」

黃甘燕玲（Linda Wong）和黃錦華（Eric Wong）經營金唐超過三十年，不論是料理人或一般消費者，在點餐時都可以「從一缸又一缸的活海鮮中挑選，經過中式炒鍋的一番料理後，就能直接大啖海鮮，並配上幾瓶冰啤酒。」或者也可以來瓶葡萄酒。相較於餐廳的樸實風格和簡單服務，這裡的酒單出乎意料地豐富且有深度。早期剛開業時，金唐也曾提供傳統的港式茶點。

來到這裡，你一定要試試用中式炒鍋加入薑和紅蔥頭，以大火快炒的泥蟹，或者如果你膽子夠大，也可以點以一整隻生鮮龍蝦烹調過的料理：「切下腦部、抽出尾部的肉，接著切成丁，配上生鮭魚和生蠔。這道料理伴隨著乾冰的濃厚煙霧現身，有如1975年在麥迪遜廣場花園登台的齊柏林飛船樂團（Led Zeppelin）。至於龍蝦先生剩餘的部份，則是以鹽和胡椒調味，裹上麵糊與四川花椒一起油炸。如果有所謂的澳洲國民料理，應該就是這一道了。」

Harry's Café de Wheel

「咖哩牛肉、一大球馬鈴薯泥、滿滿的火山口狀豌豆泥，再加上有如岩漿爆發的棕色肉汁。拜託，怎麼會有人不想品嘗？你看看，這多像一座充滿熱情的火山，絕對是你造訪雪梨時不能錯過的體驗。」

只要拿起塑膠叉子和啤酒，就可以開始好好享用 Harry's Café de Wheel 的經典菜色咖哩老虎派（Curried Tiger Pie）了，這家小店從1938年開始在伍爾盧莫盧（Woolloomooloo）東部近郊販售肉派，從移動餐車進化到現在有固定的小店面（第二次世界大戰期間，由於創辦人哈利·「老虎」、愛德華（Harry "Tiger" Edwards）從軍加入第二澳洲帝國軍（Second Australian Imperial Force），這家店曾短暫歇業）。

「也許這稱不上是世界上最好吃的肉派，甚至稱不上是雪梨第一，但絕對是最有名、最傳統、甚至是非吃不可的派，而且就是天殺的好吃。來到任何城市，你都要問自己一個問題：『這座城市有什麼是其他地方都比不上的？』我會說，這裡的肉派實在很不錯。」

目前除了旗艦店，在雪梨和近郊也有好幾處 Harry's 店點，另外還有墨爾本、紐卡斯爾（Newcastle）和中國深圳分店。

Victor Churchill

「這真是最令人眼界大開的肉舖，根本是集世上所有肉品之大成的殿堂。Victor Churchill 是雪梨歷史最悠久的肉舖，可以追溯到1876年。在經過砸下重金的改建後，現在這裡有如美夢成真，也是安東尼·普哈里契（Anthony Puharich）為父親維多·普哈里契（Victor Puharich）獻上的大禮。維多是從克羅埃西亞移民的第三代肉販，為了照顧家庭和讓兒子接受教育，一生都在辛苦打拼。」

從此之後，維多成為澳洲最具規模的量販肉商，而他的零售店面也相當精緻，與其說是肉舖，更像是高級時裝店或珠寶店。

「這不是一門生意，而是熱情的所在。古董級的切肉機、玻璃環繞的分切室、古老的木砧板。冰櫃展示著各式各樣耀眼的經典法式肝醬（pâté）、肉醬（terrine）和熟食冷肉（charcuterie）。」

Victor Churchill除了供應百分之百國產的生肉和乾的熟成肉品，也販售多樣源自法國、西班牙和義大利的熟食冷肉、肝醬、肉醬與肉腸，還有用頗具歷史的旋轉烤肉架料理的全雞。試吃西班牙火腿（jamón）、義大利火腿（prosciutto）、西班牙辣腸（chorizo）、義大利臘腸（salami）、法國鴨肉抹醬（duck rillette）和法式兔肉卷（ballotine of rabbit）之後，你一定也會大嘆：「這裡實在是太神奇了。」

● **Porteño**：50 Holt Street, Surry Hills, Sydney， 電 話：+61 2 8399 1440，www.porteno.com.au（一餐平均費用約為每人120澳幣／82美元）

● **金唐（Golden Century）**：393–399 Sussex Street, Sydney 2000，電話：+61 2 9212 3901，www.goldencentury.com/au（約每人80澳幣／55美元）

● **Harry's Café de Wheel**：Corner of Cowper Wharf Roadway and Dowling Street, Woolloomooloo, NSW 2011，電話：+02 9357 3074，www.harryscafedewheels.com.au（派和熱狗要價約6到10澳幣／4–7美元起）

● **Victor Churchill**：132 Queen Street, Woollahra, 2025 NSW，電話：+02 9328 0402，www.victorchurchill.com（價格因種類而異）

3

奧地利
AUSTRALIA

維也納

「面對任何說德文的國家，我都會有種矛盾的心情。」[1]

東尼為了拍攝《波登不設限》，在耶誕節期間前往維也納，這次的旅程就是他典型的旅遊例證：他起初會懷疑自己是否會喜歡某個地方，結果卻出乎意料地漸漸著迷其中。

「維也納是奧地利首都，曾經是版圖遼闊的奧匈帝國中心，現在則是有130萬人口的都市。我一直在猶豫要不要來這裡，這可不是沒有原因的；基本上就是我非理性的偏見和童年創傷的後遺症。」

「我小時候的理髮師是個叫做赫爾穆特（Helmut）的奧地利人，每次我坐在他店裡的阿爾卑斯山全景壁畫下方，他都會把我的頭髮剪成像電影《一窩小屁蛋》（Little Rascals）裡的角色一樣。還有不得不提到的《真善美》，雖然電影背景是位於薩爾斯堡而非維也納，但我討厭《真善美》，而且只要是在這個城市的鄰近地區，都會讓我聯想到這部作品。最後是各式各樣精緻的傳統糕點和甜食，這些向來無疑都是奧地利的招牌。我實在不太喜歡甜點，所以一向對這個地方敬而遠之。」

儘管維也納是個文化如此豐富的城市，看盡數個世紀的帝國起起落落，更

是各界人才的重要發源地，包括音樂家（史特勞斯和其子小約翰‧史特勞斯、布拉姆斯、布魯克納、馬勒）；藝術家（克林姆、席勒）；建築師（華格納、路斯）；以及現代精神分析之父佛洛伊德。儘管如此，但東尼感受不到這個地方的魅力。或者該這麼說：在他發現奧地利反傳統的一面，也就是深深吸引他黑暗而感性的一面之前，他感受不到其中的魅力。

「眾人會在坎卜斯節[2]期間，穿上毛茸茸的惡魔裝，紀念耶誕老人的邪惡夥伴坎卜斯。基本上他算是耶誕老人的手下，如果你不在耶誕老人的乖小孩名單裡，卻被列入坎卜斯的壞小孩名單呢？那麼他將會找到你，然後狠狠修理你一頓。」

後來東尼試圖要在傳說中相當詭異的《波登不設限》耶誕特別節目中加入坎卜斯的動畫片段，但內容實在太過黑暗，電視台無法接受。

「對這個地方，我內心實在有很多複雜的情緒，我之所以一直遲遲沒來這裡，可能就是這個原因。不過我得老實說，這裡的確很有魅力。我在這裡發現了一些廚師，他們用簡單卻真正美味的食材，挑戰了口味的極限，並且能充分展現豬肉的美味。這座城市讓我耳目一新，就像『現在聖誕幽靈』[3]帶我重新認識了現在的維也納，也讓我稍稍體會到耶誕節的精神。沒錯，我覺得自己像《小氣財神》（Scrooge）的主角，你懂嗎？總之到最後，他也開始感到快樂，想要買禮物送人之類的。祝各位他媽的耶誕快樂。」

抵達後通達四方

維也納國際機場（Vienna International Airport，VIE）是境內規模最大的機場，每天有數以百計的歐洲航班，也有往返非洲、亞洲和北美的航線。奧地

---

2. 譯註：Krampus Day，根據在阿爾卑斯山地區的民間傳說演變而成的節日。坎卜斯（德語：Krampus）是耶誕老人的隨從，如果是好孩子，放在室外的鞋子裡就會有聖誕老人贈送的禮物。如果是特別不乖的小孩，坎卜斯會把他們抓起來，放進袋子裡，帶回洞穴，當成他的聖誕大餐。

3. 譯註：Ghost of Christmas Present，電影《小氣財神》裡的角色。

利航空（Austrian Airlines）的總部和基地就在此處。

維也納國際機場距離市中心約18公里；在航廈外可以輕易招攬到排班的跳表計程車，前往市中心大約需要20至30分鐘，取決於交通狀況，費用則大約為35歐元（39美元），而且必須加上一成的小費。另一個交通選擇是機場快線（City Airport Train，CAT），乘客可以直接從機場前往位於市中心的維也納中站（Wien Mitte），只需要花費16分鐘，單程費用為12歐元（13.25美元），來回票則是21歐元（23美元）；14歲以下的兒童可以免費搭乘。如果是從市區前往機場的旅客，也能在車站搭乘CAT時托運行李，並且領取預訂班機的登機證，請參考www.cityairporttrain.com的詳細資訊。

抵達市中心之後，即可搭乘維也納的大眾運輸系統維也納路線網（Wiener Linien），是由地鐵、區間火車、公車和路面電車組成，非常完善便利。單程票只需要2塊多歐元，而且有多種折扣票卷。所有的交通模式都是採取榮譽制，亦即沒有正規的驗票口或閘門，只會有便衣工作人員時不時檢查所有乘客的車票，並且針對逃票的乘客開出高額罰金。

全世界最古老的摩天輪

普拉特公園（Prater）是維也納最大型的公共公園之一，其中有一區是普拉特遊樂園（Wurstelprater），裡面有全世界現存最古老的摩天輪，最早建造於1897年，歷經火災之後，在1945年改建。踏入摩天輪方正有窗的木造車廂，就可以體驗身在六十五公尺高空中的刺激。

「電影史上的名場景就是在這裡誕生：普拉特公園的巨大摩天輪（Riesenrad）。奧森・威爾斯（Orson Welles）和約瑟夫・考登（Joseph Cotton）合作的電影《黑獄亡魂》（The Third Man）。威爾斯飾演的哈利・萊姆（Harry Lime）同意約在普拉特公園和老友霍里・馬丁斯（Holly Martins）見面，並且搭乘了摩天輪。抵達最高點時，他帶有威嚇意味地拉開車廂門，畢竟這是相當嚇人的禁止行為。他往下看，說出那段名台詞〔東尼應該是憑

記憶說出這段台詞；根據葛拉罕・葛林（Graham Greene）所寫的劇本，哈利的對話如下〕：

「別小題大作了，你往下看看。如果這之中有個小黑點從此不再移動，你真的會有一絲憐憫嗎？如果每有一個小黑點停止移動，我就給你兩萬英鎊，說真的，老兄，難道你會要我把錢收好嗎？」

巨大摩天輪也許老舊，卻維護得相當良好，在戰後經過多次翻新，並設有備用發電器，以因應停電和人工操作功能故障的狀況。

● **巨大摩天輪（Riesenrad Ferris Wheel）**：Riesenradplatz 1, 1020 Vienna，電話：+43 1 7295430，www.wienerriesenrad.com（成人票12歐元／13.25美元；3到14歲兒童票5歐元／5.5美元；3歲以下兒童免費）

納許市場的絕品豬肉

「因為我從未把奧地利的一切放在眼裡，所以我也沒有任何當地的朋友。幸好我的司機是個博學的年輕人，涉足的領域相當多元。他叫克萊門斯（Clemens），是DJ、美食家、專業駕駛、賦能者，也是個他媽的大好人，而且他很懂我喜歡什麼。」

納許市場

應該沒有人會不喜歡納許市場（Naschmarkt）。這裡是維也納最大的露天市場，設有大約一百二十個攤位，販售農產品、肉類、鮮魚、禽肉、起司、烘焙食品，以及來自中東、亞洲和印度的進口商品，這裡還有週六跳蚤市場，以及幾間酒吧、咖啡店和餐廳。

烏班奈克

「克萊門斯帶著我穿梭在納許市場，最後抵達以肉食為賣點的熱門攤販：

烏班奈克（Urbanek）。這間店舖非常厲害，簡直是我專屬的夢想園地，更是熱愛豬肉的人一定要造訪的景點……。我從來沒想過在這種非常、非常迷你的空間裡，可以找到這麼多好東西，包括很多種我不太熟悉的美味起司，還有火腿和醃製豬肉食品，極其美味，讓人忍不住食指大動。這家小店是家族事業，由葛哈·烏班奈克（Gerhard Urbanek）和兒子湯瑪斯及丹尼爾共同經營。」

來到這裡，不妨什麼都試吃一點，然後外帶一整包的火腿、煙燻豬肉和起司，就可以製作藍帶豬排（cordon bleu）：在Huerta Gruber肉舖後方的小廚房，用豬里肌把這些食材包住、裹上麵包粉，再放入豬油裡油炸就大功告成。

遺憾的是，老闆格魯伯（Gruber）已在2013年過世，她的店舖也已歇業，不過維也納還有其他可以幫忙製作藍帶豬排的店家，建議向烏班奈克一家或是值得信任的奧地利嚮導打聽。

● **納許市場（Naschmarkt）**：Linke & Rechte Wienzeile, Vienna， 電話：+43 1 40005430，www.wien.gv.at

● **烏班奈克（Urbanek）**：Naschmarkt, stall 46, Vienna，電話：+43 1 1 5872080（兩人份葡萄酒、火腿、麵包和起司要價約50歐元／55美元）

4

不丹
BHUTAN

「不丹，遙遠且鮮少有人造訪的國度，充滿神話與傳說色彩，座落在喜瑪拉雅山高處，又被稱為『雷龍之國』。數個世紀以來，不丹都以知足惜福之姿，主動保持著與世隔絕的狀態。」[1]

「不丹位於印度和西藏之間，國土面積和瑞士相近，恰好落在新舊世界的交界處。境內的觀光業一直到1970年代才開放，並且嚴格控管每年的外國遊客人數，以保護該國的文化和環境。不丹沒有星巴克、肯德基，也沒有漢堡王或麥當勞。基本上，不丹不希望有外國遊客，至少是不希望有大量遊客。

一直到大約十五年前，東西向公路（East- West Highway）都是通往不丹的唯一道路。這條公路將不丹一分為二，蜿蜒貫穿一些相當險峻的山口，有時一側是容易有落石的懸崖，另一側則有恐怖的高低落差。目前公路正在進行大規模擴建，總之，預計全面鋪設完成的時間會是在……近期之內。

尊重大自然是不丹精神的基石，境內有超過一半的面積都是禁止開發或伐木。不丹的GDP有多達五成是來自水力發電。」

抵達後通達四方

「觀光客鮮少涉足不丹的理由之一，就是交通不便。在飛往不丹唯一的國

1. 本章引用內容皆出自《波登闖異地》第1108集：不丹。

際機場途中，飛機會左彎右拐地駛過狹窄的山口，令乘客膽戰心驚地緊貼在座椅上，有些人也認為這裡是世界上最危險的機場。」

飛往帕羅機場（Paro，PBH）的航空公司共有三家，出發地包括曼谷、新加坡、加德滿都，以及幾處印度和不丹城市。這三家航空分別是不丹航空（Bhutan Airlines）、不丹皇家航空（Drukair）、和佛陀航空（Buddha Air）。由於帕羅機場的地形險峻，加上只有白天可以降落，機師必須取得專門認證才能在此降落。

雖然可以在當地招攬計程車，但還是建議先透過有口碑的旅行社預訂，以免一抵達就要面對一群司機上前搶生意，同時也可以避免對觀光客超收車資的常見情況。

印度盧比和不丹的努札姆都是常用的貨幣，後者的匯率會隨著前者變動。從帕羅機場前往首都廷布（Thimphu）的路程大約48公里，四人小客車的費用約為1,100盧比／努札姆，或15至20美元。

不丹的文化沒有小費這種傳統，不過隨著觀光業在國內發展，收小費也成為越來越常見的做法。建議支付計程車司機一到兩成的小費；在餐廳和飯店也適用相同的計算方法，不過記得要檢查帳單是否已包含服務費。

如家一般舒適的安縵飯店

東尼在不丹翻山越嶺期間，深深著迷於安縵（Aman）飯店各式各樣的豪華度假別墅，甚至稱之為「家」。安縵的設計是出自知名的已故澳洲籍建築師凱瑞‧希爾（Kerry Hill）之手，與周遭環境形成精妙的呼應，並盡可能採用在地的天然材質，因此建築呈現出恬靜閒適的氛圍，與這個人跡罕至的喜馬拉雅山王國十分相稱。

在廷布時，東尼住宿的地點是安縵喀拉飯店（Amankora），也就是安縵在不丹的旗艦別墅，座落於森林茂密的山坡處，採用不丹城堡「宗」（Dzong）的建築風格設計。在普納卡（Punakha）、布姆唐（Bumthang）和帕羅

（Paro）時，東尼都選擇留宿安縵喀拉的度假小屋。在上述的四處地點，全都是寬敞的開放式設計臥房，以木材結合金屬層板，並附有柴爐（會由飯店員工點燃）、加大雙人床、大型浴缸，以及全包式餐廳和客房服務選擇。

　　普納卡小屋位於土壤肥沃的亞熱帶山谷，是不丹王室的避寒勝地，特別之處在於前往小屋必須先經過掛滿經幡的吊橋。帕羅小屋鄰近機場，很適合做為不丹之旅的起點或終點；布姆唐小屋則座落在有數十座廟宇和寺院的區域。

　　想當然，如此舒適閑靜的豪華享受有其代價。在編寫本書的當下，套房的淡季價格約為60,000盧比／努札姆（850美元），旺季價格則為90,000盧比／努札姆（1,250美元）。

●安縵喀拉（Amankora）：+975 2 331 333，www.aman.com/resorts/amankora

廷布饃饃

東尼雖然常有奢華的住宿體驗，但在2017年與導演戴倫‧艾洛諾夫斯基（Darren Aronofsky）一起前往不丹旅遊時，他們的冒險是屬於更接地氣、更貼近當地生活的經歷。

當時艾洛諾夫斯基剛推出電影作品《母親！》（Mother!），是一部講述人類摧毀環境的黑色寓言，他對這個目前尚未慘遭任意開發之害的國度充滿好奇。

「現在是不丹首都暨規模最大城市——廷布——的早晨。隨著不丹人無可避免漸漸脫離鄉村與農業的生活型態，首都的人口快速成長到十萬人。」

「我們〔在Menzu Shiri〕的第一餐讓我們在後來的旅程都不斷回訪，只要沒有拍攝工作時，我八成都是在吃一種美食：饃饃（momo）。這種飽滿、夠味、通常很多汁的餃子，裡面包著肉、起司或蔬菜。我有說過戴倫吃素嗎？」

●MENZU SHIRI：Norzin Lam Road, Thimphu 附近，無電話和網站。一盤5顆饃饃的價格約為72盧比／努札姆（1美元）。

尋找癲狂神僧

「從首都搭兩個半小時的車，就會抵達風景如畫的山邊村莊普納卡。這裡是絕對不可錯過的景點，而在不丹倍受景仰和愛戴的竹巴坤列（Drukpa Kunley）——人稱『癲狂神僧』（Divine Madman）——也曾落腳此處。」

在為了紀念竹巴坤列而建造的求子廟切米拉康（Chimi L'Hakhang）附近，展示著各式各樣的陽具繪畫、圖樣和雕塑。

「數個世紀以來，不丹都崇拜著——嗯——陽具形象。這一切的傳統都起源於竹巴坤列，這位五百年前的喇嘛及聖人致力於頌揚佛法，並且以正面的態度質疑握有權力的機構。他狂歡作樂的方式是隨性的性愛，毫無忌憚地利

用酒精——當然還有誘惑。據傳他會以所謂的『火焰智慧之雷』制伏惡鬼，
也會用來結交各路好友。看來你我都不太可能會使用到這種術語。」

5

巴西
BRAZIL

薩爾瓦多

「我認為薩爾瓦多是個無論如何都要來一次的地方，就算你害怕旅遊也不例外，如果你老是說著：『噢，真的嗎，但是我聽說……。』不！你知道嗎？親自去體驗看看吧，老兄。你不該錯過像這樣的地方，因為世界上很少有地方能跟這裡相比。

你身處於巴西的核心地區，這裡是魔力之源，只要跟著鼓聲走就對了。這裡的一切看起來都像不斷在搖擺和移動，每個人都超性感。我不知道是因為酒、音樂還是熱帶高溫的作用，讓我有這樣的感覺。我四處閒逛，漫步在以鵝卵石鋪成的街道，聽見四面八方傳來各式各樣的音樂，看到一場又一場接連不斷的派對，還有從建物內湧出的人潮。許多韻律與聲響相互交融在一起，彷彿所有人都隨著某種神秘未知的節奏移動著。」1

薩爾瓦多的美毋庸置疑，這座有三百萬人口的城市位於巴西東北海岸，有出色的美食、音樂、藝術，感官刺激無所不在。不過這裡也有相當複雜的歷史。

薩爾瓦多是巴伊亞州（Bahia）的首府，從1549年到1763年是巴西的首都，而其中的殖民區名為佩洛尼奧（Pelourinho），在1558年，這裡是從西

---

1. 本章引用內容皆出自《波登闖異地》第308集：巴西巴伊亞州。

非出發的奴隸船最早登陸的地點，也是新世界最先確立貿易業務的地區。

「我們都該知道：當初有超過一千兩百萬名非洲人在家鄉遭到強拖拐騙和綁架，其中將近五百萬人流落到巴西；單是在巴伊亞州，就有一百五十萬名非洲人。佩洛尼奧成為有大量農園基礎建設的核心地區，同時也是提供勞力的奴隸貿易中心，這座城市從此變成新世界中最富裕的地方。

殖民時代的市中心佩洛尼奧現在是聯合國教科文組織認證的世界遺產，色彩鮮明的殖民時期風格建築和鵝卵石街道，提醒著我們當代的世界是如何打造而成的。」

抵達後通達四方

薩爾瓦多國際機場（Salvador International Airport，SSA）又稱路易斯・愛德華多・馬加良斯議員機場（Luis Eduardo Magalhaes Airport）。邁阿密、里斯本以及部份季節的巴黎都有可直接飛往薩爾瓦多的航班，也有在巴西境內各大城市和部份南美州城市轉機的航線。

薩爾瓦多國際機場距離市中心約19公里，有多條巴士路線可搭乘，也可搭乘要價約40美元的計程車。在巴西不一定要支付小費給司機，不過建議可以多付一點巴西貨幣里奧（real）湊到整數。

薩爾瓦多有跳表計程車、雙路線地鐵系統和完善的公車網路系統，還有地面纜車和拉塞爾達電梯（Elevador Lacerda），後者是連接下層和上層都市的大型公共電梯。

卡琵莉亞、烤乳酪串、巴西炸麵包和棕櫚油

在巴西各地，不分早晚，都不乏好好享受卡琵莉亞（caipirinha）的機會，不僅大部分的酒吧和餐廳有供應，就連海灘上不起眼的推車也會現做。

「天啊，卡琵莉亞簡直就是巴西海灘文化的代名詞，大家都知道要先準備新鮮的萊姆，然後磨碎以擠出更多萊姆汁，再加上糖、冰，以及神奇配方卡

沙夏（cachaça），基本上這就是種甘蔗蒸餾酒。然後不要攪拌，而是要用搖晃的方式，就可以調出一杯舉世公認超好喝的雞尾酒。這種飲料非常百搭，在任何時刻或任何社交場合，都很適合享用。」

海灘上的烤乳酪串（queijo coalho）攤販也很受歡迎，小販會在可攜式烤爐（通常就只是金屬桶裡裝有餘燼未盡的煤炭）上以小火烘烤乳酪，直到乳酪串看起來像金黃焦脆的營火棉花糖（Campfire Marshmallow）一樣。

如果想要嚐嚐另一種在巴伊亞州隨處可見的小吃，不妨和在Acarajé da Dinha外頭數以十計、甚至數以百計飢腸轆轆的薩爾瓦多人一起排隊吧。

「巴西炸麵包（acarajé）是什麼？聽好了：就是以類似油炸鷹嘴豆餅的黑眼豆泡水後打成糊狀，以磨碎的蝦乾和洋蔥調味後，放進加滿辣椒的棕櫚油（dendê oil）裡，油炸到酥脆並帶有金黃色澤。上頭還要加點瓦塔帕（vatapá），基本上就是種咖哩蝦醬，配上蕃茄沙拉、炸蝦，絕對要嚐嚐看。」現場人山人海十分熱鬧，附近廣場的桌椅不多，所以請做好心理準備，站著大快朵頤吧。

在這裡也特別介紹一下棕櫚油。棕櫚油呈淺紅色，大量用於巴西料理中的油炸和調味，尤其在巴伊亞州更是如此，這種油是以非洲油棕櫚的果實製成，而油棕櫚原產於安哥拉和甘比亞，在巴西也大量種植。棕櫚油帶有豐富的核果風味，堪稱巴伊亞州料理的經典風味，在混合椰奶、紅辣椒和芫荽後更是一絕。

你是第一次到巴西嗎？請特別注意東尼的提醒：「我很愛棕櫚油的味道，只是要花點功夫才會習慣。我第一次來的時候，一吃下去就像水鮭一樣不停拉屎，持續了好幾個小時。但現在呢，完全沒問題！我超愛這一味的。」

●**Acarajé Da Dinha**：Largo de Santana, Salvador Bahia，電話：+71 3334 1703（約16 巴西黑奧／4美元）

6

柬埔寨
CAMBODIA

✈

柬埔寨——在這片充滿野性之美的土地上，有一段極為慘痛的近代歷史，也就是超乎想像慘絕人寰的種族屠殺。東尼對這個國家抱持敬意的同時，也感到忿忿不平。他積極瞭解且熟知美國政府在冷戰時期插手東南亞政治並造成毀滅性後果的歷史，包括眾所皆知的越戰，以及在寮國和柬埔寨進行的祕密轟炸行動。

東尼在2000年為了拍攝《名廚吃四方》而造訪柬埔寨，並在10年後為了《波登不設限》再度回訪。

「從上一次到柬埔寨之後，我可說走遍了世界的各個角落。我實在不敢說自己變聰明了一點——雖然我很希望是這樣。時間一久，即使是最優美的景色，也變成猶如背景，不再讓人覺得震撼或感動。但有時候，一切又都進行得很順利，不論是工作、玩樂、我曾造訪的地方，又或我現在身處之地，這些或快樂、或愚蠢，但卻美好的體驗都會匯聚在一起，創造出意想不到的美妙體驗。路過稻田時，大腦也浮現跟心情超搭的音樂。就算沒發生什麼有意義的事，我也會產生曾經歷過的錯覺。」

「1975年4月17日，赤柬的坦克車隊駛進金邊，多年來的血腥內戰在這一天劃下句點。也是從這天開始，一段恐怖、瘋狂和殘暴時期就此展開，破壞規模之大難以想像。」[1]

---

1. 本章引用內容皆出自《波登不設限》，第7季第2集：柬埔寨。

東尼指出，當時有超過一百七十萬人遭到殺害：「赤柬的領導人是受法國教育的波布（Pol Pot），自稱為『一號老大哥』。他們的計畫是打造出終極馬克思主義的農業樂園，但首先，他們要消滅過去。柬埔寨兩千年的文化和歷史毀於一旦，赤柬宣稱當年就是元年，在這之前的一切都必須完全抹除。確實是一夜之間，整個城市遭到淨空，居民被趕往鄉下，淪為奴工被迫開墾農地，就為了實現波布心中的農村烏托邦。貨幣被廢除，書籍遭焚毀，家庭被拆散。教師、商人、醫生及幾乎全國的知識菁英都被殺害，這場屠殺的規模大到金邊周遭有一大片區域是專門用來丟棄屍體，後來被稱作『殺戮戰場』。」

「1979年，鄰國越南推翻了赤柬政權，波布和黨羽被迫逃往叢林，柬埔寨也許因此逃過一劫，但困境還未解決。簡單來說，有些當時的惡人至今仍大權在握。」

東尼在2010年的節目中說道：「我上次來的時候這些路還沒有鋪好。2000年時，這裡比較混亂，也危險得多，看得出來目前尚在緩慢復甦中，畢竟這座城市的人口曾經從兩百萬人銳減到只剩下幾名赤柬官員。店員、上班族、計程車司機、廚師，全都被趕往鄉下種田。如果很不幸是醫師、律師、專業人士、多語人才，或甚至只是有戴眼鏡的人，都會慘遭殺害。」

「只要來過柬埔寨，腦中就會不斷浮現想打死季辛吉（Henry Kissinger）的念頭。」東尼在2001年出版與電視節目同名的美食書《名廚吃四方》中寫道：「當你打開報紙，一看到那個奸詐狡猾、閃爍其詞、殺人如麻的混帳……實在很難讓人不呼吸困難。親眼看到他在柬埔寨造成的一切——那是他的政治家天賦所種下的惡果——實在讓人無法理解為什麼他沒有跟前塞爾維亞總統米洛塞維奇（Milošević）一樣，在海牙國際法庭的被告席上接受公審。」

抵達目的地

美國沒有直飛柬埔寨的航線；遊客需在中國、日本或韓國轉機到柬埔寨的兩大國際機場，也就是金邊國際機場（PNH）或暹粒國際機場（REP）。不論是從哪一個機場，都可以搭計程車或拖車／嘟嘟車（tuk-tuk，用摩托車拉動的有棚小型拖車）前往下榻的飯店。

一趟計程車大約要價40,000柬埔寨瑞爾（riel），也就是10美元，搭乘嘟嘟車則需要花費33,000瑞爾（8美元）。不一定要給司機小費，但如果要給也是很歡迎的。

殖民時期風格的奢華體驗

東尼從不掩飾他有多熱愛豪華、保存良好（或精心改建）的東南亞殖民時期風格飯店。在金邊期間，他選擇下榻萊佛士皇家酒店。這間於1929年開業的皇家酒店有如富豪級旅客的綠洲，在1970至75年柬埔寨內戰期間，報導此事的記者也都在此住宿，最後隨著赤柬掌權，飯店在暴政下被迫停業。經過萊佛士集團主導的全面改建，飯店於1997年重新開業；其中最值得一提的，就屬飯店內Elephant Bar的Kaf-Kaf琴通寧特調。

東尼在探訪附近的吳哥窟（請見P.55）時，也選擇住在吳哥萊佛士酒店，此處於1932年落成，並在1997年完成修建，目前依然是高級住宿的絕佳選擇。自從東尼上次造訪之後，暹粒又多了幾家新建的豪華飯店，包括精緻的河濱公園加也旅館，建築採用的1960年代現代主義設計風格獨樹一格，且餐點無可挑剔，飯店對環境和社會理念的支持無可匹敵，更保證會僱用當地居民和推廣在地工匠的作品。

●萊佛士皇家酒店（Raffles Hotel Le Royale）：Sangkat Wat Phnom, 92 Rukhak Vithei Daun Penh, Phnom Penh，電話：+855 23 981 888，www.raffles.com/phnom-penh／（客房價格約每晚814,000瑞爾／200美元起）

● **吳哥萊佛士酒店（Raffles Grand Hotel d'Angkor）**：1 Vithei Charles de Gaulle, Siem Reap，電話：+855 63 963 888, www.raffles.com/siem- reap（客房價格約每晚 814,000 瑞爾／200美元起）

● **河濱公園加也旅館（Jaya House Riverpark）**：River Road, Siem Reap，電話；+55 63 962 555，www.jayahouseriverparksiemreap.com（客房價格約每晚102,000 瑞爾 ／250美元起）

在金邊大啖美食

「我強調過許多次了：如果你到某個國家，尤其是東南亞國家，而且你從 沒去過，最好先去市場逛逛，看看當地人都在賣些什麼，瞭解一下他們擅長 什麼，買的是什麼。」

說到金邊，就非中央市場（Central Market）莫屬了。2000年時這裡還相 當混亂破敗，但到了2010年卻變得整齊許多，不過對東尼來說，這裡代表 性的氣息和味道依舊存在：

「我記憶中的柬埔寨比較像有菠蘿蜜、煙燻、魚乾、生雞肉和早餐混合的 氣味。粿條（Ka tieu）是一種像河粉（pho）的湯麵，在色澤明亮的美味湯 頭中，會加入雞肉、豬肉丸和綠色蔬菜，這道料理總是能瞬間打動我的 心。」

● **中央市場（Central Market）**：Calmette St. (53), Phnom Penh，電話：+855 98 288 066。無網站（粿條以及其他湯品、麵食和甜點無固定價格，約2,000-12,000瑞 爾／0.5-3美元）

吳哥窟

「在吳哥窟，這個象徵具有數百年歷史高棉帝國的權力中心，我決定不拍照留念。有哪一種鏡頭，能捕捉到曾經統治這片土地、如今卻莫名消失於叢林中的王國，當初是有多麼宏大而輝煌？」

建議把暹粒飯店當成旅程的出發地，並且至少預留一整天探索吳哥窟。這座建於12世紀的宏偉砂岩寺廟，依然象徵著高棉文明的才智、虔誠和創意。在寺廟入口附近有不少小吃攤，另外，不妨租借自行車或僱用機車司機讓這趟旅程進行得更順利。

貢布與白馬市

「貢布最早是華人貿易商定居並積極開發的地區，也曾是柬埔寨的核心港口城市。想當然，這些華裔商人階級被赤柬視為外國人，幾乎全數遭到剷除……。如今，這一區的華裔人口數量已經大不如前，但留下的影響仍然可從建築、居民和食物中得知。貢布也以胡椒聞名，曾經是胡椒的一大產地。」

附近的白馬市在過去是法國菁英的濱海度假區，後來成為柬埔寨上流階級的度假勝地，現在留有曾經華麗一時的現代主義風格別墅空屋可參觀，還有螃蟹市場（Crab Market）可逛。別忘了點一份在地經典料理——貢布胡椒蟹。有這麼新鮮的食材，簡單料理就夠了，只要用大蒜、新鮮蔬菜、煸炒過的胡椒，再加上新鮮的河蟹即可。一般的餐廳通常都會販售這道料理，你跟著人群走就對了。

● **螃蟹市場（Crab Market）**：Street 33A, Krong Kaeb，電話：+855 10 833 168。無網站，無固定價格。

7

加拿大
CANADA

✈

蒙特婁與魁北克

蒙特婁和魁北克省對東尼來說有特別的吸引力，他在製作《波登不設限》、《波登過境》和《波登闖異地》時都曾前往當地拍攝，並以各式各樣的主題呈現，讓觀眾瞭解為何魁北克既非加拿大也不是法國，而是個獨樹一格的地方。

「我要先承認自己確實很偏心：我就是這麼愛蒙特婁，它是我在加拿大最喜歡的地方，我很欣賞這裡的人強悍、瘋狂又混帳。我也蠻愛多倫多、溫哥華，但比不上蒙特婁。為什麼呢？請讓我解釋一下，等下都會真相大白的。」[1]

「說到蒙特婁，有什麼該注意的嗎？說真的，這裡絕對不是位在北部邊境的小巴黎。來到蒙特婁就算不會說法文也沒關係，來到這裡也不是為了吃法式料理，雖然如果你想要的話，倒是有很多選擇。話說回來，食物確實是我來到蒙特婁的一大主因。」[2]

---

1. 出自《波登闖異地》第104集：魁北克。
2. 出自《波登過境》第1季第4集：蒙特婁。

抵達後通達四方

旅客可以從美國本土或加拿大任何一處開車前往蒙特婁，或者從紐約搭乘美國國鐵（Amtrak），也可在多個站點搭乘加拿大維亞鐵路（Via Rail），又或者選擇搭乘飛機前往。

「前往蒙特婁的飛行距離不長，從紐約市轉機大約只需要一小時。如果你想知道的話，蒙特婁正好就位在聖羅倫斯河和渥太華河匯流處的島上，這不是什麼重要的資訊。不過，蒙特婁位於魁北克的西南部，這點就很重要了。如果你選擇搭飛機，很可能會在杜魯道國際機場（Montréal-Pierre Elliott Trudeau International Airport，YUL）降落，距離市中心大約32公里。」

從機場搭計程車前往蒙特婁大約費時30分鐘，固定價格為40加幣，小費外加。蒙特婁交通局（Société de transport de Montréal）營運的接駁巴士往返於機場和主要巴士路線的總站（Gare d'autocars de Montréal），就位在地鐵的貝里─魁大蒙校站（Berri-UQAM），車程為45至60分鐘，費用大約10加幣。詳細資訊請參考www.stm.info/en。

「抵達市中心後，只要你不想步行或搭乘跳錶計程車，隨時都可以改搭地鐵。當地人說，蒙特婁地鐵系統是採用巴黎地鐵的技術打造，結果還不賴。單程票價是3美元，24小時通行票則是8美元。如果你有開車，那很好，不過要記得一件事：法文在這裡會派上用場。路標全都是法文，而且方向也不好掌握。另外要提醒的是，速限是以公里標示而不是英哩，所以務必注意這個小細節，好嗎？」

在美食之城吃吃喝喝

「我不太確定在正常人眼中蒙特婁是什麼樣子，不過我敢說，對廚師而言，這裡眾所皆知是個非常危險的地方。」[3]

---

3. 出自《波登過境》第1季第4集：蒙特婁。

有一小群在蒙特婁經營餐廳的廚師，會向來訪的廚師推薦超乎想像的豐盛美食，以及大量的葡萄酒和烈酒。在這些幾乎可以說是窮凶惡極的守門人之中，有經營 Toqué! and Brasserie T! 的諾曼・萊普里斯（Normand Laprise）、經營 Au Pied du Cocho 和 Cabane à Sucre 的馬丁・皮卡德（Martin Picard），以及經營 Joe Beef、Liverpool House 和 Le Vin Papillon 的大衛・麥克米蘭（David McMillan）和弗德烈克・莫林（Frédéric Morin）。不過，最近麥克米蘭和莫林開始戒酒，就是要修正自己在各方面的過量習慣，並且公開採取行動要解決藥物濫用和其他在餐飲業沉痾已久的問題。

Brasserie Capri

大啖美食的一天就要從蒙特婁的西南區（Sud- Ouest）開始，尤其要選在 Brasserie Capri。這是什麼地方呢？

「這是一間具有魁北克風格的酒吧，更精確地說，完全就是我喜歡的那種。有超大塊的嚇人豬蹄膀，這在其他地方很難看到，簡直是失傳的藝術，是以醃漬後水煮的豬蹄搭配水煮馬鈴薯一起上菜。」

Capri 的風格很隨興，感覺起來比較像運動酒吧而不是餐廳，店裡有電玩遊戲、電子撲克牌機以及專門來喝酒的老顧客，但如果想要吃早餐、午餐和晚餐，這裡也有供應。（備註：2012 年東尼在這裡拍攝節目之後，Brasserie Capri 曾多次搬遷店點。）

Joe Beef

「蒙特婁是美食之城，也是玩樂的不夜城。製作食物和飲料是他們最擅長的事，而且常常做得太過火，不過仍給人高雅精緻的感覺。蒙特婁的小勃艮第（Little Burgundy）社區，曾經是低調而不受重視的城中區域，不過後來大名鼎鼎的 Joe Beef 登場，也就是弗德和大衛這兩位大人物經營的旗艦店。餐廳名稱是取自克里米亞戰爭期間的一位英國軍需官，（據傳）即使在艱困

的情況下，他也能發揮超能力為軍中弟兄搜刮到肉食，從此成為傳奇人物。

　　傳說中他在蒙特婁開了一家情色酒館——姑且這麼說好了，讓他成為蒙特婁的飲酒歷史中眾人津津樂道的一號人物。這樣看來，兩位廚師在延續這項令人驕傲的傳統同時，也大膽開創一些屬於他們的新傳統，確實是理所當然的。Joe Beef的菜單相當精彩，有時候甚至毫不遮掩地過度浮誇，而且每天的菜色都不一樣。」[4]

Schwartz's

　　「燻肉，來到蒙特婁絕對不可以錯過這個，你逃都逃不了，非吃不可。這裡的Schwartz's從1928年就開業，說到這種類似煙燻牛肉的神奇食材，Schwartz's不但是加拿大最老、也絕對是最好的店家。好吃到值得你擠過人群、和陌生人肩並肩地併桌入座，好好品嚐這些誘人又狂野、像山一樣高的肉吧！」

　　給旅客的建議：差不多要上飛機了嗎？去機場前記得要吃點好料，最好是會讓你陷入食物昏迷的豐盛好料。

　　要掌握這項秘訣，就要來到只有單一空間、鋪滿白色磁磚且擠滿人的Schwartz's，大口咬下熱騰騰的煙燻牛腩三明治並搭配隨餐附上的醃菜，最後和櫻桃汽水一起吞下肚。**「起飛時我應該會直接暈過去。但現在我可以安心離開蒙特婁了。」**[5]

Cabane à Sucre

　　「每幾十年、也許是每個世紀，在某個國家會誕生一位英雄人物，像是廚師之王埃斯科菲耶（Escoffier）、拳王阿里（Muhammad Ali）、達賴喇嘛、

4.　出自《波登過境》第1季第4集：蒙特婁。
5.　出自《波登過境》第1季第4集：蒙特婁。

龐克搖滾傳奇喬伊・雷蒙（Joey Ramone），這些在專業領域掀起變革巨浪、改變整個版圖的人物。他們出現之後，人類的生活便不可同日而語。

馬丁・皮卡德就是這樣的一號人物，他擁有前所未見的多重身分：粗獷的戶外活動愛好者、有多年精緻餐飲經驗的老手廚師、充滿叛亂精神的創新者。他是北美最具影響力的廚師，也是以家鄉為傲的魁北克人。也許可以這麼說，真正定義了什麼是新一代美國人和加拿大人的人物，非他莫屬。

在魁北克，楓糖小屋（cabane à sucre）或糖屋（sugar shack）這種傳統和楓糖的歷史一樣悠久，全世界有七成的楓糖都是產自這裡。這些位在森林裡的小屋和製造楓糖的戶外伐木工生活型態密不可分，工人會在這裡收集楓木樹汁，並且提煉成糖漿。隨著時間演變，很多這種小屋變成非正式的餐館，也就是提供工人和零星外來訪客用餐的食堂。於是馬丁・皮卡德別出心裁地以既合理卻又極端瘋狂的方式讓傳統蛻變，打造出屬於他的Cabane à Sucre，其中供應的料理傳承了當地雖不起眼、但卻歷久不衰的傳統。」

每到十二月，Cabane à Sucre的訂位就會變得非常搶手，而運氣夠好有訂到位的顧客，則可以享用一頓多達十二道料理的大餐。

「超狂好戲上演了：一整塊肥肝搭配焗豆放在煎餅上，當然是用鴨油來煎，再加上放入楓糖煮的茅屋起司和雞蛋。焗炒鴨心、鴨胗和豬耳，上頭灑滿一堆炸豬。喔，還有小牛腦和楓糖培根歐姆蛋……酥炸鴨腿包著鮮蝦鮭魚慕斯，淋上楓糖烤肉醬。至於小木屋肉派（Tourtiere du shack），則是用一整塊拉拉坎起司（Laracam）、肥肝、小牛腦、小牛胸腺、培根和芝麻葉製成。接著主菜登場：自家飼養並燻製的在地火腿，配上鳳梨和四季豆炒杏仁片。最後是堪稱歷史悠久的加拿大經典美食：將楓糖加熱後倒在雪上，就會變成類似太妃糖的點心。」6

以前Cabane à Sucre只在楓糖採收季（晚冬至早春）營業，現在也會在蘋

---

6. 出自《波登闖異地》第104集：魁北克。

果收成季（八月中旬至十一月中旬）接待顧客，還有新開在旁邊的Cabane d'à Côté，店名字面上的意思就是「隔壁」，則是全年營業。

●**Brasserie Capri**：2687 Wellington St, Montréal, QC H3K 1X8，電話：+1 514 935 0228（豬蹄膀主菜價格約16加幣／12美元；三明治價格約13加幣／10美元）

●**Joe Beef**：2941 Notre- Dame West, Montréal QC H3J 1N6，電話：+1 514 935 6504，www.joebeef.ca（開胃菜價格約15加幣／12美元；主菜價格約40加幣／30美元）

●**Schwartz's Montréal DELI**：3895 Boulevard Saint- Laurent, Montréal, QC H2W 1X9，電話：+1 514 842 4813，www.schwartzsdeli.com（燻肉三明治價格約10.5加幣／8美元）

●**Au Pied Du COCHON Cabane à Sucre**：11382 Rang de la Fresnière, St- Benoît de Mirabel J7N 2R9，電話：+1 514 281 1114，www.aupiedducochon.ca（一餐12道菜要價約70加幣／54美元）

多倫多

「多倫多：加拿大的第一大城，在北美則是第五大。『沒去過』、『只有經過而已』、『沒什麼特別的印象』。沒錯，大多數人對這裡的評價就是如此。

這座城市看起來不怎麼樣，不是那種很漂亮的城鎮。我的意思是，這裡感覺像是集二十世紀流行的建築風格於一身。那種支持法西斯主義的包浩斯（Bauhaus）風格之加密版[7]，看起就像一般的美國公立學校或三線城市圖書館，有種蘇聯時代的氣氛。不過，在多倫多有如鐵盒的外觀下，其實隱藏著獨樹一格、美好而古怪的內在。」[8]

---

7. 編註：指建築外觀乍看是簡約而工業化的風格，但實則充滿了政治意識形態的符號和元素。
8. 本節引用內容皆出自《波登過境》，第1季第8集：多倫多。

抵達後通達四方

多倫多主要的國際機場是萊斯特・皮爾遜國際機場（Lester B. Pearson International），又稱多倫多皮爾遜機場（Toronto Pearson Airport，YYZ）。在兩個航廈內，有數十家大型國際和國內航空公司提供服務，這裡更是加拿大航空（Air Canada）的基地，並且與二十四小時營業的捷運系統（Link train）相連。

機場位於多倫多市中心西北方約24公里處，搭乘跳錶計程車需費時30至60分鐘，視交通狀況而定，費用則是50到75加幣，外加百分之五的小費，取決於旅客目的地的遠近。在編寫本書的當下，搭公車前往市中心的費用為3.2加幣，時間需要超過1小時。旅客也可以選擇搭乘聯合車站—皮爾遜機場快線（Union Pearson Express），這條從機場到市區的鐵路路線單程票價約13加幣／10美元。任何關於陸上交通的資訊都可以參考www.torontopearson.com。

多倫多也有一座小型機場，也就是比利・畢曉普多倫多市（Billy Bishop Toronto City Airport，YTZ），位於多倫多市中心南部的湖心島（Centre Island），可以開車或搭乘渡輪前往。波特航空（Porter Airlines）在YTZ內外都有提供大部分的服務，包括飛往紐瓦克（Newark）、波士頓（Boston）、華盛頓特區、芝加哥、默特爾海灘（Myrtle Beach）、奧蘭多（Orlando）和一些加拿大國內機場的航線。

抵達市中心之後，你可以選擇步行、搭計程車或善用多倫多的地鐵系統，時刻表、路線和費用的相關資訊請參考www.ttc.ca。

維持高格調的住宿選擇

雖然德雷克飯店（The Drake Hotel）依然是多倫多新穎精品飯店文化的焦點，還是有其他選擇可以讓住宿體驗再升級。

東尼說：「如果你是出差，而且打算把奢侈下榻地點的帳單交由公司的會

計部門報銷，建議你最好選擇住在優質的麗思卡爾頓飯店（Ritz-Carlton），不僅有舒適的床，還能直接在飯店內吃到好牛排。」此外，飯店還提供水療和鹽水泳池、Frette寢具[9]、大理石浴室、大型浴缸，以及高級飯店該有的溫暖、細心和精緻服務。

● **多倫多麗思卡爾頓飯店（Ritz-Carlton Toronto）**：181 Wellington Street West, Toronto, ON M5V 3G7，電話：+1 416 585 2500，www.ritzcarlton.com（標準客房價格約每晚725加幣／550美元起）

飲料、豬肉和刀子

Cocktail Bar

雞尾酒時間是一種文明的傳統，和多倫多這樣文明的城市很相稱。「小義大利區（Little Italy）的Cocktail Bar非常適合享用晚餐前的尼格羅尼（Negroni）。」這間時髦的雞尾酒吧屬於知名的餐廳經營者及作家珍・艾格（Jen Agg），十年來對多倫多餐廳產業留下難以磨滅的影響力，最後她選擇以急流勇退的方式關閉旗艦級餐廳Black Hoof（請參閱艾格的短文〈骨髓酒的起源〉，第67頁）。

幸好，Cocktail Bar依然在業界發光發熱（還有她旗下的餐廳Grey Gardens和Le Swan French Diner，以及酒吧Rhum Corner和Bar Vendetta，後者就開設在Black Hoof的原店址），供應各種精心研發並精準調配的飲品，例如「威士忌大成」（Whiskey Business）（波旁威士忌、裸麥威士忌、愛爾蘭威士忌、蘇格蘭威士忌、無花果利口酒和苦精），以及用柳橙、開心果和椰子調味的「苦艾酒甜品」（Absinthe Whip）。「我們也有很不錯的葡萄酒和啤酒酒單，」艾格在網站上如此建議：「不過還是推薦你來杯雞尾酒。」

---

9. 成立於1860年的義大利頂級寢具品牌。

Cold Tea

「接下來，晚餐後要來一杯的話，就非Cold Tea莫屬了。Cold Tea就是精緻又讓人盡興的酒吧代表，低調藏身在人潮之外。穿過不顯眼的門口，經過賣正統港式點心的小姐，繼續往頂級飲料走去。」

Cold Tea位在肯辛頓商場（Kensington Mall）內部深處，有個溫馨的露台，當地廚師會在這裡輪流開設臨時餐廳，用各種小菜餵飽飢腸轆轆的酒客，店名的典故是源於一種祕密的做法，據傳是源自多倫多的中式餐廳，也就是用茶壺裝啤酒，給在深夜超過最後點餐時間（目前是凌晨2:00）但還想喝酒的客人。

Carousel Bakery

東尼陪著多倫多美食及商業作家大衛‧薩克斯（David Sax）前往歷史悠久的聖羅倫斯市場（Saint Lawrence Markct），這裡有大約有兩百個攤販，銷售各種農產品、肉類、海鮮、烘焙食品、乾貨等。兩人一心想去嚐嚐「Carousel Bakery原創的老派多倫多三明治──經典豌豆粉（peameal）培根三明治。絕不要妥協吃其他的替代品。」在冷藏技術普及之前，多倫多的豬肉舖會將瘦的無骨豬里肌進行濕醃（wet caring），並做成瘦肉培根，接著裹上黃色去皮豌豆的粉末（後來逐漸被現在的玉米粉替代）。放在烤盤上烹調後夾在凱撒麵包（kaiser bun）裡，配上辣根（horseradish）和有大量楓糖的芥末醬，「美味又酥脆。」最後再來一塊加拿大的傳統甜點奶油塔。「吃起來像是沒有胡桃的胡桃派。」

Porchetta & Co.

隔天，再來吃一份不同的豬肉三明治吧！在小義大利的Porchetta & Co.，有段時間最具代表性的三明治是店裡唯一供應的餐點（後來店家陸續增加菜色，包括炸雞、煙燻牛肉越南法國麵包（banh mi）、義式炸燉飯球

（arancini）、和各種配菜，例如起司澆肉汁馬鈴薯條（poutine）。

　　「用整隻豬其實不算是傳統的義式脆皮豬肉捲（porchetta）做法。」餐廳老闆尼克・奧芙德瑪（Nick Auf Der Mauer）對東尼說：「這是一種包在義大利火腿裡的醃漬豬肩肉……用帶皮的醃豬五花肉包住。」之後會將豬皮取下，並且烘烤到酥脆的最高點，再堆在主菜烤豬肉捲上頭。最後的成果是「多汁又美味」，換句話說，「簡直是天才。」

Tosho Knife Arts

　　根據東尼的說法，Tosho Knife Arts是「獨一無二的厲害店家，它就像隱藏在多倫多的寶藏，只要你知道這家店的位置。老闆伊凡・方辛卡（Ivan Fonseca）和奧莉薇亞・吳（Olivia Go）對任何有關刀子的事都瞭若指掌。」

　　店裡販售的主要是來自日本的頂級烹飪、實用和戰術性刀具，每款都各有不同的用途。店員會向你介紹用於章魚、麵條、分解全雞、切斷龍蝦殼等各式刀具，還有一種刀具有排血孔設計，以避免移開刀子時，刀片被吸附在食材上而無法迅速拔出。此外，它們也有提供磨刀配件、服務和培訓課程。

● **Cocktail Bar**：923 Dundas Street West, Toronto, ON M6J 1W3，電話：+1 416 792-7511，www.hoofcocktailbar.com（雞尾酒平均價格為14加幣／10.5美元）

● **Cold Tea**：60 Kensington Avenue, Toronto, ON M5T 2K2，電話：+1 416 546 4536，www.instagram.com/coldteabar（生啤酒價格為9加幣／6.75美元；雞尾酒平均價格為14加幣／10.5美元；小菜平均價格為10加幣／7.5美元）[10]

● **Carousel Bakery**：Saint Lawrence Market, 93 Front Street East, Toronto, ON M5E 1C3，電話：+1 416 363 4247，www.stlawrence market.com（豌豆粉培根三明治價

---

10. 編註：因疫情緣故，Cold Tea關閉位於肯辛頓市場的酒吧，搬遷至下面新址：1186 Queen St. West Toronto.

格為6.5加幣／5美元；奶油塔價格為1.5加幣／1.15美元）

● **Porchetta & Co.**：545 King Street Street West, Toronto, ON M5V 1M1，電話：+1 647 351 8844，www.porchettaco.com（三明治價格約10加幣／7.5美元）

● **Tosho Knife Arts**：934 Bathurst Street, Toronto ON M5R 3G5，電話：+1 647 722 6329，www.toshoknifearts.com（刀具價格從100加幣到數千加幣不等）

骨髓酒的起源

文／珍・艾格

大多數人都沒有説實話，雖然他們想要説實話，甚至可能認為自己多半很誠實，但根本不是這樣。

話説回來，實話到底是什麼意思？正確的生活方式是一種主觀的概念，和實證科學不一樣，例如地球的重力絕對會讓在空中的東西往下掉。身為一個堅信自己的觀念是最正確的人，我很欣賞其他説實話的人——儘管我們有時候會意見不合——他們也許會粉飾一些難堪的事實，但總是會努力説實話。

這就是為什麼在2012年當我聽説安東尼・波登會來到我當時已經經營四年的餐廳Black Hoof，拍攝《波登過境》多倫多特輯的部份內容時，我超興奮到全身顫抖不已。Hoof是間很特別的餐廳，足以吸引全球的目光，後來沒過多久這個願望就成真了，這多半要歸功於波登效應，不過我更喜歡「有東尼加持」這樣的説法。

大家都知道東尼總是直言不諱，而説到多倫多最顯而易見的一點，就是這座城市有多醜，真的非常、非常醜，他當然也注意到了。（「這座城市看起來實在不怎麼樣。」）我很慶幸他注意到這點。每當有旅

遊行家完全不提多倫多有多麼其貌不揚時，我都會覺得實在太奇怪了，彷彿只要我們忽視問題，問題就不存在，這種想法簡直糟糕透頂。

撇除市容醜陋這一大缺點不談，多倫多還是有很多優點。這是一座由社區組成，也是由多種文化組成的城市（雖然我們根本沒有像自己假裝的那樣融合得很徹底，尤其是對我們的美國友人更是如此）。這座城市極力想掙脫白人盎格魯一撒克遜新教徒（WASP）的習性，奮力到蛻變成遠比原有樣貌更酷的地方。

這就是我從小到大生活的城市，對我來說，這就是家鄉的魅力：在這座充滿可能性的城市，我實現了自己的夢想。我想透過我的餐廳向東尼證明，雖然多倫多不是紐約，但說不定和紐約一樣酷。說真的，我們可是有賣馬肉的，說說看有哪間紐約市的餐廳敢這麼做。

製作團隊提前一天來到店裡，要確認長達數小時拍攝的各種細節和計畫。讓我大吃一驚的是，他們不僅是專業的團隊，同時也是一群聰

明又有趣的人，我立刻就喜歡上他們。導演湯姆・維塔爾（Tom Vitale）負責拍板定案討論中提到的各種複雜細節，他迷人又彬彬有禮，卻提出了一項我不太確定能否應付的要求。

　　出色的紀錄片節目是以下兩者之間微妙互動的成果：有獨特觀點的創作主腦，以及幕後的工作人員，後者要確保前者的觀點能製作成值得欣賞的內容。有時候製作團隊必須要建立故事框架，確保觀眾非常投入在這些依照劇本發生的真實事件。在光譜的一端，是類似實境秀《鑽石求千金》（The Bachelor）和任何一部《比佛利嬌妻》（Real Housewives）系列的節目，而《波登過境》的寫實程度顯然遠勝過這些系列節目，同時又極具娛樂性。話雖如此：

　　攝影師規劃著隔天要拍攝的角度和畫面，同時我和湯姆在一旁閒聊，突然他話鋒一轉，簡直像是隨口一提地不經意說道：「聽說你們這裡有骨髓酒（bone luge）。」當下我完全不知道他在說什麼，於是他開始解說：從烤過並切半的小牛骨把最後一丁點亮晶晶的骨髓刮下舀出之後，拿出雪利酒或波旁威士忌之類的烈酒，然後握住骨頭較窄的一端靠近嘴巴，就像在用灌酒漏斗一樣，這時夥伴會把烈酒倒入牛骨較寬的一端，最後酒就會順勢滑進你的嘴裡。

　　我對這樣的做法心存懷疑，應該說是非常懷疑。我很怕在這個自己熱愛的節目上，會看起來活像是酒吧小姐──結果證明我的恐懼不是沒有道理。我也很擔心如果我們在節目上表演喝骨髓酒，餐廳就得為顧客提供這項服務，永無止境，就像掉入《明日邊界》（Edge of Tomorrow）的時間迴圈一樣。關於這點，我也猜對了。

　　於是我表達了自己的合理懷疑，我說，我們從來沒有提供過骨髓酒，這不太像是我們的風格，完全不像。然而湯姆非常堅持，所以在

拍攝當天，我還是配合演出，也許帶著一點點的不悅，把波旁威士忌倒入還有餘溫的帶髓牛骨中，讓酒滑入安東尼‧波登的嘴裡。我覺得異常地不自在，我很少有這樣的感覺，但我還是照做了。

在那一集節目播出之後，我只得一次又一次不斷地倒酒。雖然我已經盡量避免親自這麼做了，但顧客還是經常會指定要我倒酒，這只會讓我覺得自己像酒吧小姐。（擔任酒吧小姐當然沒什麼不對！只是我個人並不想這麼做。）有時候顧客還會要求坐在東尼拍攝時使用的那張桌子，我根本不想去協調這種事，除非他們願意花時間久等。話說回來，人真的很有趣，有些顧客還真的願意等。

我只在2012年首播時看過一次那集的節目，直到最近才又重看一遍。我很慶幸又看到自己對著鏡頭說的唯一一句話是：「我覺得自己像酒吧小姐，實在是有點丟臉。」事後看來，我必須承認湯姆的直覺是對的，插入這一小段新奇的骨髓酒表演，讓這一段節目永垂不朽，而且引起這麼大的風潮。

如果要我說出真正的實話，那就是：額外提供骨髓酒的確讓我們賺了不少。東尼永遠都不會知道這一段內容是刻意安排的結果，而且說真的，這已經變成Hoof的一大賣點，所以當初發生了什麼已經不再重要。時間果然會讓歷史不斷重演。

溫哥華

「為什麼有的城市比其他城市好？為什麼有的城市很酷？是規模、地點、基礎建設，還是自然資源的不同？

我第一次來是跟著旅行團，而且立刻就喜歡上這裡。

當然，這裡老是在下雨；到處都是素食主義者；公共海灘擠滿皮膚白到不行又全裸的遊客。儘管如此，溫哥華最近仍被評為全球最宜居的城市。這是一座餐廳之城、老饕之城、廚師之城。這是一座有多元文化的城市，也就是所謂的大熔爐。所以，這裡有什麼酷炫的東西嗎？又該從哪裡找起？」[11]

抵達市中心後通達四方

溫哥華國際機場（Vancouver International Airport，YVR）有來自英屬哥倫比亞及加拿大其他地區、美國和墨西哥的航班，還有一些往返歐洲和亞洲城市的航線。

如果要從機場前往市中心，旅客可以搭乘加拿大線（Canada Line）的架空列車（Skytrain），原本是為應付2010年冬季奧運爆增的遊客量而建造，可直達溫哥華市中心，票價為7.75到9加幣（6到7美元），視乘客的目的地和搭乘時間而異。通常車程為25分鐘，可從月台上的售票機購買車票。

從機場到溫哥華市中心的距離約14公里，搭乘計程車、飯店接駁車或租賃汽車可能會費時20到45分鐘，視交通狀況而定。計程車以固定費率根據目的地距離收費，包含小費約40加幣（約30.5美元）。

太平洋中央車站（Pacific Central Station）是溫哥華的鐵路和巴士總站，服務對象包括加拿大國鐵（VIA Rail）和美國國鐵的乘客，以及灰狗巴士（Greyhound）與其他數家巴士公司的乘客。洛磯山登山者號（Rocky

---

11. 本節引用內容皆出自《波登不設限》，第4季第3集：溫哥華。

Mountaineer）是私人觀光鐵路路線，有專屬的同名車站，可以通往西雅圖和加拿大北部和東部的站點。

在市中心可以步行、騎自行車、開車或搭計程車，又或者運用溫哥華完善的大眾運輸轉乘系統，包括三條連接市中心和郊區的架空列車路線、公車、通勤鐵路和渡輪。相關資訊請上 www.translink.ca 查詢。

在「廚師之城」大啖美食

「這應該算是好事吧，我來這裡最先遇到的三個人：皮諾（Pino Posteraro）、東條（東條英員）和維克拉姆（Vikram Vij）都是廚師。他們是完全不同類型的廚師，做的也是完全不同類型的料理，但三人都是典型的溫哥華多元文化代表性人物。」

Cioppino's Mediterranean Grill

「皮諾是 Cioppino's Mediterranean Grill 的主廚，想當然，這家餐廳供應的是現代義大利料理，而且大多採用在地食材。皮諾可以說是〔耶魯鎮（Yaletown）〕這個地區的先鋒，他靠的是毅力、堅持，看來還有任意使用童工。」（皮諾的兒子在東尼上次造訪時還是青少年，經常可以看到他在廚房幫忙的身影。）

十多年來，皮諾和他的團隊繼續致力於打造絕佳的用餐體驗。

東條（Tojo's）

和皮諾一樣，東條也是變化飛快的溫哥華餐飲業中罕見的長青樹，他的同名餐廳在 2018 年迎來三十週年。

東條是將無菜單日本料理引進溫哥華的功臣，而且根據當地的傳說，他發明了現在隨處可見的加州卷，這是為了要吸引最早期西方顧客的入門日式料理，當時有些客人不太能接受包在海苔裡的生海鮮。

「東條和很多移居的日本廚師不一樣，他大量運用當地可以取得的食材，而不是什麼原料都從東京運來。他很看重溫哥華產量十分驚人的新鮮海鮮，而且會根據這些食材調整每日的菜單。東條也有比較傳統的一面，他會深入瞭解每位顧客、記住他們的喜好，為客人量身訂做餐點。」

請各位務必好好享受富含油脂的黑鮪魚、海膽、塞入新鮮扇貝的炸櫛瓜花天婦羅，以及首長黃道蟹沙拉佐芥末味噌醬。

Vij's

接下來是三人組的最後一位，維克拉姆·維傑也是溫哥華的開創者和一大支柱，從1994年開始，他就與事業夥伴及前妻梅祿·達爾瓦拉（Meeru Dhalwala）合力推出極具影響力的印度料理。

「維克拉姆很奇特地兼具兩種特質，他既是理想主義的嬉皮，也是精明的商人，Vij's堪稱是市中心最出色、最現代和最有創意的印度餐廳。」

近年來，維傑將同名的旗艦店搬往新地點，並且選在Vij's的原店址擴建成第二家餐廳Rangoli，將冷凍食品產品線的規模擴大到全國超市通路冷凍區，同時他也在撰寫回憶錄，且又開了My Shanti和Vij's Sutra這兩家新餐廳。

Japadog

「那麼溫哥華的街邊美食呢？也許有那種在地特有版的維也納香腸吧？Japadog就是這樣的地方。海苔粉、白蘿蔔加上芥末美乃滋——Japadog[12]，這個店名的由來顯而易見，但又能打動人心。」

「如果生活教會了我們什麼，那就是長條狀肉製品添加的各種神祕材料代表著品質保證，不但當地人紛紛蜂湧而至，也有越來越多菁英約在Japadog

---

12. 編註：字面上的意思是日式熱狗。

用餐。」

　　Japadog曾經只是個露天熱狗攤，現在則可稱得上是迷你連鎖店，有六個溫哥華地鐵站店點、一台行動餐車，以及兩個在洛杉磯的攤子，販售大約有二十多種日式調味料和佐料組合的熱狗（例如照燒美乃滋〔Terimayo〕口味是牛肉熱狗配上照燒醬、炸洋蔥和Kewpie美乃滋；青蔥味噌〔Negimiso〕熱狗是火雞熱狗加上味噌醬和高麗菜絲；日式炒麵〔Yakisoba〕口味則是日本煙燻豬肉腸〔arabiki sausage〕佐鐵板麵）。

　　有些店也會販售薯條，並且用日本醃梅（ume）、奶油、醬油、和海苔粉等佐料調味。

●**Cioppino's Mediterranean Grill & Enoteca**：1133 Hamilton Street, Vancouver BC V6P 5P6，電話：+1 604 688 7466，www.cioppinosyaletown.com（開胃菜價格為16–24加幣╱12–18美元；義大利麵價格為30–40加幣╱23–31美元；主菜價格為8–48加幣╱29–37美元）

●**TOJO'S**：1133 West Broadway, Vancouver BC V6H 1G1，電話：+1 604 872 8050，www.tojos.com（主菜價格為28–45加幣╱21–35美元；無菜單料理價格為80加幣╱61美元起，每人六道菜）

●**VIJ'S**：3106 Cambie Street, Vancouver, BC V5Z 2W2，電話：+1 604 736 6664，www.vijs.ca（開胃菜價格約16加幣／12美元；主菜價格約30加幣／23美元）

●**JAPADOG**：因疫情關係店面有些調整，請參考官網： www.japadog.com（熱狗價格為6-9加幣／4.5-7美元）

8

中國
CHINA

香港

「香港既是中國，又不是中國，這是一個特立獨行的地區。基本上，如果你沒辦法在香港享受幾個小時或一天的好時光，那就代表你無法欣賞這種獨特的文化。」1

東尼造訪過香港三次：第一次是為了拍攝《波登不設限》，當時的他算是旅遊新手：他在跑馬地馬場為賽馬歡呼，親眼看到了即將失傳的製作竹昇麵技藝，並且在成龍個人的特技動作團隊指導（以及大量繩索的輔助）下，變得可以飛天又行動敏捷。幾年後，他為了《波登過境》拍攝再度來到香港，這次他脾氣比較暴躁，又大汗淋漓，他得在四十八小時內訂製一套西裝、搭乘天星小輪、選購剁刀，以及吃烤鵝和港式點心。而在東尼為拍攝《波登闖異地》第三次來訪時，他的美夢成真，得以和心目中的電影界英雄一起沒日沒夜地長時間拍攝。

「我們每個人在旅行時，都是用不同的觀點解讀自己造訪之處以及所見所聞的一切。而我們經歷過的生活、讀過的書籍、看過的電影、承受的情緒，都影響了我們怎麼看眼前的事。」2

---

1. 出自《波登過境》，第1季第3集：香港。
2. 出自《波登闖異地》第1105集：香港。

「幾年前，我第一次看到導演王家衛拍出的絕美電影，從此改變了我看待香港的方式。從那時候開始，我對這座城市的渴望與期待，都是透過電影鏡頭看見的，而這些畫面幾乎無一例外地，總是由杜可風掌鏡，他長期定居香港，人人都知道他的中文名字。

他早期和王家衛合作的電影，最大的特色就是難以形容的華麗影像，充滿美感的角色穿梭移動在既陌生卻又極其私密的空間中；在錯綜、瘋狂、創新、慵懶、冷靜、混亂之間不斷切換。他的作品讓我深深著迷，愛到成癮，奉若神明。我渴望像他電影裡的角色一樣，能親自到香港看看；但也像那些角色一樣，害怕會被拒絕。但我的擔心根本是多餘的。我終於得嘗夙願，順利造訪香港。」3

抵達後通達四方

香港國際機場（Hong Kong International Airport，HKG）位於赤鱲角，就像東尼在《波登過境》形容的，「是中國內陸和亞洲其他地區的前廊⋯⋯大型的中途停留站、知名的轉機點。」4就旅客量來說，這裡是全世界最繁忙的機場之一，每天都有英國航空、維珍航空、新加坡航空、大韓航空以及數十家知名航空公司的飛機在這裡降落。

如果要從機場前往市中心，可以搭乘計程車或接駁車，或是請住宿的飯店預先安排接送的箱型車。支付約200美元的費用，半島酒店（Peninsula Hotel）就會派司機前往顧客所在的出口，並且用電動車護送顧客通過行李區和海關，進入特殊的大型豪華轎車停車區，接著再駕駛附有Wi-Fi、瓶裝水和擦臉冷毛巾的勞斯萊斯Ghost車款，將顧客送到飯店），或者你可以搭乘香港機場快線（Airport Express），這條鐵路路線直達香港市中心，車程約25分鐘，票價約115港幣／15美元。

---

3. 出自《波登闖異地》第1105集：香港。
4. 出自《波登過境》，第1季第3集：香港。

港鐵（Mass Transit Railway，MTR）共有十條路線，旅客可以放心搭乘前往城市各個角落，既舒適又安全，指標和廣播有英文、廣東話和普通話版本。

「當地人談到地鐵系統的方式熱情十足，會讓你覺得，好像只要每次他們一提起地鐵，就可以領到獎金似地。港鐵很乾淨，指示也很清楚，可以讓你輕鬆又舒適地前往六十個站點。」5 在車站內可以購買車票和參考地圖。

在香港很容易就能招到計程車，不過可能會塞車（而且費用昂貴）。Uber的服務範圍包括九龍和中環，而如果要在兩地之間移動，搭乘天星小輪橫越港口既浪漫、有效率又便宜，不論方向，單程票價大約3港幣／0.4美元。

在編寫本書的當下，香港正處於政治動盪和長期抗爭的狀態，時不時會中斷機場服務和大眾運輸系統；在規劃前往旅遊之前，請留意新聞報導和詢問所屬國在當地的大使館。

燒臘醉雞和全新的老味道

「我常常被問到：『全世界最厲害的美食之都在哪裡？』我總是回答，如果你的答案是香港，沒有人會反駁。」

再興燒臘飯店、甘牌燒鵝

一踏上香港，東尼就立即直奔狹小又擠滿人的再興燒臘飯店。這家廣東叉燒店有超過一個世紀的歷史。

如果想要嚐嚐其他種類的叉燒，不妨在甘牌燒鵝享用午餐，眾所皆知這裡有最好的鵝肉和豬肉，而且是米其林一星美食。

「沒錯，我喜歡吃豬肉，我也知道自己常說豬肉有多好吃，它是世界上最棒的美食之一。但說實在的，我得承認，最棒的美食其實是鵝肉。」6

---

5. 出自《波登過境》，第1季第3集：香港。
6. 出自《波登過境》，第1季第3集：香港。

強記大牌檔、勝香園

「毫無疑問，對於金錢和時尚新事物的追求，正逐漸在吞噬過去。在過去尚未消逝之前，我們仍記得，昔日的香港人會在大牌檔用餐。那裡提供平價美食的露天攤位，拿張塑膠凳子、開罐啤酒、大火加熱炒鍋。」

在《波登闖異地》中，廚師曾蓋傑（Gazza Cheng）向東尼解釋，大牌檔的意思是「有牌照的大空間」。就如上述引文提到的，隨著追逐新事物的步調加快，在2018年，整個香港只剩下二十八間有牌照的大牌檔，其中一間就是曾蓋傑經營的強記。嚐嚐看醉雞：「剁成一塊塊的雞肉，放入火鍋中，和中藥藥材及藥草一起燉煮，這對身體一定很好。」[7]接下來是放入用魚肉加澱粉製成的魚蛋，上頭擺著中式酥脆炸麵包棒──油條。

另一間大牌檔叫做勝香園，菜單盡是特定類型的療癒美食：蕃茄湯通心粉，配上煎蛋和餐肉；厚片西多士（吐司），上面擺放一大塊奶油並淋上蜂蜜；還有一種加入淡奶的茶飲叫做港式奶茶，當地稱為「絲襪奶茶」，這個名稱由來是製作過程中會用到的形似絲襪長形濾網，而飲料的色澤也很像絲襪的顏色。

廟街夜市

「香港對我來說是個完全陌生的世界，起初我有點不太適應。我迷路了嗎？並沒有。我發現自己在廟街閒逛，這裡以夜市和街頭小吃聞名，讓人忍不住想大口咀嚼，這完全是出於直覺的反應。」[8]

廟街夜市是香港僅存的大型夜市，有各式各樣的服飾和紀念品小販、街頭藝人，還有在吳松街及廟街，也就是廟宇建築物的北邊，有很多攤販在賣麵食、海鮮、湯品、燒臘和烤肉、冰啤酒以及甜食，供圍著小塑膠桌坐在凳子和折疊椅上的顧客享用。

---

7. 出自《波登闖異地》第1105集：香港。
8. 出自《波登不設限》，第3季第13集：香港。

東寶小館

在渣華道的傳統市場，你會在北角區找到熱鬧又雜亂的廣東海鮮餐廳東寶小館[9]。「我敢拍胸脯保證，這裡就是美味的代名詞。什麼都很好吃，尤其千萬別錯過墨魚義大利麵，實在太讚了。還有記得要先訂位，這裡總是擠滿了人，來一趟你就知道為什麼了。」

劉森記麵家

「劉森記麵家目前由家族第三代經營，他們一貫堅持以手工製作餛飩，並且用極為費力且耗時的傳統方法製作竹昇麵。劉森記麵家是香港為數不多仍遵循古法的店家，非常讓人敬佩。而且相信我，完美的麵就是這樣做出來的。」[10]

劉森記麵家的竹昇麵是以小麥麵粉、鴨蛋和雞蛋以及油製成。老闆劉發昌和兄弟一起經營這家店，他將麵團混勻後，坐在巨大竹竿的一端來按壓麵團，施加適量的壓力，讓麵條和餛飩皮緊實而有彈性，這樣的製作過程非常考驗體力，有時甚至是種折磨。

店裡的雲吞包滿豬肉和一整隻蝦，麵上則是灑滿蝦卵。

Happy Paradise

「主廚兼經營者周思薇（May Chow）是 Happy Paradise 的幕後創意主腦，這家餐廳及酒吧主打以現代技術烹調傳統廣東料理。煸炒蝦仁佐盤烤南瓜、蝦籽和蝦油；三分熟茶燻乳鴿佐海鹽；客家油雞放入紹興酒以小火燉煮，配上秀珍菇炒飯和香菇清湯；香煎豬腦佐燒梨子油醋汁。每一道菜都真的美味到令人震驚。」

---

9. 編註：因餐廳違規及租約問題，該店已於 2022 年 11 月搬遷。地址等新資訊請見下頁。
10. 出自《波登不設限》，第 3 季第 13 集：香港。

在《波登闖異地》中,周思薇和東尼一起坐在Happy Paradise的超現代霓虹色調的用餐空間中。「我要怎麼表現出現代風格,但又不失去原本的精神?」她這樣問道:「我覺得就連香港人也不太常做這些菜了,因為這些料理實在太傳統,所以我們想要讓古早味能再度重新流行。」[11]

● **再興燒臘飯店**:香港灣仔軒尼詩道265-267號祥興大廈,電話:+852 2519 6639,www.joyhing.com(一般單份鵝肉或豬肉加白飯價格約47港幣/6美元)

● **甘牌燒鵝**:香港灣仔軒尼詩道226號,電話:+852 2520 1110,www.krg.com.hk(燒鵝加白飯價格約53港幣/7美元)

● **強記大牌檔**:香港深水埗耀東街4號舖,電話:+852 2776 2712(一餐價格為20-40港幣/2.5-5美元)

● **勝香園**:香港中環美輪街2號,電話:+852 2544 8368(一餐價格為20-40港幣/2.5-5美元)

● **廟街夜市**:香港佐敦廟街,www.temple-street-night-market.hk(無固定價格。)

● **渣華道街市的東寶小館**:香港謝斐道303號凱聯大廈2樓,電話:+852 2880 5224(餐點價格為88-233港幣/11-33美元)

● **劉森記麵家**:香港深水埗桂林街48號,電話:+852 2386 3533(麵食和餛飩價格為30-50港幣/3.5-6.5美元)

● **Happy Paradise**:香港中環士丹頓街52-56號,電話:+852 2816 2118,www.happyparadise.hk(料理價格為78-220港幣/10-28美元)

---

11. 出自《波登闖異地》第1105集:香港。

上海

東尼去過兩次上海，分別是在2007年拍攝《波登不設限》，以及2015年拍攝《波登闖異地》。這兩趟旅程對比呈現出的變化步調，讓他大為吃驚。

「上海是個經濟爆炸性成長的大都會，在這裡，隨著新建物越蓋越高，老房子一間間倒下。在這裡，為了要迎來躍身世界首都這勢不可擋的未來，歷史必須要讓步。」[12]

「如果你和我一樣住在曼哈頓，而且自認為住在世界的中心，那麼上海的現況會讓你懷疑自己的想法。拐進小巷裡，你會看到古老的文化，混雜著有數世紀歷史的飲食傳統、香氣與味道。另一個街區外，則是下面這幅景象：一個超現代的大都市，不停作響的收銀機，有無數的財富、奢華，各種商品和服務，數量之多，就連最貪婪、最追求物質享受的資本主義者也難以想像。」[13]

上海是座有兩千五百萬人口的城市，長江的支流黃浦江將其一分為二，成為老城區和新區。老城區位在黃浦江西岸，包含外灘一帶，沿著河岸有數十棟歷史悠久的建築，曾是西方各國的銀行、貿易公司、出版社和領事館，也有中國的銀行和政府機關。東岸有建築林立且人口最密集的浦東區，字面上的意思就是「東側河岸」，這裡是上海環球金融中心和數棟摩天大樓的所在地，構成了上海知名的水岸天際線。

抵達後通達四方

上海有兩大機場，分別是以國際航班為主的浦東國際機場（PVG），以及有少數國際航班和多個地區性及國內航線的虹橋國際機場（SHA）。

---

12. 出自《波登不設限》，第3季第4集：上海。
13. 出自《波登闖異地》第401集：上海。

　　浦東機場是中國東方航空的基地，也是中國最繁忙的國際機場。如果要從浦東機場到30公里外的上海市中心，可以搭乘磁浮列車、地鐵、多個路線的公車，或是利用高速鐵路或跳錶計程車；搭乘計程車的車程約40分鐘，費用為170–240人民幣（24–34美元），視目的地而定。不一定要給計程車司機小費，但建議支付整數的車資並省去找零。

　　有關陸上交通的詳細資訊，可參考www.shanghai-airport.com。

　　如果你是從中國境內其他地區前往上海，可能會在虹橋機場下機，這裡也是中國東方航空的基地。機場距離市中心約13公里，可以搭乘地鐵、公車或跳錶計程車前往，後者的車程大約30分鐘，平均車費約100人民幣（15美元）。請參考www.shanghai-hongqiao-airport.com以瞭解陸上交通的詳細資訊。

　　上海有相當出色和完善的大眾交通系統，包括由多間公司營運的超過一千條公車路線、十三條路線的地鐵系統（還有更多路線在建設中），以及跳表計程車。上海大眾運輸系統的官方網站是www.service.shmetro.com，不過如果你來自美國，還是建議你參考www.chinatravelguide.com這類的商業網站。

不可錯過的上海菜
──「中國麥特」推薦

　　在東尼造訪中國大陸、香港和其他某些亞洲地區時，他的旅伴和嚮導都是麥特・華許（Matt Walsh），這位美國記者在香港長居了二十年，因此東尼和製作團隊幫他取的暱稱就叫做「中國麥特」。

　　「要特別說明的是，很多上海餐廳會有好幾道菜是屬於四川菜系。」華許解釋：「上海和四川分別位在長江兩端，有很多經典菜色

沿著長江往下傳，並經過在地烹調方式改良，就是為了配合當地口味而變得較為溫和。麻婆豆腐、干煸四季豆和口水雞，就屬於這一類的料理。」

華許分享了他所謂的「其他不可錯過的上海菜精選名單」：

獅子頭：這種「像獅頭一樣的肉丸」是以豬肉製成，並且用薑、蔥、芝麻、醬油和糖調味。

雪菜毛豆百頁：豆腐「葉」（其實是切成薄片）加上毛豆和雪菜，後者是一種切成末的醃芥菜。

燻魚：雖然字面上的意思是「煙燻的魚」，但這道菜其實是經過油炸後，在室溫下浸泡過醬料，才會做為開胃菜端上桌。

生煎包：油煎發酵麵團包子，內餡包有調味過的豬肉，在鍋中稍微高溫快煎後再蒸到全熟。

東坡肉：豬五花放入醬油、米酒和高湯中燜燒，並以糖、薑、大蒜、蔥和八角調味。這道菜比較算是附近的杭州菜系。

龍井蝦仁：將河蝦與龍井茶葉一起拌炒，這道料理也屬於杭州菜系，不過在上海一帶很常見。

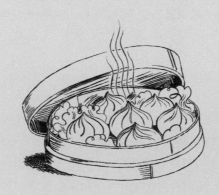

毛蟹：又稱作中華絨螯蟹，因為螯上有棕色絨毛。毛蟹是一種會挖洞的河蟹，會在農曆九月和十月出沒（並遭到飢餓的人類獵捕），通常是落在陽曆九月到十一月之間。毛蟹令人盛讚之處在於鮮美的肉質和金黃色的蟹卵，傳統吃法是蒸熟後，佐以簡單的醋和薑做為醬料。

最知名的「頂級」毛蟹產地是在上海之外的陽澄湖，陽澄湖毛蟹受到嚴格控管以防止偽造；然而，如果螃蟹是在其他地方養殖，之後才放入陽澄湖過水，依法還是可以視為「真正」產自陽澄湖，這種認定法真是令人想不透。

小籠包：字面上的意思就是小小的湯包，我記得東尼把這道料理稱為「世界上最完美的食物。」

首屈一指的人氣美食

「經典的上海美食是什麼？有什麼特色？通常都是焦黑或深色，充滿油、醬油和糖的濃郁風味。上海長期以來都是個移民城市，而上海的食物也反映出這樣的菜系：融合來自鄰近浙江省的移民，他們以大量使用糖、醬油和醋聞名，以及來自江蘇省的移民，以善用新鮮食材和悉心保留料理鮮味而聞名。上海菜則汲取了這兩者最出色的特點，有絕佳的醬料，以及絕佳的食材。」

富春小籠

說到湯包或小籠包，富春小籠幾乎無人能敵。

「小籠包，字面上的意思是『蒸籠裡的小包子』，不過我腦中的翻譯版本是『如果你搞不清楚自己在吃什麼就會燙傷舌頭和喉嚨的幸福小枕頭』。說真的，造訪中國的原因有百百種，對我而言上海更是如此。看看這些完美的

小寶貝?單是這些小籠包就值得我來一趟。」14

「不可思議的是,製作湯包需要以超越常識或至少不太符合物理原則的技術——用精細手工做出薄如紙片的麵皮,然後包裹住滾燙的清湯和鮮美的肉餡。這是怎麼做到的?基本上,富含膠質的清湯是以豬高湯製成,冷卻變成固體後混入內餡。在蒸熟的過程中,清湯會融化成美味又燙口的極品。雖然危險,但卻是超乎想像又難以形容的美味。」15

滴水洞

「除了湯包以外,從上海回來的狂熱老饕最推薦的美食應該就是孜然排骨了。想吃這道美食,你該去的地方叫做滴水洞。

製作這道料理需要兩位廚師同時上工,其中一人用熱油炸排骨到適當熟度,另一人用炒鍋爆香薑、孜然和其他香料,接著放入排骨。如果你很享受所謂的「鑊氣」,可以盡量坐在靠近廚房的位置,品味那股若有似無、瞬間消散的香氣,那就是炒鍋本身的風味。」16

●**富春小籠**:上海市靜安區愚園路650號,電話:+86 21 6252 5117(六顆豬肉小籠包價格為12人民幣/約1.7美元;一餐價格為85-110人民幣/12-15美元)
●**滴水洞**:上海盧灣區茂名南路56號,電話:+86 21 6253 2689(孜然排骨價格為 60人民幣/8.25美元)

---

14. 出自《波登闖異地》第401集:上海。
15. 出自《波登不設限》,第3季第4集:上海。
16. 出自《波登闖異地》第401集:上海。

四川省

「我喜歡四川省。它位在中國西南部,距離北京有數千公里之遙。此區的土地肥沃又富饒,被稱為中國的糧倉。」[17]

「四川集我喜愛的各種中國特色於一身,既辛辣又刺激。老天,我真是愛死了這裡的食物。傳統和現代的事物相互激盪;中產階級人數爆增;歷史悠久綿長;還有足以把你烤焦冒煙的極辛辣食物。」

大約每年,東尼會有一次帶著他的好友艾瑞克・里貝特(Eric Ripert)——紐約米其林三星餐廳Le Bernardin的主廚,一起拍攝電視節目。不知從何時開始,東尼惡作劇地戲弄艾瑞克漸漸變成這幾集節目的看點,而將這種互動方式發揮到最淋漓盡致的,就是2016年兩人一邊在四川吃吃喝喝一邊拍攝的《波登闖異地》時。

「我之前就在想,如果再去一趟四川,我應該要帶個朋友一起去。這個人最好要不太習慣當地食物常見的辣度,而且從來沒去過中國,也不習慣那裡的行事作風。當然,我說的就是艾瑞克。」

為了讓里貝特做好面對後續幾天的準備,東尼這樣提醒他這位越來越不安的好友:「這裡非常重視飲酒文化,所以如果我們要去吃比較正式的一餐,你的酒力會是別人評斷你的依據,懂嗎?像是你的男子氣概、屌的大小,還有你生而為人的價值。」

抵達後通達四方

雙流國際機場(CTU)位於四川省的首府成都,這裡是中國國際航空以及四川航空和成都航空的基地,有來自中國眾多都市和亞洲各地的城市的直飛班機,也有直飛航班是來自芝加哥、洛杉磯、紐約、舊金山、溫哥華、幾處

---

17. 本節引用內容皆出自《波登闖異地》第803集:中國四川。

主要的歐洲城市，以及澳洲多個城市。

　　機場距離成都市中心約16公里；抵達之後，可以選擇花費60–80人民幣（9–11美元）搭乘跳錶計程車、搭乘三條市區公車路線之一，或是高速鐵路，單程票價大約為11人民幣（1.5美元）。鐵路和地鐵的相關資訊可參考www.chengdurail.com，而www.chinatravelguide.com是最方便取得公車相關資訊的網站。

在成都大啖美食

　　「在四川談到料理時，有兩種食材已經是當地烹調大部分料理不可或缺的一部份，它們分別代表兩大風味元素。首先是四川花椒，帶有濃郁的花香，還會讓人感到刺痛、頭暈腦脹、嘴巴麻木，這種現象叫做『麻』。而二荊條或更辣的朝天椒這類紅辣椒，則是帶有『辣』味。所以，你可以這樣想像，辣就像有虐待狂的女魔頭用乳頭鉗折磨你，同時花椒帶來的麻則讓人狂喜不已，如同有位淘氣的護士在為你冰敷般。」

小名堂担担甜水麵

　　「在這裡品嚐美食，就要從麵食開始。成都最知名的就是像小名堂担担甜水麵這種小店，店名指的就是深受眾人喜愛的成都麵點。」

你可以造訪這間成都迷你連鎖店的任何一間分店，盡量習慣當地人的口味。在這裡你能嚐到經典的擔擔麵，這道小吃是將小麥製成的麵條拌入辣油、調味過的豬絞肉，以及層次豐富的醬料，在甜味、酸味、苦味、鹹味和香料之間達到絕妙平衡。

天添飯店

在天添飯店，不妨把握機會用有嚼勁的泡椒鳳爪來暖身一下。「辣子雞字面上的意思就是『辣味雞肉』，不過對品嚐者來說，這道料理其實就像一場遊戲，食客得在一大堆辣到要人命的辣椒中找到小小塊的雞肉。你看，全家人都可以一起玩！『那是剁碎的雞丁？還是核彈級的辣椒籽堆？』」

「對我來說，四川菜的極致，也是我的終極最愛，答案可能蠻出乎大家意料的，那就是豆腐料理。傳說中的麻婆豆腐，是以豬或牛絞肉加入切成方塊的豆腐，並以層次豐富、深層細膩、辛辣卻又令人滿足的醬料拌炒，裡頭有辣油、豆瓣醬、蒜苗、四川花椒粉和味精。如果這道菜做得好，那就是極品。喔，實在太好吃了，所有的食材都達到完美平衡。我真的很愛、很愛、很愛這道菜。」

火鍋

在四川地區，有一道料理幾乎人人都愛，全家人或一群朋友可能每週都會共進至少一次這樣的午餐或晚餐，那就是四川火鍋。

「仔細看，看清楚那道最華麗也最經典的四川料理最深處。辛辣，辣到足以灼燒你的靈魂。」

「火鍋的吃法是這樣的，先點一大堆食材，像是肉類、蔬菜、麵條、魚，想吃什麼就點什麼。接著再把這些食物丟進鍋子。內鍋是比較清淡的白湯，外鍋則是真正的好料，口感辛辣濃郁。」

「豆腐、海帶這種常見食材，以及各種肉類和魚肉都混在一起煮。還有，該怎麼說呢？總之就是一些西方人的味蕾不太熟悉的食材。火鍋會越煮越濃郁，辣度也會更強烈──美味卻難以預測的香料淤泥就這樣沉積在這鍋辣岩漿的底部。」

● **小名堂担担甜水麵**：成都市青羊區騾馬市將軍街1號（無電話、無網站，擔擔麵價格約10人民幣／1.4美元）

● **天添飯店**：成都市武侯區玉林東街，電話：+86 28 8557 4180（一般盤菜價格為12–40人民幣／2.5–5.75美元）

● **重慶兩路口火鍋**：成都市高新區紫竹北街2號，電話：+86 28 8556 1337，www.cdliangkuo.com（火鍋價格約每人80人民幣／12美元）

9

克羅埃西亞
CROATIA

東尼熱愛閱讀，他通常會在造訪一個地方前，先大量閱讀當地的歷史和文學作品，這樣他可以更瞭解當地人民和事物的背景，也讓他更能體驗與理解當地的文化及傳統。為了拍攝《波登不設限》的克羅埃西亞特輯，東尼讀了麗貝卡・韋斯特（Rebecca West）的《黑羊與灰鷹》（*Black Lamb and Grey Falcon*），這本共兩冊的著作詳細描述了她在1937年走遍巴爾幹半島國家的六週冒險旅程，並在德國入侵南斯拉夫前夕出版。

東尼所蒐集到的後續資訊，來自「全天候播放的有線電視新聞，內容是關於近二十年前發生的戰爭」，指的是導致前南斯拉夫國分裂的巴爾幹半島或南斯拉夫戰爭，1990到2001年間至少有十萬人因此喪生。

「我對克羅埃西亞料理毫無概念，腦中一片空白。我隱約知道這裡很久以前曾經是羅馬或威尼斯帝國的一部分；景色很美，但我知道的就是這樣而已。」1

「老實說，如果你愛吃美食，卻從沒來過這裡吃東西，那你真的錯過太多了。這裡有世界級的美食；有世界級的葡萄酒；有世界級的起司。接下來克羅埃西亞一定會成為熱門的旅遊國度，如果你沒來過這裡，就是個大白痴。我也是大白痴。」

對於想要享受地中海夢幻假期，並避開歐洲熱門觀光地區人潮的人來說，

---

1. 本章引用內容皆出自《波登不設限》，第8季第3集：克羅埃西亞。

位於克羅埃西亞南部的達爾馬提亞（Dalmatian）海岸確實很有吸引力，不過東尼的旅程主要是集中在北部和中部的海岸地區及島嶼，這些區域人煙稀少，也擁有更豪華的環境、設施和景色等。

抵達後通達四方

札格雷布（Zagreb）的弗拉尼奧・圖季曼機場（Franjo Tuđman Airport，ZAG）是克羅埃西亞規模最大、也是最繁忙的機場，位於境內的中北區，距離羅維尼（Rovinj）約3小時的車程，東尼在《波登不設限》就是從這裡開始探索克羅埃西亞的眾多沿岸景點。

札格雷布機場是克羅埃西亞航空（Croatia Airlines）的主要據點，也有其他來自歐洲和中東城市的航班，如英國航空、卡達航空、塞爾維亞航空、荷蘭皇家航空，法國航空等等。

從機場搭乘跳表計程車前往札格雷布市中心的車資約150庫納（Kuna）或約25美元，車程為15到25分鐘。這裡沒有收小費的習慣，不過國內的薪資普遍偏低，因此建議給予百分之五到十的低額小費。此處也有往返於機場和札格雷布公車站的接駁巴士，票價為30庫納（約4.5美元）；詳細資訊請參考www.plesoprijevoz.hr/en。

如果你打算在美麗、歷史悠久又能輕鬆遊覽的札格雷布市區待上一段時間，可以步行或利用巴士和路面電車系統（請上www.zet.hr/en查詢路線、時刻表和費用，票價範圍為4–15庫納或0.6–2.25美元）。

里耶卡（Rijeka）被視為通往克羅埃西亞各島的門戶，儘管你可以從札格雷布搭乘克羅埃西亞鐵路（Croatian Railways）前往當地，車程約4小時，票價大約為111庫納（17美元），但如果你想要好好探索海岸，還是得在抵達後租車。

需要特別注意的是，克羅埃西亞並沒有加入歐盟，部份飯店和餐廳可能願意收取歐元，但依法並無此規定。

擁有海景的住宿與餐廳

巴斯克那精品飯店

　　位於亞得里亞海有綿長海岸線的帕格島（Pag），有起伏的丘陵、崎嶇的岩石和翁鬱的森林，你可以在這裡找到完美展現克羅埃西亞待客之道的飯店。

　　「巴斯克那精品飯店（Hotel Boskinac）座落在山丘深處，一眼望去就是這番美景，說真的，這裡實在是太美太狂了，還有克羅埃西亞最頂級之一的餐廳。」東尼這麼形容。

　　這裡的空間相當私密，只有11間客房和套房。飯店內設有酒莊，附近則有橄欖園和起司工坊。廚師及釀酒師鮑里斯·蘇利奇（Boris Suljic）端上桌的料理包括土鍋燉煮章魚佐蕃茄、大蒜、馬鈴薯和白酒；羊肚和紅蔥，義大利培根（pancetta）和胡蘿蔔一起慢煨，直到變得軟嫩；手作義大利麵佐燜燒羊肉、加入章魚乾的義大利烘蛋（frittata）以及當地的多種起司。

　　「如果你喜歡義式料理，那麼你已經完成探索克羅埃西亞美食百分之九十的旅程了。看看眼前各式各樣的帕格島起司，全都是用這群快樂綿羊的奶製作，牠們鎮日吃著島上特有的香草植物和帶有鹽分的草，這些起司真的會讓人滿足到升天。這裡有世界級的美食、世界級的葡萄酒、世界級的起司。從我們坐下來的那一刻開始，所有的一切都讓人讚不絕口。」

Konoba Batelina

　　克羅埃西亞廚師及餐廳老闆大衛·斯科克（David Skoko）會親自出海捕魚，並在自家家族經營的餐廳Konoba Batelina料理。斯科克的職志是找出被忽視和低估的海鮮食材。

　　「這附近值錢的漁獲是鱸魚，但那不是我們要的。我們要找的是跟著漁網一起撈上等的『垃圾魚』，也就是漁民把好貨都賣掉之後剩下拿來煮的漁獲。這間家族經營的餐廳最近因為登上料理節目《廚神當道》（MasterChef）

而爆紅，讓他們一直以來的拿手好菜變得大受歡迎。大衛和母親艾達以精湛的廚藝，運用之前都沒人能看上眼的食材做出了美味料理。

「這是稍微調味過的生龍蝦，新鮮到還會不停動來動去。當你吃下龍蝦尾端時，這傢伙還在盯著你看。沒錯，龍蝦算不上是垃圾魚，但是過生活總要享受一下，對吧？話說回來，鯊魚肝就沒那麼受歡迎了，但這道料理實在是被低估了，真的非常好吃。還有鮟鱇魚肚（monkfish），這名字聽起來就像走進剛有人抽完大麻的電梯裡一樣，充滿刺鼻、難聞的味道。但你知道嗎？其實超好吃的，我從來沒在其他地方吃過這樣的料理。」

餐廳的內部裝潢低調而溫馨，店內只收現金，顧客須事先預約，且菜單會根據當天的漁獲而有所變動。

Bibich Winery

「普拉斯托佛（Plastovo）位在斯克拉丁（Skradin）的山區，是個寧靜的漁村。不過值得一提的是，這裡的海拔高度和亞得里亞海另一端的義大利托斯卡尼一樣。位於此處的比比奇（Bibich）家族酒莊，它的食物、葡萄酒，一切的一切，都讓我非常滿足。」

艾倫（Alen Bibich）和薇絲娜・比比奇（Vesna Bibich）共同經營著歷史非常悠久的家族事業，「我的家族在這裡定居已經好幾個世紀，我們從事釀酒至少有五個世紀之久。」艾倫向東尼說道：「這裡是地中海，真正的地中海，陽光很充足，葡萄裡有很多糖份。我們位居海拔二百二十公尺的高度，背山面海，所以夏季每晚都有像這樣清新涼爽的微風吹來，這也讓我們的葡萄酒能保持酸度和香氣。」

比比奇家族在巴爾幹半島定居數世紀，這也意味著他們看盡長達數世紀的衝突和變遷。事實上，該家族所擁有的土地，曾被視為是義大利、匈牙利與塞爾維亞的領土，而現在則屬於克羅埃西亞。艾倫和薇絲娜自認是達爾馬提亞人（Dalmatian），這種古老部落的身分認同超越了地緣政治。近代的巴爾

幹半島戰爭重創了比比奇家族的地產，他們的家園位於衝突的最前線，最後變得到處都埋有地雷，多處遭到損毀，也有很多地方需要在戰後重建和移植。

如今旅客可以在此享受「由十二道極其精緻的餐點所組成的盛宴，並配上同樣也是極品的葡萄酒。」比比奇的大廚端上桌的料理包括在地生蠔佐伍斯特醬（Worcestershire）沫、檸檬粉、鱒魚卵佐小黃瓜雪酪，以及煙燻鹹味優格佐大蒜泡沫。

如果你夠幸運，就可以品嚐到他們超濃郁的肉醬斯克拉丁燉飯：

「如果你夠瞭解我，就會知道這是我的最愛：以小火慢慢、慢慢、慢慢煨的小牛肉醬，裡面還加了其他幾種屬於商業機密的肉類。這鍋肉醬已經煮一整天，從太陽還沒升起就開始煮了，必須細心顧火和時常攪拌。接著倒入米，再繼續輕柔、細心地攪拌，燉煮至恰到好處，當然最後要灑上帕格島起司，這道料理的香氣瀰漫整個院子，不論是人或動物，只要聞到就會欲望衝腦。這是我在這個國家吃到最棒的食物。」

● **巴斯克那精品飯店（Hotel Boskinac）**：Skopaljska Ulica 220, 53291 Novalja– Pag Island，電話：+385 53 663500，www.boskinac.com（客房價格約每晚 1,500 庫納／223 美元起）

● **KONOBA BATELINA**：Cimulje 25, 52100 Banjole，，電話：+385 52 573 767（一餐平均價格約每人 250 庫納／37 美元）

● **BIBICH WINERY**：Zapadna Ulica 63, Plastovo, 22222 Skradin，電話：+385 91 323 5729，www.bibich.co（午餐品嚐菜單加上配餐葡萄酒價格為 1,120 庫納／170 美元；晚餐品嚐菜單加上配餐葡萄酒價格為 2,240 庫納／335 美元）

10

古巴
CUBA

✈

「我從小認識的古巴是這樣的：飛彈危機。『壓低身子找掩護。小朋友，快躲到桌子底下。用溼報紙把自己蓋住，因為我們死定了。』我們是兩個永遠都處在戰爭狀態的國家。」[1]

超過半個世紀以來，美國和古巴之間的關係因為經濟和旅遊禁令降到冰點，雙方基本上完全沒有外交關係。

不過到了2014年末，風向開始轉變。當時的美國總統歐巴馬在白宮內閣會議室發表演說，並宣佈：「從今天開始，美利堅共和國要改變與古巴民眾的關係，這是五十多年來針對我國政策所進行最重大的改變，我們將會終止數十年來無助於推動雙方利益的過時做法，並轉而使兩國之間的關係開始正常化。透過這些改變，我們寄望能為美國和古巴民眾創造更多機會，並且打開美洲各國之間的新篇章……面對古巴民眾，美國願意伸出友善之手。」由此可以感受到未來充滿了不確定性。

在此之後，開放旅遊、自由通訊以及兩國間維持友善關係的一絲希望，卻因為後來執政的共和黨強硬更動政策路線，而蒙上一層陰影。在古巴首都哈瓦那的美國大使館，曾發生神秘的聲波攻擊，嚴重影響大使館員工和其家人的健康。在短暫的開放之後，於編寫本書的當下，根據「人民對人民」[2]的規定，美國公民又再度被禁止前往古巴旅遊，而且古巴裔美國人寄錢給古巴

---

1. 出自《波登闖異地》第601集：古巴。

家人的嚴格上限規定又再次生效。在美國國務院內，甚至有人建議將古巴重新列入支持恐怖主義國家名單。

換句話說，美國公民仍然可以前往古巴，但必須符合十二項經核准的旅遊類型的其中一項，而且所有大型航空公司都有固定航班飛往哈瓦那和一些古巴的機場。造訪古巴並非不可能的任務，東尼甚至認為古巴是值得推薦的去處。

「不論你對古巴政府的觀點是什麼，或對過去五十五年又有何看法，但全世界沒有任何一個地方看起來像這樣。這裡相當迷人。此處的未來充滿潛力，但過去的印記也無所不在。建築、汽車、整個制度和社會體系，大部分都還停留在昔日的時光。」

「我去過非常多地方，但我還真想不出有什麼地方比哈瓦那更少遭到時間的摧殘。不管你對其他方面有什麼意見，我要說：這裡很美，美得令人心碎。古巴人真誠、友善、極富好奇心，幾乎對所有事都很有見識。如果可以，你真的應該來這裡看看，盡可能觀察一切，不論是好的壞的都要仔細端詳，因為這裡很美，而且它還依然存在，我們仍有機會能親眼目睹。」[3]

抵達後通達四方

何塞・馬蒂國際機場（José Martí International Airport，HAV）是哈瓦那的機場，位於市中心西南方14公里的博耶羅斯區（Boyeros）。這裡是古巴規模最大、也最繁忙的機場，海外班機絕大多數都是在此降落。話雖如此，島上其實共有10座機場，多數都位在特定的度假區，而且全都有國際和國內航線。

---

2. 編註：「人民對人民」（people to people）是鼓勵美國公民透過與古巴人民進行文化交流、學習、人道援助等方式，加深對古巴的了解和支持。但在2017年，美國政府宣布重新限制美國公民的古巴旅遊和商務活動，並實行更嚴格的「人民對人民」規定。
3. 出自《波登闖異地》第601集：古巴。

　　從何塞‧馬蒂國際機場出發，如果你沒有參加旅行團，就無法預先安排的接駁巴士接送你到飯店，但你可以搭乘計程車前往目的地，車資應該會落在20–25庫克（CUC，全名為Cuban Convertible Pesos），等同於20–25美元，外加固定小費約每趟3庫克。在離開機場之前，建議先和司機談妥費用，因為大部分計程車都沒有使用計費錶。

　　也有從機場出發的當地公車可搭乘，但只有國內線航廈有站牌，而且必須使用古巴披索（CUP，全名為Cuban Pesos）支付費用，因此對於大部分的海外旅客而言沒那麼方便。

　　抵達哈瓦那之後，你可以利用共享計程車（colectivos）做為交通工具，這種計程車會依照固定路線行駛，有位子就會沿路讓乘客上車。你也可以選擇私人計程車和租車服務，價位落在每小時30至40庫克／美元。哈瓦那的市區公車系統有十七條路線，單程票價為1古巴披索（等同5美分），這樣的價格很有競爭力，不過車上難免會很擁擠，而且沒有冷氣。如果需要關於古巴大眾運輸的資訊，包括哈瓦那的公車系統，請參考可靠來源：www.cubacasas.net。

　　古巴所有的大型城市都經由鐵路系統相連，古巴鐵路公司（Ferrocarriles de Cuba）負責營運沿途的大量幹線。古巴鐵路旅行體驗的風評向來不佳，因為經常發生故障，而且不太舒適。不過，近期古巴鐵路加入了一批新的中國製車廂，這是活化國內鐵路旅行計畫的第一步。外國人從哈瓦那前往聖地亞哥古巴（Santiago de Cuba）的單程費用目前為95庫克／美元，而古巴人的費用則約10庫克／美元。請參考鐵路旅行網站Seat61.com，以瞭解更多資訊和最新消息。

在哈瓦那吃喝玩樂

　　哈瓦那的餐廳都是公有國營事業，整體來說，這些餐廳並不怎麼樣。

　　「Paladares」則是指私有餐廳，由經營者獨立營運，這類餐廳的食物和服

務通常比較好。私有餐廳曾經是見不得光的生意，從1993年起改為合法，但仍然受到政府的嚴格管控，座位和支薪員工的數量都有限制，也必須繳納大量稅額。

Paladar los Amigos

營運私有餐廳每天都要面對一連串的挑戰，但伊莉莎白・艾斯皮諾薩（Elizabeth Espinoza）證明自己有能力擔當這樣的重任。如果你打算選擇經營自己的餐廳這條複雜又困難的道路，在這個國家你就得變得像她一樣，成為強悍、堅定又努力的經營者。

「在這附近有棟鮮艷的萊姆綠建築，從整座長廊直到轉過牆角，遊客和當地人都在排隊等候進入伊莉莎白的餐廳Paladar los Amigos。在政府開放私營餐廳之後，伊莉莎白立刻開了這家餐廳。開店的規矩，就像所有充滿繁文縟節的官僚制度一樣，無時無刻不在改變，卻也越變越模糊，主要還是得取決於你認識誰。」

　　私有餐廳的菜單必須保留彈性，才能應對出多變的市場力量和時不時的物資短缺。「今天的主菜是豬肉，在這裡顯然不太可能會有肥美的丁骨牛排牛排。Masa de cerdo指的是豬肉經過醃漬、切塊和油煎；Escalope則是捶打後裹粉並油炸的豬肉排，和樹薯、米飯和豆子三種配菜一起上桌。其實當地人也會在這裡用餐，不過他們能吃得起是因為有我們這些遊客和外國人補貼飯錢。也就是說，我們付的錢比較多。這裡有兩套收費標準——外國人價格和當地人價格。」[4]

Santy Pescador

　　「以前在私有餐廳吃到的料理會是米飯和豆子，現在還會有壽司；看來世界末日不遠了。」[5]親自來一趟Santy Pescador吧，這是一間以風雨板搭建的熱門海鮮餐廳，位於城市郊區的賈曼塔斯河（Jaimanitas River）畔。餐廳最忙碌的時段是午餐，因為這時從露台看出去的景色最怡人。晚餐時段的氣氛則通常比較隨興。

● **Paladar los Amigos**：Calle M, #253, La Habana，電話：+53 830 0880（主菜價格為8–12庫克／美元）

● **Santy Pescador**：Calle 240A #3C, Jaimanitas, Havana（位於Calle 23和河之間），電話：+535 286 7039，www.santypescador.com（午餐價格為10庫克／美元，晚餐價格為20–30庫克／美元）

馬雷貢大道

　　馬雷貢大道（Malecón）是一段長8公里、有防波堤的六線道濱海公路，

---

4. 出自《波登不設限》，第7季第9集：古巴。
5. 出自《波登闖異地》第601集：古巴。

從拉蓬塔城堡（La Punta Fortress）一路延伸到阿爾門達雷斯河（Almendares River）河口，沿途有許多宏偉的老宅、飯店和公園。沿著馬雷貢大道漫步、與好友共度悠閒時光、眺望夕陽、欣賞名勝古蹟和美景、偶爾躲避打上堤防的強勁浪花，這就是最純粹的古巴體驗。在《波登闖異地》占巴特輯中，最後一個遠景跟拍鏡頭是東尼的點子，他在這系列節目精選集《PRIME CUTS》的訪談中如此解釋：

「我對古巴特輯的最後一個鏡頭非常非常滿意，因為當時我正前往某個拍攝地點，突然看到窗外的情侶們和人群、坐在海堤上遠眺大海。然後我心想，天啊，這個鏡頭太棒了。我還記得自己看到成品之後屏住呼吸說，這看起來就像編排過的畫面，是非常完美的節目結尾，完全不是那種愚蠢的總結，它展現出真實又有意義的東西，非常美麗，也充滿希望，而無需讓我告訴你該有什麼感覺。」6

拉丁美洲棒球場

「看一場古巴棒球賽一直是我的夢想。用『熱情』來形容這些球迷簡直是太低估他們了，他們深愛這項運動。一般入場的票價不到1美元，我得委婉地說，零食的選擇種類很有限。儘管如此，沒有什麼比球賽本身更重要的了。」7

拉丁美洲棒球場（Estadio Latinoamericano）可容納五萬五千人，是哈瓦那工業隊（Havana Industriales）的主場，自行組團的球迷帶著樂器來到這裡演奏加油音樂，看台上的垃圾話經常是罵聲不絕。2016年，美國大聯盟的坦帕灣光芒隊（Tampa Bay Rays）來到這裡作客，對上哈瓦那工業隊，觀賽的座上嘉賓包括時任美國總統的歐巴馬和古巴最高領導人卡斯楚（Raúl

---

6. 出自《PRIME CUTS》第6季。
7. 出自《波登不設限》，第7季第9集：古巴。

Castro），年久失修的球場也因此有機會整頓一番，雖然根據近期的消息，破舊的座位和毀損處依然可見。

中央公園

　　每一天，在哈瓦那被稱為「熱鬧角落」（la esquina caliente）的中央公園（Parque Central）中某一區，都有一群極為知識淵博且堅持己見的棒球迷「取得了官方許可，可以在此公開集會並辯論。想當然，這種討論會越演越烈，而當主管機關弄不清楚這一群人是在爭論犧牲打的效用，還是進行政治辯論，那份官方認證就會派上用場了。」[8]

● **Paladar los Amigos**：Calle M, #253, La Habana，電話：+53 830 0880（主菜價格為8–12庫克／美元）

● **Santy Pescador**：Calle 240A #3C, Jaimanitas, Havana（位於 Calle 23 和河之間），電話：+535 286 7039，www.santypescador.com（午餐價格為10庫克／美元，晚餐價格為庫克／20–30美元）

● **拉丁美洲棒球場（Estadio Latinoamericano）**：Cerro（賽程表和相關資訊請見www.baseballdecuba.com）

● **中央公園（Parque Central）**：以 El Prado、Zulueta、San José 和 Neptuno 四條街為邊界

---

8. 出自《波登不設限》，第7季第9集：古巴。

11

芬蘭
FINLAND

　　由於一位有心的芬蘭粉絲號召超過十萬名同胞透過Facebook懇求東尼前往芬蘭拍攝節目，《波登不設限》製作團隊迎來2012年新年沒多久後，就降落在赫爾辛基，當時的季節一天白晝大約只有四小時，其他時間都是一片灰暗的深藍，也就是所謂的「永夜」（kaam）。

　　「芬蘭的赫爾辛基，之前我對這個地方的瞭解實在不太……這麼說好了……正向。我知道芬蘭人是強悍的民族，強悍到足以擊退納粹和俄羅斯人，也強悍到足以面對感冒，還有難熬的氣候——漫長又陰鬱的冬天、短暫又讓人縱情飲酒的夏天。我知道這個地方的人不太會笑，甚至避免進行眼神接觸之類的。」[1]

抵達後通達四方

　　赫爾辛基機場（Helsinki Airport，HEL）是服務赫爾辛基市和鄰近區域的主要國際機場，有往返芬蘭其他地區、北歐國家和各大亞洲城市的班機。這裡是芬蘭航空（Finnair）的基地，美國航空（American Airlines）、英國航空和數家歐洲航空公司也有在此提供航班服務。

　　如果要從機場前往赫爾辛基市中心，可以選擇搭乘多條巴士路線和機場快線，單程票價為4.6歐元（5.15美元），完整的路線和時刻表資訊可參考

---

1. 本章引用內容皆出自《波登不設限》，第8季第6集：芬蘭。

www.hsl.fn/en。

　　從機場搭乘跳錶計程車前往市中心的車資大約 50 歐元（56美元），車程 21公里，費時30分鐘。芬蘭完全沒有給予司機小費的習慣，不過為了方便起見，建議可以支付整數的車資。

「乾杯、乾杯、桑拿、乾杯」

　　「我腦中最理想的選擇，會是溫暖、有棕櫚樹和熱帶飲料的地方，而且遠方還會傳來陣陣雷鬼或何大來[2]的音樂；那個地方會有像琴酒一樣清澈的溫熱海水，可以聞到助曬油的氣味，到處都是古銅色肌膚。總之，不是現在這個地方。」

Sauna Arla

　　不過在「這個地方」，去桑拿算是強制參加的活動。桑拿不僅是芬蘭的傳統文化，也是全國盛行的休閒活動，「芬蘭人最推薦的活動」就是桑拿。在冷戰時期，蒸桑拿也是確保機密對話不曝光的方法，畢竟監聽裸體的政治人物或間諜根本是不可能的事。

　　赫爾辛基第二古老的桑拿是一間叫做Arla的「痛苦室」，從1929年起就在卡利奧區（Kallio）營業至今。這裡的設施分為男用和女用，並且會輪流展示在地藝術品。顧客可以自行攜帶點心飲料；東尼帶了啤酒、琴酒和葡萄柚雞尾酒，另外還有血腸，要放在和天然氣一起製造桑拿熱氣的柴火餘燼中燒烤。

　　當然，這裡還有提供按摩服務，以及恐怖的拔罐和放血，也就是要抽出將近半公升的毒血。「於是，我們的治療師以一種讓人不安的雀躍態度戴上手術手套、放上罐子，然後開始進行刺激療法，她的小刀如曲棍球棒般鋒利，

---

2. 編註：Don Ho，原名 Donald Tai Hoy Ho 夏威夷流行音樂歌手。

毫不留情地反覆刺進我的肉裡。」

Jaskan Grilli

　　「又到了品嚐當地特產的時候了。這是肉腸、酒類、變形熱狗──就是那種當地人……這麼說好了……在爛醉如泥、身體不適時，吃了會覺得舒服的東西。所以也許他們可能，只是可能而已，對於食物比較不挑。」

　　「Jaskan Grilli 是深夜時段最熱門的店家，在飲酒圈堪稱傳奇，人人都知道這家位在芬蘭議會大廈後方的小餐車，老闆是年長的女性，販賣各種油滋滋又熱騰騰的圓盤狀和長條狀肉食，可以吸光前幾個小時下肚的酒精。」

　　「先用微波爐加熱類似餡餅的不知名肉餅，接著用力拉一下懸吊在天花板上的調味料軟管，擠出大量醬料。老兄，別吝嗇，就是要大方一點。接著，再堆上佐料，有大蒜、鳳梨、美乃滋、醬汁和某種類似起司的東西。吃下這東西的自我厭惡感絕對會讓人再跑回去繼續喝酒，但天知道，這就是我們要的那種感覺。」

●Sauna Arla：Kaarlenkatu 15, Helsinki 00530，　電　話 +3589 7192，www.arlansauna.net（入場費為14歐元／15.5美元；含毛巾）

●JASKAN GRILLI：Dagmarinkatu 2, 00100 Helsinki。無電話、無網站。（單份平均價格約5歐元／5.5美元）

12

法國
FRANCE

阿爾卑斯山霞慕尼

「法國阿爾卑斯山：一邊是怡人的義大利，另一邊就是我最怕的瑞士。距離很近，對我來說太近了，畢竟我從小就神經質地害怕阿爾卑斯山的景色、約爾德唱法、甚至是有洞的起司。」1

在2017年，東尼為了讓心情好一點，帶著大廚艾瑞克·里貝特一起前往阿爾卑斯山，拍攝這集高緯度的《波登闖異地》。

「我的好友艾瑞克就是在這樣的山裡長大，他是滑雪專家，這裡對他來說就像回到家一樣。在最近的幾個冒險旅程裡，我實在太為難他了，所以我覺得應該給他一個機會報仇才算公平。」

「我滑雪的姿勢不怎麼優雅，我只是很喜歡滑雪。在冬天和早春來到這裡就是要滑雪——這裡可是有全世界最棒的坡道。還有起司，想當然，有非常多起司。」

抵達後通達四方

前往阿爾卑斯山最近的機場是日內瓦國際機場（Geneva International Airport），舊稱為克萬特蘭（Cointrin）機場；後者仍然是相當常見的說法。

---

1. 本節引用內容皆出自《波登闖異地》第1002集：法國阿爾卑斯山。

這裡有來自數十個歐洲城市的航班，以及往返中東、非洲、亞洲、北美和南美洲部份城市的航線。這裡當然也是瑞士國際航空（Swiss International Airlines）的基地。

日內瓦機場位於瑞士和法國的邊界，因此有瑞士或法國「區」之分，區分方式是代號分別為GVA和GGV。旅客抵達和離開其中一區也許不會有護照問題，但兩區的租車費用通常不太一樣，所以在旅程結束時務必要將租賃的汽車歸還到正確的地理區，以免要支付高額罰金。

霞慕尼距離日內瓦機場約一小時車程，而如果你不打算租車，還有幾種共享和私人汽車交通選項，包括來回票價約20歐元（23美元）的巴士，以及車資可能高達500 歐元（550美元）的私人計程車。你也可以搭乘鐵路從日內瓦前往霞慕尼，單程票價為30到40歐元，不過這段路線並沒有直達車，所以大約要3小時，途中需要換線轉乘一次以上。

今晚住哪裡？

享用大量起司和在滑雪坡道大展身手之後，選在有格調的Hôtel Mont-Blanc享受一夜好眠吧！這處歷史悠久的阿爾卑斯山豪華度假聖地位在歐洲最高峰的山腳邊，從1849年就開始營運，近期全面重新裝修，升級到符合21世紀的標準。景色絕美、佈置精緻、服務周到，還有適合冬季游泳的溫水室外泳池。

簡單來說，這個極舒適的空間很適合休憩，以及緩和起司加超量肉食旅程對腸胃造成的衝擊。

● **Hôtel Mont-Blanc** 62 Allée du Majestic, 74400 Chamonix-Mont-Blanc，電話：+33 450 530564，www.hotelmontblancchamonix.com（客房價格約每晚320歐元／357 美元起）

起司

La Table de Plan Joran

「在我以前學滑雪的地方，能有雞柳條和百威淡啤酒就算是幸運了。而
La Table de Plan Joran這間有數十年歷史的高級餐廳座落在滑雪坡道上，有
高溫快煎肥肝，主菜則是經過小火快煎和盤烤的小牛里肌，佐蘑菇醬和賞心
悅目的綜合蔬菜。我獨自一人以衝鋒陷陣的氣勢吃遍所有起司，包括湯德羊
奶起司（tomme de chèvre）、湯德薩瓦低脂起司（tomme de savoie au
Piment）、新鮮山羊起司（fromage de chèvre frais），還有萊茵奶油起司（et
Cremeux des Reines），這應該是用牛奶做的。」

La Crèmerie du Glacier

滑了一整個早上的雪之後，不妨在La Crèmerie du Glacier歇腳並享用午
餐，這家典型的阿爾卑斯山小餐館是間建於1926年的瑞士小木屋，專門提
供這個地區的傳統薩瓦料理，使用的食材主要是馬鈴薯、起司和醃肉。

第一道菜：脆麵包丁佐奶油醬羊肚菌（croute aux morilles），再加上康堤
（Comté）起司。接下來則是：法頌（farçon）。「我覺得這個詞在法文裡應
該是『美味大砲』的意思，因為這道料理份量十足，而且從裡到外都非常好
吃，它是用馬鈴薯、培根、水果乾和奶油製成，放入隔水燉鍋慢慢蒸熟而成
的糕點。從這一餐就可以猜出，我們待在阿爾卑斯山的這段時間，應該會常
常吃到這種令人感到微療癒的食物。」

Hôtel Du Buet

最後，讓我們推薦……更多起司吧？「Hôtel Du Buet 的歷史悠久，來這就
是要吃起司。招牌是經典烤瑞克雷起司（raclette）和同樣經典的起司鍋
（fondue）。」前者是把一塊半硬狀態的牛奶起司放在火爐前融化後，再刮
碎加在馬鈴薯或麵包上；後者則是加入當地的艾曼塔（Emmentaler）和格魯

耶爾（Gruyère）起司、白酒、櫻桃白蘭地和大蒜。

　　這裡也是飯店，非常歡迎旅客在這棟有二十四間客房的瑞士小木屋住宿過夜。查美特（Chamet）家族已經在此經營一百三十年之久。

　　迅速吃光大約一整磅的起司，加上用起司鍋殘渣混合麵包丁、雞蛋、糖和白蘭地做成的點心下肚，接下來請準備好迎接有點丟臉的後果：由起司所引發的便秘。**「你會覺得肚子裡堆了像嬰兒腦袋瓜般那麼大的屎彈，像天殺的嬰兒腦袋瓜那麼大，這時候你一定可以體會生產的痛苦。」**

●**La Table de Plan Joran**：Domaine des Grands-Montets, Argentière, 74400，電話：+33 4 5054 0577, www.planjoran-restaurant.com（每人40-50 歐元／45-55美元，僅供應午餐）

●**La Crèmerie du Glacier**：766 Chemin du Glacier, Chamonix- Mont- Blanc, 74400，電話：+33 04 5054 0752, www.lacremerieduglacier.com（起司鍋每人 15-20 歐元／17-22美元）

●**Hôtel Du Buet**：Le Buet, Vallorcine, 74660，電話：+33 0450 546005，www.hotelbuet.com（起司鍋每人約16歐元／18美元；主菜價格為15-28歐元／17-31美元）

里昂

　　「這個故事是關於一個男人、一位廚師和一座城市……關於一個家族的系譜、家族的開枝散葉，這也是關於食物、很多很多食物的故事，而且是美味的食物，世界上最美味的食物。」[2]

　　「里昂位在法國的東南部，座落於東阿爾卑斯山和南方地中海之間的中心點。過去數個世紀以來，里昂的制度孕育出無數名全球最具影響力的主廚：

2.　本節引用內容皆出自《波登闖異地》第303集：里昂。

費南德・波依特（Fernand Point）、亞朗・沙佩爾（Alain Chapel）、尚恩・
妥格侯（Jean Troisgro）與皮耶・妥格侯（Pierre Troisgros）兄弟、保羅・博
古斯（Paul Bocuse）。此外，里昂也深深影響了絕大部分的廚師。」

「在里昂這座篤信食物具有強大力量的城市，有個名字隨處可見。隨著這
個名字而來的是榮耀、關注和數以百萬計湧入里昂的觀光客。儘管在烹飪史
上出現過眾多英雄廚師，在里昂，甚至在整個法國，有個名字的地位無人能
超越。從壁畫、橋樑、市集到法式餐館，『保羅先生』（Monsieur Paul）[3]無
所不在。」

抵達後通達四方

里昂的主要機場是里昂—聖修伯里機場（Lyon–Saint Exupéry，LYS），服
務往返法國和歐洲各大機場的航班，也有一些往返非洲、中東和北美目的地
的航線（不過並沒有與美國的直飛航線）。旅客可以搭乘路面電車機場線
（Rhônexpress）從機場前往位於市中心的里昂帕爾迪厄站（Lyon-Part-
Dieu），中途會停靠兩個站點，全程大約需要30分鐘，單程票要價約16歐元
（18美元），來回票約28歐元（31美元），12歲以下兒童可免費搭乘。路
線、時刻表和線上訂票資訊請參考www.rhonexpress.fr/en。

從機場步行5分鐘即可抵達法國高鐵里昂—聖修伯里站（Gare TGV Lyon-
Saint Exupéry），能通往里昂市中心以及數十個法國境內的目的地。

旅客也可以選擇搭乘跳錶計程車，前往市中心的路程約32公里，需費時
約45分鐘，車資則為50–100歐元（56–110美元），視交通狀況和時段而
定。在里昂街頭可以招到計程車，車站外以及幾處主要大型道路會有排班計
程車。作為法國第三大城，里昂也具有完善的地鐵、公車和路面電車系統，
路線、費用等相關資訊請參考www.tcl.fr。

---

3. 編註：即保羅・博古斯。他的家族多代為廚，以「保羅先生」之稱廣為世人熟知。

在美食之都吃吃喝喝

Reynon

「為什麼是里昂？為什麼是這裡？看看這裡的基本元素就知道了，就是那些里昂人視為天賦人權的東西。例如，他們有權亨用美味的醃豬肉，並以無法想像的美味形式呈現：肉醬、肝醬、肉腸、熟肉抹醬（riliete），堪稱是本地保留傳承的一門藝術，而且廣受喜愛。對豬肉愛好者來說，很少有比 Reynon 更值得尊敬的名號了。」

這家豬肉商從1937年開始就是家族經營的事業，在這裡可以親眼看到乾香腸（rosette）、乾臘腸（Jesus）、塞維拉香腸（cervelas）和薩博代肉腸（sabodet）的製作過程。你一定會對大師級的豬肉商其工作量、效率和完美程度讚嘆不已，並心懷敬意。如果你有機會親手試做，不妨參考東尼的做法：用黃色笑話和一口接一口的葡萄酒來掩飾自己的笨拙和失敗。

「對毒蟲來說，滿足渴望代表的是找到海洛因並狂吸不已；對一個期待品嚐美食卻未能如願的可憐人而言，能滿足他渴望的就是法國美食，尤其是里昂美食。比爾・布福特[4]的發人深省故事如下：這位作家、編輯、文學名家擁有一份完美的工作，他是知名雜誌《紐約客》的小說編輯。在年紀有點大的五十三歲時，可以說是徹底轉換跑道，他把過去的人生拋在腦後，遠赴法國學習烹飪。」（布福特撰寫關於里昂和東尼的短文，請見第119頁。）

Le Café Comptoir Abel

東尼和布福特約在 Le Café Comptoir Abel 用餐，這是一間小酒館（bouchon），也就是「里昂獨有的店型：隨性、輕鬆的酒吧兼小餐館，菜單品項有限且老派，而且總是有種樸實的氛圍。顧客來到這裡是為了休息、放

---

4. 編註：Bill Buford，在辭去《紐約客》雜誌的編輯工作後，先到紐約最具盛名的義大利餐廳從頭學習廚藝，後於里昂開辦保羅・博庫斯餐館，自1965年至2019年，多年被評比為米其林三星等級。

鬆和盡情享用美食。」

　　店內菜單盡是經典中的經典，例如里昂乾腸（saucisson chaud）佐扁豆、雞肉佐羊肚菌和奶油，以及牛排炸薯條，這些料理都是在主廚艾倫·維格納隆（Alain Vigneron）的監督下完成烹調。務必要試試里昂梭子魚丸（quenelles de brochet），「把不怎麼起眼的梭子魚剁碎，加入輕盈的麵團裡，這種混合物通常稱為泡芙派皮（pâte à choux）。將派皮烤到蓬鬆但仍帶有油光的程度，最後放入濃郁、呈奶油狀、幾乎像是濃湯的南蒂阿（Nantua）醬，這種醬料是以小龍蝦、法式酸奶油（crème fraîche）、白酒和一點白蘭地製成。」

Maison Troisgros

　　「妥格侯也是與里昂一帶其他美食巨頭齊名的人物，有些人甚至認為他們的地位不僅如此。有遠見的尚恩和皮耶兩兄弟創立的 Maison Troisgros 曾在 1968 年獲得米其林三星，從此開啟卓越的美食王朝，如今由皮耶的兒子麥可（Michel）和其子凱薩（Cesar）接手經營。」

　　「許多人把 Maison Troisgros 譽為全世界最好的餐廳，而在 1960 年代，皮耶和尚恩兄弟倆更是後來稱之為『新潮烹調』（Nouvelle cuisine）風格早期具影響力的主要創新者。」造訪時千萬別錯過妥格侯的招牌料理：鮭魚菲力配上以奶油、白酒、濃縮魚高湯、法式酸奶油，和帶有酸味及檸檬風味的酸模葉所製成的醬料。

　　「我們來看看讓他們聲名大噪的其中一項經典之作：一道真正創新、歷久不衰、歷史上最具影響力的料理。現在看來也許很簡單，但 1962 年這道菜首度出現在妥格侯的菜單時，簡直是顛覆了全世界。」

Restaurant Paul Bocuse

　　「在 1970 年代，我還是個想要成為廚師的年輕人，我設法拿到一本法國

版的保羅·博古斯經典食譜書《La Cuisine du Marché》，書中的相片讓我驚嘆連連。當時勉強翻譯出描述料理的文字之後，我很肯定自己這一生應該都做不出如此令人驚嘆的料理，更不用說還能親自嚐到了。」

當然，東尼享用這些料理的機會最終還是來臨了，而且當時保羅·博古斯大廚本人也在場，他在幾年後便不幸辭世。東尼回憶當時的情景：「今天，我獲得的待遇堪稱是我職業生涯中最光榮又傳奇的時刻。這是第一次，大概也是最後一次，我坐在這位偉人本尊身旁，而我和丹尼爾（Daniel Boulud）拿到的菜單，是一整個世紀的廚師都會不斷參考的榜樣，而且會發自內心地露出感謝、懷念和尊敬的微笑。」那份菜單包括季斯卡總統黑松露湯（以1974年至1981年的法國總統瓦萊里·季斯卡·德斯坦〔Valéry Giscard d'Estaing〕命名）、酥皮烤海鱸魚佐修隆醬（Choron Sauce）、蔬菜燉牛肉（pot-au-feu），以及真正的亮點：

「大廚彷彿聽到我內心最深層、最黑暗的祕密渴望：傳說中的皇家野兔（lièvre à la royale），這是一道幾乎完全失傳的料理，必須以極為困難的手法烹調野兔。首先要慢火細燉兔肉，接著裹上以野兔心、肝和肺肉末再加入兔血烹煮至濃稠的醬汁。經過超過6小時的烹調之後，野兔會以廚師偏好的全兔帶骨形式上桌，而濃郁美味的醬汁最後會以松露和蕁麻酒加以調味，並多次澆淋在兔肉上，直到表層看起來像是極濃醇的巧克力。這絕對堪稱是傳統料理中的聖物法櫃。」

「我這輩子再也吃不到如此珍稀的一餐了。」

●**Reynon**：13 Rue des Archers, Lyon 69003， 電 話：+04 7837 3908，www. reynonlyon.com（無固定價格）

●**Le Café Comptoir Abel**：25 Rue Guynemer, Lyon 69002，電話：+04 7837 4618，www.cafecomptoirabel.com（主菜平均價格為20歐元／23美元）

●**Maison Troisgros**：728 Route de Villerest, 42155 Ouches， 電 話：+33 4 7771

6697，www.troisgros.com（主菜價格為70-120歐元／190-225美元；品嚐菜單價格為120-500歐元／134-560美元）

●**Restaurant Paul Bocuse**：40 Quai de la Plage, 69660 Collonges au Mont d'Or，電話：+33 4 7242 9090，www.bocuse.fr（主菜價格為70-125歐元／80-140美元）

關於里昂

文／比爾‧布福特

里昂讓東尼展現出柔軟的一面。

里昂呈現出來的形象就是「世界美食之都」，不論這個稱號有沒有道理，毫無疑問的是，這座城市非常認真地看待食物。這就是東尼感到敬佩的原因：這座城市對餐飲充滿崇敬。

有一段動人的小故事發生在他造訪丹尼爾‧布魯德₅小時候用餐的學校餐廳，這些學生餐飲堪稱是食品教育的奇蹟。（巴黎的學校餐點有什麼不一樣嗎？我不知道。我們住在里昂5年，只去過巴黎3次，其中一次還是為了換新護照才去的。里昂和巴黎之間存在著數世紀之久的相互厭惡情結，在里昂人眼中，他們認為：巴黎人不懂里昂；而在巴黎人眼中則是：有必要瞭解他們嗎？）

學校餐廳教會了布魯德什麼是真正的法國料理，也教育了我們的孩子。我的雙胞胎兒子在3歲時就到這裡，隨即在當地的學校入學。

料理就是種表演：一定要有三道菜，一道蔬菜或湯品的開胃菜，一

---

5. 編註：法國里昂的知名廚師。曾於哥本哈根工作，後移居紐約，任職於紐約著名的馬戲團（Le Cirque）餐廳。於1993年自立門戶開設丹尼爾餐廳（Daniel），目前是十六家餐廳的烹飪帝國的負責人。

道有機的主菜（肉或魚，務必還要多加一個素食選項），絕對要搭配
醬汁，最後是乳製品，通常是起司。你不需要勉強吃下所有料理，但
如果你沒有吃完第一道菜，第二道菜就不會端上桌；如果你沒有吃完
第二道菜，就不會有甜點。

　　某個週日早晨，大約在我們定居3個月後，我正在做歐姆蛋。我兒
子弗雷德里克走進廚房說：「爸爸，我都不知道你會做原味歐姆蛋
耶！」在這短短的一句話裡，我發現了幾個重點：弗雷德里克現在會
用法文的爸爸（Dada）叫我；他會用法文發音歐姆蛋（omelette），
重音是放在「t」；還有，他喜歡不加任何配料的歐姆蛋。法式歐姆蛋
和美國的不一樣，不會用到攪拌器，也不會讓蛋白膨脹或硬化，而是
要煮出軟綿綿、有點溼潤，但又富有彈性的歐姆蛋。我當時就讀博古
斯學院（L'Institut Paul Bocuse），在課堂上學會了怎麼做歐姆蛋，
我的兩個兒子則是在學校餐廳學會的。

　　經典美食著作《La Cuisine Lyonnaise》出版於1920年代，作者是
馬修・法里爾（Mathieu Varille），其中介紹了歷史上里昂人的盤子裡
都裝了什麼：梭子魚丸、魚舒芙蕾、乾臘腸（saucisson）、各種雞肉

料理。書中也列出了各種規則：你必須想著自己正在吃的食物；禁止閱讀或聽音樂（1920年代還沒有手機）；禁止站立或在其他任何不是餐桌的地方用餐；禁止在用餐時喝水，你必須喝葡萄酒；一定要吃甜點；也要對其他人為你準備的料理心懷謝意。

這些是里昂人從3歲就學會的事。

東尼的《波登闖異地》里昂特輯是對保羅‧博古斯的致敬。博古斯讓東尼變得像小狗般溫馴，而東尼可不是天生就是小狗性格。

這座城市最極致的料理表現在於其孕育出的「大廚」，這個概念對美國人來說很陌生。所謂的大廚指的是全國認可的代表人物、至高無上的存在、有如藝術家的主廚、足以令人驚嘆和感到愉悅的天才。這是每位有野心的年輕廚師所嚮往的目標，沒有任何一位大廚比保羅‧博古斯還要偉大。

東尼對博古斯的敬重反映出的是他有多認真看待自己早年的專業，至少在我看來是如此。東尼以前總是會貶低自己的資歷，說那些不過是靠著腎上腺素在低階餐酒館工作的經驗。現在我則是這麼認為，他心中曾經懷有追求偉大成就的渴望，他理解那股召喚的力量。

我們的最後一晚是在燈光節（Fête des Lumière）度過，不過節目幾乎沒有收錄跟這個節慶有關的內容，去湊熱鬧絕對不是什麼好主意。

這個十二月的節慶會持續三個晚上，起源最早可追溯到1852年，是為了向聖母瑪利亞致謝。據說整個里昂向聖母虔誠禱告後，瘟疫竟奇蹟似地終結了，居民為了表達感謝，便在自家窗邊擺上蠟燭。

馬賽

「即使你去過法國，也很可能不曾造訪馬賽。」[6]東尼如此描述馬賽這座臨地中海的城市，這裡也是法國第二大城和最古老的城市。

「馬賽曾經是轉運基地，是法國殖民地交會的主要港口，例如突尼西亞、摩洛哥和阿爾及利亞。也因為如此，非洲的景色和氣味遍布整座城市。」

「眾所皆知，這裡的料理很美味，卻飽受糟糕的名聲和糟糕的歷史所苦。出乎意料地，這裡竟然是我很愛的那種地方。」

「我曾聽過一些勸退的意見：『噢，馬賽啊，還是不要去比較好。』但這是一座很美的城市。這裡聞起來很美妙，你會聞到各式各樣的糕點，有塔吉（tajine）、馬賽魚湯（bouillabaisse）和蒜味蛋黃魚羹（bourride）的氣味。而且馬賽的景色相當與眾不同，這裡的人看起來也相當有趣。」

抵達後通達四方

繁忙的馬賽普羅旺斯機場（Marseille Provence Airport，MRS）有兩座航廈，距離市中心約27公里。雖然沒有從美國直飛的航線，但可以從歐洲、中東和非洲各地轉機。

入境大廳外有排班計程車，從機場前往市中心的車程約30分鐘，車資大約為55歐元（62美元），可以給小費但不強制。遊客也可以搭乘免費的接駁巴士，從機場前往維特羅勒（Vitrolles）站，接著再搭乘法國大區公共運輸（Transport ex press régional）鐵路前往馬賽的中央車站聖夏爾（St.-Charles）站。在機場可以租車，不過馬賽的交通和停車狀況可能會讓自駕變成一場悲劇。

在市區，馬賽城市公共運輸（Régie des transports des métropolitains）負責

---

6. 本節引用內容皆出自《波登闖異地》第602集：馬賽。

管理大眾運輸系統，由地鐵、路面電車和公車路線組成。單程車票價格約1.7歐元（2美元），可以在路面電車車站、地鐵月台或上公車時購票。詳細資訊請參閱www.rtm.fr。

在市區各處都可找到在排班的跳表計程車，也可以在街上招車。

解構馬賽魚湯

在節目裡以「從漁船到餐桌」為概念的場景中，東尼及艾瑞克與延繩釣專家艾瑞克·弗羅米翁（Eric Fromion）一起出海。「還在用傳統方式討海的老一代漁夫已經所剩無幾，艾瑞克就是其中一位。他唯一的客戶是要求極為嚴格的傑哈德·巴瑟達（Gérald Passédat），也就是馬賽唯一一間米其林三星餐廳的主廚兼老闆。」

巴瑟達的祖父在1917年買下地產之後，這裡就一直是家族事業。除了餐廳之外，這裡還有一家有16間客房的豪華飯店，共有兩棟可眺望地中海的別墅，中間還設有小型泳池和寬敞的露台。

Le Petit Nice

東尼和艾瑞克為午餐蒐集生鮮食材的捕魚成果不怎麼豐碩，於是兩人搭船前往Le Petit Nice，體驗馬賽經典料理的混搭版。

「有改造、有解構，通常也有原創。馬賽魚湯毫無疑問是馬賽最知名的料理，而巴瑟達的版本共有四道菜。第一：使用生貽貝和蛤蜊的貝類生肉料理（carpaccio）。扇蝦、鱷鱂、鮏鰈、和紅魴魚經過小火快煎之後，稍微烤一下。極為濃郁的清湯需要用超過10公斤的紅黃道蟹和各種帶骨的美味小魚燉煮，才能濃縮成1公升帶有動人棕色的神奇液體。金頭鯛和細點牙鯛以海藻水蒸熟。還有番紅花馬鈴薯，最後再配上神奇的棕色清湯。」

「接著，就在我的大腦快要因為愉悅而短路的瞬間，彷彿從天堂降落顯靈的是：起司。我的老天，是起司！種類多到難以選擇，這裡至少有十幾種嗆鼻、黏稠、酸味、綿密、甜美和香濃的起司可以搭配餐點。這真是太不可思議了，感謝老天。太棒了，人生真美好，在馬賽的人生有夠美好。」

●**Le Petit Nice**：17 rue des Braves, 13007 Marseille，電話：+33 4 91 59 25 92，www.petitnice- passedat.com（午餐料理價格為120歐元／134美元，晚餐料理價格為220歐元／245美元；客房價格為每晚280歐元／312美元起）

巴黎

東尼熱愛巴黎，他在著作《安東尼‧波登之廚房機密檔案》（Kitchen Confidential）中提到，第一次造訪巴黎是在小時候，後來他也在那裡拍攝了《波登不設限》的第一集和第一百集，以及《波登過境》的巴黎特輯。東尼甚至努力想扭轉心存懷疑者的想法。

「巴黎和法國很容易引起外人的誤解……你一不小心就會落入刻板印象。不過，刻板印象就某種程度來說是真的，像是放縱、文藝、社會主義、免費醫療和度長假，還有對生活品質的追求和美國人相當不同。法國人肩負的沉重傳統是美味軟滑的起司、濃郁的醬汁、歷史悠久的葡萄酒，這些特色容易讓外人誤解當地的文化，讓人以為這裡只有奢華和淫亂。然而，巴黎不是只

有傲慢的服務生和頂級料理……巴黎人其實比想像中友善得多；美食也比想像中便宜和隨性得多等……。現在還是可以找到一些傳統美食，不過有很多煩人的傳統似乎都已經步上長毛象的後塵。」

「巴黎仍然是全世界最迷人、最美麗、最魔幻的城市之一，就像其他眾多的迷人城市一樣，在這裡當然也可能會遇到不開心的事，但千萬別讓它壞了你的好心情，避開明顯的陷阱就對了。」

「來到巴黎最不該做的事，就是安排太多計畫。像是去巴黎鐵塔、聖母院、凱旋門，光排隊就得花好幾個小時，只為了參觀大家都說該去的地方。我呢？我喜歡輕鬆地逛巴黎，尤其是如果只能在市中心待個幾天的時候。」

「大多數人一生有幸可以來一次巴黎，而把握這個機會最好的方式就是盡量少做點事。散散步、稍微迷路一下、享受微醺的早餐、小睡一會，還有如果可以的話找個人上床，別找默劇演員就對了。接著再吃點東西，喝咖啡消磨時間，也許讀本書。喝點葡萄酒，繼續到處走走、享受美食，然後再把上述這些事全部重做一次。你看，就是這麼簡單。」7

抵達後通達四方

如果你是飛往戴高樂機場（Charles De Gaulle，CDG），這個大型國際航站位在市中心東北方約26公里處，可以搭乘計程車（50–60歐元／55–67美元，加上服務良好的一成小費）直接前往飯店，或搭乘法蘭西島大區快鐵（Réseau Express Régional，RER）前往巴黎市中心的多個站點（票價約11歐元／12.25美元；所有相關資訊請參考www.easycdg.com）。另外也有通往巴黎市中心的接駁巴士（票價約18歐元／20美元；相關資訊請參考www.lebusdirect.com/en）。

如果你是飛往奧利機場（Orly，ORY），這個規模較小的國際機場位在市

7. 出自《波登過境》，第2季第1集：巴黎。

中心南方約13公里處，可以搭乘計程車（35–40歐元／39–45美元，加上服務良好的一成小費）前往飯店，或是搭乘奧利機場內線（OrlyVal）前往安東尼站（Antony），轉乘大區快鐵B線（RER B）或先前提過的接駁巴士到巴黎市中心。

如果是從法國其他地區或歐洲境內搭乘鐵路，你的目的地應該會是巴黎的七大車站之一，這七大站為：北站（Gares du Nord）、東站（de l'Est）、奧斯特里茨站（d'Austerlitz）、貝爾西站（de Bercy）、里昂站（de Lyon）、蒙帕納斯站（Montparnasse）和聖拉查站（Saint-Lazare），每一站都有計程車招呼站，並且與四通八達又高效率的巴黎地鐵（Paris Métro）系統相連。

巴黎是對行人極為友善的城市，觀察街頭風情更是一大免費享受。如果需要去較遠的地方，請優先考慮巴黎地鐵，而東尼對地鐵的評價是：「**就連像我這麼懶的人，都不得不承認這實在是有夠便利的交通方式。**」8

車站內可以購票和查看地圖，負責營運地鐵的巴黎大眾運輸公司（Régie autonome des transports parisiens RATP）開發了免費的智慧型手機應用程式，其中包含地圖、時刻表、服務通知等等，而且是英文版！所以遊客真的沒有不使用的理由。

巴黎到處都可以搭到計程車，市區各處共有128處計程車站，也有越來越多司機願意在距離招呼站50公尺或更遠處時接受乘客招攬。

如果想要在巴黎騎乘自行車，可以利用自助式自行車共享系統Vélib'：www.velib-metrople.fr）

咖啡館文化

不論你在入住飯店前是否需要消磨時間，都建議你找間附近咖啡館適應一下這裡的環境。

---

8. 出自《波登過境》，第2季第1集：巴黎。

「啊，巴黎，光之城、愛之城……或者早餐之城？對，就是早餐之城。一來到巴黎，一定要做的就是找個迷人的地方坐下來，愜意地融入巴黎人的生活步調。」

「咖啡館和法國人之間的關係這麼密切不是沒有道理的，看看這裡有什麼？咖啡和火腿三明治、朝向同一方向的整排椅子、可以望向街道的桌位，這些都是最單純的生活樂趣，不過對許多巴黎人來說，這可是消磨一整個下午的日常。我想，就是這一點完美呈現出法國的獨特之處。只要讓感官引導自己，你就會開始在平常忽略的眾多事物上發現樂趣……。有這麼多人來到這裡就是想體驗這些事物，相信現在你已經也打算要好好感受其中的美妙和歡愉了。」[9]

找家好飯店喝給他醉

「該談談巴黎飯店的重點了：你可以選擇大作家亨利・米勒的路線，在糜爛中浪漫地沉淪，或是大肆享受一番。說到奢華又頂級的選擇，有優雅而低調的 Hôtel Particulier，它位在歷史悠久的蒙馬特中心，藏身在女巫石拱廊街（Witch's Rock Passage）這處隱密小巷間。」[10]

「至於我呢，我向來都是住在聖日耳曼德佩區（Saint-Germain-des-Prés）的 L'Hotel。這座非常隱密的建築最為人所知的特色，就是多年來一直是另類時尚人士的祕密約會場所。還有更重要的是，飯店的必備賣點是曾有名人在此過世。在1900年，知名作家王爾德去世時住的是16號房……。傳說中他持續飲酒作樂長達三年，最後的落腳之處就是這裡，可惜最終以悲劇收場。」[11]

---

9. 出自《波登不設限》，第1季第1集：巴黎。
10. 出自《波登過境》，第2季第1集：巴黎。
11. 出自《波登不設限》，第1季第1集：巴黎。

●Hôtel Particulier Montmartre：23 Avenue Junot, Pavillon D, 75018 Paris，電話：
+33 (0)1 53 41 81 40，www.hotel-particulier-montmartre.com（套房價格約每晚
300 歐元╱335美元起）

●L'Hotel：13 Rue des Beaux Arts, 75006 Paris，電話：+33 (0) 1 44 41 99 00, www.
l-hotel.com/en-us（客房價格約每晚425 歐元╱475美元起）

在光之城吃吃喝喝

　　現在該進入正題了，也就是你來到這裡的「真正」目的：吃好喝好。

　　「在英語系國家，人們總是對享受美食有一定的矛盾心理。有一種觀念認
為，如果你太享受食物，可能會導致品德敗壞，引發比較失控的後果，例如
性愛。我覺得法國人向來都很懂這一點。沒錯，美食的確會帶來性的快感，
而且理應如此。食物帶來的快樂、重要、值得等待及值得花時間享受的感覺
仍然存在。用餐本來就該是令人愉悅的活動。」12

Bistrot Paul Bert

　　「在經典法式小餐館方面，我是個重感情的傻子。我是這麼認為的：在法
國，沒有比老派又經典的巴黎小餐館更適合用餐了。位在第11區的Bistrot
Paul Bert，就是其中的佼佼者。不論一百年後的料理是什麼樣子，廚師是
誰，都一定會、也一定要熱愛並尊重這樣的飲食文化。」

Chez Robert et Louise

　　「黑漆漆的街道了，沒有醒目的標誌，正面的窗簾緊閉著。踏進這家店，簡
直就像進入另一個世界。我的意思是，這就是享受美食的方式，食物才是重
點。有時候你會看到不怎麼吸引人的門口，但你就是得鼓起勇氣走進去試

---

12. 出自《波登不設限》，第1季第1集：巴黎。

試。廚師之間很愛玩的一種遊戲就是問同行：『死之前你想吃的最後一餐是什麼？』幾乎無一例外地，答案都是媽媽做的簡單卻令人滿足的料理。在這裡，Chez Robert et Louise 供應的就是法國小男孩晚餐時想吃的食物：血腸（boudin noir）、豬頭肉凍（fromage de tête）、牛肋排佐灰鹽（sel gris）。」[13]

Le Chateaubriand

如果想要追求「記憶中最美好的一餐」，務必要造訪 Le Chateaubriand。

「這裡看起來像一家嘈雜且裝潢極簡的酒吧。主廚伊納基·艾茲皮塔爾特（Iñaki Aizpitarte）並未接受過正規的廚師訓練，他會親自和其他幾位廚師一起擠在極小的廚房烹調料理，每天只供應一種套餐。如果要成為真正的革新者，就必須願意徹底摧毀傳統。我覺得這群人並不想這樣做，他們顯然很熱愛傳統。」[14]

Le Comptoir, L'Avant Comptoir

「大家都說這是巴黎最難預約的餐廳。這裡不是什麼超昂貴的美食殿堂，而是 Le Comptoir，也是艾瑞克·里貝特口中的完美小餐館。艾瑞克和 Le

---

13. 出自《波登不設限》，第 1 季第 1 集：巴黎。
14. 出自《波登不設限》，第 6 季第 21 集：巴黎。

Comptoir的主廚兼老闆伊夫・坎德博爾德（Yves Camdeborde）交情甚篤，坎德博爾德過去負責的是更高檔的料理廚房，但辛苦十二年後，他覺得夠了，他想開一間比較隨性的店。

　　餐廳的隔壁是L'Avant Comptoir，一間迷你到只有站立空間的法國小菜料理和葡萄酒酒吧。我和一群人擠在店裡，這些顧客有的是想在坐下享用晚餐前先放鬆一下，又或是正在等候餐廳位子，也有人只是喜歡品嚐小菜料理，想吃點非常非常美味的東西。只要看到共享麵包和奶油，擠進去拿了抹上奶油就對了。」15

Le Dôme

　　「如果你必須要在巴黎做兩件事，這就是其中一件。」東尼抵達 Le Dôme 時這麼說。他在盧森堡公園（Jardin du Luxembourg）與默劇演員發生了不愉快的偶遇後，決定到這裡。

　　「這是一家位在蒙帕納斯區的經典老法式餐館，而且是經典中的經典。歷經默劇事件之後，我覺得製作人應該不會反對我點一瓶貴到離譜的葡萄酒，還有巴黎最頂級的尊爵奢華版海鮮塔（Shellfish tower），裡面有生蠔、蛤蜊、蝦、超大螃蟹，以及必備的挪威海螯蝦、玉黍螺和蛾螺。對了，吃這道料理一定會弄髒手的，好嗎？一定會的。餐廳會提供各種工具，但是到最後，你還是得又挖、又敲、又戳、又吸，才能搞定這些海鮮。」16

Le Baratin

　　「巴黎有些地方就是走在時代前端，例如生物動力葡萄酒（Biodynamic Wine）17的先驅，還有那種現在開始流行的「主廚說了算」菜單。Le Baratin

---

15. 出自《波登不設限》，第6季第21集：巴黎。
16. 出自《波登過境》，第2季第1集：巴黎。
17. 使用天然物質種植葡萄，並配合天象星象，使長期使用化學農藥和肥料的土地回歸原始的活力。

的老闆已經在業界經營了三十年，卻是最早開始採用生物動力新酒葡萄酒的人之一，而主廚哈格樂・卡呵娜（Raquel Carena）的手藝則是大家公認在巴黎數一數二的好。」[18]

● **Bistrot Paul Bert**：18 Rue Paul Bert, 75011 Paris，電話：+01 43 72 24 01（三道料理套餐價格約40歐元／45美元）

● **Chez Robert et Louise**：64 Rue Vieille du Temple, 75003 Paris，電話：+01 42 78 55 89，www.robertetlouise.com（主菜價格約18歐元／20美元）

● **Le Chateaubriand**：129 Avenue Parmentier, 75011 Paris， 電話：+01 43 57 55 95，www.lechateaubriand.net（五道料理品嚐菜單價格為75歐元／84美元）

● **Le Comptoir**：9 Carrefour de l'Odéon, 75006 Paris， 電話：+01 44 27 07 97，www.hotel-paris-relais-saint-germain.com（五道料理品嚐菜單價格為62歐元／69美元）

● **L'Avant Comptoir**：3 Carrefour de l'Odéon, 75007 Paris，無電話；www.camdebord.com/restaurants（單份塔帕斯下酒菜（tapas）價格為5–15 歐元／5.50–$17美元；單杯葡萄酒價格範圍為4–17歐元／4.5–19美元）

● **Le Dôme**：108 Boulevard du Montparnasse, 75014 Paris， 電話：+01 43 35 25 81，www.restaurant- ledome.com（主菜價格約50 歐元／56美元；貝類塔價格為159歐元／177美元）

● **Le Baratin**：3 Rue Jouye- Rouve, 75020 Paris， 電話：+01 43 49 39 70，www.lefooding.com/fr/restaurants/restaurant-le-baratin-paris（一般兩道料理套餐價格為40 歐元／45美元）

---

18. 出自《波登不設限》，第6季第21集：巴黎。

孩子眼中的巴黎（1966年）

文／克里斯多福‧波登

1966年，當時我7歲，東尼10歲，我們在法國出生的祖母過世了（她大半輩子都住在紐約市，也是在這裡嚥下最後一口氣），她將40年來身為頂級訂製服設計師存下的畢生積蓄留給我們的父親。

爸爸有過幾份不怎麼賺錢的工作，例如古典唱片業和銷售高傳真設備的零售業；媽媽則是家庭主婦。當時他們等於突然繼承了大筆現金，於是帶著我們兄弟倆去一趟真正的遠程旅行。

我們去了法國，而且旅途中非常享受：我和東尼兩個來自紐澤西州的小伙子，和媽媽一起搭上冠達郵輪公司（Cunard）的大型遠洋郵輪瑪麗皇后號（Queen Mary），橫越了大西洋。

我和東尼都很愛那艘郵輪。我們的房間有上下鋪；有圓形的舷窗，打開後可以聽到、聞到、和摸到打上來的海水，還有電話亭大小的浴室。有哪個小孩會不喜歡這些新鮮事？我們到處閒逛了好幾個小時，還時不時偷看頭等艙的區域。郵輪上有健身房，包括沙包和划船機等設備；有電影院；還有大型海水泳池，位在比較低層的位置，會隨著船身晃動隨機變換淺水和深水區。

船上的服務沒話說，簡直像有魔法一般，郵輪上的每個角落，都會有穿著整齊制服的英國員工隨時為我們提供服務，他們正式的職稱叫做「管家」（steward），這也是一種隨著時間消失的職業，就像在火車上提供服務的普爾曼搬運工（Pullman porter）一樣。

我們的行程是在巴黎過夜，並且拜訪當地的親戚；在法國中心地區進行公路旅行；以及借住在爸爸的阿姨和姨丈家，他們退休後搬回波

登家族在法國東南部阿卡雄（Arcachon）附近的小房子。（《名廚吃四方》第1季第9集曾拍攝過那間房子和附近環境。）

我們在瑟堡（Cherbourg）海岸登陸，接著搭乘火車前往巴黎和爸爸會合。我們奢華體驗的下一站是鄰近凱旋門的皇家蒙索飯店（Hôtel Le Royal Monceau），不論在當時或現在都是巴黎數一數二的飯店。我和東尼都很愛飯店的早餐，有一籃又一籃無限量供應的可頌、布里歐麵包、法式巧克力麵包（pains au chocolat）以及葡萄麵包（pains aux raisin）。還有奶油，法國的奶油真是太美味了。

我和東尼也喜歡巴黎的其他特色，包括：首先，我們可以在飯店附近到處閒逛。我們很愛這裡的地鐵月台，用紐約的標準來看幾乎可以稱得上是豪華，還有地鐵香榭麗舍線（Métro Champs-Élysées）膠輪列車呼嘯而過的聲音。

我們喜歡香榭麗舍大道上的英國書店WHSmith，買到了從來沒在美國看過的大量酷炫書籍。7歲的時候，我非常喜歡充滿英國風情的柏靈頓熊（Paddington）套書。至於東尼，則是像他在《安東尼・波登之廚房機密檔案》寫的一樣，我們都很迷戀《丁丁歷險記》系列，還有書中描寫的到世界各地精彩冒險（幾乎就像是《波登闖異地》的原始版）。我至今仍收藏著全系列，還是愛不釋手。我們買了五國語言的髒話辭典，讓我們連續笑了好幾週，也讓我們有機會和法國小孩進行跨文化交流。

不過最重要的是，我們熱愛這裡的食物。當然，我沒有像東尼或我們的父母在1966年時那麼有冒險精神，但即使如此，巴黎還是有那麼多令人驚奇的美食可以品嚐。

讓我印象很深刻的是，在我們下榻的飯店附近有間兩層樓的餐廳／

咖啡館叫做Quick Élysée（請不要誤以為是現在法國和比利時常見的類似漢堡王的連鎖店Quick），雖然現在回想起來，這家店其實只是很普通以吸引觀光客為主的餐館。我和東尼都很愛牛排炸薯條，我覺得牛排上的交叉烤痕尤其迷人，餐廳領班會將巴西里加入奶油，讓它們在牛排上融化。至於薯條，只能用「完美」來形容，那是我們吃過最美味的薯條。

另一種讓人耳目一新的美食，是法國國民料理火腿奶油三明治（Jambon-beurre）：幾片新鮮、幾乎可以用鮮美來形容的薄切火腿，加上美味的法國奶油，夾入剛出爐的脆皮長棍麵包。簡樸的味道中有純粹的美好，如果配上現做的現榨檸檬水（citron pressé，現擠檸檬汁、水、適量糖）會更美味，或者也可以搭配很受歡迎的檸檬汽水Pschitt，開瓶的聲音聽起來和品牌名稱完全一樣，讓我們這兩個美國小孩每聽必笑。

巴黎各處都可以聞到比利時鬆餅的香氣，街頭的餐車或小店面都有販賣，幾乎是無所不在。我們會央求父母給我們幾法郎買比利時鬆餅，然後灑上大量的糖粉，這就是一種新鮮的樂趣。為什麼我們在美國無法獲得這種簡單又美好的快樂呢？

我們的爸爸小時候曾去過法國，當時是1930年代。接著在1950年代，他以美軍身分駐軍德國，在放假期間又去了一次法國，但是對我、東尼和媽媽來說，1966年的首趟法國法旅行以及1967年的再次造訪（那次是參加叔公喪禮後的旅行，奢華程度比不上第一次，但依然相當精彩），打開了我們的眼界，也從此改變了我們的人生。我們或多或少都變得傾心、熱愛，或甚至有點沉迷於法國。我們對食物上癮、對旅行上癮，也瞭解到自己可以和外國人交流並學習，以及享受

漸漸理解對方的過程。

　這就是一切的源頭。

13

迦納
GHANA

阿克拉

「我第一次來到撒哈拉以南的非洲時，既期待又焦慮。整體而言，我覺得一頭霧水，對這個目的地一點也不瞭解。我不知道該期待什麼；但我告訴自己，這會是一趟真正的旅行。」[1]

「好幾個世紀以來，西方世界對非洲的稱呼是『黑暗大陸』，因為對這個地方的認識實在少得可以。對於像我這樣的一些人來說，非洲依然是一片蒙著神秘面紗的大陸。雖然有些方面的資訊可以透過參考書籍或 Google 搜尋加以釐清，但我想要依靠自己的感官，聽這裡聲音、聞這裡的食物，透過觀察、觸摸，當然還有品嚐。」

「迦納是很特殊的國家，在 1957 年成為撒哈拉以南最先獨立的殖民地，從此變成『非洲人的非洲』這個抽象概念的具體象徵。迦納曾因為盛產黃金和可可被稱為黃金海岸，但卻像眾多非洲國家一樣，背負著極為慘烈的歷史。大量的非洲人就是在這裡被當作奴隸塞進船裡前往新世界，直到現在，海岸上還留有數十座奴隸堡（slave fort）。現在這些建築多半都變成觀光景點，但展示的內容卻和過去的歷史無關。」

「現代的迦納是個令人期待的地方，可以看出理想中大部分的非洲未來發

---

1. 本章引用內容皆出自《波登不設限》，第 3 季第 2 集：迦納。

展的方向。這裡現在擁有民主選舉和法制規則，當地人民相當引以為傲。儘管國內的經濟仍在苦苦掙扎，但相對來說還算穩定成長中。而且話說回來，迦納的食物、音樂和自然之美，才是這裡真正讓人一眼著迷的原因。」

抵達後通達四方

科托卡國際機場（Kotoka International Airport，ACC）位於迦納首都阿克拉，座落在海岸邊，是迦納最大的機場，有迦納國內線航班，也有往返其他西非和北非國家、杜拜、伊斯坦堡、倫敦、布魯塞爾、巴黎、阿姆斯特丹、華盛頓特區和紐約的航線。非洲世界航空（Africa World Airlines）是迦納的航空公司，以科托卡機場為基地，因此有最多飛往非洲各機場的航班。

從機場前往阿克拉市中心，距離約8公里，車程為15到45分鐘，視交通狀況而定（可能會相當糟糕或超乎想像地糟），你可以搭乘由勞工企業信託公司（Labour Enterprise Trust Company）經營的跳錶計程車，乘車站在5號停車場。單程車資大約為50迦納塞地（迦納貨幣）／10美元，並外加百分之五到十的小費。其他計程車並非跳表制，需事先和司機協調費用。

一般而言，在迦納殺價是很常見的，所以請在出發前先針對這類對話預做準備，並且熟悉各種商品或服務的一般價格。

吃吃喝喝

Asanka Local

「我喜歡肉排（chop），也喜歡酒吧（bar），但這兩者合在一起到底是什麼意思？」東尼在前往Asanka Local的路上這樣問他的當地嚮導，這是一間典型的用餐酒吧（chop bar），也就是可以享用到豐盛迦納料理的休閒餐廳。這類餐廳也會供應來自鄰近的象牙海岸共和國、奈及利亞和多哥的特產，包括大量的蔬菜豆子、花生、木薯、米、吳郭魚、螃蟹、山羊肉、羊肉、牛肉、薯類和菠菜，以及許多以在地胡椒、蕃茄和洋蔥醃製的辣味料理。

　　「這就是迦納最基本的料理。」向嚮導求教後的東尼這麼介紹：「用花生油或辣棕櫚仁油烹調的湯，加上肉或魚，以及一種澱粉球，這家店準備的是用碎米製成的米糰（omo tuo），可以用來夾肉和吸取湯汁。」對於由花生湯、山羊肉、牛舌、豆子和米糰組成的一餐，東尼的評價是：**「老天，真是太香濃、太好吃了！有辣味，不過你知道嗎，一點也不難受，單純就是完美、豐盛、濃郁的味道。」**

　　Asanka Local不只是一家餐廳，也是社交的場合，尤其在週日更是熱門。「在迦納，吃完飯之後也許會有機會動一動身體，像Asanka Local這種得過獎的用餐酒吧，即興樂團和舞池是必備的設施。」

奧蘇夜市

　　「我們開車前往奧蘇區（Osu），想吃吃看知名奧蘇夜市（Osu Night）的特色料理。這個市集的客群包括夜店咖、夜間工作的勞工，以及任何想在日落後吃道地迦納料理的人。我自認已經品嚐過夠多的街頭市集，可以稱得上是某方面的專家，就我的專業意見，這個地方可以獲得高分。這裡的食物聞起來、吃起來都很美味，而且新鮮到不可思議。」

　　這個市集是半露天的空間，採用日光燈照明，到處都是美味的街邊小吃，有豐富的炸烤海鮮、肯基（kenkey，以發酵玉米麵團製成的球狀食物）、班庫（banku，以發酵玉米麵團加上木薯粉製成的球狀食物），還有一種極辣的胡椒醬叫做「shitor」。

　　如果想找到市集中最具風味的食物，不妨嚐嚐豬肋排、豬蹄膀、豬耳和豬肚，還有燉菠菜，以及用慢火烘烤的豆子和米。

● **Asanka Local**：Mowule Street, Accra，電話：+233 50147 8303，www.asankalocalgh.com（一般全餐不超過55迦納塞地／10美元）

● **奧蘇夜市（OSU NIGHT MARKET）**：Basel Street, Accra（無固定價格）

14

印度
INDIA

孟買

「我已經準備好要體驗印度最大的城市。歡迎來到孟買,在1995年之前的舊稱是Bombay。在這個地方,超級有錢的階級與赤貧人口相鄰——但這裡的生活遠比此事更複雜。大家都知道的印度電影產業中心寶來塢就位在孟買,不過航運、金融和資訊科技業的發展也為這裡的經濟貢獻不少。我一直等著看街上滿是在唱歌跳舞的網路管理員和會計師,但什麼都沒發生。」[1]

抵達後通達四方

賈特拉帕蒂‧希瓦吉國際機場(Chhatrapati Shivaji International Airport,BOM)設立於孟買。第一航廈以前是聖克魯斯機場(Santa Cruz),負責國內航班,第二航廈以前則是薩哈爾機場(Sahar),負責國際和部份國內航班。兩座航廈之間距離約5公里,因此在安排交通方式時,一定要先確定自己的航班是在哪個航廈。

兩座航廈在入境大廳都設有跨航廈交通櫃台,遊客可在此訂轎車或休旅車,以利於航廈之間移動和搬運行李,轎車費用為215–275盧比(3–4美元),休旅車費用為715–775盧比(10–11美元)。

---

1. 本節引用內容皆出自《波登不設限》,第2季第10集:加爾各答—孟買。

搭乘計程車從機場前往市中心約費時30分鐘到2小時不等，視交通狀況而定。選擇「冷氣計程車」（Cool Cab）的話，只要預先支付訂金（通常是500–600盧比，大約8美元），就可以享受冷氣。如果冒險搭乘黑黃色的跳表計程車，據說司機會耍詐，並對觀光客超收車資，不過即便如此，最終的費用還是和預付的計程車相差不遠。不論是對哪一種計程車司機，標準都是支付一成的服務良好小費。

兩座機場航廈附近都有幾處距離不到16公里的郊區車站，可以搭乘計程車前往，但在機場內部無法招車。

如果要在孟買暢行無阻，火車是必要的交通工具，有大量的火車站和路線。大型車站包括賈特拉帕蒂・希瓦吉・摩訶羅闍終點站（Chhatrapati Shivaji Terminus），舊名是維多利亞終點站（Victoria Terminus），外型則是令人驚豔的維多利亞哥德式建築；這座車站被聯合國教科文組織列為世界遺產，設計是出自英國建築師史蒂文斯（F. W. Stevens）之手；另一個主要車站是孟買中央車站（Mumbai Central）。

到班迪市場品嚐街頭小吃

「孟買是一座具有豐富文化和歷史的城市，我知道很多人會在第一次來這裡旅行時，去參觀博物館、欣賞建築，像吸塵器一樣想瘋狂吸取當地的特色。

今天晚上，我們要去班迪市場（Bhendi Bazaar）的穆斯林區出任務，尤其是Khau Galli，字面上的意思是『吃飯街』或『食物街』。」

班迪市場原先是殖民時期政府在1893年設立的市場區，以便將男性移民勞工集中在此處，現在則有超過一千兩百家商店，以及兩千五百戶逐漸破敗的住宅。班迪市場正在進行大型重建計畫，目標是改善部份不安全的環境，並由社區基金會提供資金。有些東尼造訪過的街頭小吃攤販可能已經遷移或歇業，所以建議事先詢問當地媒體和知情人士，以確切得知該去哪裡找你想品嚐的孟買街頭美食。

　　東尼在Khau Galli一邊遊蕩一邊尋找羊腦時，不斷因為各種誘惑而分心，例如香料烤腰子和肺串燒、印度烤雞（Tandoori chicken）、羊肉串、香濃山羊腦咖哩佐蕃茄、各種剛出爐的麵包，以及雞蛋烤餅（beida roti），有點像是雞蛋滿福堡，只不過更美味，它是用印度烤餅（chapati）把肉餡和雞蛋包起來油炸。

　　「有些人可能會覺得我實在太常吃肝、腎、腦和肺之類的內臟食物，很多人認為這些食物很『噁心』。我得承認，我確實蠻享受打破別人對食物的認知，不過這些不起眼的動物內臟吃下肚之後不只營養，還非常美味。如果你很幸運可以到印度或也以內臟料理聞名的法國等地旅行，走出飯店，吃吃看一些在地的特色美食吧。旅行最美好的部份，就是找到自己喜歡的新食物。」

　　「我不知道是因為這裡不能喝酒或是什麼原因，穆斯林廚師總是可以端出一些很厲害的甜點和甜點飲料。而在 Taj Mahal Cold Drink House，這種飲料就叫做法魯達（falooda）。材料包括新鮮的香菜籽、玫瑰糖漿、麵線——這裡用的是葛粉粉條，來增添一點類似粉絲的口感，另外加上一種口味的自製冰淇淋，以及各種口味的牛奶。我一吃馬上就上癮了。」

●**班迪市場（Bhendi Bazaar）**：Ajmer, Bhuleshwar, Mumbai（價格視不同食物種類而定）

旁遮普邦

　　「阿姆利則（Amritsar）是印度旁遮普邦最大的城市，約有一百萬人口。我從來沒見過印度的這一面，這裡是我一直想一探究竟的地方。旁遮普人以富有冒險精神聞名；這些勇猛的戰士帶著家鄉的美食行遍世界。事實上，有

很多我們簡稱為『印度料理』的美味食物都是源自這裡。」2

「來到這裡之後，你很快就會注意有一點和印度其他地方明顯不同，那就是頭巾（turban），它象徵著自尊、勇氣和錫克教教徒的靈性。阿姆利則是錫克教的發源地和信仰中心，而錫克教是世界上第五大宗教，可能也是被誤解最深的宗教。在阿姆利則的市中心區，矗立著雄偉的金廟（Golden Temple），這裡就是錫克教的梵蒂岡。錫克教徒基本上反對任何種姓制度，並且包容宗教差異，但是需要捍衛自身原則以及他所認為的領地時，他們的好戰程度也不容小覷。」

「20世紀初期的旁遮普對英國的統治進行激烈抵抗，後來到了1947年英國終於撤出，並割讓一大塊領土，也就是現在的巴基斯坦。這個地區至今依然是衝突的潛在引爆點。」

「印度和巴基斯坦曾經是同一個國家，卻因為史上最倉促、最不周全的分治決策而一分為二。1947年，因為參與了兩次世界大戰而元氣大傷的大不列顛王國決定終結對印度將近兩百年的統治。為了避免殖民政府認為一定會發

---

2. 本節引用內容皆出自《波登闖異地》第301集：旁遮普邦。

生的印度教徒、穆斯林和錫克教徒內戰，英國指派來自威爾斯的律師西里爾‧拉德克利夫爵士（Sir Cyril Radcliffe）劃出新的國界。在這次歷史上最大規模的人口移動事件中，數以百萬計的人民逃離家園。沒過多久，就爆發了大規模的宗教暴力衝突，而這正是當初分治決策想要避免的結果。這是一場沒有終點的戰爭，雙方不斷相互猜疑，整個地區都明顯瀰漫著這樣互不信任的氛圍。」

抵達後通達四方

在拉姆‧達斯‧梓‧斯里大師國際機場（Sri Guru Ram Dass Jee International Airport，ATQ）提供服務的包括英國航空、新加坡航空、印度航空、卡達航空以及幾家地區性的印度航空公司，有往返印度次大陸境內主要城市、東南亞，和幾處中東目的地的航班。

機場距離市中心約11公里；搭乘計程車需要20至20分鐘，車資為300–1,000 盧比（4–15美元）不等，而如果搭乘嘟嘟車，在阿姆利則稱為電動車（auto-rickshaw），車程會是30到40分鐘，車資則大約為200盧比（2美元）。也可以招攬計程車和電動車在城裡代步和前往各個觀光景點。

路邊美食

Kesar da Dhaba

「旁遮普是一些傳說級料理的發源地。在阿姆利則有個說法是：『最好吃的食物不是在家煮的，要在街上才找得到。』通常是要去路邊攤（dhabas）找，這個詞字面上的意思是『路邊的食物攤販』。在這座城市，簡直有數不清的路邊攤可以選擇，不過這一間可是真正的傳說名店。」

Kesar da Dhaba的名聲確實非常響亮，從1916年至今都是由同一個家族經營，目前是第四代。這裡的招牌料理是奶油黑扁豆咖哩（dal makhni），製作方式是將黑色和棕色扁豆加入含有大量酥油的肉汁中，並以洋蔥、薑和溫熱

屬性的香料加以調味。

　　路邊攤原本的主要客群是旁遮普邦的職業司機，但漸漸受到大眾喜愛。這種餐廳通常會開在加油站旁，而且多半是二十四小時營業。有些路邊攤會供應「非素食」餐點，也就是肉和海鮮。

　　「在這個地區吃東西，尤其是在旁遮普邦，就必須要習慣吃很多蔬菜。而印度是世界上少數幾個不會讓人抗拒蔬菜的地方，就連對我來說也是如此。在旁遮普，不管料理中有沒有肉，都一定會帶有無限量濃烈色彩的風味和香料。」

　　「這裡的蔬菜不像我吃過的某些無聊素食餐廳，而是真的很辛辣，每一種蔬菜都有不同風味和口感，而且還配上極為美味的烤餅。非常有層次──外層酥脆，內層有嚼勁。如果西方大部份吃素的地方是提供像這樣子的食物，那麼我對素食的厭惡程度至少會減半。」

Kulcha Magbool Road、Beera Chicke

　　坦都（tandoor）是一種以木炭或柴火加熱的圓形烤爐，也是烹調旁遮普邦料理不可或缺的工具；鄉村的地理配置和文化中心通常都是圍繞著公共泥窯，如此才能有效率地餵養大量人口。將成串的肉（通常是雞肉和羊肉）放在稱為「坦都」的泥窯上烤，當肉汁滴在木炭或木柴上，會竄出濃煙，而麵粉製成的麵食如麵餅（kulcha），則會同時放在窯裡高溫的內壁裡烘烤。

　　「想來點好料嗎？想在阿姆利則吃到超級棒，而且是在地才能吃到的經典美食嗎？在你咬下一小口麵餅之前，千萬別說你來過阿姆利則。麵餅是旁遮普的代表性料理，這種具有完美風味的小炸彈是用麵團製成，要貼在非常非常燙的泥窯烤爐內壁裡烘烤，接著抹上大量奶油，最後再搭配辣鷹嘴豆咖哩（chole）一起上桌。我應該沒有忘記強調有加奶油吧？」

　　當然，即使是最開明的肉食主義者，還是會恢復本性的。

　　「在旁遮普的待辦事項都完成了，現在我得補充一點動物蛋白質。我已經

像素食主義歌手莫里西（Morrissey）一樣連吃兩天蔬菜了，說實在的，真是夠了，我需要吃雞肉。說到旁遮普的必吃料理，怎麼可以錯過印度烤雞！」

在以烹調非素食料理聞名的街邊餐廳Beera Chicken解雞肉癮時，也可以試試羊肉饢餅（keema naan）。「羊肉饢餅，是以羊肉丸子加上麵團。你一定要相信我——這東西真的太好吃了。好吃到饢餅一從泥窯出爐，大家就會忍不住馬上咬一口。」

●**Kesar da Dhaba**：Anant Seth Wala Church, Passian Shastri Market, Katra Ahluwalia, Amritsar, Punjab 143006，　電　話：+91 183 255 2103，www.kesardad-haba.com（一般多道料理套餐價格約60盧比／1美元以下）

●**Kulcha　Magbool Road**：Old Octroy, Teja Singh Market Shop No. 1 Amritsar, Punjab 143001，電話：+91 981 567 2729（一般麵餅價格約50盧比／0.75美元）

●**Beera Chicke**：Majitha Road, Sehaj Avenue, Amritsar, Punjab 143001，電話：+91 85669 14747（一般主菜價格為400盧比／5美元）

拉賈斯坦

「拉賈斯坦是印度最險峻也最偏遠的地區，位在印度西北端。數個世紀以來，這裡是多個獨立封建國家的所在地，驍勇的戰士階級極力反抗侵略者，以及鄰國的影響力和統治。

拉賈斯坦是印度最壯麗的區域，像故事書中的國度一樣，有山頂上的城堡和要塞。荒涼的單色調沙漠上，點綴著鮮艷的色彩，在這裡連最普通的住宅可能都有上千年的歷史。世界上沒有任何地方有這樣的景色。你從哪裡來真的不重要；當你醒來時，發現自己身在何處也不重要。這裡可說是全世界擁有最開放心胸和最優美景色的地方。不論你是住在印度王公的宮殿、奢華的飯店、廉價的青年旅館，或是沙漠中的丘地，你都會慶幸自己還在印度活

著。」3

抵達後通達四方

新德里的英迪拉‧甘地國際機場（Indira Gandhi International Airport，DEL）以印度前首相命名，是前往拉賈斯坦最近的國際機場。你可以從機場搭乘短程航班到齋浦爾（Jaipur）或焦特布爾（Jodhpur），或是在德里的三處鐵路車站上車，經過約6小時的車程抵達齋浦爾火車站，接著搭乘計程車或租車移動。德里和焦特布爾之間也有鐵路，路程將近12小時。時刻表、費用和路線相關資訊請參考www.erail.in。

今晚住哪裡？

「迪爾瓦拉（Dilwara）是座迷人、如繪本般美麗的村莊，有古老的住宅、商店、蜿蜒的街道和友善的居民。這是我看過最像被施了魔法、最富魅力的村落。」

「Devigarh是18世紀的城堡宮殿，座落在阿拉瓦利嶺（Aravalli Hills），總之這裡不是什麼常見的連鎖汽車旅館。我完全無法抗拒精緻飯店的吸引力，有誰能對Devigarh說「不」呢？看看這個景色，這裡就是山頂，是名符其實的最高點。」

這座城堡是以當地開採的大理石建造而成，原本是在1760年落成，後來經過15年的重建工程，在1999年以豪華飯店之姿開幕。每間客房都是套房形式，風格從奢華到超乎想像應有盡有。不但服務絕佳，食物、雞尾酒和景觀也都無可挑剔。

●**Raas Devigarh**：NH8，鄰近Eklingji Temple Delwara, Udaipur, Rajasthan 313202，

3.　本節引用內容皆出自《波登不設限》，第2季第9集：拉賈斯坦。

電話：+91 291 2636455，www.raasdevigarh.com（套房價格約每晚17,800 盧比／250美元起）

觀光行程

「充滿色彩、聲響、韻律，還有騎著駱駝的人在演奏銅管樂器，這就是那種會讓你瞠目結舌、覺得自己是觀光客的場景——而且是很棒的那種。歡迎來到一年一度的賈沙梅爾沙漠節（Jaisalmer Desert Festival），每年都會有幾百名拉賈斯坦人聚在一起紀念他們的文化，穿著傳統服裝從好幾百公里遠的地方蜂湧至此。」

拉賈斯坦整年有多達數十種節慶和活動，是由地方性的觀光機構舉辦。確切的日期、地點、住宿等資訊可以參考維護完善的官方網站：www.tourism.rajasthan.gov.in，或是詢問值得信任的當地旅行社，有不少旅行社在拉賈斯坦都有提供服務。

烏代浦

「烏代浦（Udaipur）的歷史可追溯到16世紀，是歷經爭奪控制權的動亂後才建立的城市。如今，有大約四十萬的拉賈斯坦人居住於此。可想而知，這裡大部分的商業活動都是在戶外進行，街道上排滿了各式各樣的攤販，販售蔬菜、香料、麵包、水果，和任何生活上用得到的東西。」

Natraj

「Natraj是一間無肉餐廳，供應傳統的吃到飽塔利（thali）套餐。我可能蠻討厭嬉皮的，而且雖然我不討厭蔬菜，但通常還是比較喜歡在蔬菜旁邊能有一大塊豬肉。不過塔利套餐真是充滿驚奇，這種最能代表拉賈斯坦人日常生活的吃到飽形式，還真的讓只有蔬食的料理變得豐富、風味十足且非常有趣。這些都不是什麼複雜的料理，有扁豆、羊角豆、馬鈴薯、醃菜、酸奶、豆子，以及其他拉賈斯坦的招牌食物。

Natraj是非常具有當地代表性的用餐地點，顧客有家庭、小孩、勞工。此外，還會有服務生會拿著添菜的桶子跑來跑去，只要一個不留神，你的盤子就會被盛滿，堆著高高且源源不絕的食物。」

●Natraj Dining Hall And Resturant：22-24 City Station Road, Udaipur, Rajasthan，電話：+91 94147 57893（一般主菜價格約160盧比／約2.25美元）

賈沙梅爾古城探險

「我來到賈沙梅爾（Jaisalmer）的一大原因，就是要造訪位在市中心的巨大城堡，也是城中城。賈沙梅爾城堡建於11世紀中期，是巨大的砂岩，也是世上唯一現存有人生活於其中的堡壘。穿過幾道高聳的大門之後，遊客會看到許多有如迷宮的小路，擠滿了攤販和古宅。至今仍有數以千計的居民住

在城牆內，當然不出乎所料，牛隻也不少。」

　　請特別注意，儘管此處被列為聯合國教科文組織世界遺產，城牆內設有飯店，但使用現代抽水系統以及因為遊客住宿而產生的耗損，導致這座雄偉的遺跡加速崩壞，因此建議考慮下榻於附近的住宿地點。下列網站有當地住宿選項的連結。

●賈沙梅爾城堡（JAISALMER FORT）：Fort Road, Near Gopa Chowk, Amar Sagar Pol, Jaisalmer, Rajasthan 345001，www.tourism.rajasthan.gov.in/jaisalmer

15

愛爾蘭
IRELAND

都柏林

「愛爾蘭,我不知道世上還有哪個地方是如此崇尚文字,不論是口語還是書寫的文字。這個地方透過詩作、散文或歌曲所訴說的故事,是如此深植人心,如此具有影響力,甚至在英語文學中佔有一席重要之地,以至於所有人都將這些故事信以為真。」

「這些故事大部分都充滿悲傷或憤怒,像是歌頌戰勝逆境與壓迫的力量、譴責惡人、紀念逝者。透過文字或歌曲訴說的歷史,彷彿一切都像昨天才剛發生。」[1]

抵達後通達四方

遊客首先要飛往都柏林機場(Dublin Airport,DUB),有數十家國際和國內航空公司在此處的兩個航廈提供服務。如果要從機場前往市中心,有幾種直達和當地接駁巴士的選項,費用為7–25歐元(8–28美元)不等,所有相關資訊都可透過機場的官方網站www.dublinairport.com查詢。

搭乘計程車從機場前往市中心的車資約25歐元(28美元),不一定要支付小費,不過給計程車司機約一成車資的小費已是蠻常見的情況。

---

1. 出自《波登不設限》,第3季第1集:愛爾蘭。

在某一集《波登過境》中，東尼解釋他為什麼比較偏好搭計程車而不是巴士：「雖然搭計程車也未必有很多機會與當地人對話，但至少這樣做的機率會高一點，而且這在愛爾蘭是相當值得體驗的活動。如果你有這樣的心胸、靈魂，對人類具有一定程度的關懷，或懂得欣賞仟何一種書寫文字，又或單純只是喜歡很棒的飲料，那你就不可能不愛上這座城市。」₂

在酒吧之城享用煨煮料理

John Kavanagh

「這裡有什麼東西位居全世界之冠？答案是：健力士啤酒（Guinness）。這種獨一無二的飲料不僅好喝，可能還蠻營養的，有些人甚至會用『神奇』來形容它。這種絕品啤酒實在太美味又綿密了，濃郁、令人滿足又亢奮的風味跟巧克力沒什麼兩樣，所以這裡的啤酒跟你家附近店員隨便倒給你的大杯啤酒相比，根本是天壤之別；後者就只是啤酒，前者則是天使在演奏天堂的號角。」

東尼想喝健力士時最喜歡去的地方之一，是格拉斯內文（Glasnevin）區的John Kavanagh酒吧。當地人把這家店戲稱是『掘墓人』（Gravedigger），因為旁邊就是墓地。

這家店傲氣十足，拒絕與時俱進。店裡沒有音樂、沒有跳舞、沒有電視、沒有Wi- Fi，也不接受團體預約，這裡只限結伴飲酒，通常是陪伴要前往或剛參加完葬禮的哀悼者，這種做法從1833年就延續至今。

幾杯酒下肚之後，你應該會想吃點能撫慰人心的酒吧食物，這時就該來一碗「『燉菜』，將肉腸、培根、洋蔥、和馬鈴薯放入高湯慢煨成豐盛的燉菜。只要聽到有這道料理，相信你就會想嚐一嚐。還有值得一提的，是以慢火烹調、用蘋果酒煨煮的豬腳。你未必會想吃這道菜，但親愛的朋友，相信

---

2. 出自《波登過境》，第2季第3集：都柏林。

我，它絕對值得你嘗試。」3

The Chop House

「這種類型的餐廳以前叫做美食酒吧（gastropub），發明這個愚蠢詞彙的人，認為啤酒根本不該搭配頂級食物。說實話，我以前就是那種蠢蛋。」破除了這種迷思之後，東尼表示這次的造訪「是我在都柏林吃過最棒的一餐」。4

十多年來，主廚凱文‧阿倫德爾（Kevin Arundel）和妻子兼事業夥伴吉莉安‧繆凱（Jillian Mulcahy）在這間改裝過的酒吧發想出以法國料理為靈感的創意菜色，美食料理包括平底鍋高溫快煎明蝦佐檸檬、辣椒、大蒜與煙燻紅椒粉奶油、兩人份的紅屋牛排，以及肥肝與雞肝百匯佐血柳橙果凍。

● John Kavanagh：1 Prospect Square, Glasnevin, Dublin, D09 CF72，電話：+353 1830 7978（飲料和食物價格為3–11歐元／3.25–12.25美元不等）

● The Chop House：2 Shelbourne Road, Ballsbridge, Dublin 4，電話：+353 16602390，www.thechophouse.ie（開胃菜價格約10 歐元／11美元，主菜價格約30 歐元／33.5 美元）

---

3. 出自《波登過境》，第2季第3集：都柏林。
4. 出自《波登不設限》，第3季第1集：愛爾蘭。

16

以色列
ISRAEL

耶路撒冷

「起初，環顧四周，這裡就像大家所形容的，的確很美、很棒，具有都市感、精緻又時尚，很像南加州，但比那兒更好。接著再看到街上年輕的入伍新兵，你會開始意識到，這裡是耶路撒冷。」1

「與以色列接壤的國家包括埃及、約旦、敘利亞和黎巴嫩。在1976年，經過六日戰爭後，以色列掌控了加薩走廊、西奈半島、約旦河西岸和戈蘭高地，並強佔了東耶路撒冷。2003年，以色列開始沿著停火分界線綠線（Green Line）進行築牆工程，代表以色列與巴勒斯坦之間的邊界。」

「這裡是全世界最有爭議的領土，而且在討論這個議題時，根本不可能不惹惱任何一方，甚至可能會把每一方都惹毛。也許這就是為什麼我拖了這麼久才來的原因。在這裡，就連普通事物的名稱都會引起嚴重爭議。油炸鷹嘴豆餅（falafel）是從哪傳來的？誰做的鷹嘴豆泥最好吃？那是防護牆（fence）還是隔離牆（wall）？」

「我從小就沒有宗教信仰，而且對以色列並不特別覺得親近或忠誠，但這不表示這世上有很多人在原則上不會痛恨我，我很清楚這一點，然而關於以色列的現狀，我真的不知道該抱持何種態度。」

---

1. 本章引用內容皆出自《波登闖異地》第201集：耶路撒冷。

「很多人會認為我同情恐怖分子，或是擁護猶太復國主義、自我厭惡的猶太人、美國帝國主義的辯護者、東方主義者、社會主義者、法西斯主義者、中情局探員，又或者更糟的身分。所以，我也無須再多說什麼了。」

抵達後通達四方

班·古里安機場（Ben Gurion Airport，TLV）是以色列最大的國際入境點，距離特拉維夫市（Tel Aviv）19公里，離耶路撒冷40公里。這裡有往返以色列境內、亞洲各地、全歐洲，以及幾處非洲和南北美洲城市的航線。

這裡的租車服務很普遍，費用約為每日88謝克爾（725美元），算是相當平價。搭乘計程車從機場前往耶路撒冷市中心的路程約1小時，費用大約為265謝克爾（75美元）。以色列的計程車司機沒有收小費的習慣。

每小時會有一班接駁巴士往返於機場第三航廈和耶路撒冷市中心巴士總站，單程票價為15謝克爾（4.5美元），可在上車時以現金購票。最新的路線和費用相關資訊，請參考www.bus.co.il。

旅客可以從埃及或約旦入境以色列，但跨越國境的程序可能相當繁雜，而且時限和規則也經常變更。請務必和可信賴的旅遊機構確認相關資訊，也一定要隨身攜帶兩國的貨幣。

在耶路撒冷很容易招攬或預訂計程車，一般8公里的車資約為40謝克爾（13美元）。城區內也有四通八達的公車系統，及單線的輕軌列車，後者是採用可預先儲值的Rav-Kav智慧卡。相關資訊請參考www.egged.co.il。

平靜的綠洲
美國僑民飯店

在耶路撒冷旅遊期間，東尼下榻於美國僑民飯店，這間豪華的度假大飯店深受記者、聯合國官員、外交人員和名人的青睞。這裡原本是由富有的芝加哥夫妻霍雷肖（Horatio）和安娜·斯帕福德（Anna Spafford）所建立的基督

徒烏托邦定居地，他們在歷經於船難中失去四個孩子的苦痛後，來到耶路撒冷尋求慰藉。

斯帕福德夫婦和其同伴並未被迫改信宗教，反而受到附近社區居民的歡迎。這個定居地蓬勃發展了約60年，撐過了蝗災和兩次的世界大戰，但在1950年代卻因為內部衝突而解散，新地主遂將原有建物改建為現在的飯店。

飯店的舊廂房（Old Wing）是某位阿拉伯酋長和四名妻子昔日的住所，共有四座建築，每一座都各有一個翠綠的花園。美國僑民飯店既隱密又安靜，不過讓東尼著迷不已的其實是每天早上的伊斯蘭宣禮。

Majda

「來到Majda之後，有那麼須臾片刻，你會幾乎以為，某種和平、某種和解、意見一致、清醒理智的狀態是可能實現的。這家餐廳就像座落在猶太山的恬靜村莊，而且因為許多原因，讓這裡感覺像是位在另一個宇宙。」

「麥可‧伯蘭斯（Michal Balanes）是猶太人，雅各‧巴赫倫（Jakob Bahrun）則是來自附近村莊的穆斯林。他們是共同經營Majda的合作夥伴，也是婚姻伴侶。兩人自己種植餐廳廚房使用的大部分食材，而這裡的料理也反映出他們截然不同的背景和彼此的共同之處。」

「在Majda嚐到的料理有可能是雞蛋佐胡椒和蕃茄，或是碳烤羊角豆佐洋蔥和薄荷。我剛吃完極美味的一餐，完全沒注意到這些全都是素食。如果紐約的素食餐廳可以供應類似的食物，我可能真的會認真考慮去吃吃看。」

●**美國僑民飯店（American Colony Hotel）**：1 Louis Vincent Street, Jerusalem 97200，電話：+972 2 627 9777，www.americancolony.com（客房價格約每晚700謝克爾／200美元起）

●**Majda**：Ein Rafa，電話：+972 2 579 7108, www.majda.co.il（一餐價格約每人175謝克爾／50美元）

17

義大利
ITALY

那不勒斯

東尼踏上這趟旅程，是因為再也按捺不住他對義大利裔美國文化的深深迷戀，儘管他身上其實沒有這個DNA，不過最終他還是如願以償在《波登不設限》中盡情大啖那不勒斯的經典美食。

「我們眾人想像中的那不勒斯，都認為這個古老的地方是一切的源頭，有著古早味，以及數不清的醬汁。大家都說我們在美國吃到的義式料理源自此處。但我們所熟悉的拿坡里料理，究竟有多接近道地的義大利菜，又或者真的是來自那不勒斯嗎？」[2]

「剛開始，那不勒斯常常讓人摸不著頭緒，比如他們的駕駛方式，或是在古城中心地區導航的方式。」

「非當地的義大利人會跟你說，那不勒斯根本不能算是義大利。」

「不過，我們可以從這種非常典型的義大利心態開始談起。這是一個不完全由城邦組成的國家，而對每一個城邦來說，**隔壁的村落永遠都是世上最糟的地方**。有個常聽到的笑話是，那不勒斯滿街都是小偷，只要一不留神東西就會被偷走，包括垃圾清運產業的控制權，可能是因為在那不勒斯有強大勢

---

2. 本節引用內容皆出自《波登不設限》，第7季第11集：那不勒斯。

力的克莫拉₃就像西西里的黑手黨，把持了那不勒斯的一切。」

「綜觀歷史，這個地區總是動盪不安：籠罩著維蘇威火山可能爆發的陰影、遭受侵略、歷經第二次世界大戰，簡直就像所有人都看那不勒斯不順眼。」

抵達後通達四方

那不勒斯國際機場（Naples International Airport，NAP）又名卡波多奇諾機場（Capodichino），主要服務從其他歐洲城市轉機的乘客，不過也有一些直飛班機往返紐約和幾處中東城市。機場距離市中心約8公里，搭乘跳錶計程車約需15至30分鐘，視交通狀況而定，車資大約為20歐元（22美元）。不一定要給小費，但有越來越多西方遊客會這麼做，因此建議可以支付一成到一成五的小費。

也可以搭乘接駁車和市區公車往返市中心，時刻表、路線和費用的相關資訊請參考www.unicocampania.it。

那不勒斯中央車站（Napoli Centrale）是這座城市的主要火車站，位於市中心的加里波第廣場（Piazza Garibaldi），可以轉乘至義大利其他地區。遊客也可以從位在市中心的海港車站（Stazione Marittima）搭乘郵輪或渡輪離開和前往那不勒斯。

那不勒斯有些地區的地形陡峭，但利用步行探索的方式可以欣賞到令人驚豔的景色。如果你想搭車，市區各處的廣場都有跳表計程車在排班。在那不勒斯中央車站地下或城市中其他站點都可以轉乘那不勒斯的地鐵系統，也可以利用市區公車、路面電車和地面纜車系統；請參考www.anm.it以瞭解相關資訊。

---

3. Camorra，類似黑手黨的秘密社團，起源於義大利坎帕尼亞地區和那不勒斯市，透過毒品交易、敲詐勒索以籌措經費，謀殺人數超過四千人。

美式義大利料理的歷史

「如果要形容那不勒斯的話，只能說是他媽的真美，而且古老。正因為歷史悠久，這裡正是好幾種義大利文化經典發明的源頭，像是披薩，在片狀或圓形的麵團上鋪滿蕃茄醬、起司，也許再加上一些其他的配料。很簡單，對吧？」

Pizzeria Pellone

「我從小到大常吃的披薩就是拿坡里披薩，這個名字到底是指什麼？在2004年，義大利農業部還真的公布了製作拿坡里披薩的規範，包括尺寸、麵皮厚度、食材，甚至還有烹調溫度。而拿坡里居民都一致認為，Pizzeria Pellone這間餐廳可以稱得上是符合業界標準的絕佳範例，而且非常擅於製作瑪格麗特披薩這種經典的極簡美食。」

Pellone也供應炸披薩——其實應該說是炸披薩餃（calzone），裡面的內餡包滿瑞可塔起司（ricotta）和酥炸豬肉丁。

Al Convento

「吃什麼都行，就是不願吃鯷魚的人聽好了：來到Al Convento後你肯定會改變心意，而且很可能會大吃一驚。這間餐廳是由修道院改建而成，位於

小鎮切塔拉（Cetara），當地的特產是歐洲鰻，所以主廚帕斯奎爾・托倫特（Pasquale Torrente）的菜單亮點自然也是鰻魚。」

「我們現在說的可不是大學時期沒錢時會吃的那種又油、又鹹、又臭的黏糊食物。這裡的醃漬鰻魚是白色的，而且幾近鮮甜；鰻魚佐慢火烘烤的蕃茄，以及洋蔥炸鰻魚。另外還有包滿煙燻莫札瑞拉起司（mozzarella）鰻魚丸、內餡是鰻魚版的焗烤千層茄子，以及加入天然新鮮鰻魚的煙花女義大利麵（linguine puttanesca）。」

Pappacarbone

主廚洛可・揚諾內（Rocco Iannone）在天象不佳的情況下潛入海底尋找新鮮海膽（而且捕捉後直接在戶外開吃），再帶東尼回到他的餐廳Pappacarbone，來場即興的午餐，要吃什麼就端看手邊有什麼新鮮食材，當時有油炸當地章魚、馬背起司[4]、佐蠶豆、洋薊、青蔥和義大利培根，以及加入兩種當地蛤蜊的海鮮義大利麵（spaghetti di frutti de mare）。

揚諾內烹調義大利麵的技巧讓東尼興奮不已：從滾水中取出義大利麵，並放入平底鍋，與海鮮、葡萄酒、高湯和香草一起收汁，最後把義大利麵放入醬汁，讓麵吸收所有的菁華，吃起來果真與眾不同，實在是太神奇了。

---

4. 編註： Caciocavallo，也可直譯為「卡喬卡瓦洛」。早期人們將起司用繩子串起，垂掛在馬背上熟成，屬於會「牽絲」的起司。

● **Pizzeria Pellone**：Via Nazionale 93, 80143 Naples， 電話：+39 081 553 8614，
www.pellonepizzeria.it（一般披薩價格約7歐元／8美元）

● **Al Convento**：Piazza San Francesco 16, 80410 Cetara， 電話：+39 089 261039
（一般主菜價格約35歐元／39美元）

● **Pappacarbone**：Via Rosario Senatore 30, 84103 Cava de' Tirrena，電話：+39 347
797 0604，www.ristrorantepappacarbone.com（品嚐菜單價格為每人70歐元／78美
元）

羅馬

　「就如同歷史上許多人都有的共識，羅馬是個很容易讓人愛上她的地方。
她既誘人又優美，卻歷經風霜。雖然過去的榮光和帝國歲月都留在斷垣殘壁
之中，但這些遺址依然充滿吸引力，令人深深著迷，你會認為，這個美夢將
永遠持續下去。但突然間，惡運降臨了。」

　「在第一次世界大戰之前，墨索里尼在眾人眼裡不過是小丑和傻瓜，是個
來自小鎮普雷達皮奧（Predappio），而且脾氣暴躁、裝模作樣，又滔滔不絕
的鄉下人。然而，在義大利面臨分裂和危機之際，國家陷入腹背受敵的情況
下，需要有出面高喊可以讓義大利再次變得偉大的人。當時索里尼騎著馬說
道：『跟我來！』眾人就隨著他走了。當法西斯份子橫行羅馬，首相辭職下
台，墨索里尼就被國王指派為領導者。這種情勢可能在任何地方出現，當然
也包括羅馬。」[5]

　「不論是你的、我的，或是大導演費里尼眼中的羅馬，都是很美的，就像
所有人說的一樣美。對我來說，美的不是其他人口中那些偉大的事物，例
如：雕像、宏偉的廣場和建築，或是紀念碑──當然這些也都很令人讚嘆。

---

5. 出自《波登闖異地》第808集：羅馬。

但我指的美是那些小事，那些微小的細節，每一件小事都有值得驚呼的美妙
之處。」6

抵達後通達四方

羅馬的李奧納多・達文西─菲烏米奇諾機場（Leonardo Da Vinci-Fiumicino，
FCO）**「距離義大利首都市中心約32公里，但也可能遠到就像在另一個星
球。」**7 東尼從紐約出發，並在一大早抵達羅馬之後，在《波登過境》的開
頭這麼說道。菲烏米奇諾是義大利最大的機場，也是歐洲主要的飛航基地，
有往返世界各地的航班。

「菲烏米奇諾機場有許多一般常見的交通選項，最簡單但也較貴的方式是
搭乘計程車進入市中心，並直達你下榻的飯店，車資固定是48歐元（53.5
美元）。接駁巴士的票價大約13.5歐元／15美元，車程大約40分鐘，但交通
狀況可能難以預測。

這次我選擇的是李奧納多（Leonardo）特快車，票價為20美元（18歐
元），只需30分鐘就能抵達目的地。理論上過程應該要快速、高效、簡單，
但說真的，當我看著一條又一條看似沒有盡頭的通道時，我開始後悔做了這
個決定。老兄，勸你千萬不要搭特快車。坐計程車就對了，尤其是如果你有
帶行李箱。」義大利的司機不會要求小費，不過建議你可以將車資湊成整
數，把零頭當成小費。

羅馬還有一座規模較小的機場，也就是只有一個航廈的錢皮諾機場
（Ciampino Giovan Battista Pastine，CIA），主要提供廉價航空和其在歐洲大
陸內的航班使用。這座機場位於市中心外約11公里處，有跳錶計程車可搭
乘，固定車資為30歐元（34美元），也有直達巴士前往位於羅馬市中心的特

---

6. 出自《波登不設限》，第6季第20集：羅馬。
7. 出自《波登過境》，第1季第7集：羅馬。

米尼車站（Termini station），單程票價為6–10歐元（5.5–11美元），可在入境大廳購票。

　　東尼對義大利最大火車站羅馬特米尼沒什麼好感——「羅馬是個大型交通樞紐，但在我看來，它是很糟糕的運輸中心。**這裡集紐約賓州車站的所有『魅力』於一身，也就是：毫無魅力可言。**」[8]不過，在東尼於2012年發表如此苛刻的評論之後，羅馬當局就針對車站進行了一些改善，現在設有高於平均水準的美食廣場Mercado Central，外頭街道的停車和出站情況也比較沒那麼混亂了。

　　羅馬的大眾運輸選擇包括三條路線的地鐵系統、公車和路面電車，每一種交通方式的票價都是1.5歐元（1.67美元），可以在地鐵站以及許多便利商店和報攤購買通用的支付卡。

　　羅馬很多知名廣場（piazze）都有計程車排班，但請務必只搭乘有官方執照的車輛，也就是有屋頂標誌、車身上有電話號碼、且計費錶正常運作的白色車輛。最惡劣的計程車敲詐事件都是發生在特米尼車站外圍。如果你離計程車排班點很遠，就會需要透過電話叫車（或是請義大利人幫你打電話叫車），在這種情況下，請注意計費錶是從司機接受預訂後就開始跳錶，而不是你搭上車之後才計費。一般路程的車資介於6–20歐元（7–22美元），建議支付百分之五到十的良好服務小費。

　　當然，在大部分狀況下的天氣，羅馬都是非常適合步行的怡人城市，在前往目的地途中會有很多欣賞美景和享受美食的機會。

今晚住哪裡？

　　「我推薦你待在羅馬的歷史中心區（Centro Storico），這樣只要走路就可以到所有你至少想看一眼的景點。飯店定價偏貴，所以如果你鎖定的是比較

---

8. 出自《波登過境》，第1季第7集：羅馬。

低價的旅館，最好儘早預訂，因為通常很快就會客滿。」

拉斐爾飯店

在歷史中心區外，有個叫做蒙蒂（Monti）的社區，這裡曾經是紅燈區，現在則有幾間乾淨、寧靜且價格合理的旅館，其中一間是有41間客房的拉斐爾飯店（Hotel Raffaello），由建於19世紀的建物經過改建，再加裝會停留在中段樓層的小型電梯而成。

私人衛浴相對寬敞，寢具滑順平整，內部裝潢典雅迷人（雖然看起來可能稍有點過時），員工友善親切。經過短暫步行就可以抵達附近地鐵B線的加富爾站（Cavour），羅馬競技場（Colosseum）、古羅馬廣場（Roman Forum），和先前介紹過的特米尼車站也都在步行可及的距離。

Hotel de Russi

「如果你想要出手闊綽住得寬敞些，用大把鈔票享受特別的優待，Hotel de Russi是既華麗又低調的選擇，而且就位在街上，同時又和西班牙階梯（Spanish Steps）保持剛好的距離。不過再次強調，這間飯店很貴。」9

這間建於西元2000年、有一百二十間客房的飯店溫馨又時尚，軟硬體設施包括露臺花園及庭院、水療、土耳其浴、美髮沙龍，還有絕佳的食物和飲料。這家飯店適合家庭入住，而且接待人員堪稱是羅馬首選。

● **拉斐爾飯店（Hotel Raffaello）**：Via Urbana 3, Rome 00814，電話：+39 06 488 4342，www.hotelraffaello.it（客房價格約每晚75 歐元／83美元起）
● **Hotel de Russi**：Via del Babuino 9, Rome 00187， 電 話：+39 06 328 881, www. roocofortehotels.com（客房價格約每晚450 歐元／ 500美元起）

---

9. 出自《波登過境》，第1季第7集：羅馬。

輕食、經典美食、酒吧，應有盡有

　　你也許是為了古蹟、現代藝術和文化、學習義大利文而來到羅馬，但實際上，這裡的食物及烹調的方式，還有當地人如何共享、品嚐和稱讚料理最純粹的完美狀態，才是造訪此處的重點。

　　千萬別浪費時間或胃口吃下一大份早餐；義大利人向來都是吃牛角麵包（Cornetto，類似可頌的麵包，但更甜、更軟，而且沒加那麼多奶油），再配上一杯義式濃縮咖啡或卡布其諾，然後期待午餐和晚餐的到來。

I Porchettoni

　　「如果要吃輕食午餐或點心，你會選擇羅馬的哪種特有美食？答案就是……來點義式脆皮豬肉捲吧！這裡是I Porchettoni，而且他們可真不是蓋的。脆皮豬肉捲有『羅馬的驕傲』之稱，是在一整隻去骨豬裡塞入香草，用烤肉叉串起邊烤邊轉動，之後通常會和一大杯冰義大利啤酒一起上菜。」10

　　I Porchettoni是鄰近的山邊小鎮阿里恰（Ariccia）常見的店型（fraschetta）——這是一種類似酒館的簡樸餐廳，共用餐桌上會鋪著紙張，並使用厚實的玻璃器皿和塑膠盤。除了美味的脆皮豬肉捲，這裡也供應各種經典的義大利麵（黑胡椒乳酪義大利麵〔spaghetti cacio e pepe〕、香辣茄醬筆管麵〔penne arrabiata〕，以及週四限定的馬鈴薯麵疙瘩〔gnocchi〕）、主菜（羅馬風慢燉牛肚、燒烤肉腸、牛排、牛奶燉豬肉），還有自釀葡萄酒和啤酒。

Roscioli

　　「歡迎來到Roscioli，這裡是代代相傳的經典美味帝國。如果用英文解釋，我們只能說這家店是「熟食店」（deli〕」，但這裡其實不是熟食店，而

---

10. 出自《波登過境》，第1季第7集：羅馬。

是熟食醃肉（salumi）、起司與鮪魚的寶庫。已經沒有詞彙足以形容這家店
了。這裡也是一家烘焙坊，而且不只如此，還有大師級的手作麵包和白披薩
（pizza bianca）。另外，他們家的麵包，光是聽切麵包的聲音，就足以讓你
達到高潮。最後當然也有：義大利火腿、義大利火腿、義大利火腿。我的老
天，真是太棒了。」[11]

　　Roscioli有好幾家店面都以步行即可抵達，而且各有不同的特色：頂級熟
食店有餐廳等級的服務，並供應午餐和晚餐；烘焙坊供應超美味的麵包和以
重量計價的披薩（al taglio）；還有一間咖啡店。這裡的價格偏高，而且店內
擁擠，但食物、飲料和服務的品質可以讓人幾乎忽略這些缺點。

●I Porchettoni：Via dei Marrucini 18, 00185 Rome，電話：+39 06 4958598（無網
站）（兩道菜套餐附葡萄酒價格約每人25歐元／28美元）
●Roscioli Salumeria Con Cucina（零售熟食店及餐廳）：Via dei Giubbonari, 21,
00186, Rome，電話：+39 06 6875287，www.salumeriaroscioli.com（無固定價格；
一餐價格為每人40-50歐元／44-55美元）
●Antico Forno Roscioli（供應三明治和披薩的烘焙坊）：Via dei Chiavari 34, 00186
Rome，電話：+39 06 686 4045，www.anticotfornoroscioli.it（無固定價格；披薩價
格約每公斤8歐元／9美元）
●Roscioli Caffé（供應甜點、三明治、葡萄酒和雞尾酒的咖啡酒吧）：Piazza
Benedetto Cairoli 16, 00186 Rome， 電 話：+39 06 8916 5330，www.cafferoscioli.
com（無固定價格；咖啡和甜點價格約4歐元／4.5美元）

　　出了歷史中心區，羅馬四處都是低調高品質的義式餐館（trattoria），東尼
熱愛這種餐館的經典美食和隨興氛圍，以下這家店就是最佳的例子。

11. 出自《波登不設限》，第6季第20集：羅馬。

Betto e Mary

「Betto e Mary 是間樸實、具有典型羅馬風格,而且絕不考慮迎合觀光客的社區型小店。老闆會像老朋友般坐在你旁邊,告訴你今天餐廳有什麼食材,問你今天想吃什麼。接著沒過多久,義式前菜(antipasti)就會端上桌,有炸花椰菜和蘑菇、茄子佐橄欖和胡椒、烘烤紅椒佐松子,以及牛筋沙拉(nervetti)——這種傳統米蘭料理是用切塊慢燉的牛筋、軟骨、和牛小腿或小牛腳肉,肉質非常柔軟,是小牛肉該有的軟度。接下來是非常復古的料理:馬肉片佐芝麻葉和帕馬森起司(Parmiggiano)。噢,拜託。就算我們在美國不吃馬肉,但我們還是有大量屠宰馬肉,然後賣到加拿大。真是偽君子!接著是牛尾義式肉醬水管麵,只要一提到牛尾和義式肉醬,我就會忍不住想趕快品嚐。噢。還有義大利寬麵佐洋蔥和小牛胸腺[12],很好、很好、非常好。」[13]

此外,儘管東尼並沒有親自造訪過下列介紹的三家義式餐館,不過這些店家都能提供與 Betto e Mary 類似的用餐體驗,供應的經典羅馬料理也絕對不亞於上述店家。強烈建議前往其中任何一家店前都要先預約。

Dar Moschino

這是一間溫馨、活潑、家庭經營的餐廳,開店至今已有 40 年,位在市中心南方加爾巴特拉區(Garbatella)中的寧靜地區。木板鑲嵌的空間裡掛滿賽馬圖像,裝潢和服務多年來幾乎沒有變過,雖然座位密集,但造訪的常客都既滿意又自在。

這裡的招牌菜包括醃豬頰肉起司麵(gricia,水管麵加上醃豬頰肉

---

12. 編註:亦稱小牛胸腺、羔羊胸腺或牛仔胸腺,是法國與義大利的一種高級料理,由小牛靠近胸口的腺體製成。當小牛成熟後,這個腺體就會消失,因此只有在小牛身上能取得。
13. 出自《波登不設限》,第 6 季第 20 集:羅馬。

〔guanciale〕、佩可里諾起司〔pecorino〕粉以及黑胡椒粒）、羅馬風燉牛
肚，軟嫩小牛肉丸，以及獵人燴兔〔rabbit alla cacciatora〕，建議配菜一定要
點熟度恰到好處的馬鈴薯。

Piatto Romano

　　這是特斯塔喬區（Testaccio）的在地小店，服務親切而有效率。

　　千萬不要錯過這裡的牛腸水管麵（rigatoni con la pajata），是將帶有母奶的
小牛腸子放入辛辣的蕃茄醬烹調。

　　老闆經常用在自家鄰近花園種植的神秘植物為常規菜單增色，包括錦葵和
黑蘿蔔（ramolaccio）葉。

Tavernaccia da Bruno

　　位於特拉斯提弗列區（Trastevere），這裡提供簡單且沒有過多華麗裝飾的
美味料理，服務態度也很友善，空間溫馨而明亮。

　　這間由家族經營的餐廳已經開業50年，供應羅馬經典菜色及一些在翁布
里亞和薩丁尼亞常見的料理，包括令人驚豔的柴火烤乳豬。如果是在週日造
訪，千萬別錯過這裡的肉醬千層麵。

● **Betto e Mary**：Via dei Savorgnan 99, 00176 Rome，電話：+39 06 6477 1096（無
網站）（晚餐價格約每人20歐元／23美元）

● **Dar Moschino**：Piazza Benedetto Brin 5, 00154 Rome， 電 話：+39 06 513 9473
（無網站）（一餐價格約每人25歐元／28美元）

● **Piatto Romano**：Via Giovanni Battista Bodoni 62, 00153，電話：+39 06 6401 4447，
Romewww.piattoromano.com（一餐價格約每人30歐元／33美元）

● **Tavernaccia da Bruno**：Via Giovanna da Castel Bolognese 63, 00153 Rome，電話：
+39 06 581 2792，www.latavernacciaroma.com（一餐價格約每人30歐元／33美元）

羅馬是個為披薩瘋狂的城市，依重量計價的切片披薩（pizza al taglio），以及在全桌邊服務餐廳最常見的圓形薄皮披薩（pizza tonda）都很有名。

Pizzarium

另外還有「Pizzarium，是由邦奇（Gabriele Bonci）創立的品牌，完全與經典背道而馳。」邦奇這號人物是個「搞怪的披薩店主，在梵蒂岡附近開了一間迷你且異常創新的披薩店，他宣稱過去幾年來，自己發明了1,500種口味的披薩，而且顯然他還打算繼續研發。在這裡，就像所有美味的披薩一樣，一切都要從麵團開始──製作精良的高品質麵團。最好的披薩是源自歷史悠久且精心保存的培養酵母，而邦奇使用的酵母已經有200年歷史。」[14]

邦奇最知名的混搭作品，是以肥肝加上櫻桃，很美味，也很驚人，肥肝的脂肪加上櫻桃的甜味，真的太棒了。即使是最痛恨夏威夷披薩的客人，也可能會喜歡上Pizzarium的版本，也就是以一般的鳳梨和火腿佐料加上焦糖洋蔥之後的大變身。照理說這不可能會好吃的，但真的就是非常、非常好吃。

Pizzarium極受歡迎，在尖峰時段絕對會需要和一大群遊客一起排隊。不過可以確定的是，這一切都是值得的。

Freni e Frizioni

「我人在Freni e Frizioni，它字面上的意思是『煞車和離合器』，這是一間由汽車維修廠改建而成的酒吧，有免費自助吧讓大學生在喝酒空檔或是意外懷孕時填飽肚子。」

「我要坐下放鬆，然後來杯尼格羅尼。不，我要狂喝尼格羅尼。」

「說到這個，如果要在家調製尼格羅尼，記得比例是三分之一的頂級琴酒、三分之一的利口酒金巴利（Campari）、三分之一的甜香艾酒。我其實不

---

14. 出自《波登不設限》，第6季第20集：羅馬。

怎麼喜歡琴酒，不喜歡金巴利，也不喜歡甜香艾酒，但它們加在一起之後，我不得不承認：這是最佳組合。」

　　「據說，是尼格羅尼伯爵在佛羅倫斯發明了這種好喝的雞尾酒。因為他覺得金巴利和甜香艾酒調成的阿美利加諾雞尾酒（Americano）酒精濃度還不夠，於是建議服務生再加上琴酒，把這款飲品的危險程度往上提升，一款經典雞尾酒就此問世。但關於這個傳聞，其中許多軼事早已不可考了。」[15]

Canova

　　如果想在羅馬其他區域找到精心調配的尼格羅尼，東尼的老朋友兼幫手莎拉・帕姆帕羅尼（Sara Pampaloni）建議，鎖定市中心歷史悠久的酒吧就對了，例如位於人民廣場（Piazza del Popolo）的Canova，或是「金巴利酒瓶打開不超過一小時的任何一間酒吧」。

● **Pizzarium**：Via della Meloria, 43, 00136 Rome，電話：+39 06 3974 5416，www. bonci.it（披薩依重量計價；一般價格為每公斤10歐元／11美元）
● **Freni e Frizioni**：Via del Politeama, 4, 00153, Rome，電話：+39 06 4549 7499，www.freniefrizioni.com（一杯飲品價格約8歐元／9美元，附自助吧）
● **Canova**：Piazza del Popolo, 16, 00187 Rome，電　話：+39 06361 2231，www. canovapiazzadelpopolo.it（一杯雞尾酒價格約10歐元／11美元）

薩丁尼亞

　　「當你夢想成真後，你會做什麼？我人生曾有過許多不同的階段和經歷，每次好像都是一種全新的生命體驗，大部分時候我都不知道自己是怎麼熬過

---

15. 出自《波登過境》，第1季第7集：羅馬。

來的。對我來說就像幸運撿到的加分回合，根本像是在玩瘋狂彈珠台，不管我怎麼亂打，人生還是不斷送上額外的分數。（當然，我猜想自己應該會在嘴裡含著一片柳橙、追著孫子在後院到處跑的時候，突然在蕃茄藤裡倒下。）」16

「我太少待在家裡，而且對家庭的觀念和想像很扭曲，對像我這樣的人來說，這些日子我實在快樂得太不像話了。」

在一集非常揭露私生活的《波登不設限》中，東尼說出了以上這段很不像他會說的真心話，當時他正和家人一起前往薩丁尼亞旅遊。他的妻子奧塔薇亞（Ottavia）和她的親戚們在一座遺世獨立的地中海島嶼上度假，而東尼則是深深愛上這裡古老且幾乎未隨時間改變的文化，例如刀具的重要性。當然，還有食物。

「在這個『堅硬』的地區——這裡只有岩石和鋼鐵——生活總是艱苦的，但對企圖入侵的外來者更是艱巨。你在這裡會需要一把刀，而且每個人都有一把。這一帶的東西仍是遵循古法，以手工製作，這點突顯出這裡的與眾不同。

當地居民都與家人都維持緊密的關係。我來自小家庭，即使是節慶大餐，餐桌上也只有我、父親、母親、弟弟，頂多再加上稍後才會抵達的表兄弟。也許這就是我總是很不滿自己不是義大利裔美國人的原因之一，還有為什麼我總是有點羨慕電影裡的那些場景：一整個家族圍坐在大餐桌前，小孩在旁邊到處亂跑。即使家人之間在吵架，在我看來也很溫馨。」

「薩丁尼亞就是那種有認識的人就好辦事的地方。這裡的保險桿貼紙上驕傲地寫著『這裡不是義大利』，而且他們也真的這樣認為。從義大利內陸西部搭船到薩丁尼亞需要六到七個小時，這裡有自己的語言、文化，還有獨一無二的傳統和排外情結，直到現在，當地人還會半認真地跟你說隔壁村有土

匪。」

「歐盟法律、義大利語言、20和21世紀，這些事物似乎都有點晚才傳入這裡，但我不怎麼介意這一點，因為食物的關係。這裡的美食真是讓人不敢置信。薩丁尼亞菜囊括了義大利菜的所有優點，卻又更……更濃烈，看起來就像來自另一個世界。」

「你應該會馬上注意到幾個特點，因為這些模式會一而再、再而三地出現：每一餐最先上菜的絕對是某種形式的手工製醃肉——各式各樣的火腿、肉腸，也許還會加上一點佩可里諾起司，畢竟這裡可是有很多綿羊的國家。薩丁尼亞薄餅（pane carasau）這種食物會不停出現，無所不在。」

「還有義大利麵，有時通常不只一種，多半都是當地特有的口味，而且也絕對是手工製作。接下來，看到開放式的火爐或柴火，就知道不遠處有大塊大塊串好的肉在滋滋作響。」

抵達後通達四方

薩丁尼亞三座機場中，規模最大的一座是卡利亞里機場（CAG），位在島嶼南部的首府卡利亞里（Cagliari），有幾家地區性的歐洲航空在此提供服務。從機場搭乘跳錶計程車前往市中心的車程為15到20分鐘，車資大約為20歐元（22美元），建議你可以、但不一定要支付小費。你也可以搭乘巴士前往市中心，或者如果偏好自行開車，有好幾家租車公司可選擇。另外也有從那不勒斯前往卡利亞里的渡輪。

不過，比較接近東尼在《波登不設限》中造訪地區的，是奧爾比亞翡翠海岸機場（Olbia Costa Smerelda Airport，OLB），位於島上東北部，在夏季假期最為繁忙，因為搭乘地區航空公司的歐洲大陸旅客會大量湧入。旅客可以搭乘巴士前往奧爾比亞（Olbia）市中心或附近車站，再往南移動，另外也可以搭乘計程車和租車。如果你有時間和興趣，也可以從羅馬搭乘渡輪前往奧爾比亞。

今晚住哪裡？

Su Gologone

「我都快成Su Gologone的常客了。」東尼在評論他和家人在薩丁尼亞旅遊期間所住的飯店時這麼說道。

這家低調而豪華的飯店是地中海風格的水療渡假村，位在距離東海岸18公里內陸的巴爾巴吉亞山（Barbagia Mountain）中，有寬敞的空間可以漫步閒逛，並附有泉水游泳池。「這家飯店的餐廳很傳統，連當地人都推薦這裡的食物。**在這個把『在餐廳吃飯』這件事視為有性格缺陷的國家，這家餐廳就顯得格外與眾不同。**」

Agriturismos Sa Rocca

「我覺得家庭經營的度假農莊（agriturismos）會是薩丁尼亞觀光業的未來，甚至是全世界觀光業的未來。Sa Rocca是座建在岩洞裡的度假農莊。什麼是度假農莊呢？我認為這是史上最棒的設施。

基本上，度假農莊可能是任何一種風情十足的小空間，也許是住家、農舍……，在義大利和薩丁尼亞到處都有。這些地方的菜色選擇有限，而且通常是固定不變的，但只有在當地吃得到。這真的是太棒了，你可以很輕鬆地一路狂吃，從一個小鎮換到另一個小鎮，吃遍整個義大利，網羅所有在地的特色美食。」

即使沒有下榻在度假農莊樸實但舒適的客房，也可以在農舍的餐廳用餐，而東尼、奧塔薇亞和整個大家庭在餐廳享用的料理包括：類似義大利火腿、但比較厚的薩丁尼亞火腿；一種叫做尖刺義大利麵（maccheroni stabusa）的手桿麵條配上蕃茄醬；烤綿羊起司佐在地蜂蜜，以及一種幾乎失傳的特色料理：「串烤小山羊肉（capretto arrosto stidiale），我猜字面上的意思應該是『用烤肉叉串起小山羊肉後放在明火上邊烤邊轉動』，不過這裡還會淋上大量滾燙的豬背油（lardo），也就是一塊塊稍微經過醃漬和香草調味的豬肉脂

肪，會讓山羊肉呈現焦黑金黃的色澤、酥脆的口感以及絕無僅有的濃郁風
味。」

● **Su Gologone**：Località Su Gologone, 0825 Olinea, Sardinia， 電 話：+39 0784
287512，www.sugologone.it（客房價格約每晚180歐元／200美元起）
● **Agriturismos Sa Rocca**：Strada Nebida— Buggerru S.P. 83, km 13, 09016 Nebida,
Sardinia，電話：+39 0781 183 6196，www.agritourismosarocca.it（客房平均價格
為67歐元／75美元；主菜平均價格為18歐元／20美元）

Zia Forica

　「如果想找一般上班族可以快速用餐的餐館，Zia Forica是很好的選擇。
以這裡不知速食為何物的文化來說，這家店已經算是動作很迅速了，你可以
走進店裡、拿幾樣小菜料理，也許點個能快速料理好的驢肉排，吃完就能直
接走人。我來這裡是為了嚐嚐蝸牛、洋薊和羊腸（cordula）。」

　　這種當地特色菜的做法是把羔羊或山羊的腸子交叉綁在同種羊的其他內臟上，然後用烤肉叉串起，以明火烘烤或是慢火燜燒，最後再配上豆子。

●**Zia Forica**：Strada Nebida— Buggerru S.P. 83, km 13, 09016 Nebida, Sardinia，電話：+39 0781 183 6196（無網站）（主菜平均價格為7-9歐元／8-10美元）

18

日本
JAPAN

大阪：浮誇之城

「歡迎來到大阪，勤奮又熱愛搞笑的日本關西地區首府。大阪最常被拿來和東京相較，一般認為東京比較精緻和偏向內斂，大阪則是比較粗俗和直接。不過對我來說，更重要的是歷史和地理條件恰好成就了大阪做為日本美食之都的地位。從古時候開始，臨日本內海和接近最肥沃農田的位置，讓大阪素有天下廚房之稱。」[1]

「隨著時間的推移，大阪發展出龐大的商人階級。日本社會向來都瞧不起商人，不過在16世紀後期頒布的法令，使商人成為正式職業，並賦予他們最低的社會地位，也禁止他們炫耀財富，包括穿著的服裝、建造的房子，基本上什麼都有限制，除了食物和娛樂之外。於是一座滿是商人的城市，被迫把所有的錢都花在飲食和享樂上，「吃到倒」（食い倒れ，kuidare）的概念也就此誕生，按照字面嚴格翻譯的話，意思是吃到破產。不過一般的用法是指長時間過度飲食飲酒，最好吃到整個人倒下去。」

抵達後通達四方

大阪有兩座機場：關西國際機場（KIX）位於大阪灣，也就是市中心南方

---

1. 本節引用內容皆出自《波登不設限》，第季1第11集：日本。

約32公里處，業務主要是國際航班以及一些日本國內航班。

南海機場線（1,075日圓／10美元）和特急Rapi:t（1,500日圓／約14美元）都是由私人企業南海電鐵營運，可以從旅客航廈的二樓搭乘，並前往南海難波站，基本上這裡是一個大型的共構車站，連接地鐵、日本鐵路（JR）以及高速巴士總站。也可以選擇搭乘豪華巴士（1,700日圓／約16美元）前往幾處指定下車點，包括市中心的飯店和景點，或是搭乘計程車（約10,800日圓／100美元）。

日本文化沒有給計程車司機小費的習慣；如果是支付現金，你一定會拿到完整的找零，或者你可以多付到最接近的百圓數目，來避免拿到不必要的小額零錢。

伊丹機場（ITM）又稱為大阪國際機場（儘管只供國內航班使用），位在市中心北方約10公里處，可以搭乘巴士（500–900日圓／4–8美元）、豪華巴士（2,100日圓／20美元）、單軌電車（325日圓／約3美元）或計程車（5,500日圓／50美元）。

抵達市中心之後，如果要好好認識這座僅次於東京和橫濱的大城市，最好的方式就是運用完善且容易搭乘的地鐵系統或JR環狀線，各種標誌和廣播都有英文版，因此遠比公車系統易懂。

棒球之城

「美國人自以為是棒球霸主，我的意思是，所謂的世界大賽幾乎不會把加拿大放在眼裡。但是日本從1873年就開始從事這種運動，而且棒球絕對是全日本最受歡迎的觀賞性運動。」

「參加日本聯盟的美國選手抱怨過一些技術上的差異，像是球的尺寸較小，而且好球帶較大——但真正讓他們感到不解的是這裡的文化價值觀。」

「美國棒球中的英雄會為了讓自己在隊友間顯得突出，而追求高統計數字，用強力全壘打贏得比賽。而日本棒球中的英雄則會用犧牲打來推進壘

包，以犧牲自我的表現來換取團隊的勝利，如此才能在日本贏得喝采與掌聲。還有日本的粉絲團體『應援團』，越誇張的服裝、越整齊的加油方式以及越大聲的音量，就越能獲得好評。」

吾作どん

　「吾作どん（Gosakudon）是大阪其中一家支持當地阪神虎隊的棒球主題餐廳。最能激起大阪第二大城情結的，莫過於和東京巨人隊之間的競爭。兩隊之間的關係類似紐約洋基和波士頓紅襪互為勁敵，其中阪神虎就像紅襪隊，雖然有極為狂熱的粉絲，面對更強大、資金更充足的巨人隊，總是一再地落敗心碎。」

　吾作どん的招牌菜色包括壽司、海鮮串燒和啤酒，不論有沒有比賽，店裡的氣氛都相當熱鬧溫馨。

● **吾作どん**：543-0056大阪府大阪市天王寺 堀越町 13-14，電話：+81 50 3466 5529，www.gosakudon-tennoujikouenmae.gorp.jp（一餐平均價格為3,000–3,500日圓／28–32美元）

章魚無所不在

　大阪最有名的特色料理包括章魚燒（球形的炸章魚糰子）、御好燒（用鐵板加熱的鹹味煎餅，內焰可以是各種份量和種類的肉、魚和蔬菜），以及內臟燒烤（將各種內臟串起來燒烤）。

蛸之徹

　「在大阪到處都可以吃到美味的章魚燒，而且不論日夜皆可。我們選擇了蛸之徹，因為這間店的櫥窗展示超現實到嚇死人（裡面有隻模型章魚正在製作章魚燒）。幸好，章魚吃章魚這件事只會讓我在道德層面很抗拒，但並不

影響我的胃口。」

　顧客可以選擇在餐桌上自己動手做章魚燒，加入已經切好的內餡配料，例如蔥或起司，也可以交給專業的員工負責料理。

福太郎

　「關西地區最引以為傲的就是御好燒。如果像大家一樣，把這種料理稱為日式披薩、煎餅或歐姆蛋，其實都不太精確。御好（Okinomi）指的是『喜歡什麼就加什麼』，燒（yaki）就是『燒烤』。所以，把麵粉、地瓜粉、水和雞蛋混合而成基底麵糊倒在鐵板上後，基本上你可以加入任何配料。這道料理有很多種地方版本，不過可想而知，大阪人偏好什麼都一次加進去，是非常隨興的做法。想要加點培根嗎？我剛剛有說其實通常上面會加甜味醬和日式美乃滋嗎？」

　御好燒和章魚燒一樣，在大阪隨處可見，東尼造訪的店家是福太郎。

ホルモン道場

　「內臟燒烤（Horumonyaki）是一門火烤牛和豬內臟的古老技藝。這是日本工人喜愛的料理，ホルモン道場自然也是工人喜愛的餐廳。來點牛肚、牛肝、牛舌、臉頰肉……噢，那是腎臟……還有當地人的最愛，最受歡迎的油脂。我小時候很討厭各種內臟類的食物，非常討厭，但現在卻是我的最愛。任何偉大的料理文化都會懂得運用各種內臟。我愛死這個地方了。」

●**蛸之徹**：大阪府大阪市北區角田町1-10，電話：+81 06 6345 0301，www.takonotetsu.co.jp（章魚燒和其他料理價格為640–1,030日圓／6–10美元）

●**福太郎**：542-0074 大阪市中央區千日前2丁目3-17，電話：+81 6 6634 2951，www.2951.jp/en/（御好燒套餐價格為900–1,800日圓／10–20美元）

●**ホルモン道場**（HOROMUNYAKI DOJO）：大阪府大阪市浪速區惠美須東3-2-23，

電話：+81 6 6631 3466（一盤價格為300-800日圓／2.75-7.5美元）

東京

東尼一次又一次不斷回訪東京，因為他很興奮地發現，不論他在這裡待了多久，都只是接觸到東京豐富內涵的皮毛而已。

「造訪東京時，你應該注意什麼？那就是：這裡深不見底、永無止境。我首次來到這座城市時，簡直像經歷了大蛻變，是一次強烈又衝擊的體驗。就像第一次吃迷幻藥一樣，你會很困惑現在到底該做什麼。從那之後，我看世界的角度完全變了。」

「我經常把第一次去日本和第一次去東京的體驗，比喻成艾瑞克·克萊普頓（Eric Clapton）和彼特·湯森（Pete Townshend）——兩位英格蘭吉他之神——在搖滾吉他之神吉米·亨德里克斯（Jimi Hendrix）於英國巡迴演出期間可能經歷的心境。你聽過他的名號，所以去以現場看了本尊，從此開啟了通往新世界的大門。然後你會心想：『這到底是什麼意思？我現在該說什麼？該做什麼才對？』2

2. 出自《波登闖異地》第207集：東京。

抵達後通達四方

　　東京有兩座國際機場：成田機場（NRT）和羽田機場（HND）。成田機場的規模較大，每天降落的國際航班數量也較多，而且進入成田機場的費用通常會低於進入羽田機場，不過前往市中心的車程較長（成田機場和羽田機場到東京車站的距離分別為大約60公里和約23公里），可以搭乘JR、豪華巴士或由下榻飯店安排的轎車。

　　東京偌大的地鐵網路由兩個系統組成：東京Metro地鐵和都營地下鐵，準時、快速、安全和乾淨程度都無可匹敵，標誌和廣播有英文和日文版本。東京Metro地鐵的網站（www.tokyometro.jp/en）有可下在的乘客指南，另外也有完善的免費應用程式可使用，內容包括地圖、時刻表、票價等相關資訊；都營地下鐵的網站（www.kotsu.metro.tokyo.jp/eng）雖然沒那麼完整，仍然有不少時間資訊。如果要在兩個系統之間轉乘，最簡單的方式就是購買可儲值的Pasmo卡，可以在任何一個車站的售票處或販賣機買到。

　　東京的計程車雖然不便宜（費率和曼哈頓、巴黎以及其他高消費水準的西方城市不相上下），卻無比乾淨、容易招車而且接受現金和信用卡；不需要支付小費，不過可以多付到最接近的百圓數目，以避免拿到不必要的小額零錢。

今晚住哪裡？

　　東尼非常享受地住在低調而奢華的東京柏悅酒店（Park Hyatt Tokyo），位在52層樓的新宿公園塔最高的14層樓。這座摩天大樓曾經出現在2003年的電影《愛情，不用翻譯》（Lost in Translation）中，因此在造訪東京的富有觀光客心中佔有一席之地。

　　在飯店裡的酒吧New York Bar喝一杯，也許已經是老掉牙的觀光行程，但這裡還是非常適合享受精心調製的飲品，一邊欣賞壯觀的夜景。

　　在早晨，你可以享用一整套日式早餐，還有如果天空夠清澈的話，也許能從47樓的游泳池眺望富士山。

飯店的禮賓部可以協助安排餐廳訂位、機場接送，以及依你的需要代訂前往日本其他地區的鐵路車票。

● 東京柏悅酒店（PARK HYATT TOKYO）：163-1055東京新宿區西新宿3-7-1-2，電話：+03 81 3 5322 1234, www. hyatt.com/en-US/hotel/japan/park- hyatt-tokyo/tyoph（客房價格約每晚65,000日圓／600美元起）

美味的烤物與壽司

「我認為，也許你最該理解東京的一點就是：基本上我遇過的每一位廚師都是這樣，如果你問對方：『要是下半輩子只能待在一個國家，這一生都只能吃那個國家的食物，你會想待在哪裡？』他們的回答都一樣：日本、東京、句號。」

「對我來說，這也是標準答案。日本之旅會讓人心懷謙卑，你來到這裡，看到可以用這麼少的元素就能做到如此精準和完美。如果你離開的話，會發現自己已經變得跟以前不一樣了，而且還會感到有點害怕。」[3]

鳥樹

「品川區就有一個很好的例子，由相原夫婦經營的餐廳鳥樹讓我可以盡情享用自己最愛的食物：烤雞肉串（Yakitori），基本上多半是把雞肉切成小塊，然後通常會用竹籤串起。鳥樹的特別之處在於，他們選擇使用電烤爐，而不是傳統的炭火，因為他們認為讓熱度維持在穩定的攝氏482至515度，可以讓成品更美味。」[4]而且在客人點餐後，相原先生才會將（他親自屠宰的）全雞切塊。

---

3. 出自《波登闖異地》第207集：東京。
4. 出自《波登不設限》，第4季第11集：東京。

すきやばし次郎

「沿著地鐵入口旁的階梯往下走，在不起眼的辦公大樓地下室，看了也絕對猜不出來，這裡是有米其林三星的すきやばし次郎，許多人認為全世界最美味的壽司就在這裡。」

「大野次郎不斷致力於做出完美的壽司。一般吃的壽司和完美的壽司有什麼不同？包括食材、技術、時機等多種層面。每個完美的壽司都是在最適當的時機、溫度和料理階段才能上桌，而這需要顧客付出一定程度的尊重。簡而言之，顧客要用正確的方式用餐。我在二十分鐘內吃完了十五道料理的三星級套餐——是我這輩子吃過最美味的壽司。店內有一些禁止事項，那就是：禁止用手指以外的工具用餐；絕對禁止沾醬油或額外的芥末。壽司以大廚講究的形式端上桌，你就得用這種形式吃下肚。」5

ぎんざ 寿し幸

「東京還有一家ぎんざ 寿し幸。這是正統的壽司店，有一百三十年的歷史。經過這段漫長而悠久的時間，也許形式有點差異，但店家的一天基本上就是這樣開始的：去魚鱗和魚內臟，準備好廚房相關事宜。年輕的高山（紐約日式餐廳Masa的經營者高山雅氏）當初就是在這裡當壽司職人杉山定時的學徒。如今寿し幸由他的兒子杉山衛負責經營，名店標準和家族傳統已經傳到了第四代。」

在《波登闖異地》中，東尼享用了「鯖魚鋪上青蔥和薑並淋上自家釀製的醬油；黑鮪魚，也就是傳統的醬油醃漬藍鰭鮪魚，另外還有玉子燒加上大量的蝦卵。」6

●**鳥樹（TORIKI）**：東京都品川區旗之台3-11-13，電話：+81 3 3785 8472，www.

5. 出自《波登不設限》，第4季第11集：東京。
6. 出自《波登闖異地》第806集：日本。

toriki.jpn.org（晚餐平均價格為 4,000–10,000 日圓／38–93 美元）

●**すきやばし次郎（Sukiyabashi Jiro）**：東京都中央區銀座4-2-15，塚本總業大樓B1，電話：+81 3 3535 3600，www.sushi- jiro.jp（套餐價格33,000日圓／約300美元）

●**ぎんざ 寿し幸（Ginza Sushi- Ko）**：東京都中央區銀座7丁目7番14號，電話：+81 3 3571 4558，www.ginza- sushikou.sakura.ne.jp（午餐價格為 15,000 日圓／約140美元；晚餐價格為 25,000 日圓／約233美元）

東京風娛樂

在人滿為患的新宿，你會發現東京比較雜亂的一面——夜生活、廉價食物，以及大量的派對咖。

「據說日本黑幫（Yakuza），也就是在娛樂和金融服務業相當活躍的黑道組織，嗯⋯⋯控管了新宿的大小事，基本上就是遊戲機台、賭博、柏青哥、成人娛樂、色情片商店以及性愛俱樂部和其他附加服務。」

機器人餐廳

如果想要體驗這類娛樂，機器人餐廳（Robot Restaurant）每晚都會上演兩次幾乎會讓人癲癇發作的多媒體舞蹈、音樂、偶戲和一般怪誕秀。雖然表演內容完全是為了吸引觀光客目光，但還是獲得東尼的好評。

在新宿區內無比花俏的歌舞伎町中，機器人餐廳大概是最明亮且吵鬧的景點。「日本男性以及部份女性想要釋放壓抑的自我時，就會來到這裡玩樂並展露另一面。準備好享受娛樂史上最精彩的表演——我看過搖滾吉他之神吉米‧亨德里克斯、百大歌手珍妮絲‧賈普林（Janis Joplin）以及搖滾變色龍大衛‧鮑伊（David Bowie）『鑽石狗巡迴演唱會』的演出；我在百老匯看過荷西‧昆特羅斯（José Quintero）執導以及科琳‧杜赫斯特（Colleen Dewhurst）和賈森‧羅巴茲（Jason Robards）演出的《私生子之月》（Moon for the Misbegotten）。但這真的是我這輩子看過最厲害的演出，要什麼有什麼，簡直是娛樂史上最精彩的表演。」7

Bar Albatross

距離機器人餐廳幾個街區之外，就是被稱作「黃金街」（ゴールデン街）的區域，縱橫交錯的街上有相對昏暗且安靜的酒吧林立。

「這裡一直都是我在東京最愛的喝酒去處，有幾百間迷你酒吧，每一間都有自己的特色，也各有專屬的客群。我很愛 Bar Albatross 這間店，位子不多，飲品濃烈，是標準的隱密小店。」8Albatross 酒吧的員工態度友善，對獨自一人的酒客和說英文的顧客更是如此。一踏入店內，就會看到貓科動物標本、迪斯可燈球、水晶吊燈以及各種風格特異的裝飾。

---

7. 出自《波登闖異地》第 207 集：東京。
8. 出自《波登闖異地》第 207 集：東京。

● **機器人餐廳（Robot Restaurant）**：東京都新宿區歌舞伎町1丁目7-7，電話：+81 3 3200 5500，www.shinjuku- robot.com（入場券價格為8,000 日圓／約72美元；食物價格為1,000–1,500 日圓／約10–15美元）

● **Bar Albatross Golden Gai（ゴールデン街アルバトロス）**：160-0021東京都新宿區歌舞伎町1丁目1 7，電話：+81 3 3203 3699，www.alba-s.com（飲品價格為5,000– 12,000日圓／4.5–11美元）

19

肯亞
KENYA

「肯亞和其他非洲國家之間的差異，就像德州和火星之間的差距，這個國家有自身的問題，也有獨一無二的精彩之處。肯亞充滿活力、不斷變化，而且令人驚嘆。」1

「這裡真的是錯綜複雜，我的意思是，根據最優秀的科學家研究指出，這一帶就是人類的起源地：獵人和採集者的部落、班圖人（Bantu）和尼羅特人（Nilotic）、阿拉伯和波斯貿易商、葡萄牙商人、阿曼人（Omani）全都在肯亞留下了足跡。不過，大英帝國1895年到1964年統治留下的痕跡，也許最為鮮明。」

「英國將教育、治理、司法制度，以及某些層面的價值觀，都強加在當地人身上，姑且不論是好是壞，這些都為現在的肯亞奠定了大部份的基礎。例如，英國確實廢除了奴隸制度，打造了現代基礎建設；同時英國也採取了非常徹底的剝削手段，而且多半很暴力。英國當然也是種族歧視的殖民政府，無所不用其極地給白人殖民者、地主和外國企業家好處。肯亞的存在意義就是為了讓遠在世界另一頭的白人變富有。

「不過，肯亞在1963年爭取獨立成功，並選出第一位肯亞總統喬莫・肯雅塔（Jomo Kenyatta）；從那時開始，肯亞就一直在苦戰，努力瓦解殘存的殖民法規，同時保存可行的做法。整體來說，結果還算理想，如今的肯亞是

---

1. 本章引用內容皆出自《波登闖異地》第1201集：肯亞。

眾所皆知的美麗國度，有不斷增加的中產階級、出色的教育制度，以及充滿熱誠並兼具多語能力的各界專業人士。」

抵達後通達四方

如果要前往奈洛比（Nairobi），必須先飛往喬莫‧肯雅塔國際機場（Jomo Kenyatta International Airport，NBO），該處原名是恩巴卡希（Embakasi），也就是機場所在的郊區名稱，於1987年重新命名，以紀念肯亞的首位總統和首相。這座機場是肯亞航空（Kenya Airway）的樞紐，有往返非洲多地與至中國、中東、歐洲好幾座城市的航班，以及一條往返紐約市甘迺迪國際機場（JFK）的航線。

建議預先請住宿飯店安排座車服務，或是在入境大廳外的排班區招攬官方計程車。機場有提供租車服務，也可以選擇搭乘兩種平價的巴士系統。機場距離市中心約16公里，搭乘計程車的費用大約為2,000肯亞先令（約20美元），取決於目的地的遠近。計程車司機不收小費，但如果你把車資的零頭四捨五入到最接近的100肯亞先令，多給司機一些錢，並不算是冒犯的行為。

在奈洛比，人人都是搭乘非正規的迷你巴士計程車系統（matatu），營運範圍遍及市中心和郊區。請注意：據說這種交通方式的安全性和舒適度並不理想。奈洛比有幾條私營的公車路線，總站都集中在市中心。迷你巴士和公車的票價範圍為50–200先令（0.5–2美元）。計程車則是比較可靠的選項，不過稍微貴一些，一般而言車資是300–1,000先令（3–10美元）。

在奈洛比的第一餐

「奈洛比（Nairobi）在馬賽語指的是『冷水』。這裡是肯亞首都，都會圈有650萬人口。在殖民時期，奈洛比圍繞著英國鐵路站點蓬勃發展，位置正好落在英國位於烏干達其他有利可圖的領地以及肯亞第二大城蒙巴薩

（Mombasa）的海港中間。」

奈洛比最大的住宅區是基貝拉（Kibera）。「基貝拉的規模很驚人，有十七萬兩千人住在這裡。到處都是凌亂交錯的住屋、宗教場所，和彼此競爭的小型商家。這裡的居民是奈洛比勞動人口的主要來源，換句話說，要是沒有基貝拉，這座城市就會陷入停擺。」

Mama Oliech's

路過當地的小型連鎖店Mama Oliech's時不妨進去坐一下，這裡的特色是使用來自奈瓦夏湖（Lake Naivasha）的在地野生魚，而不是在奈洛比較為常見的中國養殖吳郭魚。創辦人奧利希媽媽（Mama Oliech）近期已去世，不過餐廳仍有繼續營運。

來到這裡該點些什麼呢？「奈瓦夏湖產的吳郭魚油炸後放入蕃茄和香料一起烹煮後就直接上桌，帶骨全魚，配上冰涼的Tusker啤酒。」

● **Mama Oliech's**：Marcus Garvey Road, Nairobi，電話：+254 701 707070（一般盤菜價格為350–680先令／3.5–7美元）

觀賞野生動物

「從奈洛比開車出發幾個小時後，簡直像進入另一個世界。那是我們夢想中的非洲、電影中的非洲、位於自然界的非洲——然而這個世界卻不斷遭受威脅。

里瓦野生動物保護區（Lewa Wildlife Conservancy）的宗旨就是在不排除或邊緣化已在這裡定居數世紀當地人的情況下，保護這片區域所有動物的生命和安全，這需要人類與自然兩者能維持微妙的平衡。要如何在這個資源日益減少的世界，負責任地照顧其中一方，卻不對另一方造成負面影響。事實上，要不是有人為干預，這些美麗的動物很可能已經消失。遊客所費不貲地

前來觀賞這些動物，如果沒有這些資金挹注，這裡的野生動物非常可能早就消失殆盡。」

里瓦保護區位在原本是畜牧農場的土地上，這塊地從1983年開始荒廢，後來在肯亞政府的要求下，做為瀕臨絕種的犀牛庇護園區，原本只剩下十五匹的犀牛群，現在增加至一百六十九匹。里瓦保護區也讓眾多動物有安全的棲息地，包括斑馬、大象、獅子、獵豹、鬣狗、花豹和非洲野犬。

豪華住宿和有專業嚮導的觀賞野生動物之旅，可以提供持續執行計畫所需的資金。此外，每年也會邀請三千名學童免費參與保育教育計畫，讓下一代能瞭解保護野生動物的重要性。

很顯然地，盜獵一直是重大危機，對里瓦保護區的動物和照顧這些動物的人都造成威脅。為了保護二百五十平方公里的保護區，里瓦的反盜獵計畫必須採取激進、全面又前衛的方式，並且仰賴當地的追蹤專家、先進的追蹤技術，此外還包括可說是最重要且完善的社區宣導和情報蒐集。如果當地人不願與你站在同一陣線，情勢就會對你非常不利。

●**里瓦野生動物保護區**（Lewa Wildlife Conservancy）：電話：+254 64 31405，www.lewa.org——可透過網站、電話或專業嚮導聯絡管理人員，以安排觀賞行程。

20

寮國
LAOS

　　東尼相當認真地瞭解20世紀的美國史，尤其是美國政府的陰謀和祕密行動，因此深深受到寮國（正式國名為寮人民民主共和國〔Lao People's Democratic Republic〕）吸引，他在2008年拍攝《波登不設限》時首次造訪這個國家，後來又在拍攝2016年的《波登闖異地》時重遊舊地。

　　「寮國曾經是個像童話般的王國，山間雲霧繚繞又盛產鴉片；曾經是法國保護國；與中國、泰國、柬埔寨以及越南接壤的神秘內陸國家。」

　　「在1960年代初期，三名有理想的年輕中情局探員來到寮國，這個才兩百萬人，且多半是稻農的寂靜國家。他們的任務是什麼？就是阻止共產主義擴展。他們招募並訓練山間的戰士暗地裡加入戰爭，對抗北越和巴特寮（Pathet Lao）〔共產黨〕。這場位在寮國的戰爭是個祕密，然而俄羅斯知道，中國知道，越南和寮國當然也知道。唯一不知道這件事的，是被美國政府隱瞞的人民和國會。」

　　「美國在這個小小的東南亞國家進行超過五十萬次的空中任務，投下的炸彈超過在第二次世界大戰對德國和日本轟炸的數量。這段歷史的起因，想當然是出於西方自由和民主的價值觀，這些轟炸至今依然深深影響著寮國。據估計，有三成落在寮國的炸彈並未成功引爆，這些武器和其他未爆炸軍火（UXO）還留在地底，而且不斷造成傷亡。自從越戰結束，美國轉頭就走，卻把祕密戰爭禍害留在這裡，有兩萬多人因此死亡或受重傷，其中還有

不少甚至是戰爭時尚未出世的孩子。」[1]

抵達後通達四方

如果從美國出發，你需要經過一或兩次轉機才能抵達瓦岱國際機場（Wattay Inernational Airport，VTE），位於與泰國接壤的寮國首都永珍。瓦岱機場在2018年經過全面改建，有寮國航空、亞洲航空、中國東方航空、中國南方航空、泰國航空和越南航空在此提供服務。

如果要前往市中心，建議事先請住宿飯店安排交通，或是去入境大廳的機場計程車櫃台辦理。你需要購買交通券；搭乘轎車的價格為57,000 寮幣（約7美元），休旅車則是66,000 寮幣（約7.5美元）。前往市中心的路程約六公里，費時約15分鐘。另外也可以支付15,000 寮幣（約1.5美元）搭乘接駁車巴士，從機場前往永珍巴士總站，車程約30至40分鐘。所有相關資訊請參考www.vientianebus.org.la。

你也可以選擇從規模較小的龍坡邦國際機場（Luang Prabang International Airport，LPQ）入境，唯一的航廈是國內和國際班機共用，有曼谷航空（Bangkok Airways）、寮國航空和越南航空在此提供服務。機場距離龍坡邦市中心約四公里，搭乘計程車的車資大約為62,000 寮幣（約7美元）。

如果是打算在東南亞長時間旅遊而且行程橫跨多國的旅客，可以選擇搭乘鐵路從曼谷、河內和金邊前往永珍，不過這樣的行程對我們來說太過複雜且變數太多，建議參考Rome2Rio.com或你最信任的旅遊書，或是向網路上的旅遊專家尋求協助，來瞭解具體細節。

---

1. 出自《波登闖異地》第903集：寮國。

今晚住哪裡？

Amantaka飯店

在龍坡邦期間，東尼對他的Amantaka飯店套房非常滿意。

這間飯店整潔又寧靜，是經過重建且有百年歷史的法國殖民時期風格建築，四周芒果樹環繞。在這裡可以享受頂級的餐飲、無可挑剔的服務、靜謐的泳池以及室內水療。

Auberge de la Plaine des Jarre

造訪石缸平原（Plain of Jars，請見第202頁）期間，東尼住宿的地點是Auberge de la Plaine des Jarre，共有十四間瑞士阿爾卑斯山風格的小屋座落在山腳邊，放眼望去四周都是松柏。雖然這裡相當樸素簡雅，卻是公認當地最高級的住宿選擇，有寮國法式餐廳、絕美的景色，而且每間客房都有壁爐。

●**Amantaka**：55/3 Kingkitsarath Road, Ban Thongchaleun, Luang Prabang，電話：+856 71 860 333，www.aman.com/resorts/amantaka（客房價格約每晚8百萬寮幣／900美元起）

●**Auberge de la Plaine des Jarre**：Domaine de Phouphadeng, Phonsavan，電話：+020 235 3333（客房價格約每晚450,000寮幣／50美元起）

造訪龍坡邦

「龍坡邦是古代寮國的首都，這座沉靜的城市四處都是裝飾華麗的景點和廟宇。龍坡邦會熱鬧慶祝解夏節（Wan Awk Phansa,），這種盛大的節慶表示禁止僧侶外出的結夏安居（Buddhist Lent）結束。解夏節的高潮是每年十月的最後一次滿月，會舉辦火燈籠慶典，象徵除去你的罪惡。」[2]

---

2. 出自《波登闖異地》第903集：寮國。

2016年東尼是和詹姆斯·西約（James Syhabout）同遊龍坡邦，他是有寮國血統但在泰國北部出生的廚師，曾經和約翰·比爾薩爾（John Birdsall）共同完成食譜書《泰國我的菜！》（Hawker Fare），是由東尼自己名下的出版社所出版。

造訪龍坡邦時，西約表示，找吃飯的地方重點在於要用心：「這裡其實根本沒有真正的餐廳。我喜歡去的地方比較像是別人家裡臨時開的小店，也就是在住家最低樓層的店面，他們一家人就住在樓上。市中心有很多這種地方，只要在街上跟著人群走就對了。如果你看到四個警察或建築工人擠在麵攤的塑膠凳子上，那就是你該去的地方。」

石缸平原

石缸平原指的是寮國川壙省（Xiangkhoang）的一大片區域，有數千個出處不明的大型石灰岩缸四處散落。這片平原令人聯想到英國巨石陣（Stonehenge）和復活節島（Easter Island），但是明顯人煙更稀少，可想而知這引起了東尼的興趣。

「從我第一次讀到關於寮國的事，石缸平原就是個充滿神秘感和吸引力的地方。你會想要立刻知道『實際看起來是什麼樣子？到底在哪裡？究竟是什麼東西？』這個特殊的地名在我想像過盛的腦袋裡留下了深刻的印象。我年輕時讀過像華特·寇茲上校[3]那樣的間諜帶領種植鴉片的山地部落住民，在祕密衝突中作戰的故事。」[4]

由於這一帶留有大量的未爆軍火，只有部份區域的石缸平原經過仔細掃雷並公告不會對旅客造成危險。如果要前往當地，可以搭乘每日都有航班的短程航線，從永珍或龍坡邦前往豐沙灣（Phonsavan），或者搭乘長途巴士或迷

---

3. 編註：Colonel Kurtz，戰爭小說《黑暗之心》（*Heart of Darkness*）中的反派人物。
4. 出自《波登不設限》第4季第12集：寮國。

你巴士，從永珍出發的車程為11個小時，從龍坡邦出發則為8小時。抵達市中心之後，可以包下裝有長椅的輕型卡車（sorngtaaou）、租機車，或者參加由當地旅行社或民宿安排的參觀行程，通常是以小型休旅車代步。雖然當地的住宿地點有限，但還是有乾淨且合適的選擇。

21

黎巴嫩
LEBANON

貝魯特

在東尼主持節目所介紹的國家中，黎巴嫩具有舉足輕重的地位。2006年他造訪貝魯特，在黎、以兩國爆發戰爭之前設法拍攝了兩天。攝製組盡力記錄在部分城市裡，住宿於豪華酒店躲避戰爭的旅客，以及西方各國政府緊急疏散滯留當地公民的經歷。約十天後，攝製團隊登上一艘前往賽普勒斯的美國海軍陸戰隊艦船，進而返國。正如東尼多次提及，他女兒就是在他回到美國第一天受孕的，因此黎巴嫩對他來說是深具意義的地方，他也曾兩度回訪。

東尼對貝魯特一直感到驚訝和迷戀：「它比我想像中更成熟、更寬容、更美麗；但更重要的是，人們為自己的食物、文化和國家感到自豪。不論是希臘人、羅馬人、腓尼基人、法國人，都曾造訪此處，所以我一直知道這裡是個擁有很多美食的地方。」

「在60年代，此處被譽為『地中海的巴黎』，有不同的族群、語言、利益、宗教、性別、組織、政治派系等很多問題。但不知何故，它有段時間似乎運作得還不錯。這是個繁華的城市，有著許多活動。這裡也被分成兩個世界，一個是時尚、亮麗、前衛、充滿消費主義、注重身材、穿著講究的世界，既閃亮又奪目。然而距離此處僅十分鐘路程的地方，則是貧困、仍有炸彈殘留痕跡之處。到處都是真主黨與難民營。這裡有基督徒、猶太人、什葉派穆斯林、遜尼派、德魯茲派、馬龍尼派。海灣國家的資金不斷湧入，敘利

亞特工、遊客、模特兒、夜總會公關和DJ、西方企業家等。」

「在這裡，你仍然可以聽到阿拉伯語、英語、法語交替使用。無論是什麼原因，總之在這裡發生的所有問題和可怕的事情，都不能改變我踏上貝魯特那一刻那種奇妙、莫名舒適、快樂又賓至如歸的感覺。」

截至本文撰寫時，貝魯特正遭受嚴重的政治動盪不安、新冠肺炎疫情，以及2020年8月貝魯特港口發生具強大破壞力的爆炸等綜合影響，該爆炸導致近200人喪命，數千人受傷，還有數十萬人無家可歸。簡而言之，目前黎巴嫩的旅遊業情況極為不佳，但相信這個極具韌性的國家定能克服諸多挑戰。

抵達後通達四方

貝魯特－拉菲克哈里里國際機場（BEY）是該國唯一的商用機場，以曾兩次擔任黎巴嫩總理的哈里里命名。他在結束長達十五年的內戰和重建受損的首都具有重要的影響，於2005年遭暗殺身亡。

黎巴嫩國家航空公司——中東航空公司在此機場設有樞紐，還有其他幾十家航空公司的班機在此往返於歐洲主要國家、非洲和中東地區。

自2020年政治局勢動盪以來，黎巴嫩鎊便持續迅速下跌。截至本文撰寫時，旅客可在設有飛機標誌的候車區搭乘官方機場計程車抵達市區，費用約為15,000黎巴嫩鎊／約20美元，加上約百分之十的小費。

請注意，貝魯特的交通十分擁擠，也沒什麼大眾運輸工具，如果你要去的地方距離不遠，建議還是走路為妙。

在動盪的局勢中享用美食

（請注意，以下所有餐廳在2020年8月的爆炸中均受到嚴重損壞，重建工作仍在進行中。）

Le Chef

「Le Chef是貝魯特的傳奇之處，以其簡單、直接、家庭風格的經典美食聞名。這一帶的社區也完美融合了傳統與現代的特色。」

特別值得一提的是由松子醬和羊肉末製成的鷹嘴豆泥，以及有時被稱為「黎巴嫩Moussaka」的穆薩卡茄子配鷹嘴豆（maghmour），東尼形容它是「一道帶有番茄、鷹嘴豆和洋蔥的柔滑茄子菜肴」。還有形狀為圓形或錐形、以橄欖油油炸的肉丸（kibbeh），另外再搭配由口袋餅（khubz）、蔬菜、香草和鹽膚木（sumac）醬調製而成的黎巴嫩蔬菜沙拉（fattoush）。

Souk El Tayeb、Tawlet

「廚師卡瑪爾・穆扎瓦克[1]在貝魯特市中心的停車場成立Souk El Tayeb[2]市集，因為他想將來自黎巴嫩各地的農民和手工製造者聚集在一起。」

「再往前走，就是Tawlet餐廳，這是個提供有專業技能的匠人展示他們作品的烏托邦式場所，每天都會有不同的廚師和專家，輪流在此處提供新鮮而特定的地方性食物。」每日自助餐菜色，可能有酸奶奶酪（labneh）、炸肉丸、中東薄餅（lahmadjoun）、蠶豆沙拉，或者用奶油、香料和糖蜜（molasses）烹煮的整隻麻雀。

● Le Chef：Gouraud Street, Beirut, Lebanon Tel + 961 1445 373〔無網站〕典型的晚餐和飲料，每人約20,000黎巴嫩鎊／13美元

● Souk El Tayeb：貝魯特Souks，電話+9611 442 664，www.soukeltayeb.com

● Tawlet：貝魯特79區，Naher街12號，電話+9611 448 129，www.tawlet.com。午餐自助餐約為49,000黎巴嫩鎊／33美元。

---

1. Kamal Mouzawak，黎巴嫩的名廚，也是關心社會改革的創業家。
2. 編註：Tayeb是「好吃」的意思。

22

澳門
MACAU

「澳門：如果你從來沒到過這裡，很可能根本不知道這裡是什麼樣子。像我就以為這裡是鞭炮的產地，基本上就沒有其他的印象了。我隱約知道澳門屬於中國，算是吧！後來又得知這裡也曾屬於葡萄牙。」1

「事實上，16世紀時葡萄牙曾經在澳門殖民，畢竟當時葡萄牙基本上統治了所有海域。澳門是中國第一個、也是最後一個歐洲殖民地，這裡是貿易港口，有來自葡萄牙其他所有殖民地的香料和調味料，包括非洲、印度和馬六甲海峽（馬六甲海峽），混合了歐洲和中國文化之後……嗯……只能說結果相當特別。澳門人既不是中國人也不是葡萄牙人，而是獨特又複雜的存在。」

「澳門位在中國南方海岸，香港西邊60公里處，現在已經不再以貿易或鞭炮產業為主，也不是由葡萄牙或甚至中國政府作主，真的，即使澳門已在1999年回歸。現在統治這座小島的，是偉大的賭博之神。」（嚴格來說，澳門是中華人民共和國的特別行政區，有獨立的行政機關和資本經濟制度，主要的支柱是合法博奕業和連帶的觀光業。）

「每年有數以百萬計的賭客湧入，大多數的賭客是來自中國大陸的中國人。在澳門，一切都跟賭博有關，更精確地說，是跟運氣有關。**整個澳門最大共識就是打造能贏錢的風水。**」

---

1. 本章引用內容皆出自《波登不設限》，第7季第10集：澳門。

抵達後通達四方

澳門國際機場（MFM）有二十幾家地區性航空公司提供服務，以及往返澳門和中國大陸、台灣、首爾、馬尼拉、曼谷、新加坡、和其他國家目的地的航班。從機場可以透過公營的新福利（Transmac）巴士（請參考www. transmac.com.mo）以及直通快線（Express Link）接駁巴士服務前往新港澳碼頭（New Macau）和氹仔（Taipa）客運碼頭（www.macau- airport.com）。

從機場搭乘計程車前往各大飯店大約需要10分鐘，車資約為73澳門幣，約9美元。澳門的計程車沒有收小費的習慣，但建議可以多付車資到最接近整數的澳門幣。

何謂澳門料理？

如果要接近澳門料理的核心，就得去一趟APOMAC，也就是「澳門退休、退役及領取撫恤金人士協會」（是Associação dos Aposentado, Refor-

madose Pensionistas de Macau的縮寫）對外開放的餐廳。這間備受喜愛的老派餐廳專門做澳門菜。當初葡萄牙人在來到這裡，就已經走遍世界各地，去過巴西、去過新世界，也到過整個非洲和印度。

APOMAC供應的就是在這樣的環境下誕生的澳門料理，結合了各式各樣的菜色，例如以橄欖油烹煮並用醬油調味的料理、大量的燒烤海鮮、燉菜和咖哩。一定要試試免治（Minchi），也就是用伍斯特醬、醬油、黑糖、胡椒、肉桂和咖哩粉調味的豬或牛絞肉，並且搭配拌炒或油炸過的馬鈴薯丁、米飯以及炸雞蛋一起上菜。

這裡有著深色的木板壁飾和溫暖親切的服務。整個空間就像保存完好的時光膠囊，讓人感受到1950年代的氛圍。

●Apomac Canteen：士多鳥拜斯大馬路49號B華仁中心地下樓層，電話：+853 2852 4325，www.apomac.net（套餐價格約55澳門幣／7美元）

是時候來點刺激了！

如果你已經準備要發揮衝動冒險的精神，最好的選擇就是登上338公尺高的澳門旅遊塔玩高空彈跳。

「我不知道為什麼自己想要嘗試，或到底著了什麼魔，總之我一看到有人從樓頂往下跳，就決定我也想體驗世上最高的高空彈跳。讓我告訴你最困難部份是什麼：最難的不是從城市的高空往下跳，而是你雙腳被綁在一起，還要從那個搖搖晃晃的金屬走道往外移動，而且淋著冰冷的細雨，雙腿抖個不停，每一條神經都在傳送訊號給大腦說道：『回去、快回去。』這時候，你會想要往下跳，因為長痛不如短痛。接著他們會放下纜繩，你會感覺到一股拉力，然後耳邊傳來倒數聲，最後你以臉部朝前的方向穿過空中，往下墜落。整整有6秒鐘，奇怪的是你會覺得還不夠長。你會在空中悠遊，不再感受到人生的痛苦。」

●澳門旅遊塔會展娛樂中心：澳門觀光塔前地，電話：+853 2893 3339，www. macautower.com.com（高空彈跳價格約為3,600澳門幣／450美元）

撐下去，來點豬肉吧！

「接下來，享用豬肉的時間到了。輪子、網路、品脫啤酒杯（Pint Glass）、電吉他：這些都是讓世界變得更好的重要發明，但我們得再加上一項，那就是豬扒包。這簡直是天才之作，而且是充滿澳門特色的作品，絕對值得在歷史上記下一筆。」

「多汁的炸豬排是夾在美味的麵包裡？在氹仔的大利來記，可以吃到更美味的版本，有些人甚至說這才是最道地的豬扒包，店裡高朋滿座就是最好的證明，大家都等不及要享用多汁又可口的美食。」帶骨的肉排以溫熱的鹹味香料醃漬，經過油炸後夾入葡萄牙麵包。

（致想要自己動手做做看的讀者：我們出版的食譜書《食指大動》中，有收錄向大利來記豬扒包致敬的食譜。）

●大利來記：氹仔告利雅施利華街35號，電話：+853 2882 7150，www.taileiloi.com. mo（豬扒包價格約44澳門幣／5.5美元）

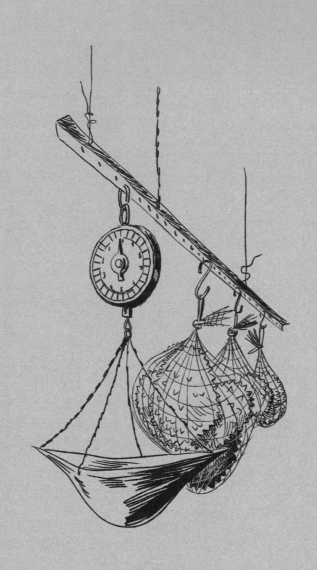

23

馬來西亞
MALAYSIA

吉隆坡

「吉隆坡聳立在熱氣沖天的赤道東南亞叢林地區，這裡是馬來西亞的首都，一個混亂、多種族、多文化的現代大都會，在此融合了馬來人、華人和印度人。」1

東尼第一次造訪馬來西亞是在2005年，後來又在2015年重回舊地，循著相同的路線——從吉隆坡、古晉，搭船沿著施格郎河而上，前往一處伊班族的長屋，這是為了兌現他和前獵頭族朋友長達十年的承諾，同時再次參加伊班族一年一度的稻米豐收節（Gawai）。

東尼再度踏上這趟旅程，還有另一個更私人的原因。

「第一次來這裡時，我的頭腦狀態很詭異。在個人和事業層面，我人生中的一切都在改變。我身在這樣的荒郊野外，處於前一段人生和接下來未知生活的交界點。我用各種方法重新走自己的路，想知道是否依然會感到痛苦。」2

---

1. 出自《波登闖異地》第606集：婆羅洲（馬來西亞）。
2. 出自《波登闖異地》第606集：婆羅洲（馬來西亞）。

抵達後通達四方

旅客通常會從吉隆坡國際機場（Kuala Lumpur International Airport，KUL）入境馬來西亞，目前雖然沒有從美國出發的直飛航班，但有眾多往返歐洲和亞洲各大中心城市的航線，提供服務的有國泰航空、阿聯酋航空（Emirates）、全日空（ANA）、達美航空（Delta）、英國航空以及他大型航空公司。

機場距離吉隆坡.市中心約45公里，搭乘跳表計程車或機場豪華巴士的費用大約為85馬來西亞令吉（20美元），車程大約50分鐘。計程車司機沒有收小費的習慣，但可以多付車資到最接近的整數。

吉隆坡機場支線（KLIA Transit）和機場快線（KLIA Express）都會往返於機場和吉隆坡中央車站（KL Sentral station），票價約每人42令吉（10美元），但乘客會需要轉乘市區地鐵才能前往市中心，如果帶著行李可能會不太方便。

在吉隆坡很容易就能招到計程車，但務必確認司機有打開計費表。有些司機會試圖和遊客協商出一個固定的車資，但幾乎一定會高於跳表費用。如果需要包日的司機載你前往多個目的地，合理的小費範圍是落在25到50令吉。

吉隆坡有完善的輕軌交通系統，由三條線組成。參考www.wonderfulmalaysia.com可以獲得豐富的資訊和路線圖連結，還有其他關於馬來西亞旅遊的大量實用資訊。

銜尾蛇紋身

東尼第一次在鏡頭上刺青，就是在馬來西亞完成的。

「我的好友愛迪‧大衛（Eddie David）是吉隆坡傳說級的刺青藝術師，也是血統純正的伊班族，屬於馬來西亞最古老的部落之一。在他的店面Borneo Ink，愛迪幫我刺上伊班族風格的銜尾蛇（ouroboro），這種符號呈現的是一

隻吞食自身尾巴的蛇，象徵著生死、永恆的潮起潮落。」3

●Borneo Ink：8-3, 3rd Floor, Jalan 27/70a, Desa Sri Hartamas, 50480 Kuala Lumpur, Wilayah Persekutuan Kuala Lumpur，電話：+60 3 2300 1151，www.borneoink. com（無固定價格）

吉隆坡近郊的阿姨

「迷人又亮麗的艾尼，曾是馬來西亞的電影明星，現在經營一間和自己同名，且非常成功的鄉村風格（kampung-style）餐廳，招牌菜是熱門的村莊或鄉間經典料理，每一道菜的細緻和精準程度都無可挑剔。這真的是非常、非常美味的食物。」4

在這裡可以吃到各式各樣的叻沙、咖哩燉菜、湯品和麵食料理，還有別被西式菜單嚇到（但也不要浪費時間點上面列的菜色），因為這只是為了給膽小的遊客和他們的小孩一個安全的選項。

●Aunty Aini'S Garden Café：Batu 16, Jalan Sepang Kampung Chelet, Nilai 71800，電話：+60 6 799 1276（料理價格為8-39令吉／2-10美元）

古晉
___

叻沙

「從吉隆坡起飛過了兩小時之後，我在婆羅洲降落。這是世界第三大島，由馬來西亞、汶萊和印尼三國共同管轄。」5

___

3. 出自《波登不設限》，第1季第6集：馬來西亞。

4. 出自《波登闖異地》第606集：婆羅洲（馬來西亞）。

5. 出自《波登闖異地》第606集：婆羅洲（馬來西亞）。

「古晉是馬來西亞砂勞越的首府，這座沉靜城市的歷史就像19世紀小男孩夢想中的繽紛冒險故事：海盜、獵頭族、投機者。這裡曾經是詹姆斯・布魯克爵士（Sir James Brooke）的領土，這名英國人後來被稱為『白君主』（White Rajah）。一個世紀以來，布魯克家族一代代統治著砂勞越這個獨立王國，甚至有自己的軍隊叫做砂勞越突擊隊（Sarawak Rangers），這個軍隊也是君主的個人護衛。」

「明天，我將一直沿著路走到盡頭，接下來就要去搭船了。不過首先，得吃早餐，幸好我知道該去哪吃。說到古晉，就不能不提到最美味、最辛辣的早點，足以比擬武器級鈽元素的早餐。」

春園茶室

「為您介紹，叻沙！」

「一開始看起來還蠻溫和的，有份量十足的米粉、炒蛋，還有蝦子。但接下來登場的會讓這道料理達到全新境界：辛辣、可口又濃郁的神奇湯底，裡面加了椰奶、咖哩、砂勞越紅辣椒，這些融合在一起後就成了嗆辣又美味的湯汁，對味覺造成強大的衝擊，簡直是集痛苦和愉悅於一身的傑作。」[6]

請注意，春園茶室（Choon Hui Café 或 Choon Hui Kopitiam）嚴格來說其實是早餐店，營業時間為上午6點半至中午12點，週一公休。

● 春園茶室（Choon Hui Kopitiam）：34, Jalan Ban Hock, 93100 Kuching, Sarawak，電話：+60 82 243 857（餐點價格為5–11令吉／1–3美元）

前往長屋

從古晉搭車四小時，再花三到四小時在施格郎河搭小船航行，從某個層面

---

6. 出自《波登闖異地》第606集：婆羅洲（馬來西亞）。

來說，東尼前往伊班族長屋的旅程是屬於他個人伊班族發現之旅的成年禮
（ba jelai）。

他在2005年時曾表示：「我喜愛因為製作電視節目可以四處遊歷，也很喜
歡伊班族成年禮背後的概念。也許我的旅程（利用在電視圈的身分去各種很
酷的地方）和他們的習俗其實很類似。總之，我喜歡這樣的想法。在我沿著
河流往上的途中，我想到自己去過的所有地方，以及還沒去過的地方。親愛
的朋友，這裡可不是平坦的花園州立公路（Garden State Parkway）。隨著我
們繼續往河流的上游前進，我們距離我熟悉的世界越來越遠，即將踏入別人
的世界。不知道目的地在哪裡，這真是很刺激的一件事。」[7]

如果你想要在伊班族長屋體驗一、兩個晚上，有些社區願意接待付費過夜
的旅客，詳細資訊可諮詢當地的旅行社或砂勞越觀光局（www.sarawak-
tourism.com），有翻譯嚮導可以協助溝通。建議做足功課，並找有信譽的旅
行社，也要對當地缺乏現代設施和隱私，而且有大量昆蟲出沒做好心理準
備。可以事先確認當地人最希望收到哪些來自外界的禮物，以及應該要送給
哪些人。

---

7. 出自《波登不設限》，第1季第6集：馬來西亞。

檳城

「我第一次無可救藥地愛上東方，是在我看到纖細手指掀開椰漿飯的瞬間。就像摺紙藝術一樣，米飯加上參巴醬、蝦醬和辣椒，精緻地包裹在香蕉葉裡，散發出致命魅力。對我來說就是這個決定性的時刻，此後再也沒有回頭路。第一次看到這道料理之後，我只覺得自己還想要更多。」[8]

「更多」指的是馬來西亞料理。東尼和《波登不設限》拍攝團隊在2012年造訪檳城時，被充滿活力、擁有無限可能性的街邊美食景象深深吸引，華人、馬來，和印度的文化、食材以及烹調技術，在馬來西亞半島西北海岸旁的這座外島上融為一體。

「這個地區真的讓我腦筋一片混亂，問題就出在這裡用的調味料：辣椒，而且是泰國辣椒（Chili Padi）。吃過之後，就再也回不去了。這種辣椒會開啟你味蕾的神祕領域。」

抵達後通達四方

檳城國際機場（Penang International Airport，PEN）位於島上的東南端，每天都有往返馬來西亞半島、新加坡、泰國、菲律賓、中國、日本和印尼的航班。乘客可以利用巴士系統檳城快捷通（Rapid Penang）從機場前往島上多個站點，票價只需要幾個馬來西亞令吉（不到1美元），不過搭乘計程車更加直接方便，車資大約為20–50令吉（5–12美元）。

不能錯過的當地小吃

Penang Air Itam Laksa

與其和成群的遊客一起湧進極樂寺（Kek Lok Si）的建築，不如直接前往

---

8. 本節引用內容皆出自《波登不設限》，第8季第8集：檳城。

附近的Penang Air Itam Laksa，這個小攤子從一九五五年開始營業至今。比起古晉叻沙，這裡的亞參叻沙更帶魚鮮味、香草味和酸豆味，足以讓人昏沉到想打盹。

「每次來馬來西亞，我一定要吃到叻沙。我愛的東西都在這一碗裡，有濃郁的魚高湯，幾乎可以媲美南法的魚高湯，我想應該是以鯖魚熬煮的。如果你喜歡麵條和辣味佐料全部放在同一碗裡，那你一定會非常喜歡這道料理。想像一下，如果個人經營的小餐館能在美國各地提供這樣的食物，那該有多美味！」

New Lane Food Stalls夜市

「白天是街道，晚上則是美食樂園。」：歡迎來到New Lane Food Stalls夜市。你可以在這裡找到炒粿條，東尼的嚮導兼在地美食作家海倫·王（Helen Ong）是這麼介紹的：「豬油、蝦、麵、豆芽、蒜片、辣椒粉——還有最特別的食材就是這種醬料。這不只是單純的老醬油，每一家店都有自己的獨門秘方。不過要做出好吃炒粿條，秘訣就在於炒鍋的高溫。」

● Penang Air Itam Laksa：Jalan Pasar, Paya Terubong, 111500 George Town, Palau Pinang，電話：+60 12 500 7063（單碗叻沙價格為5令吉／1.25美元）

● New Lane Food Stalls夜市：Lorong Baru, George Town, 10450 Pula Pinang，電話：+60 16 443 7463（無固定價格）

24

墨西哥
MEXICO

✈

　　東尼多年來去過墨西哥數次，希望能展現出當地複雜的文化，因為這個位在美國南方邊境的國度，經常被片面扭曲。東尼試圖解開並非現實狀況的迷思，並且發揮一己之力，從一般墨西哥人的日常角度訴說一些故事，他們生活在明目張膽貪污的政府之下，生活在飽受毒品暴力和貧富不均所苦的社會之中。

　　「美國人熱愛墨西哥食物，我們大吃特吃烤乳酪辣味玉米片（nacho）、塔可餅（taco）、墨西哥捲餅（burritos）、墨西哥三明治（torta）、安吉拉捲（enchilada）、墨西哥粽（tamale），還有任何接近『墨西哥風味』的食物。

　　我們熱愛墨西哥飲料，每年都開心喝下巨量的龍舌蘭酒、梅斯卡爾酒和墨西哥啤酒。我們也愛墨西哥人——再怎麼說我們也僱用了很多墨西哥勞工。**雖然美國人面對移民的態度偽善到可笑**，但我們就是需要墨西哥人為我們烹煮大部分的料理、生產那些料理要用到的食材、打掃我們的房子、修剪我們的草坪、清洗我們的碗盤、照顧我們的孩子。隨便找個廚師問問就知道了，**如果沒有墨西哥勞工，美國大部分城市的服務業經濟體系——當然也包括餐飲業，都會在一夜之間崩壞。**」

　　「我們還熱愛墨西哥的毒品，也許你沒有，但是『我們』這個國家使用墨西哥毒品的量簡直和鐵達尼一樣巨大，而且還會不惜利用任何手段和金錢取得。我們更熱愛墨西哥的音樂、墨西哥的海灘、墨西哥的建築與室內設計，以及墨西哥電影。」

「那為什麼我們就是不愛墨西哥？」

「睜大雙眼看看，這裡有多美啊。這裡有世界上最令人陶醉的美麗海灘；有山脈、有沙漠、有叢林；有優美的殖民時期風格建築，還有悲慘、高雅、暴力、荒謬、英勇、可恨又令人心碎的歷史。墨西哥的葡萄酒鄉足以媲美托斯卡尼，偉大帝國殘存的考古遺址更是全世界獨有。」[1]

墨西哥城

「墨西哥城被當地人稱為聯邦首都（Distrito Federal）或 DF：居住人口一千九百萬，是全球第二大城。單是這座城市，就足以提供墨西哥大部分的就業人力，支撐起全國五分之一的經濟，並養活全國五分之一的人口。如果這是一間企業，這種經營方式絕對行不通，但在墨西哥城就幾乎做到了。」[2]

抵達後通達四方

墨西哥城國際機場（Mexico City International Airport）又稱作貝尼托・胡亞雷斯國際機場（Benito Juárez International Airport，MEX），以從1861年到1872年任職的墨西哥總統命名。胡亞雷斯是墨西哥的民族英雄，他阻擋外國勢力佔領墨西哥，並且致力於強化憲法基礎以建立聯邦民主共和國。該機場是拉丁美洲最繁忙的機場，也是墨西哥國際航空（Aeroméxico）的基地，在此提供服務的還有英特捷特航空（Interjet）、沃拉里斯航空（Volaris）和馬爾航空（Aeromar）。

機場距離墨西哥城市中心約11公里，如果搭乘在航廈外排班並持有官方執照的計程車前往市中心，固定車資為250披索（約13美元），在搭乘排班

1. 出自《波登闖異地》第304集：墨西哥。
2. 出自《波登不設限》，第5季第2集：墨西哥。

計程車之前記得要先從「陸上交通」（Transporte Terrestre）售票亭購買票券。在市中心，你可以在街上招到跳表計程車，費率約每英哩15披索（0.75美元）。透過電話或智慧型手機應用程式派遣的計程車，通常安全會比較有保障，費率約每英哩30披索（1.5美元）。

旅客也可以從機場搭乘巴士，票價為30披索（約1.5美元），車程大約為30分鐘。參考www.metrobus.cdmx.gob.mx可以得知從機場出發的路線和時程表等資訊，也可以瞭解如何運用首都內完善的公車和地鐵系統。

另外也有從第一航廈可以步行抵達的地鐵站，票價為5披索（約0.25美元），車程需要40至50分鐘，取決於目的地。

美食時間：超越熔岩起司的美味

「墨西哥料理的精髓，就在於花時間把菜做好，用好幾個小時細火慢燜；還有手工製作，一整天下來，不論做什麼都是用手。當地人是透過他們的食物和你對話，告訴你他們是什麼樣的人，生活在什麼樣的國家、地區、城鎮和家庭。此外，墨西哥料理是世界上最美味、最快就能完成的街邊美食。沒錯，絕對少不了塔可餅。」[3]

Maximo Bistrot

廚師艾杜亞多・賈西亞（Eduardo Garcia）年輕時曾在紐約的Le Bernardin擔任廚師，現在則在家鄉創業，他的雙手對墨西哥城料理界造成了相當特別的影響。

「艾杜亞多・賈西亞一步步往上爬，最終成了這座城市中最熱門餐廳的主廚兼老闆。賈西亞和妻子嘉貝拉（Gabriella）共同經營Maximo Bistrot，而如果你負責管理墨西哥城最受歡迎的餐廳，就很難不遇到以下這種麻煩事：

---

3. 出自《波登不設限》，第5季第2集：墨西哥。

2013年，墨西哥消保機關主管被寵壞的女兒走進店裡，在客滿的情況下要求他們空出桌位。當賈西亞說：『抱歉，真的沒辦法。』她丟下一句：『你知道我是誰嗎？』然後打給老爸，最後派了衛生稽查員讓整家店關門大吉。」

對賈西亞來說很幸運的是，這段故事傳遍社群媒體，導致政府顏面無光，餐廳也很快就重新開業。至於這裡的料理是這樣的：

「現在，像艾杜亞多這樣有反叛精神和創意的年輕一代墨西哥廚師，正展現絕無僅有、令人熱血沸騰的嶄新烹調技術——結合非常古老且傳統的元素，以及非常新穎的元素。」4在此可以嚐到油封乳豬佐莎莎醬搭配溫熱的墨西哥薄餅，以及鮑魚佐辣椒、檸檬和焦化奶油，食物的風味既簡單、平衡、優雅又現代。

Cantina La Mascota

「在小酒館（cantina）裡，下酒菜是免費的。喝越多，就可以吃到越多下酒菜，讓人非常有持續飲酒作樂的動力。」

東尼一開始對Cantina La Mascota的服務態度以及依慣例送上的免費食物感到很驚訝。有些人可能會說，食物價格本來就應該包括在飲料價格裡，而且這些價格還略高於一般水平。不過你應該也會同意，整體的體驗比一些小細節更重要。

「一聽到小酒館這個詞，我很自然會聯想到髒亂的酒吧，擠滿躺在地上的醉鬼、缺牙的妓女和流浪狗。我還刻意兩天不刮鬍子，才能好好融入這個地方。但我錯了，這裡絕對比畢京柏5的電影帶給我的印象還要好，雖然早餐一樣是從龍舌蘭酒開始。」

「La Mascota通常會供應的下酒菜包括手撕豬（carnitas）：份量超大、柔

---

4. 出自《波登闖異地》第304集：墨西哥。

5. Sam Peckinpah，美國導演，電影以暴力血腥聞名，對香港名導演吳宇森和杜琪峰都有深遠的影響。

軟多汁的燉煮手撕豬肉，包入溫熱的墨西哥薄餅裡，然後立刻吃下肚，在燙口的肉汁滑落到下巴的同時，風味獨特而強烈的莎莎醬會刺激你的喉嚨。蠶豆加上仙人掌湯（Mas tequila y mas comida），很好吃，而且是免費的。」[6]

在某些城市（巴黎、羅馬），東尼會建議別吃早餐，保留珍貴的胃口給午餐和晚餐。而在墨西哥城，他則強烈建議要嚐嚐早餐，或至少要吃一頓早餐。

Fonda Margarita

「現在墨西哥城是早上5點半，外面天色還很暗，不過我們得早點起床，因為我們可不想排隊老半天才吃到這家店。Fonda Margarita是以早餐聞名的家庭式餐館，這裡供應超美味的食物已經非常久了。」

「千萬別錯過經過層層木炭慢煨、在巨大陶鍋裡緩慢冒泡的燉肉和豆子。」這裡符合象徵好餐廳的所有標準：「共享的長形野餐桌、極簡裝潢、牆上有菜單，以及一聞就知道是家常菜的濃郁香氣。豆子炒蛋（Huevos e frijole）可單獨食用，或是放在墨西哥煎蛋（huevos rancheros）會用到的薄餅上。你可能會覺得這道菜很簡單，但是這些豆子……如果在老家，像這樣一大早你大概最不想吃到的就是燉菜。但是在這裡，因為實在沒什麼機會吃遍這些充滿回憶、美味又傳統的祖母料理——豬里肌佐莎莎青醬、牛肉佐煙燻辣椒醬、豬腳、燉羊肉和炸五花肉（chicharrón）。豬皮同樣是佐綠蕃茄做成的莎莎醬、玉米餅、小豬肉丸佐墨西哥辣椒蕃茄醬。你絕對會什麼都想來一點。」[7]

Fonda Margarita只供應早餐，每天營業到上午11點半，基本上對當地人和遊客一視同仁。

---

6. 出自《波登不設限》，第5季第2集：墨西哥。
7. 出自《波登不設限》，第5季第2集：墨西哥。

「在墨西哥城，就像任何開明的文化一樣，街頭美食就是王道。也許是街角的推車、在現有餐廳和商店旁加蓋的簡陋空間，或只是遮雨棚下的一座烤爐，總之如果你想找到好東西，上街就對了。」

由於東尼帶著整個攝影團隊走在墨西哥城的街道上已經是十年前的事，強烈建議你先洽詢可信任的街邊美食資訊來源，確認目前哪些店家有最美味的食物，以及位置。不過，在編寫本書的當下，以下兩家美食店仍在營業，而且生意很好：

El Huequito

「如果你在墨西哥城，千萬不能錯過烤肉塔可餅，這是墨西哥城最有名也最經典的料理。El Huequito 每天會賣出數千份這種讓人難以抗拒的美食。」[8]

老闆從旋轉中的烤肉叉上，削下一塊塊以阿多波醬（adobo）和香料醃漬的豬肉，放在熱騰騰的墨西哥薄餅上，然後加入莎莎醬。

El Huequito 從 1959 年開始營業，目前在墨西哥城有多家可內用的分店，不過根據小道消息，本店小攤子賣的塔可餅才是最好吃的。

Doña Anastasia

東尼跟著在地嚮導大衛・莉達（David Lida）一起享用了藍色墨西哥餡餅（quesadillas azules），由街頭美食傳奇 Doña Anastasia 親手製作。

「Doña Anastasia 的雙手隨著時間變得越來越藍，她不斷揉捏藍玉米麵團，並製作美味的墨西哥薄餅，接著填入內餡並用平底烤盤（comal）加熱，過去八年來始終如一。她會依照顧客的點餐內容填入內餡，有肉腸、腦和牛肉，不過我和大衛決定加煸炒菠菜和櫛瓜花。這種餡餅的味道真是讓人愉悅，每一張用藍玉米麵團做成的墨西哥薄餅，都是在這裡現做的。這是全

8. 出自《波登不設限》，第 5 季第 2 集：墨西哥。

世界最好吃的墨西哥薄餅，裡面甚至沒包任何豬肉。」9

● Maximo Bistrot：Tonalá 133, 06700 Ciudad de Mexico，電話：+52 55 5264 4291，www.maximobistrot.com.mx（開胃菜價格為 120–300 披索╱7–16 美元，主菜價格為 310–530 披索╱16–28 美元）

● Cantina La Mascota：Mesones 20, Centro Histórico, 06010 Mexico City，電話：+52 55 5709 3414（無網站）（啤酒價格約 95 披索╱5 美元；威士忌和龍舌蘭酒價格約 155 披索╱8 美元。請注意：食物雖然免費，但務必給送餐的服務生小費，而且是和送酒的服務生分開給。）

● Fonda Margarita：Adolfo Prieto 1364B, Tlacoquemecatl de Valle, Mexico City，電話：+52 55 5559 6358（無網站）（主菜價格為 45–65 披索╱2.25–3.5 美元）

● El Huequito：Ayuntamiento 21, Mexico City， 電話：+52 55 5518 3313，www.elhuequito.com.mx（塔可餅價格約 20 披索╱1 美元）

● Doña Anastasia：Corner of Bajío and Chilipancingo，營業時間週一至週五，位在羅馬南區（Roma Sur）（墨西哥餡餅價格約 20 披索╱1 美元）

瓦哈卡

「在瓦哈卡，歷史悠久的在地傳統和食材不僅造就了梅斯卡爾酒（mescal），也成就了當地特有的料理。說到食物，我不知道墨西哥還有什麼地方的料理能比得上這裡。我們自以為很瞭解和熱愛墨西哥食物，但其實根本只接觸到皮毛而已。墨西哥食物不是配上融化起司的墨西哥玉米片，不是簡單或方便的食物，也不只是在球賽中場休息時間吃的『男子漢食

---

9. 出自《波登不設限》，第5季第2集：墨西哥。

物』[10]。事實上,墨西哥料理的歷史非常悠久,甚至比歐洲的精緻料理還要古老,而且極為複雜、精緻、細膩和成熟。」[11]

抵達後通達四方

索索科特蘭國際機場(Xoxocotlán International Airport,OAX)只有一座航廈,供往返墨西哥境內以及洛杉磯、休士頓(Huston)和達拉斯(Dallas)的航班停靠。機場位於歷史悠久的瓦哈卡市中心以南約十公里;搭乘私人計程車的車程需要20至30分鐘,車資為150披索(約7.5美元);共享機場接駁廂型車的車資為48披索(2.5美元);不論選擇哪一種,都需要在航廈內先購票,並且支付10披索的良好服務小費。

瓦哈卡是座適合步行的城市,一路上有美景(也有美食)。如果要去較遠的地方,可以搭一般計程車或請下榻飯店協助叫車。並非所有計程車司機都會使用計費表,所以請記得要求司機開啟,或是先協調好車資。

瓦哈卡有幾條公車路線可搭乘,但這些公車是私人營運,可能會較難取得時刻表、路線和費用的相關資訊。

---

10. bro food,通常指一些富含卡路里和不健康的食品,如漢堡、熱狗、炸雞翅等,這些食物經常在美式足球、籃球等比賽中的中場休息時食用,也被視為典型的男性消費和社交行為。

11. 出自《波登闖異地》第304集:墨西哥。

瓦哈卡之於墨西哥，就像里昂之於法國

「說到瓦哈卡，大家都忽略了這裡料理的醬汁是多麼有深刻又精緻。根據我的個人經驗，瓦哈卡之於墨西哥，就像里昂之於法國。」

「亞歷杭德羅・魯伊斯・奧爾梅多（Alejandro Ruiz Olmedo）是墨西哥最傑出的廚師之一。奧爾梅多的烹飪技術，其專注力和熱情源於非常古老、淵遠流長的傳統。他很年輕就開始接觸烹飪，十二歲那年他的母親去世，於是負責照顧和餵飽五個手足的重擔就落到他身上。而現在，他的靈感多半來自瓦哈卡的中央市場Central de Abastos。」[12]

Central de Abastos

2013年，東尼在拍攝《波登闖異地》時逛遍了這座市場，範圍橫跨多個街區，包括搭起棚子的一條條巷子和半封閉式的規劃空間，攤販在這裡兜售水果、蔬菜、香草、肉類、雞蛋、香料、烤蟋蟀和起司，還有各式各樣的燉煮、烘烤和碳烤肉食、塔可餅、墨西哥餡餅、燉菜、湯品、三明治、現榨果汁、烘焙食品等等，就算要在市場裡逛上一整天也不成問題。

各位不妨效法東尼和亞歷杭德羅，去找一找用陶製平底烤盤烹調的酥脆玉米餅（tlayudas），加上櫛瓜花和起司條、燉肉（barbacoa）塔可餅以及清湯，然後搭配水果風味的Jarritos汽水或冰啤酒一起下肚。

Restaurante Tlamanalli

「Restaurante Tlamanalli值得你專門僱用司機載你到市中心之外，這家餐廳位在寧靜的小鎮特奧蒂特蘭（Teotitlán del Valle），距離瓦哈卡約18公里。這座小鎮以哥倫布時期墨西哥的藝術、手工藝和傳統聞名。

艾碧蓋爾・門多薩（Abigail Mendoza）和姊妹瑞菲娜（Refina）是薩波特

---

12. 出自《波登闖異地》第304集：墨西哥。

克人（Zapotecan）──這是西班牙人登陸前的墨西哥原住民，比阿茲特克人更早。這裡是艾碧蓋爾的餐廳，她會以手工方式研磨玉米製作成麵團，還有混合醬料（mole），她學的這些料理方式是極為道地、費時又困難的傳統做法，而且她從六歲時就開始這麼做了。」

「菜單上令人讚嘆的料理包括雜醬雞（seguesa），這種雜醬和很多出自像艾碧蓋爾這樣大師級的超傳統雜醬一樣，總共用了三十五種不同的紅辣椒，而且需要耗費兩週才能製作完成。另一道薩波特克經典料理是辣椒湯（chile agua），這是只用牛和豬腦做成的菜色，要和辣椒、蕃茄和北美聖草（yerba santa）一起烹煮。說真的，這道菜可說是傳統之最了。」[13]

● Central de Abastos：Juárez Maza, 68090 Oaxaca，電話：+52 951 278 7315（無網站）（無固定價格）
● Restaurante Tlamanalli：Teotitlán del Valle, Oaxaca 70420，電話：+52 951 524 4006（無網站）（一餐價格約每人350披索／18美元）

---

13. 出自《波登闖異地》第304集：墨西哥。

25

摩洛哥
MOROCCO

丹吉爾

「當我還是個憤青時，對世界的幻想徹底破滅，對於自己這個世代不抱任何期待、對『反主流文化』感到失望，我想要找到能效仿的對象，而作家威廉・布洛斯（William S. Burroughs）的偏執與厭世、他的反社會傾向、他尖酸又極為超現實的幽默感，以及他對管制藥物的品味，似乎徹底反映出我自身的渴望。」[1]

「我想要寫作，想要遠離我從小到大經歷的一切。簡單來說，我想要去遠方。而丹吉爾——就像布洛斯筆下的『界中界』（Interzone）——是他自我放逐、沉迷毒品的地方，他也在那裡寫下一頁頁後來名為《裸體午餐》（Naked Lunch）的作品，對於年輕又天真的我來說，那聽起來就像是充滿異國風情的天堂。」

從1923年到1956年，丹吉爾曾受到多個歐洲國家管轄，當時這裡接納了其他地方無法接受的行為、傾向和欲望，因而造就了一座可以平價享樂，也充滿僑民的城市，相較於長期深受阿拉伯和柏柏（Berber）文化影響的其他摩洛哥地區，丹吉爾就是不太一樣。

「丹吉爾位在非洲北端，從西班牙搭乘短程渡輪即可抵達，作家、靠國外

----

1. 本章引用內容皆出自《波登闖異地》第105集：丹吉爾。

老家匯錢過活的僑民、間諜和藝術家，都像被磁鐵吸引一樣來到這裡。馬諦斯、惹內、威廉·布洛斯等許多名人都是這樣來到丹吉爾，然後長住或是四處遊蕩。不過，沒有人比保羅·鮑爾斯（Paul Bowles）在這裡住得更久或更融入在地。在著作《遮蔽的天空》（The Sheltering Sky）中，他描繪出丹吉爾浪漫的一面，至今依然深入人心，而在許多人心中，這種有如美夢的形象已經與現實融為一體。」

類似於舊金山海特—艾許伯里（Haight- Ashbury）或紐約時代廣場（Times Square）較破舊且灰暗的時期，丹吉爾早已不再是離經叛道的藝術家可以隨心所欲的樂園。在位國王穆罕默德六世投入約11億美元開發的港口，是目前地中海地區最大的海港。

話雖如此，此處仍有其不變之處：「世界上再也找不到像這樣的地方了，看起來、聞起來、聽起來和嚐起來都和其他城市完全不同。這太容易讓人就沉浸在對這裡的浪漫想像當中，因而更難以公允地評斷此處。這是一個距離歐洲只要短程航行就能抵達的日益現代化港都，也許比較好的做法是稍微帶著一點幻想，但也要保持警覺小心點，正如你所看到的，很多來到丹吉爾原本只是要短期度假的旅客，結果一待就是一輩子。丹吉爾就是這樣具有魅力的地方。」

抵達後通達四方

丹吉爾伊本·巴圖塔機場機場（Tangier Ibn Battouta Airport，TNG）有往返摩洛哥其他城市、部份歐洲城市和伊斯坦堡的航班。飛往丹吉爾的大型航空公司包括摩洛哥阿拉伯航空（Air Arabia Maroc）、摩洛哥皇家航空（Royal Air Maroc）和廉航瑞安航空（Ryanair）。

如果要從機場前往市中心，建議可以事先安排私人交通工具、租車或搭乘所謂的「大型計程車」（grand taxi），也就是六人座的汽車，司機可能會等到車上坐滿乘客才駛離機場。前往多數飯店所在的市中心或觀光區，大約需

要30分鐘車程。車資政府規定為250摩洛哥迪拉姆（約26美元），如果要給予服務良好的小費，合理範圍是5到10迪拉姆。

如果是往返西班牙和丹吉爾，有各種渡輪選項可供選擇，路線最直接且航班最多的選項是往返塔里法（Tarifa）和丹吉爾。單程票價約415迪拉姆（43美元），來回票約740迪拉姆（75美元），單程航行時間是1小時。

眾所皆知，摩洛哥的鐵路服務是非洲之最，所以你可以考慮透過由摩洛哥國家鐵路（Office national des chemins de fer，ONCF）經營的國有鐵路前往丹吉爾。購票方式包括前往www.oncf.ma或車站，後者有人力售票亭和逐漸增設的售票機。請務必要確認你購買的車票是往丹吉爾站（Tanger Ville）而不是丹吉爾南部郊區站（Tanger Morora），後者可是距離市中心好幾公里遠。

抵達市中心之後，丹吉爾算是適合步行的城市，只不過偶爾會需要爬上陡坡。城市裡雖然有計程車，但數量不多，如果一定要搭車，請事先規劃或請飯店員工協助。

保存在琥珀中（且煙燻過）的咖啡文化

儘管丹吉爾的文學黃金年代已經是數十年前的歷史，蓬勃發展的港口為沉靜的丹吉爾帶來了新的財富和目標，但有些文化仍屹立不搖，那就是咖啡店文化，以供應甜薄荷茶或咖啡為主，有些地方的招牌則是大麻樹脂（hashish）。

Café Tingis

「從大廣場（Grand Socco）可以通往舊城區（Medina），這裡有卡斯巴城（Kasbah）可參觀——字面上的意思就是「堡壘」。丹吉爾港口位在東邊，而在這兩處景點的正中央，就是小廣場（Petit Socco）。布洛斯大叔把這裡稱為『最後一站』、會面點、丹吉爾的交流處。也許每個人定居在丹吉爾的

理由各有不同，但在記憶中或早或晚都一定有去過Café Tingis。」

　　這間咖啡店從布洛斯的時代到現在幾乎都沒變過，整體裝潢宛如廢棄的建物。來這裡就是要在露天座位觀察行人、喝杯茶或非常濃的咖啡，然後感受氣氛。如果要用餐，建議另尋他處。

Café Baba

　　在卡斯巴城的Café Baba也是從1943年開幕後就沒有太多改變（雖然現在加裝了平面電視播放足球賽事等節目）。這裡的招牌也是茶，也許你可以試著沉浸在滾石樂團、披頭四和衝擊樂團曾造訪此處的懷舊記憶中。

　　或者，你也可以嘗試在這裡很普遍的大麻樹脂，東尼是這麼形容的：「厚重、像霧一樣緩緩飄動的煙味，聞起來像我1972年的宿舍房間。」吉姆·賈木許（Jim Jarmusch）的粉絲也許會認得出來，Café Baba曾出現在他2014年執導的吸血鬼電影《噬血戀人》（Only Lovers Left Alive）中的場景。

Le Saveur de Poisson

　　丹吉爾是位於大西洋和地中海之間的咽喉點。摩洛哥海岸則是富庶的漁

場，很多當地人都是靠海維生。當地的圍網捕撈法是將負重的漁網沿著海床拖曳，把行經之處的所有生物都一把撈起，因此海鮮種類十分豐富，其中一部份會販售給穆罕默德‧布朗日（Mohammad Boulage），也就是Le Saveur de Poisson的主廚兼老闆。

「布朗日來自附近的里夫山脈（Rif Mountains），他從當地蒐羅了很多食材，包括各種農產品和綠色蔬菜。在餐廳後方的房間專門用來分類和曬乾各種香草，他會將這些香草混合成祕密配方，據他宣稱，這種配方對健康和壯陽都很有幫助。拜託，如果這麼多年我每次聽說可以讓我『變厲害』的料理真的有效，那我的下半身應該會永遠不得安寧，所以我還是加點鹽就好。」

Le Saveur de Poisson供應的晚餐是多道料理的套餐。首先是開胃菜，有橄欖、烤胡桃、現烤麵包，以及無花果泥、葡萄乾、草莓，當然還加入了穆罕默德招牌的濃郁香草和香料。

主菜是每日變化的海鮮塔吉鍋（tagine），取決於當天買進的漁獲，不過通常會有鯊魚、烏賊和鮟鱇魚，放入傳統土鍋塔吉鍋後以炭火慢煮，塔吉鍋的圓頂蓋會將強制凝結的水份流回料理，讓食材保持溼潤柔軟。之後的餐點通常是全魚或魚烤串（kabob），還有以蜂蜜調味的水果加堅果甜點。「這就是丹吉爾版本的『從產地到餐桌』體驗……太驚人了。這樣兼具特色和美味的概念很值得稱讚。」

由於Le Saveur是知名餐廳，強烈建議預先訂位。

●Café Tingis：Rue Almohades, Tangier（無電話、無網站）（咖啡和茶價格約10迪拉姆／1.1美元）

●Café Baba：Rue Zaitouni, Tangier，電話：+212 699 309943（咖啡和茶價格約為10迪拉姆／1.1美元）

●Le Saveur de Poisson：2 Escalier Waller, Tangier，電話：+212 5393 36326（無網站）（多料理套餐價格約195迪拉姆／22美元）

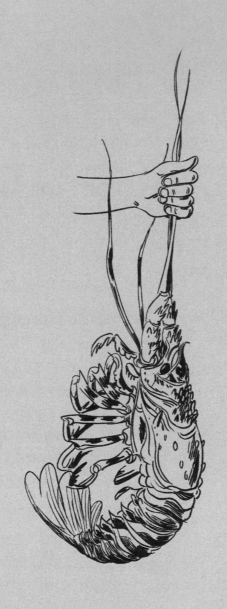

26

莫三比克
MOZAMBIQUE

在東尼眼中,莫三比克是美麗又和善的國家。那裡通常糧食不足,也缺乏足夠的金錢和就業機會,而且越深入內陸,情況就越嚴重。

「1975年,剛獨立的莫三比克期盼著光明的未來。然而現實卻沒這麼理想,但在歷經十六年的內戰(可以說是非洲史上最殘忍、也最無謂的戰爭)之後,莫三比克沒有放棄,而是自立自強,並開始進行大規模的艱鉅任務:從零開始重建一切。」[1]

全世界已經沒有多少像莫三比克這樣的地方了。氣候怡人,人民也很友善,食物更是令人讚嘆。

不過,現在的莫三比克只是觀光行程中一個短暫的停靠點。我第一次來到這個有二千三百萬人口的東非國家時,對這裡的認識就只有如此。

值得一提的是,莫三比克應該是世界銀行眼中的好寶寶。這裡被視為非洲成功經驗的代表,說實話,相較於過去,現在的發展真的很不錯。歷經五百年駭人的殖民統治、十八年熱血卻無能的共產制度,以及距今不到二十年、長達十六年殘暴而無謂的內戰,導致莫三比克的社會制度殘破、經濟疲弱,基礎建設也只存在於記憶中。

讓人意外的是,儘管遭到歷史這麼無情地對待,全國人民都還是超乎想像地和善。

---

1. 本章引用內容皆出自《波登不設限》,第8季第1集:莫三比克。

名列世界遺產的莫三比克島

關於莫三比克島（Ilha de Mozambique）東尼說：「這是座由沙灘和岩石組成的狹長島嶼位在湛藍的印度洋，是東非第一處歐洲殖民地。瓦斯科·達伽馬（Vasco da Gama）曾在1498年登陸這座島，當時他順著貿易風航行，想找到通往印度的香料之路。在此之前，希臘人、波斯人、中國人、阿拉伯人和印度人也都曾從波斯灣南下或橫越印度洋而來。

如果你在莫三比克島待的時間夠長，就會感覺到整個非洲大陸跟其他地方不太一樣。如今此處已是個廢墟，只剩下昔日輝煌的外殼，這個島嶼是建立在殖民者和奴役者的基礎上，而它如今的破敗景象猶如一座紀念碑。曾經是出現在故事書中的豪宅和長廊，如今已逐漸凋零，雖然優美，但卻令人覺得哀傷。」

莫三比克島的居民大約有一萬八千人，多半是窮人。如果海外的飯店集團對此處有興趣，的確有少數人會找到工作，但也會使許多人流離失所。

「如果遊客來了，島上的居民將何去何從？大多數人將會生活在可怕和絕對不適合旅遊的地方。當然囉，政府必須重新安置這些人，因為他們會妨礙公眾的利益。」

抵達後通達四方

莫三比克有三座國際機場，規模最大的是馬布多國際機場（Maputo International Airport，MPM）。馬布多是莫三比克的首都，位於南部海岸區。馬布多機場的航班主要是往返於莫三比克境內其他地區以及其他非洲國家，不過也有前往杜哈（Doha）、伊斯坦堡、和里斯本轉機的航班。

機場距離市中心僅有3公里，搭乘計程車的費用大約為600莫三比克梅蒂卡爾或約10美元，車程約20分鐘。這裡的計程車多半沒有使用計費表，所以建議在出發前先協議好車資。如果是依照跳表支付車資，請記得外加約一成的小費。如果有事先安排，部份飯店會安排接駁車到機場接送。

此外，楠普拉國際機場（Nampula International Airport，APL）則位於莫三比克的東北部，是距離莫三比克島最近的機場，這座大部分地區尚未開發的小島是透過陸橋與內陸區相連。該機場主要服務來自奈洛比、約翰尼斯堡和莫三比克境內的航班。抵達後可以安排計程車載你前往莫三比克島，車程為兩個半小時，單程費用大約為 3000 梅蒂卡爾（約 50美元）。島上的住宿選擇只有一些廉價旅社，所以建議投宿在內陸地區，然後前往島上一日遊。

美食時間：國際色彩、海產豐富以及霹靂霹靂醬

東尼在走訪過非洲大陸的許多其他地區之後，把他在莫三比克享用到的料理形容為「**我在非洲吃過最棒的食物**」。

在莫三比克的餐桌上，可以觀察、感覺和品嚐到該國食物受到多種文化的影響：「巴西香料、印度咖哩、非洲和亞洲最經典的味道、阿拉伯商人，還有非洲葡萄牙、拉丁美洲、泛阿拉伯、亞洲的風味全都令人昏眩地融合在一起。在莫三比克大部分的海岸，不論時局是好是壞，當地人最不缺的就是頂級的海鮮。除了大量使用椰奶，莫三比克料理最獨特的地方就是人人都愛的當地產辣椒霹靂霹靂（piri- piri）。」

Copacabana

貝拉（Beira）是位於莫三比克中心點的港口城市，也是個「歷史一覽無遺的地方——過去遺留的傷痕隨處可見」。在休閒餐廳Copacabana，可以品嚐到莫三比克的最知名的料理之一。

「霹靂霹靂雞可以說是這裡的國民料理，到處都找得到，不論是餐廳、街角，或是像這樣的海灘棚屋」，四周都是「沙子、鹹鹹的空氣、遠方傳來的海浪聲、烤雞的味道，還有些許木炭的氣味。他們不斷把霹靂霹靂醬澆在烤雞上，濃郁、帶點酸味、柑橘風味。他們把這種醬當成純古柯鹼，我的意思是，這種珍貴的東西到底是什麼啊？裡面含有花生油、檸檬汁、蒜末、蕃

茄，但這種醬最為人所知的辣味，則是來自霹靂霹靂椒。」

在2019年3月和4月，莫三比克海岸接連遭到熱帶氣旋伊代（Idai）和肯尼斯（Kenneth）襲擊，貝拉受到的影響尤其慘重。Copacabana的建築是以茅草作為屋頂的結構，且完全沒有牆壁，在當時嚴重毀損，幸而後來經過翻新，並在原店址重新開幕。

●Copacabana：Avenida de Bagamoyo, Beira, Mozambique 2678， 電 話：+258 82 6480673（無網站）（食物和飲品價格為每人約1,700梅蒂卡爾／15美元）

27

緬甸
MYANMAR

　　《波登闖異地》的第一集就是在2012年底前往緬甸拍攝的，這個國家數十年來都禁止外來者入境，當時正迎來一個對外開放的新時代。東尼和製作團隊抵達的幾天前，美國總統歐巴馬才剛離開，他是首位造訪緬甸的現任美國總統。

　　「在英國統治的將近一百年間，當時的首都仰光就是現在這個模樣。在1948年，緬甸幫助英國擊退日本人並初嚐自主的滋味後，終於成為獨立國家。然而，歷經十年的動亂後，軍政府大權在握，堅決不讓渡權力。」[1]

　　「關於選舉呢？選舉結果一次又一次遭到忽視，反對勢力遭到懲罰或完全噤聲。現在叫做Myanmar的緬甸曾經名為Burma，在殖民時期歐威爾（George Orwell）曾在這裡擔任警察，他也是在這裡開始對以『安全』之名的國家機器反感，**而緬甸卻遠比歐威爾想像的《1984》超出更甚，在這個國家，就連有想法都是件危險的事。**」

　　「在緬甸國門開啟之際，我和我的團隊將成為先驅，記錄下過去數十年來幾乎全世界都沒看見的事物。在此同時，這個有八千萬人口的東南亞國家，全國上下都在屏息以待，接下來究竟會發生什麼事。」

---

1. 本章引用內容皆出自《波登闖異地》第101集：緬甸。

抵達目的地

　　仰光國際機場（Yangon International Airport，RGN）沒有從美國直飛的航班，但是有多個轉機點，包括杜哈、新加坡、首爾、香港、曼谷和其他亞洲重要城市。

　　機場距離市中心約16公里，建議透過在仰光的飯店安排陸上交通方式，或搭乘跳表計程車；車程為30至50分鐘，視交通狀況而定。搭乘計程車從機場前往下榻飯店的車資約為10,000緬元（約7美元）。不一定要給小費，但可以將車資四捨五入到最接近的整數。

　　請注意：2011年翁山蘇姬（Aung San Suu Kyi）獲釋以及軍政府統治終結之後，外國遊客和外國資金便湧入緬甸，但從2016年起，觀光業的發展步調減緩，起因是種族暴力的相關消息，以及在軍警掌控的若開邦（Rakhine State）羅興亞（Rohingya）穆斯林流離失所的問題。新建的飯店多半無人住宿，而且在有限的指定區域之外觀光依然相當危險，在部份情況下更是明文禁止的行為。前往旅遊之前，請先諮詢美國國務院或所屬國家的大使館或外交部門。

仰光

The Strand

　　The Strand飯店是獲得東尼青睞的住宿選擇，這裡是英國殖民留下的遺跡，興建於1901年。這裡和新加坡、金邊、西貢和曼谷的The Strand飯店風格相似，卻看盡數十年的大起大落。經過2016年的改建後，The Strand飯店目前在原址繼續營運。

Seit Taing Kya 茶館

東尼在仰光享用茶和豐盛早餐的首選是 Seit Taing Kya 茶館。

「在仰光的早晨一定少不了茶。這裡的茶是印度式紅茶，通常會加入一大匙的煉乳。在後方，一大鍋鹹小魚在硬木煤火上冒著泡泡，人們雙手忙碌地處理著成堆的甜豆沙，這是要包在各種糕點裡的內餡，糕點包好餡並塑形之後，會放入古老的石製烤爐。在其他角落，傳來拍打現做麵包的清亮聲響，之後會將麵包黏在泥窯的內壁上烘烤。接下來是以魚、香料和香草熬煮而成的神秘清湯，雞蛋在湯中翻滾著，這叫魚湯麵，我非得嚐嚐不可。」

清湯中會加入米或米粉，以及各種的脆豆、芫荽和其他香草、萊姆片，還有一塊塊炸內臟。

Morning Star 茶館

在仰光的 Morning Star 茶館，可以找到「這一帶必吃又令人難忘的傳統國民小吃茶葉拌豆，這是一種用發酵茶葉做成的沙拉。我知道聽起來不怎麼好吃，但這種想法真的大錯特錯。拿一點發酵茶葉，加入高麗菜、蕃茄和很多很多酥脆的小塊食材，例如烤花生，最後再用萊姆和魚露調味，吃起來酸酸辣辣還帶點茶葉清香，是名符其實的開胃小菜。」

●THE STRAND：92 Strand Road, Yangon， 電話：+95 243 377，www.hotelthes-trand.com（客房價格約每晚500,000 緬元／300美元起）

●Seit Taing Kya 茶館：44 Ma Po Street, Myenigone, Sanchaung Township, Yangon，電話：+95 1535564（茶飲價格約700 緬元／0.5美元；一般盤菜價格為1,500–2,000緬元／0.75–1.5美元）

●Morning Star 茶館：Saya San Road, Yangon（無電話、無網站）（茶葉拌豆價格約1,500緬元／1美元）

蒲甘

「我搭夜車前往蒲甘。這600公里長的鐵路之旅，讓我疲憊不堪，但是我聽說，古代緬甸的首都蒲甘是不能錯過的景點。車窗外，現代化的世界似乎漸漸遠去，最後全部消失了，彷彿上個世紀從未來到，甚至再上個世紀也未曾降臨。我們正橫越東南亞最大的內陸國。」

如果你決定要來趟鐵路之旅，過程應該會和東尼的體驗差不多：起初火車以可笑的緩慢速度行進，沿途停經許多地方車站，然後漸漸加速。因為這種火車的紀錄實在稱不上安全，所以可能會讓人有點擔憂。表定十個小時的車程有可能會花上兩倍的時間。如果感到任何不適，可以喝些啤酒、吃點點心，說些自己可能遭遇不測的黑色幽默加以緩解。這種長途車票和其他鐵路的車票可以事先在仰光的緬甸鐵路（Myanmar Railways）售票處購買，營業時間為上午7點到下午3點，或是透過有信譽的旅行社訂購，通常會需要支付額外的手續費。

　　蒲甘的寺廟、寶塔和僧院都有超過一千年的歷史，用了兩個半世紀的時間陸續興建而成，以示敬仰小乘佛教。在2012年，東尼和他的旅伴兼紐約Les Halles餐廳的前老闆菲立普‧拉瓊尼（Philippe Lajaunie）驚喜地發現這裡沒有成群的遊客。

　　「你一定認為，像這種規模和美感都無可匹敵的古城，一定會充滿觀光客、紀念品店、小吃店、旅遊影音廣告。結果並非如此……，基本上，你在這裡遇到山羊的機會遠高於看到外國人。三千多座寶塔、寺廟和僧院至今仍屹立不搖，而每一座建築幾乎都有佛像，每一尊的樣貌也都不同。」

　　這種建築的美感、規模的宏偉和信仰的表現，是場震撼的體驗，同時東尼也指出，這樣的體驗之所以能夠成真，一部份是因為有「奴隸的勞力。我的想法是：『你蓋了這麼多寺廟，幾千座的寺廟，卻只花了這麼短的時間？』你知道嗎，這麼說好了，很可能有些人在做工的時候連最低薪資都沒拿到。」

Sarabha

　　參觀過寺廟後，不妨前往Sarabha體驗另一種形式的天堂。「這是目前我在緬甸吃過最棒的餐廳，隱身在寺廟遺跡裡，在這裡絕對會聞到非常誘人的氣味。以小火慢煨的咖哩，配上用洛神葉煮成的酸辣湯，還有炸辣椒粉、醃豆芽之類的配料。」

●Sarabha：Taunghi Villae of the Nyaung Oo Township， 電話：+95 9968 172009
（主菜價格為5,500-8,500緬元／3.5-5.5美元）

28

奈及利亞
NIGERIA

拉哥斯

「拉哥斯是奈及利亞的超大都市。這裡展現出全球最變化多端、最開放，也是最充滿活力的自由市場資本主義，以及白手起家的創業精神。在這裡，人們透過買賣交易、互相爭奪，用盡任何你想得到的方法謀生。當地人都說，你至少要做三種生意才活得下去。」[1]

「極其不足的基礎建設，加上歷來禍國殃民的領導人，當地人早就領悟到，這個世界上沒有人會幫助你。拿起掃把、鐵鎚，買輛計程車、卡車，或創立銀行、成立十億市值的公司，然後開始打拼吧。」

根據東尼的觀察，國家政策帶給奈及利亞人的財富並不平均，最好的例子就是頂級過頭的維多利亞島（Victoria Island），這裡是夢幻樂園，但只有人生贏家可以在這裡工作和玩樂。住在這個地區的居民，都是從奈及利亞經濟體系中最繁榮的產業——石油、農業和金融服務，獲利最多的一群人。

還有，無可避免位在收入光譜另一端的是馬可可區（Makoko），這是一座在城市中雜亂無章地擴張的城市，座落在海灣邊陲，東尼是這麼形容馬可可的：「這裡曾經是小漁村，後來很多人口開始湧入，毫無計畫地蓋起自己的房子。」

---

1. 本章引用內容皆出自《波登闖異地》第1003集：奈及利亞拉哥斯。

馬可可的十萬居民，大多是利用獨木舟在水上移動。在外人看來，這裡是貧民窟，很礙眼，但馬可可也是活生生的例子，證明了奈及利亞人白手起家的創造力。這裡有乾淨的用水、電力、學校、飯店、醫院、理髮店和雜貨店。可想而知，政府想要夷平缺乏規劃、不受控管和毫無稅收的社區，來為飯店和其他能賺大錢的產業開路。

專門銷售電子產品和提供維修服務的電腦村（Computer Village）也面臨了類似的威脅，這個混亂的商業中心每年的銷售額據說可達二十億美元。奈及利亞官員在2017年公告計畫，要將整個市場移到城市郊區，理由是交通阻塞和污染。

「拉哥斯就是這個國家的財源，大部分的收入不是來自石油，而是自由市場──私人企業像在蠻荒西部一樣自由地競爭。真正掌控街道上的一切、代表第一線法律和秩序的人，是這裡的地痞流氓。這些流氓的手下負責收街道稅，收稅目標是……嗯……所有事。接著他們會向當地的老大回報，也就是地痞流氓中的大哥。計程車、公車、任何能拿到機會之財都是黑道的目標；警察、政治人物、商業領袖，每一號人物都參與其中。這就是拉哥斯的日常生活。」

已故傳奇音樂家費拉・庫蒂（Fela Kuti）之子費米・庫蒂（Femi Kuti）這麼解釋：「如果你想參與選舉，就必須見過所有的地痞流氓。你要給對方足夠的錢，讓他的幫派手下都願意投票給你。如果你把這件事處理得很好，就有可能會當選。」

「我實在不想批評奈及利亞，因為你應該已經很常聽到這些了。」記者及編輯卡達里雅・阿邁德（Kadaria Ahmed）這麼說：「沒錯，貪污問題，重點就是有貪污，事實上就是本來應該要用在人民身上的資源，並沒有用之於民。多年來的軍方統治對人民非常殘酷，對思想進行箝制，你會發現教育程度在下降，這種狀況已經持續了三十年。」

「這個國家最大的障礙就是政治階級。」阿邁德指出：「因為奈及利亞的

現狀是這樣的，如果你選輸了，就跳槽到另一個政黨，然後贏得選舉。那如果你又輸了，就再回去本來的政黨。所以永遠都是同一批人，他們會想盡辦法留在掌權的位置，然後讓整個制度延續下去。」

抵達後通達四方

穆爾塔拉・穆罕默德國際機場（Murtala Mohammed International Airport，LOS）是奈及利亞最大的國際機場，有往返奈及利亞境內其他地區、多個非洲國家以及部份中東、歐洲和美國城市的航班，包括紐約和亞特蘭大。這裡是奈及利亞航空公司阿瑞克航空（Arik Air）的基地。一些大型國際航空公司也有在此營運，包括英國航空、阿聯酋航空、荷蘭皇家航空和維珍航空。

機場距離拉哥斯市中心約16公里，車程至少1小時起跳，也可能長達3小時，視交通狀況而定，有可能會相當惡劣。大部分的資訊都建議旅客事先安排前往下榻飯店的交通方式，以避免會從兩側夾擊的計程車司機、爭著問你是否需要換匯的人們，以及會在你一出航廈就蜂擁而上的其他人，尤其如果你看起來不太篤定時更會碰到這些情況。

請盡量要求住宿飯店為你安排接駁車，或者可以選擇有在拉哥斯類似像Uber的共乘服務，另外也有非跳表計程車可搭乘。你需要事先和司機協調車資，並且在出發前預先支付，價碼大約落在11,000奈及利亞奈拉（30美元）。不一定要給小費，不過建議可以支付一成的服務小費。

布卡或「媽媽盛」的拉哥斯風味

布卡（buka）指的是奈及利亞隨處可見的休閒半露天餐廳，通常是由女性經營，這些餐廳會供應大份量的料理，而且多半專精於單一類型的菜色，雖然菜單上的選擇很多。布卡的口語化稱呼是「媽媽盛」（Mama Put）餐廳，因為店裡的食物實在太美味了，常客可能會要求老闆，也就是「媽媽」，多盛一點菜到自己的盤子裡。

「製作好料理是需要時間的，隨著越來越多拉哥斯男性和女性進入勞動市場，就越少人能依照古法烹飪，因為細火慢燉的烹調工作可能得花上好幾個小時。」而布卡滿足了這種想在餐盤上找到療癒和傳統的雙重需求。

Stella's Kitchen

Stella's Kitchen位於電腦村，以環境整潔以及價格稍高於一般布卡而聞名。

餐廳廚房的招牌是山藥泥，和埃古斯瓜（egusi）湯非常搭，也就是用魚高湯當作基底，加入大量山羊肉、瓜籽和辣椒。

Yakoyo

請務必安排在Yakoyo享用一餐。店名在約魯巴（Yoruba）語的意思是「路過就停下來吃到飽」。這裡的招牌料理包括加羅夫飯（Jollof rice）和亞

瑪拉（amala），後者是把生山藥片搗成麵團然後蒸熟。可以把這些糰子加在
用淡水龍蝦、辣椒、刺槐豆和黃麻葉煮成的湯，最後，千萬別錯過烤山羊。

●Stella's Kitchen：16 Francis Oremeji Street, Ikeja, Lagos（無電話、無網站）（全
餐價格約2,000奈拉／5.5美元）

●Yakoyo：Olabode House, 217 Ikorodu Road, Ilupeju, Lagos，電話：Tel +234 807
538 5987（無網站）（全餐價格約2,000奈拉／5.5美元）

29

阿曼
OMAN

東尼和《波登闖異地》製作團隊在2016年底前往阿曼,當時東尼已經環遊世界15年了。就連他這樣身經百戰的旅人,面對阿曼還是大感吃驚。在規劃這一章的內容時,他曾這麼說:「我們盡量在這裡多放一點資訊,因為我真的很愛這個地方,希望讓大家想去那裡旅遊。」

「或許你無法在地圖上指出這個國家的位置,然而此處有美到不可思議的海灘、群山與原始沙漠。這裡信奉的是具包容性、無宗派之分的伊斯蘭教,也是我去過最美、最友善、最慷慨又好客的地方。」[1]

「阿曼是個出乎你意料的國家,根據這個世界的殘酷法則,這個國家根本不該存在,但阿曼真的存在,而且令人驚嘆連連。阿曼的蘇丹是完全的君主制,這裡基本上也是個伊斯蘭教國家,是全球石油供應的重要戰略咽喉。」

「阿曼四周盡是這一帶最棘手、也最容易引起爭議的勢力。即使如此,阿曼仍堅守自己的定位:國土較小、比較具有包容性、比較歡迎外來者、比較和平,而且美得驚人。不過,目前阿曼正面臨不確定的未來,包括繼承問題以及日漸減少的石油儲量。接下來會發生什麼事,是個大哉問,也通常是眾人避而不談的問題。」

「阿曼位在環印度洋的頂端。阿曼帝國的版圖曾經從巴基斯坦延伸到東非,重要貿易路線則是從南非一路連接到中國海峽、印尼,並深入東亞。現

---

1. 本章引用內容皆出自《波登闖異地》第906集:阿曼。

代的阿曼只保有帝國時期一小部份的國土，但傳承下來的DNA、文化、料理，以及某種程度上對於外界的開放態度，都反映出了那段歷史。」

「在1930年代，英國首相邱吉爾將英國皇家海軍的動力方式從燃煤改為石油。於是一夕之間，一切都變了。因為英國需要石油，所以阿曼變得至關重要，這並非因為其有限的石油資源，而是因它所在的位置——霍爾木茲海峽（Strait of Hormuz），這是波斯灣的大動脈。全世界有兩成的石油運輸都會流經此處，即使這裡不是最重要的戰略要地，也是全球在戰略上非常重要的航道之一。」

「阿曼蘇丹喀布斯（Qaboos bin Said al Said）是備受尊崇又神秘的絕對統治者和君主，從1970年起掌管了阿曼人的一切。當時可謂是他一手拉拔起整個國家，讓阿曼從滿是塵土、原始狀態的一灘死水，搖身一變成為現代化、運作順暢，且基本上為非宗教主導的社會。一般來說，一人獨裁掌權不是件好事，綜觀歷史，這種狀況通常不會有好結果。不過環顧四周，看看這個國家現在發展成什麼樣子，還真是令人佩服不已。」

「阿曼的制度未必適合你，也未必適合我，更稱不上是完美或西方式的民主制度，但從阿曼人的集體認同中，可以明顯感覺到一種驕傲。同樣值得一提的是，蘇丹十分重視女性的角色，至少在政策層面是如此。他們讓女性有同等機會接受教育、進入職場以及參與政治。」

附帶一提：這一任蘇丹在2020年1月年去世，並由表親海賽姆（Haitham bin Tariq）接任阿曼領導人的位置。

抵達後通達四方

搭乘飛機的海外旅客幾乎都會在馬斯喀特國際機場（Muscat International Airport，MCT）入境阿曼，距離首都馬斯喀特約32公里。這裡是阿曼航空（Oman Air）的基地，有往返阿曼境內和中東機場的航班，也有通往印度次大陸、非洲、亞洲和歐洲多個目的地的航線。

在入境大廳，可以前往國營運輸公司Mwasalat的櫃台安排搭乘紅白色的跳表計程車。大廳外也有排班計程車，不過這類計程車沒有被硬性規定要使用計費表，因此最好在搭乘前先協議好車資。一般來說，搭乘計程車從機場到位於馬斯喀特的飯店，車資約為12阿曼里亞爾，或大約30美元。不一定要給小費，但建議可以這麼做。另外，一些私人接駁車服務和飯店有提供往返機場和飯店的巴士，或者也可在機場租車。

抵達馬斯喀特之後，你可以搭乘計程車或當地的橘白色公車（baizas）。當地乘客通常會選擇共乘計程車來分攤車資。在編寫本書的當下，阿曼的鐵路系統還在修建中。

今晚住哪裡？

阿爾布斯坦宮

待在馬斯喀特期間，東尼住在阿爾布斯坦宮（Al-Bustan Palace），這是座落在哈傑爾山脈（al-Hajar Mountains）和阿曼海灣之間的麗思卡爾頓度假勝地，原本是要做為蘇丹喀布斯的皇宮而興建的。飯店內有全套水療設施、多個戶外泳池、海灘服務、皮艇和浮潛娛樂、頂級中式餐廳、大型早餐自助吧，以及這種等級的飯店該有的高級服務和豪華裝潢。

「遠離海岸並深入內陸後，彷彿來到另一個世界。這裡是阿曼比較保守的核心地帶，也是全國的信仰中心。相當特殊的阿曼既不是遜尼派，也不是什葉派，而是伊巴德派，這種無宗派形式的伊斯蘭教非常古老，而且態度包容。身處西方世界的我們應該注意到這種差異：伊斯蘭教不是單一的龐大組織，而是有很多種形式。」

「伊巴德派信仰可說是阿曼諸多行為準則背後的骨幹，重視的觀念包括禮貌、接納、團結和寬容。也許正因如此，蘇丹才會採取通情達理的外交政策，對內也是同一套標準。阿曼極力避免極端主義和宗派之間的暴力，根據伊巴德派教義，因宗教衝突而見血是可恥的行為，除非是因遭到攻擊而進行

自衛。」

「這裡聳立著綠山（Jabal al-Akhdar），感覺與鄰國葉門（Yemen）正在經歷的恐懼和殺戮，相隔無比遙遠。」

綠山安納塔拉度假飯店

從馬斯喀特出發往內陸行駛約兩小時後抵達綠山，這裡的綠山安納塔拉度假飯店（Anantara al-Jabal al-Akhdar Resort）可以提供極盡奢華的住宿體驗，由於興建在綠山的賽格高原（Saiq Plateau）海拔約1,980公尺處，飯店便以此命名。

飯店座落在峽谷邊緣，幾乎從任何角度都可以欣賞到絕美景色，尤其是在嵌入懸崖邊的無邊際泳池，以及以曾經來訪的戴安娜王妃命名的觀景台。這裡讓東尼為之著迷的原因包括有專業嚮導的健行和文化導覽、豐富的水療選項、烹飪和健身課程、多樣的用餐選擇，以及整個環境散發出靜謐又奢華的與世隔絕氛圍。

請特別注意，這一帶的山路相當陡峭，只能駕駛四輪驅動的車輛才有辦法上山。飯店有提供從山腳到山上的付費接送服務，車程為35分鐘。

1000 Nights Camp

「馬斯喀特南方200多公里處，在路面的終點，你眼前所見的就是沃希拜沙漠（Sharqiya Sand），位於全世界最大的流動沙漠魯卜哈利沙漠（Rub' al Khali）邊陲。踏入柔軟的沙子之後，開始變得不一樣，所有事物都產生了變化，連你自己也會改變。這裡自古以來都是貝都因人的領域，數千年來他們不斷橫越這片荒蕪、乾燥、看似永無止境的沙地，以此為家。」

造訪沃希拜沙漠期間，建議可以投宿在1000 Nights Camp。這間旅館是此區為數不多的長期住宿選擇，讓旅客可以身歷其境地體驗沙丘間的生活，房型包括傳統阿拉伯式帳篷（圍繞著一個共用的衛浴設施排列）、更寬敞的豪

華帳篷，以及獨棟別墅。

●阿爾布斯坦宮（Al-Bustan Palace）：Quron Beach/PO Box 1998, Muscat 114，電話：+968 24 799666，www.ritzcarlton/en/hotels/oman/al- bustan（客房價格約每晚150里亞爾／400美元起）

●綠山安納塔拉度假飯店（ANANTARA AL-JABAL AL-AKHDAR RESORT）：PO Box 110 Postal Code 621, al- Jabal al- Akhdar, Nizwa，電話：+968 2 21 8000，www.anatara.com/en/jabal-akhdar（客房價格約每晚200里亞爾／500美元起）

●1000 Nights Camp：PO Box 9, Postal Code 115, Mandinate al-Sultan Qaboos，電話：+968 9944 8158，www.thousandnightsoman.com（客房／帳篷價格約每晚100里亞爾／250美元起）

反映帝國餘暉的阿曼美食

「阿曼的料理融合了風味和食材，以及阿拉伯和前阿曼帝國所有地區的口味。」阿曼飲食的常見元素包括米飯料理、椰棗、加入小豆蔻和玫瑰水（kahwa）的淡咖啡、燒烤或烘烤肉類和海鮮、麵餅，以及用丁香和椰子烹調的蔬菜。當地料理的食材和技術明顯都受到曾屬於阿曼蘇丹國的尚吉巴（Zanzibar）影響。

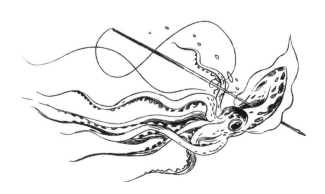

「Bait al-Luban是一間舊旅社改建的餐廳,在這裡可以嘗試各種料理,像是源於印度的炸蔬菜(pakora)和酥脆餡餅(kashori),來自東非的烤餅,以及在特殊場合會端出的阿曼經典料理舒瓦窯燒飯(shuwa)。這道菜在世界各地都有不同版本,不過舒瓦窯燒飯非常特別,他們會在山羊肉上塗上厚厚的辣醬,並加入孜然、香菜、辣椒、肉桂、小豆蔻和肉豆蔻,接著用棕櫚葉或香蕉葉包裹肉,在地上挖個洞,把肉放進去,最後再熱煤炭覆蓋起來,埋在地下一、兩天。」

● Bait al-Luban:Al- Mina Street, Muttrah Corniche, Muscat,電話:+968 24 711842,www.baitalluban.com(單份主菜價格約6.5里亞爾╱17美元)

30

秘魯
PERU

利馬

為了拍攝《波登闖異地》，東尼除了前往南美洲美食之都利馬之外，還造訪一處偏遠的可可園。當時他和艾瑞克・里貝特合作進軍頂級巧克力產業，所以他想見見供應鏈源頭的業者，地點就在馬拉尼翁峽谷（Marañón Canyon）。

「秘魯歷來就是個令人瘋狂的國家，這裡的黃金、古柯葉、奇幻的古老歷史都令人為之瘋狂。不過，現在則是某種東西吸引旅客走入秘魯深處的山谷。我們都熱愛它，為之深深著迷到欲罷不能，甚至到走火入魔的程度，那就是巧克力。巧克力曾只是普通的甜食，現在卻和頂級葡萄酒一樣，有不同層次的細膩與精緻，取得品質絕佳的原料也變得越來越困難。」[1]

「有位先知曾說：『別告訴我一個人說了什麼，也別告訴我這個人知道什麼，只要跟我說他去過哪裡旅行。』這讓我開始思考，我們在旅行的過程中，有變得更聰明、更有見識嗎？旅行能讓人增長智慧嗎？我想，最能解答這些問題的地方就是秘魯了。這個國家在西班牙人和原住民的交互影響下誕生，如今到處可見極端的對比：現在與過去，同化與未同化的事物，翠綠茂密的叢林、長年積雪的山巒和充滿活力的城市。通常吸引遊客到訪的，就是

---

1. 出自《波登闖異地》第107集：秘魯。

這些對比。」₂

抵達後通達四方

豪爾赫．查維茲國際機場（Jorge Chávez International Airport，LIM）以20世紀初期的知名飛行員命名，是秘魯主要的國際機場。服務的班機來自秘魯境內以及南美洲、中美洲和幾處北美洲與歐洲城市。

利馬機場快線（Airport Express Lima）是有冷氣的巴士服務（還提供Wi-Fi和廁所！），讓旅客可以安全地從機場前往米拉弗洛雷斯區（Miraflores）的七處飯店站點，基本上遊客都會選擇在這一區住宿。機場內可以購買車票，單程票價格約25秘魯新索爾（8美元），來回票則是50新索爾（15美元）。

也可以搭乘計程車（但是請避免搭乘Uber，不僅機場禁止乘坐，據說也不太安全）前往下榻飯店，機場距離米拉弗洛雷斯區19公里，車程約30分鐘，車資會落在50到60新索爾（15到18美元），計程車司機沒有收小費的習慣。

在市中心，你可以試著冒險搭計程車，除了幾間知名的公司之外，大部分的計程車都未經管制，也沒有使用計費表，所以請做好協議車資的心理準備，而且有時候可能會需要為司機指路，因為很多人是從鄉村地區進城找工作，而成為計程車司機並沒有任何門檻。

利馬有官方營運的公車系統El Metropolitano以及未受監管的休旅車系統colectivo，後者費用極為便宜，但速度慢、沒有保障，而且不適合來觀光、膽小、且不會說西班牙語的旅客搭乘。

---

2. 出自《波登不設限》，第2季第3集：秘魯。

在利馬體驗檸漬鮮魚與古代情色作品

「秘魯在過去十年爆炸性地成長，孕育出大量的世界級主廚、廚師和餐廳，而利馬就是這個國家的文化中心和美食之都，向來都被視為南美洲料理界最出色的地方。秘魯有很多食物對於美國人而言是很陌生的，吃到這些食物時，其實不太能聯想到它們跟什麼東西類似。秘魯料理真的是獨一無二。

在19和20世紀，中國和日本移民大量湧入秘魯，成為契約工和農夫。這些民族產生顯而易見的影響力，尤其是在食物方面，和南美洲其他地方比起來差異更是顯著。這些文化的影響，加上來自亞馬遜雨林和安地斯山脈的食材，就是秘魯料理如此獨樹一格的原因，也是在全世界其他地方都找不到的特殊風味。」3

Chez Wong

如果想在利馬與親朋好友享受的溫馨而私密的午餐體驗，最好的選擇就是前往Chez Wong。這裡基本上就是主廚哈維爾·黃（Javier Wong）的家，他在家裡只有六張桌子的餐廳賣招牌的檸漬鮮魚（Ceviche）已經有三十五年了。哈維爾·黃固定和十幾位漁夫組成的網路合作，餐廳只供應午餐，由他親自處理和調味所有的漁獲。

「無論他當天決定要端出何種料理，每位顧客吃到都會是一樣的菜色。今天，他從市場找到的比目魚相當不錯，這就是我們今天可以吃到的好料。」哈維爾·黃通常會端出章魚和檸漬比目魚：秘魯風比目魚生魚片（tiradito）佐胡桃、萊姆、檸檬辣椒（aji limon）和芝麻油。（當時艾瑞克·里貝特表示他打算要改良一下檸漬鮮魚的食譜，然後將之納入他位在紐約的餐廳Le Bernardin的菜單。）還有千萬別錯過更另類的料理，像是新鮮起司（queso fresco）佐鳳梨。「照理說這不可能會好吃的，但真的就是好吃。」4

---

3. 出自《波登闖異地》第107集：秘魯。
4. 出自《波登闖異地》第107集：秘魯。

拉科博物館

在參觀了壯觀的拉科博物館（Museo Larco）裡一定要親眼目睹的黃金和其他前哥倫布時期的文物後，建議你可以去逛逛情色藝廊（Erotic Gallery），展品包括許多在哥倫布時期前後的精緻陶器和其他作品，呈現出人類和動物以各種方式進行各種性行為的畫面。

「雖然這聽起來很像大家都全裸參加的文藝復興角色扮演活動，但展覽內容其實很酷。我發現古代有很多耐人尋味的地方，沒錯，那些古人真是有夠瘋、有夠野，而且顯然非常變態。太陽底下沒有新鮮事，這些前哥倫布時期的性愛狂早就什麼都想到了。」[5]

● Chez Wong：Enrique León García 114, 15043 Lima，電話：+51 1 4706217（無網站）（單份主菜價格約85新索爾／25美元）

● 拉科博物館（Museo Larco）：Avenida Simón Bolivar 1515, 15084 Pueblo Libre, Lima，電話：+51 1 4611312，www.museolarco.org（一般成人入場費為30新索爾／9美元）

庫斯科、馬丘比丘

如果要前往馬丘比丘，就得先從利馬抵達位於安地斯山脈上的高山城市庫斯科。

「在這裡的街上，遊客一面與傳統安地斯山住民交流，一面驚訝地盯著印加石牆遺跡上的西班牙殖民時期風格建築。來到此處不僅可以認識秘魯歷史的美，也可以看到其中令人不安的對比，還有高海拔會讓人呼吸變得很不舒服。」[6]

---

5. 出自《波登闖異地》第107集：秘魯。
6. 出自《波登不設限》，第2季第3集：秘魯。

抵達後通達四方

　　儘管利馬和庫斯科之間的直線距離大約是560公里，實際上開車的路程卻將近兩倍，因為道路設計必須避免汽車直接穿越一些地形險峻的山區。這裡有專為遊客服務的巴士路線，整趟行程共計3天，會從南部繞行上山，並在沿途暫停過夜，讓遊客有充分的時間適應海拔高度變化（利馬的海拔高度約150公尺，而庫斯科則位在海拔3,350公尺處）。另外也有「高速」巴士，採用更短的路線上山，車程為22個小時，不過根據負面風評，這類巴士有危險駕駛的問題，甚至可能遇上武裝挾持事件。

　　從利馬飛往庫斯科的亞歷山卓・韋拉斯科・阿斯泰特國際機場（Alejandro Velasco Astete International Airport，CUS）只需要1個多小時，多家秘魯的航空公司都有這個航線。請做好心理準備，抵達時會出現一些呼吸困難的症狀。

　　建議在機場內安排從機場轉乘到飯店的交通，費用約 50 新索爾（15美元），或是碰碰運氣在機場外找司機，車資會落在15到35新索爾（4–10美元），這取決於你的議價和語言能力。

　　和在利馬一樣，你可以步行、搭乘計程車、公車或共乘廂型車來遊覽庫斯科。

　　最後，如果要前往參觀馬丘比丘城市遺跡，可以搭乘鐵路（請參考perurail.com的資訊），或向有信譽的旅行公司預訂有嚮導的長途行程。

庫斯科飯店的輕鬆呼吸客房

　　待在庫斯科期間，Belmond Hotel Monasterio可以讓你舒適自在地大口呼吸。

　　「這是一間由四百年歷史的耶穌會神學院改建而成的五星級飯店，從具有時代感的裝飾就可以明顯看出西班牙對這裡的影響。靈性啟發——西班牙征服者深信這是他們為印加人帶來的禮物，他們宣稱要為靈魂而戰。不過在這稀薄的空氣中，我可是在為呼吸一口氣而戰。這間飯店使盡全力幫忙，方法

就是把純氧灌進客房內。」7

　　這間飯店雖然沒有泳池或健身房，但有四座庭院、兩家頂級餐廳、一座祝聖小教堂以及和令人嘆為觀止的17世紀藝術品。

●Belmond Hotel Monasterio：Calle Plazaleta Nazarenas 337, Cusco，電話：+51 84 604 000，www.belmond.com/hotels/south-america/peru/cusco/belmond-hotel-monasterio（客房價格約每晚1,000新索爾／300美元起）

7.　出自《波登不設限》，第2季第3集：秘魯。

31

菲律賓
PHILIPPINES

馬尼拉

東尼在2008年首次前往菲律賓拍攝《波登不設限》第五季,起因是菲律賓粉絲懇切許願的聲量越來越大,畢竟年復一年,他們越來越沮喪地看著東尼走遍東南亞其他地區,卻唯獨漏掉自己的國家,7年後,東尼為了拍攝《波登闖異地》終於又重遊舊地。

「菲律賓的歷史綿長、複雜又極為暴力,很難用簡短的篇幅量化或說明。從原住民玻里尼西亞人(Polynesian)、一波又一波的馬來和華人移民與商人,再到西班牙和美國殖民者,菲律賓的歷史和美國有很深的淵源。」

「菲律賓在第二次世界大戰時付出慘重代價。馬尼拉受到日本入侵者和美國人的轟炸機襲擊,幾乎被夷為平地。但菲律賓人對美國人的態度通常很友善,畢竟兩相權衡之下,儘管對方在解救過程中把自己的國家變成焦土,人們還是會喜歡從敵人手中解救自己的對象。馬尼拉如今的樣貌,是戰時的摧毀和戰後的重建,以及當初美軍龐大的軍事力量所共同形成的。」[1]

抵達目的地

馬尼拉的尼諾伊‧艾奎諾國際機場(Ninoy Aquino International Airport,

---

1. 出自《波登不設限》,第5季第5集:菲律賓。

MNL）是以菲律賓前參議員貝尼格諾‧尼諾伊‧艾奎諾（Benigno"Ninoy"
Aquino）命名，1983年他在流亡美國後返國時遭到刺殺。艾奎諾勇於發聲批
評總統斐迪南‧馬可仕（Ferdinand Marcos），這位獨裁者從1965到1986年
都大權在握，直到人民力量革命（People Power Revolution）爆發才終於下
台，並由尼諾伊的遺孀柯拉蓉‧艾奎諾（Corazon Aquino）接任總統。

　　機場距離馬尼拉市中心約13公里，搭乘跳表計程車會需要30分鐘至1小
時（如果遇到晚間尖峰時刻可能會更久），車資大約為200菲律賓披索（4美
元），外加約定成俗的一成良好服務小費。也可以搭乘巴士前往市中心的多
個站點，費用為150披索（約3美元）。

　　租車前請三思，馬尼拉市中心的交通狀況超乎想像，別讓自己成為據說會
塞在車陣裡動彈不得的其中之一。

豬肉豬肉，源源不絕的豬肉

　　「我在美國認識的每一個菲律賓人，還有我在機場遇到的每一個人，開口
說到的第一件事就是：『你會去吃鐵板豬雜（sisig）嗎？』要讓美國的菲律
賓人因為懷念家鄉的食物而情緒激動到淚眼汪汪，對他們提到鐵板豬雜就對
了，這最能讓勾起他們的情緒，而我完全可以理解為什麼。」[2]

　　「對我來說，能感覺到『重回母親懷抱』的那一刻，就是吃到大家最愛的
那種菲律賓街頭美食時，莫名讓人上癮。勁辣、混合各種食材的剁碎豬頰
肉，酥脆、有嚼勁、辛辣、鹹香，全部融合在一起變成無比美好的口感，宛
如一首動聽的交響曲。我愛的所有食物，都集結在這個熱到滋滋作響的盤子
裡。噢，這根本是豬內臟的甜美協奏曲，太棒了。」[3]

---

2. 出自《波登不設限》，第5季第5集：菲律賓。
3. 出自《波登不設限》，第5季第5集：菲律賓。

Aling Lucing's Sisig

如果要第一次就嚐到最道地的料理，可以去找找 Aling Lucing's Sisig 這個攤子，它位在邦板牙省（Pampanga）的安吉利斯市（Angeles），馬尼拉西北方80公里處。

老闆露西亞‧庫納南（Lucia Cunanan）已在2008年過世，不過她的女兒塞奈達（Zenaida）仍繼續經營，現在攤位已遷移到街道另一側。而克勞德‧泰雅（Claude Tayag）在2008年東尼在節目中擔任嚮導時，指出有其他店家也打著 Aling Lucing 的名號，但跟露西亞一家毫無關係。

（請參閱克勞德‧泰雅的短文〈解密鐵板豬雜迷思〉，第278頁。）

Super SixBar & Grill

2015年再次造訪時，東尼本來計畫要探索馬尼拉以外的地區，但茉莉颱風的暴雨讓他寸步難行，整個團隊都被困在市中心，於是東尼在 Super SixBar & Grill 又一次大口享用鐵板豬雜。

一如往常，他沉浸在美味豬肉所產生的幻想美夢中：「熱騰騰的豬頰肉上頭加了滑蛋。混蛋，你聽好了，別來煩我，因為沒有人可以阻止老子享受這盤辛辣、有嚼勁、充滿油香的好料。」[4]

Jollibee

「我承認我騙過我女兒，跟她說麥當勞叔叔疑似和小朋友的失蹤案有關。我非常瞧不起速食，只要有機會我就會大肆批評。但其實我也是說一套做一套，因為對我來說，菲律賓連鎖速食店 Jollibee 真的是世上最怪異也是最歡樂的地方。九百多間分店遍及菲律賓的七千多個島嶼，而且在世界各地還有更多分店。只要有思鄉的菲律賓人，就會有 Jollibee 存在。」[5]

---

4. 出自《波登闖異地》第701集：馬尼拉。
5. 出自《波登闖異地》第701集：馬尼拉。

●Aling Lucing's Sisig：Glaciano Valdez Street, Angeles, Pampanga，電話：+63 45 888 2317（無網站）（一盤鐵板豬雜價格為200披索／約3.75美元）

●Super SixBar & Grill：533 Remedios Street, Malate, Manila, Luzon 1004，電話：+63 2 400 7956（一般盤菜價格約200披索／3.75美元）

●Jollibee：各地皆有分店，www.jollibee.com.ph/stores/metro-manila/（兩塊炸雞套餐約160披索／3美元）

解密鐵板豬雜迷思

文／克勞德‧泰雅

在外國人心中的菲律賓料理，鐵板豬雜似乎越來越受歡迎，它迅速取代了醋燒雞（adobo）、菲式炒麵（pancit）和春捲（lumpia）的地位。但鐵板豬雜究竟是什麼？

根據邦板牙省安吉利斯市聖天使大學（Holy Angel University）的邦板牙研究中心（Center for Kapampangan Studies）指出，「sisig」一詞曾出現在1732年的邦板牙文一西班牙文辭典中，這個名詞的定義是「佐油醋醬的沙拉」。

在那個年代，孕婦通常會吃蘸醋和鹽的新鮮水果或蔬菜（青木瓜、綠芒果、芭樂、香蕉花），來滿足想吃酸味的渴望。隨著孕程到後期，菲律賓人會讓準媽媽吃涼拌水煮豬耳，同樣是浸泡在醋裡，當時的人認為軟骨有助於讓胎兒的骨骼更強壯。這兩種元素組合在一起就叫做「sisig babi」。至於這道料理是如何變成大眾最愛的下酒菜，就眾說紛紜了。

現代版滋滋作響的鐵板豬雜，完美證明了單憑一己之力就可以改變

一個地區，然後是一個省、整個群島和整個世界的料理版圖。

在1970年代初期，安吉利斯市的露西亞・庫納南只是聚集在城市鐵道旁的數十個燒烤小販之一，供應烤雞以及涼拌水煮豬頭切片，後者是用水椰醋（sukang sasá）、洋蔥、鹽、黑胡椒和辣椒調味而成，混合在一起之後就叫做豬雜（sisig）。

根據露西亞的女兒塞奈達的說法，有一天晚上，她母親不小心把肉叉上的豬耳烤焦了。但她沒有把食材丟掉，而是將之切碎，並且像水煮豬雜一樣裝盤，並且用醋調味，她說這是這道百年傳統菜餚的「新」版本。這道料理在當地馬上大受歡迎，這個燒烤版本後來被稱為「Aling Lucing版豬雜」。

在1976年左右，另一位安吉利斯市民班奈迪克・帕明圖安（Benedict Pamintuan）開了一間啤酒花園Sisig Benedict，店裡供應的燒烤豬雜會放在熱騰騰的鐵板上，讓這道菜又增添了些許酥脆口感。當時，滋滋作響的鐵板豬雜只在我們當地人以及偶然品嚐過的觀光客之間流行。

在1980年，我的兄弟馬力歐（Mario）和阿邦（Abong）以及堂兄丹・泰雅（Dan Tayag），在奎松市（Quezon）開了餐廳Trellis Restaurant。店裡除了供應邦板牙特色料理，也販售班奈迪克版本的滋滋作響鐵板豬雜，並加上水煮雞肝碎。Trellis在燒烤餐廳界有一定的地位，讓滋滋作響的鐵板豬雜在大城市中引起熱潮。

2008年10月，東尼在《波登不設限》的菲律賓特輯中採訪我，並初次嚐到鐵板豬雜。他簡直是「一嚐鍾情」：「我最愛的食物特點都在這道菜裡了，有滋滋作響的豬肉丁，還有那可口、彈牙、充滿油脂又酥脆的口感，超級適合配啤酒。」他在部落格這麼寫，於是全世界都

注意到了這道邦板牙佳餚。

我最後一次見到東尼是在2017年6月的馬尼拉,當時他是世界街頭美食大會(World Street Food Congress)的客座講者。在我的電視節目《Chasing Flavor》中,接受訪談時表示:「鐵板豬雜是道突破性的料理,能讓菲律賓料理打入美國主流市場。」

如今,似乎只要是切碎之後放在高溫鐵盤上的料理都叫做「sisig」,但是沒有什麼能比得過真正道地的鐵板豬雜,豬肉油脂的美味是無法超越的。還有千萬別忘了要加點醋或金桔(Calamansi)的酸味、加一些辣椒,然後配上一瓶San Miguel啤酒。祝你用餐愉快!

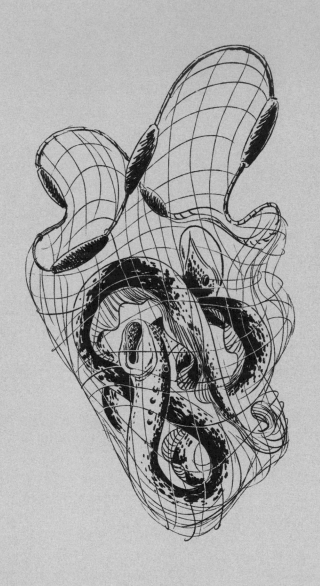

32

葡萄牙
PORTUGAL

　　東尼最早愛上葡萄牙和當地料理的契機，是年輕時在麻州普羅溫斯頓（Provincetown, Massachusetts）做洗碗和廚房工作時，那一帶大部分的餐廳從業人員、漁夫和他們的家人都是葡萄牙後裔。

　　「葡萄牙是被夾在西班牙和大西洋之間的狹小國家，卻對整個世界有極大的影響力。在『地理大發現』時代（Age of Discovery），大量的葡萄牙人投入海上冒險，獲得了航海家、造船專家和探險家的封號。他們征服了大部份的世界領土，葡萄牙帝國的版圖從巴西擴張到非洲，再到東印度群島。」

　　「那些我很熟悉的一切又變得很有新鮮感了。但也許不是這樣，有時候我又幾乎會以為什麼都沒變。當初，我剛離開餐廳業投入這個世界，還在摸索該怎麼做電視節目時，來到了葡萄牙北部。那時我完全不知道自己會發現什麼。」[1]

　　他發現，原來口感紮實又辛辣的羽衣甘藍馬鈴薯辣腸湯及燉菜，並不是來自他誤認為的葡萄牙本土，而是亞速爾群島（Azores）特有的料理，這些位在北大西洋的群島是葡萄牙的自治區，有其獨特的料理和文化傳統。

　　東尼以前在麻州很喜歡的那些料理，其實大部分都是出自亞速爾移民之手。為了瞭解亞速爾群島和葡萄牙本土有什麼相異之處，東尼特別拍了一集《波登不設限》。這集最值得一看的場景，應該就是當地人在幫東尼煮溫泉

---

1. 出自《波登闖異地》第908集：波多。

蛋時，他聞到硫磺溫泉的強烈氣味之後，在鏡頭前露出非常困惑的表情，他心想怎麼聞起來有溼屁味？

里斯本

抵達後通達四方

葡萄牙首都里斯本被視為國門，這裡的機場溫貝托‧德爾加多（Humberto Delgado）或里斯本‧波特拉（Lisbon Portela）通常會簡稱為里斯本機場（Lisbon Airport，LIS）。各大美國航空公司、葡萄牙的國家航空公司TAP葡萄牙航空（TAP Air Portugal）以及各大歐洲航空公司都在此提供服務。在機場可以轉搭接駁巴士（Aerobus票價為4歐元／4.5美元，車程大約45分鐘）、市區地鐵（票價為1.45歐元／1.6美元，包含必要轉乘時間的車程為35分鐘）以及計程車，車資大約為20歐元（22美元），機場距離市中心約10公里，所以需要20分鐘的車程。

里斯本有多處車站，規模最大的是東方車站（Gare do Oriente），這座美麗的現代風格建築是由知名西班牙建築師聖地牙哥‧卡拉特拉瓦（Santiago Calatrava）設計。城市區的地鐵系統里斯本地鐵（Lisbon Metro）共有四條支線。

簡單卻美味的里斯本美食

「里斯本是座古老的城市，也是地理大發現時代的中心，曾是世上最富有的帝國。這裡充滿了歷史痕跡，也十分優美。里斯本人對在地料理情有獨鍾，他們常常談到食物，而且對旅客該吃什麼、該去哪裡吃都很有想法。」

Ramiro

「Ramiro就是那種當地人一直都很喜歡,而且會持續死忠的餐廳。這裡的餐點對廚師很友善,是那種厭倦醬汁和裝飾的廚師最想吃到的簡單菜色。基本上就是多種最佳品質的極簡海鮮,當地人不會用繁雜的步驟來料理魚。品嚐里斯本美食可以從海鮮開始,用牛排三明治做結束。」[2]

Ramiro生意興隆,餐廳有三層樓,整體風格樸實無華,不過服務相當友善周到,食物則是簡單卻無可挑剔。

這裡的鵝頸藤壺、蝦、挪威海螯蝦和蛤蜊一定會讓你對這一餐留下深刻印象,還有點心是蒜味厚切牛排用芥末調味後,夾入麵包做成三明治,最後配上大量的啤酒。

Sol e Pesca

「如果可以的話,我喜歡在能買到好釣具的地方吃東西。Sol e Pesca位在城裡的破落地區,這一帶到處都是一口爛牙、體態偏胖的妓女,除了釣具之外,我最近也深深愛上頂級的罐頭,像是鰻魚、沙丁魚之類的。」

這裡也販售各種鮪魚和鮪魚卵、竹筴魚、章魚、烏賊等,並且附麵包和葡萄酒。東尼和Dead Combo樂團成員佩德羅・貢薩爾維斯(Pedro Gonçalves)及Tó Trips一起在釣竿、漁網和捲線器旁吃吃喝喝:「他們是里斯本最棒、最有趣的樂團。」[3]他們的音樂也是整集節目的配樂。

● Ramiro:Avenida Alimante Reis no. 1, 1150–007 Lisbon,電話:+351 21 885 1024,www.geral24128.wixsite.com/cervejariaramiro/copia-home(兩人份的一餐價格為275–100歐元/83–111美元)

● SOL E PESCA:Rua Nova de Carvalho 14, 1200–019 Lisbon, 電話:351 21 346

---

2. 出自《波登不設限》,第8季第4集:里斯本。
3. 出自《波登不設限》,第8季第4集:里斯本。

7203（一餐價格為每人 20-30 歐元／22-33 美元）

波多

抵達目的地

波多機場（Porto Airport）的舊名是弗朗西斯科・薩・卡內羅機場（Francisco Sá Carneiro），這裡也是 TAP 葡萄牙航空的基地，並有多家歐洲航空公司提供服務。

搭乘波多市的地鐵系統波多地鐵（Metro do Porto）可以往返機場和市中心，票價約 3 歐元（3.35 美元），另外也有一些價格不一的接駁巴士服務，以及跳表計程車，前往市中心的車資約 25 歐元（28 美元）。

波多坎帕尼揚（Porto Campanhã）是進出城市主要的鐵路路線停靠的車站；聖本篤車站（São Bento）的美感則更勝一籌，是一棟具有精美花磚的布雜藝術[4]建築，也是數條郊區鐵路支線的基地。

下酒料理

A Cozinha do Martinho

「如果做菜時手邊只剩下內臟、蹄子和一些不明部位的碎肉，該怎麼辦？當然是想辦法把這些食材變成非常、非常美味的料理。在這方面，葡萄牙絕對是專家。

「總之，這裡的餐點不能說是清淡。葡萄牙人是很愛豬肉的，非常愛。」[5]

---

4. Beaux Arts，又稱學院派，主要流行於 19 世紀末和 20 世紀初，是一種混合型的建築藝術形式，參考了古羅馬、古希臘的建築風格，強調建築的宏偉、對稱、秩序性，多用於大型紀念建築。
5. 出自《波登闖異地》第 908 集：波多。

首先端上桌的是整隻小沙丁魚（patinhas），接著是波多牛肚（tripas à moda do Porto），這道經典料理是用牛肚、豆子和各種豬肉部位（肉腸、培根、豬耳，經過醃漬和煙燻）烹調而成，這些料理都可以在溫馨又精緻的A Cozinha do Martinho嚐到。

Cervejaria Gazela

波多一點也不缺那種富含油脂和大塊肉食的宵夜，想當然，對於晚上可能會喝個幾杯的人來說非常有吸引力。

「稍微對我有點認識的人都知道，我對各種版本的熱狗有多麼癡迷。」[6] 東尼在介紹辣味起司熱狗（cachorro）時這麼說道。這種熱騰騰的熱狗堡是用細長的脆皮葡萄牙麵包夾住新鮮肉腸、起司和辣醬，烘烤後切成塔帕斯下酒菜的大小，吃起來更方便，也相對比較不會弄髒手，最適合搭配冰的 Super Bock啤酒，在Cervejaria Gazela就可以享用到這道餐點。

---

6. 出自《波登闖異地》第908集：波多。

　　雖然這間店總是高朋滿座，非常有人氣，但是無論排隊等候的位置是在吧台、料理台或為數不多的小型高腳桌座位，都是值得的。如果不喜歡香料或豬肉，這裡也有供應簡單的牛排三明治，以及香脆的金黃色炸薯條。

Café O Afonso

　　「肉、起司、油脂和麵包，它們永遠是無懈可擊的組合。」最好的例子就是波多的另一種經典三明治：葡式三明治（francesinha）。這種升級版的火腿起司三明治會浸泡在濃郁的肉汁、啤酒和蕃茄醬裡（詳細配方是每一家三明治店嚴守的祕密），享用時最好使用刀叉。

　　「葡式三明治字面上的意思是『法國小女孩』，但在我看來這道料理一點也不小，重量大概有一噸吧，有麵包、火腿、牛排、肉腸，再加上一點葡萄牙煙燻腸（linguica），真是令人讚嘆的組合。」[7]

●A Cozinha do Martinho：Rua da Costa Cabral, 2598, Porto，電話：+351 91 959 5316（無網站）（一餐價格約每人30歐元／33美元）

●Cervejaria Gazela：Travessa Cimo de Vila 4, 4000-171 Porto，電話：+351 222 054 869，www.cervejariagazela.pt（此為原店址；較新較大的店面位於 Rua de Entreparede, 8-10, 4000-434 Porto，電話：+351 221 124 981，網址不變）（熱狗價格為3歐元／3.3美元）

●Café O Afonso：Rua da Torrinha 219, 4050-610, Porto，電話：+351 22 200 0395（無網站）（三明治價格為10歐元／11.1美元）

---

7. 出自《波登闖異地》第908集：波多。

33

新加坡
SINGAPORE

東尼在撰寫雜誌《FOOD & WINE》的文章時，提到了《波登闖異地》的新加坡特輯：「基本上，對於街道太過乾淨、人人都守規矩、列車永遠準點的地方，我要不是無聊到哭，就是會嚇到挫屎，但新加坡這個城市國家卻是大大的例外。也許是受到這裡溼熱氣候的影響，讓商場和政府的嚴格管控措施變得沒那麼明顯；也或許是因為有太多的不良行為竟然都合法，讓嚼口香糖、亂丟垃圾和公開發表異議等這些被視為違法行為顯得沒那麼嚴重；也可能是因為我實在太愛這裡的食物了。食物可說是民主的一大推手，尤其是在知名小販中心（hawker center）、香味四溢空間中所販售的那些食物。政府也計畫大規模建造類似小販中心的場所，全力支持並推廣在地美食。」

「一塵不染、效率十足、非常安全、具有保障、控管得宜，這裡就像跨國企業般經營的烏托邦城市國家。歡迎來到『新加坡公司』。」

現在的新加坡在13世紀其實是舉足輕重的貿易港口，後來在1819年，史丹佛‧萊佛士（Stamford Raffles）以及英國東印度公司把這裡當作英國殖民地和重要的貿易據點。在1965年，新加坡成為獨立國家。

「在第一任總理李光耀的領導下，彈丸之地般的新加坡開始聲名大噪。不過是一個世代的時間，就從第三世界的偏遠地區，躍身為第一世界的國家。從某些層面來看，新加坡是個福利國家，會照顧比較弱勢的族群，但實質上，這是種冷酷無情的社會菁英主義制度。只要遵守規矩——而且是非常多的規則，努力向上，你就會有好日子可過。主要概念就是這樣。」

「在這個國家，持有一盎司大麻就可能會入獄長達十年，持有同樣是一盎司的毒品可能會被判死刑，吃口香糖更是違法行為，但是卻允許一些小奸小惡。合法飲酒年齡是18歲，賣淫是合法交易，性工作者必須要定期接受健檢，有賭場和脫衣舞俱樂部。新加坡政府似乎很瞭解，既然要施加一定程度的壓力，就一定要有安全閥。讓人民盡情喝酒、盡情性愛，就比較容易管理了，也許背後是這樣的邏輯？或者這一切都只是一門生意而已。」1

抵達後通達四方

「新加坡樟宜機場（Singapore Changi Airport，SIN）是全球少數幾個可能會讓旅客想提早到達的機場，不僅可以享受好機場通常都具備的優點──飯店、日間休息室和購物，這裡有你真心會想購買的東西，還有提供眾多選擇的豐富食物。

而且，還不只這樣，這裡更有免費電影院、免費網路、可調式躺椅、吸菸室、超大溜滑梯、室內花園、兒童遊樂區、電視和娛樂包廂、3D體驗區、屋頂游泳池、附按摩浴缸的雨林休息室、小睡設施以及淋浴、美髮和美容服務，另外還有我們可能會想去看看的蝴蝶花園，或是鯉魚池……。」2

在幾乎一直處於溼熱氣候的新加坡入境之後，最理想的選擇就是搭乘有完善空調設備的大眾運輸工具前往各處，也就是新加坡地鐵（SMRT）。如果要從機場前往市中心，可以透過鐵路和巴士路線，票價約2新加坡幣（1.5美元），車程為45分鐘。

「在美國，我一點也不期待搭乘地鐵，也會盡可能避免這樣做。但這裡的地鐵很乾淨，基本上就像新加坡的所有事物，閃亮如新。而且最重要的是，它們看起來很酷。」3新加坡的地鐵系統顯然十分完善也有效率。

1. 出自《波登闖異地》第1001集：新加坡。
2. 出自《波登過境》，第季1第2集：新加坡。
3. 出自《波登過境》，第季1第2集：新加坡。

單程費用會根據路線和距離計算,最低約0.75新加坡幣(約0.5美元)起,最高約3新加坡幣(約2.15美元)。遊客可以購買一日、二日和三日無限通行卡。SMRT也負責管理全國的巴士服務,甚至連計程車也包括在內。搭乘計程車從機場前往飯店的車程約30分鐘,車資約為30新加坡幣(22美元)。

理論上,新加坡也是個適合步行的城市,不過通常溫度會高達攝氏31度,而且每個月會有10天在下雨,所以適不適合就見仁見智了。

最後,要給聰明人一些提點。「雖然我來過這裡很多次,好像從來沒看過警察,但是請記得:當官方說『新加坡對毒品零容忍』時,他們是認真的,而且是非常、非常認真。如果你帶毒品到這裡,甚至只是一包大麻,那你肯定就是全世界最蠢的傢伙。」4

今晚住哪裡?

「我就直說了,我住的飯店是君悅酒店,因為這麼多年來我都是選擇住這裡,到目前為止,他們的服務都讓我很滿意,而且是非常滿意。」5

有時候,純粹的奢華體驗足以決定一天的好壞。君悅酒店內最頂級,最寬敞的套房有提供私人桑拿服務和蒸氣室,但即便是最普通的客房,也充滿寧靜而優雅的氛圍,就連公共空間也不例外。飯店有專屬的室內瀑布,當然也有不可或缺的水療設施、戶外泳池和多種餐飲選擇。

飯店餐廳StraitsKitchen也十分令人印象深刻,在同一個空間的開放式廚房中,經驗豐富的廚師料理並端出各種馬來、中式和印度攤販料理,這種經營模式要是出了差錯,餐點的水準就會讓人聯想到像是迪士尼的主題樂園。不過在君悅酒店,不會犯這種錯誤。

---

4. 出自《波登不設限》,第4季第1集:新加坡。
5. 出自《波登過境》,第季1第2集:新加坡。

●新加坡君悅酒店（GRAND HYATT SINGAPORE）：10 Scotts Road, Singapore 228211，電話：+65 6416 7016，www.hyatt.com/en-US/hotel/singapore/grand-hyatt-singapore/sinrs（客房價格約每晚380新加坡幣／280美元起）

享受美食，是此行目的

「如果說紐約是不夜城，那新加坡就是能讓人吃不停的城市。對於想來場美食之旅的遊客、為了大快朵頤而到處旅遊的人，或是任何類型的老饕來說，新加坡應該是可以在最短時間內帶來最佳體驗的首選目的地。

在這個小小的城市國家，只要搭車45分鐘就能橫越全國，卻能找到比任何地方都多樣的食物種類和選項，還有更多地方的特色料理（而且還很便宜！）。包括中國各地的中式料理，馬來料理、印度菜。」

「在這裡，每個人一定都能找到自己喜歡的食物。新加坡人很愛在地料理，而且他們對食物毫無偏見，只要美味就好。不論是高級餐廳或小攤販，誰做的料理好吃才是重點。你在新加坡可能遇到的最糟狀況就是吃到很普通平庸的食物，但這種情況也不太可能發生。」6

無所不包的新加坡小販中心

「新加坡的小販中心是一種很高明的策略，可以把過去那種混亂但普及的街頭攤販文化全部集中在一起控管。」

以下是一些歷史小知識：從1850年代中期開始，新加坡的街頭小販可分為下面三類，包括在街上擺攤、定點設攤，還有挨家挨戶兜售各種商品的小販，從熟食、農產品、肉類、熱飲到香菸、家庭用品，以及提供剪髮和補鍋等服務都有。這種小本生意足以維生或補貼家用，但卻衍生出一些問題，像是阻塞街道，以及令人不敢恭維的衛生以及垃圾。

---

6. 出自《波登不設限》，第4季第1集：新加坡。

　　到了1930年代，據估計有六千家持有執照的小販，另外還有四千家無執照的小販。為了解決前述攸關生活品質的問題，新加坡政府開始實施為期十年的計畫，逐漸加強對街頭小販的管制，最後興建了現在當地居民和飢腸轆轆的旅客都會造訪的小販中心。

　　截至目前為止，新加坡政府管理多達一百一十四處的小販中心，預計還會再興建二十座。

中峇魯熟食中心

　　「小販中心是有屋頂的半露天建築，不過裡面的攤位都有合法自來水、冷藏設備，也會遵守嚴格的食物處理規範。所以基本上你不需擔心會食物中毒。」

　　「你可以在此吃到各種很棒的早餐，只要記得，根據這裡的文化，大清早就來一大碗熱騰騰的麵或叻沙 一點也不丟臉。這裡一攤接著一攤，通常是依照國籍排列，那一區是中式，這一區是符合清真標準的馬來菜，印度料理在另一頭。每位老闆或負責料理的人都有一、兩道拿手好菜，這就是他們賴以維生的方式，而且做得非常好。」7

---

7. 出自《波登過境》，第季1第2集：新加坡。

「這裡的早餐有很多選擇，像是中峇魯起骨海南雞飯、德盛豆花水、閩南排骨蝦麵，以及有名的家鄉菜頭粿。」[8] 菜頭粿這道特殊的料理是用新鮮和醃漬過的白蘿蔔及米粉製成的鹹味蒸糕，切塊後加入雞蛋和佐料拌炒。「白色」版以白胡椒和蔥清淡調味，「黑色」版則加入用厚重的甜醬油烹調。

雖然有無限多種的美食任君選擇，不過建議先從中峇魯小販中心的水粿吃起，這是一種清蒸的圓形米糕，上頭佐以甜鹹醃蘿蔔，可以依喜好加上辣椒醬。

545 黃埔蝦麵

「大部分的小販攤位都是家庭式經營，黃埔蝦麵也不例外。比較特別的是，李瑞芳（Li Ruifang）為了協助父母經營攤位而放棄白領工作，等於是在小販中心的人力逐漸老化，缺少新血接手世代傳承技藝的情況下逆勢而為。」[9]

這裡的招牌料理是以大量的油麵混合較細的米粉，拌入整隻蝦和濃郁的辣參巴肉汁，最後灑上酥脆的紅蔥頭，這個做法從1950年代起，也就是當初李瑞芳的祖父開始經營這門生意至今，都未曾改變過。

黃埔蝦麵位於繁忙的竹腳熟食中心（Tekka Food Centre），建物內有傳統市場、小販中心和各種乾貨商店。這座熟食中心位在新加坡的小印度區（Little India），販售各種來自印度次大陸的熟食，所以請記得預留一點胃口給世界級的印度香飯、印度煎餅（dosa）等美食。

東陵福傳統正宗麵煎糕

東陵福傳統正宗麵煎糕專門販售具有甜味又富嚼勁的煎糕，製作方法是在

---

8. 出自《波登不設限》，第4季第1集：新加坡。
9. 出自《波登闖異地》第1001集：新加坡。

手工調製的小麥麵團中加入花生粉，並以天然酵母讓質地變蓬鬆，再包入更多花生和蔗糖。「這一攤最有名的就是會以手工挑選、烘烤和研磨花生，其他同業通常會在這部份走捷徑，用更簡便快捷的生產方式。」[10]

攤位上也有供應包甜內餡的圓形糕點，像是黑芝麻、薯類、香蘭葉（pandan）、紅豆和鹹綠豆。營業時間只有週二、週四、週六和週日，上午3點半開店，但通常在表訂閉店時間上午11點前就會銷售一空，所以請確認你的日程、設好鬧鐘，然後千萬別遲到。

歐南園炒粿條麵

想吃頓美味大餐嗎？不論是吃飽後會讓你滿足到想放鬆地躺到床上休息的可口餐點，又或在長途飛行後能提供身體能量的豐盛早餐，都不妨到芳林巴剎小販中心（Hong Lim Hawker Centre），嚐嚐這裡的熱門美食：

「喔，我找到了，這就是最棒的炒粿條。我到新加坡必吃，這真的是你想像得到最不健康的早餐了，基本上裡面就是豬油、酥脆豬油渣、新鮮鳥蛤，蝦醬，還有很多很多的麵。炒粿條確實是傳說中會讓人變胖的食物，原本就是為了餵飽勞動工作者的食物，所以看起來不怎麼光鮮亮麗，也不是多健康的早餐，但真的非常好吃。如果你打算要穿上你那件閃亮的銀蔥緊身泳裝，這道料理絕對不會是首選。」

「在這個美食廣場，四周都是這種『亞洲奇蹟』。如果你選擇先吃炒粿條，吃完後基本上你就已經飽了。說真的，我不知道其他人在吃完炒粿條後，怎麼還能繼續吃其他食物。」[11]

---

10. 出自《波登不設限》，第4季第1集：新加坡。
11. 出自《波登闖異地》第1001集：新加坡。

天天海南雞飯、津津餐室

海南雞飯乍看有點平凡無奇，但做得好的話就是人間美味，也是新加坡最有名和最受喜愛的料理。「這是必吃的餐點。它可能不是你最愛的菜色，但會是讓你更瞭解新加坡的料理，富有美感，卻又非常樸素簡單。」[12]

將雞肉稍微燉煮過後冰鎮，掛起風乾，最後帶骨上桌，雞皮和肉的連接處有一整層晶瑩的膠狀油脂。米飯會用雞高湯煮熟，並且以些許白胡椒、大蒜、薑、檸檬草、香蘭葉、醬油和芝麻油調味。這道菜通常會附上辣椒醬、濃郁醬油和醃漬薑，讓你可以自行搭配每一口的風味。

享用海南雞飯的熱門選擇之一是天天海南雞飯，老闆從 1985 年就在麥士威爾熟食中心（Maxwell Hawker Centre）的同一個攤位做生意，到現在都還用相同的方式做料理；他們的努力在 2017 年獲得米其林必比登推薦。

另外，津津餐室的海南雞飯也值得一試。這家餐廳從 1934 年就由同一個家族經營，所以保證可以吃到傳承的風味。

International Muslim Food Stall Nasi Lemak

椰漿飯也是不容錯過得經典新加坡料理。「在前往機場的途中，位於住宅區的樟宜村小販中心（Changi Village Hawker Centre）有家很有名的美味椰漿飯攤位。雖然聽起來不怎麼樣，但是請相信我，重點就在下面這些食材：雞蛋、炸雞或魚、參巴醬加上椰子米，要跟著移動緩慢的長長人龍才能吃到，顯然最棒的美食值得等待。我的經驗告訴我，這絕對好吃。」

「這就是我最喜歡小販中心的一點，到處都可以看到在賣椰漿飯的攤販。這裡的隊伍移動得很慢，攤位熱氣騰騰，要等個半小時或 40 分鐘；那邊也在賣同樣的東西，卻沒有半個人排隊。人群就已經告訴你答案了。」[13]

---

12. 出自《波登不設限》，第 4 季第 1 集：新加坡。
13. 出自《波登過境》，第季 1 第 2 集：新加坡。

● 中峇魯熟食中心（TIONG BAHRU FOOD CENTRE）：30 Seng Poh Road, Singapore（無電話、無網站）（各攤位價格不一）

● 545黃埔蝦麵：665 Buffalo Road, Tekka Food Centre #01-326 Singapore 210665（無電話、無網站）（料理價格範圍為3-4新加坡幣／2-3美元）

● 東陵福傳統正宗麵煎糕：665 Buffalo Road, Tekka Food Centre #01-326 Singapore 210665（無電話、無網站）（麵煎糕價格為0.8新加坡幣／0.58美元；各種圓形糕點價格為0.9-1.2新加坡幣／0.7-0.9美元）

● 歐南園炒粿條麵：Hong Lim Complex, 531A Upper Cross Street #02-17, Singapore（無電話、無網站）（麵食價格為4-6新加坡幣／2.9-4.4美元）

● 天天海南雞飯：1 Kadayanallur Street,#01-10/11 Maxwell Food Centre, 069120 Singapore，電話：+65 9691 4852（無網站）（單份海南雞飯價格為3.5新加坡幣／2.5美元）

● 津津餐室：19 Purvis Street, 188598 Singapore，電話：+65 6337 4640，www.chinchineatinghouse.com（單份海南雞飯價格約4新加坡幣／3美元；一餐平均價格約15新加坡幣／12美元）

● International Muslim Food Stall Nasi Lemak：Changi Village Hawker Centre, 2 Changi Village Road, #01-03 500002 Singapore，電話：+65 8400 6882（無網站）（椰漿飯盤菜價格為3-4.5新加坡幣／2.15-3.25美元）

34

韓國
SOUTH KOREA

首爾

「旅行世界各地有太多的美好時光,是因為你前往的目的地、你吃的食物以及你珍藏一生的回憶中,有與人相遇的印記。所謂最美好的時光,就是當你對任何事都不會感到憤世嫉俗;當你發現自己可以放下過去、放下成見,並且感受到自我和自己原始的天性時,無論是冷嘲熱諷或是懷疑猶豫都會消失,至少在當下會消失。就是這麼一下子或幾個小時,你徹底改變了。」

「有時候,你的某一個部份必須要有人幫你破殼而出才能釋放出來,對方要透過一點方法和堅持,再加上具有某種堅定信念,像是深信自己的國家和家庭有很美好的地方,然後把你拉出原本的狀態。在韓國,納利‧桂就拉了我一把。」1

納利從很早就是製作公司Zero Point Zero的一員,她在兩集的韓國特輯中都身兼二職,一次是拍攝《波登不設限》,另一次則是拍攝《波登闖異地》,她在鏡頭前為東尼介紹自己出生的國家,同時也是節目的製作人。(請參閱納利分享這段經驗的短文,第305頁。)

---

1. 出自《波登不設限》,第2季第11集:韓國。

抵達後通達四方

首爾有兩座機場：一是金浦國際機場（Gimpo International Airport，GMP），原本在第二次世界大戰期間是做為日本帝國陸軍基地，現在則是服務來自日本和中國的短程航班，以及來自韓國境內的國內航班；另一座則是規模較大、較現代化的仁川國際機場（Incheon International Airport，ICN），服務來自世界各地的航班。

兩座機場之間透過機場快線（AREX）通勤鐵路相連，車程大約25分鐘，票價約4,700韓圓（4美元）。乘客可以搭乘其中一條AREX路線往返仁川機場和首爾車站，車程大約45分鐘，票價約8,300韓圓（7美元）。當然，機場也有私人計程車和集團豪華巴士可以轉乘到市中心。另外，在編寫本書的當下，在首爾可以透過智慧型手機使用Uber叫車服務。

抵達首爾之後，如果想要暢遊這座有千萬居民的城市，最理想的選擇就是善用出色、完善且平價的地鐵系統，車站內的廣播有韓文和英文版本。建議購買可儲值的T-money卡或首爾轉轉卡（Seoul City Pass），以及準備好英文地圖或首爾地鐵應用程式，例如Seoul Metropolitan Subway、Subway Korea或Explore Seoul。

首爾的公車系統也能讓你用平價的方式行動，但是對於不會韓文的遊客來說沒那麼容易使用。搭乘計程車的費用相對較昂貴，比較適合短程移動。一般（Ilban）計程車只收現金，可以用銀色、橘色、藍色或白色車身來分辨，而黑色的模範（mobeum）計程車通常較寬敞，可以用信用卡支付，而且會提供收據。不論搭乘哪一種計程車，都建議你先把目的地用韓文寫下，因為司機通常不會說英文。

吃飯、喝酒和續攤
鷺梁津水產市場

「韓國的文化以魚和米為中心，對海鮮的巨大需求深深形塑了韓國人的身分認同。在太陽還沒升起前，不如就先去一趟鷺梁津水產市場，這裡是全首爾最大的魚市場，佔地將近十九萬平方公尺，二十四小時營業。」2

市場裡又溼又冷，而且非常混亂，所以請注意你的穿著和行動，建議多層次穿搭，並且盡可能穿上防水鞋或防水靴，請帶著現金，然後隨機應變，因為大家都忙著工作。凌晨3點有漁獲拍賣，接著日出時分可以前往市場內餐廳，加上合理的服務費就能買到現點現煮或是經過清洗並切成生魚片的海鮮。

Mapo Jeong Daepo

什麼是「會食」（hwe sik）？納利這麼解釋：「這是一種公司舉辦的聚餐活動，基本上是強制參加，活動分成三個階段叫做『次』（cha）：一次（il cha）、二次（ee cha）和三次（saam cha）。如果當天晚上你錯過任何一個階段（尤其是後面的階段），就會被上司或一群同事責罵、揶揄和排擠。一次是吃晚餐，通常會是烤肉；二次是喝酒；三次則是唱卡啦OK。」

「韓國人的生活守則就是『努力工作，用力玩樂』，雖然會食的每一個階段都是為了要讓大家享受、放鬆和喝醉，但辦公室政治無所不在。前輩就是一切，所以比較年輕的員工要負責倒酒和結帳。喝酒伴隨著非常多壓力，場面可能會變得相當緊張，以至於年資淺的員工想出了耍小聰明的手段來假裝喝酒，尤其是女性，以免在這些社交場合喝到爛醉。」3

「一次」就從韓式燒烤餐廳Mapo Jeong Daepo（마포 정대포）開始，這裡的招牌是豬肝連肉（갈매기살，galmaegisal），會放在桌上的圓形木炭烤爐

2. 出自《波登不設限》，第2季第11集：韓國。
3. 出自《波登闖異地》第501集：韓國。

火烤,烤爐的邊緣有金屬凹槽,讓烤出來的豬肉油脂可以流進去。之後服務
生會把打散的雞蛋倒入凹槽,客人可以自行加入泡菜、蔥或其他飯饌(반
찬,banchanthe)也就是用來搭配烤肉餐點的醃漬蔬菜和魚類的韓式小菜。

Gol Mok Jib

接下來要去煙霧瀰漫的小店 Gol Mok Jib(골목집)享用泡菜燉湯(jjiga,
찌개)和體驗韓國飲酒遊戲了,會用到非常多杯啤酒、燒酒和米酒。

Junco Music Town

喝到爛醉之後,就該去 Junco Music Town 唱卡啦OK,你可以在「唱歌
房」(noraebang,노래방)裡享受魷魚點心、M&M巧克力、柔美情歌和各
式各樣的飲料。

●鷺梁津水產市場:首爾市銅雀區鷺梁津洞鷺得路674號,電話:+82 2 2254 8000,
www.susanijang.co.kr(無固定價格)

●Mapo Jeong Daepo(마포 정대포):首爾市麻蒲區桃花洞183-8,電話:+82 2 3275
0122(無網站)(烤豬橫膈膜價格為12,000韓圓/約10.25美元)

●Gol Mok Jib(골목집):首爾市江南區驛三洞183-8(無電話、無網站)(泡菜燉湯
價格約1,800韓圓/1.5美元)

●Junco Music Town:首爾市瑞草區瑞草洞地下室1309-5,電話:+82 2595 3235
(無網站)(卡拉OK價格為每小時5,000-10,000韓圓/4.5-9美元;熟食價格為
10,000-20,000韓圓/8-18美元)

我如何成為自己

文／納利・桂

《波登不設限》的韓國特輯原本只是玩笑話。當時我是製作人，其中一項工作就是規劃殺青派對。在第一季結束的時候，我說：「我們去吃韓國燒烤，然後喝很多燒酒吧！」我幫團隊在曼哈頓的韓國城訂了超大的桌位，東尼也有出席。我們在店外抽菸的時候，我趁著喝了燒酒的微醺狀態對他說：「東尼，快點發誓說你一定會去韓國。」他回答：「我當然會去，而且你要一起來。」

幾個月後，他走進辦公室對我說：「你該開始規劃韓國之旅了，我們要去拜訪你的家人，然後你要上鏡頭。」我嚇了一大跳，我只依稀記得那時候醉醺醺的談話。我想和他一起體驗的事情實在太多太多了，突然間我的腦中跳出一大串清單。

我沒有料想到，這次旅行會成為我人生中最重要的成就之一，而且會徹底而永遠地改變我。當時我一心只想著要規劃行程，而沒有退一步去思考事情的全貌。

我們搭了14個小時的飛機抵達首爾時，又累又有時差。但依照腳本是我要回到家鄉，所以他們從機場就開始拍攝。那天是我的生日，製作人瑞尼克・蘇侯特（Rennik Soholt）特別安排人手送蛋糕到機場。就連我們抵達飯店之後，儘管經過20個小時的累人旅程，東尼還是這麼說：「我們要慶祝一下，這是你的生日耶。」他點了一大堆點心，為每個人點了一杯飲料。我們度過了非常精彩的一晚，我永遠不會忘記那一夜。

我們去參觀了泡菜農場，讓我有機會和傳統的阿姨們一起製作泡

菜。我們還參觀了大豆工廠，又在有附桑拿的木炭工廠體驗了BBQ。這一切真的太不可思議了。

當時東尼對我說：「我死也不會去卡拉OK，你不可能聽到我唱歌。」但你逃不了的，尤其是在韓國。跳過唱歌環節是非常失禮的行為，出去玩有一整套固定流程：先吃飯、再喝酒，最後還要去卡拉OK，你必須要做完這些事。所以我們還是去了卡拉OK，當時的場景真的非常好笑，如果你去找節目的其中一個片段，就會看到東尼有史以來第一次唱卡拉OK！我們最後還是逼他唱了。

我們還去看了從1953年就將北朝鮮和韓國一分為二的非軍事區，東尼也在幾位美國軍人的陪同下四處參觀。最特別的是，我們安排我的祖父在非軍事區外和我們會合，這是整集節目中的亮點。我們一起去釣魚，在荒郊野外的小餐廳一起吃飯，祖父告訴我們他這一生的故事，包括一些我從來沒聽過的事。

韓國分裂之前，我爸爸那邊的家族是北方人，我祖父在戰爭期間逃到南方，那是一段極為恐怖的故事，為了逃離軍人的追趕，他全身塗滿泥巴躲在森林裡。當時共產黨想要招募他（他是受過良好教育又聰明的年輕人）入黨並參戰。

那時他和祖母才剛結婚，第一個孩子才出生沒多久。祖母先在半夜搭船逃走，還差點必須把小嬰兒悶死，因為baby哭個不停。他們的計畫是之後要在南方會合，結果分離一年之後，他們總算找到對方，接著我的父親出生了，後來他又多了一些手足。

當下我就知道，聽到這樣的故事、製作這樣的節目，會徹底改變我。回到紐約之後，看著剪輯片段變成一整集節目，我心想：「這真的是我做過最厲害的事了。」我真的非常感謝東尼願意讓我這麼做。

他完全不知道，也或許他其實知道，他用這一集的節目，改變了我的人生。

我在5歲那年從韓國移民到美國，在那之後，我的成長背景基本上偏向盎格魯美國白人。

身為一個看起來和其他人都不一樣的小孩，我很努力要融入環境成為美國人，而且對於自己的韓國背景感到尷尬。我媽媽只會煮韓國料理，我爸媽對我只說韓文，我們在家只看韓國節目，我們每個星期都會從韓國超級市場借錄影帶回來。我們住在非常美國的城市裡，但一回到家裡，基本上就是生活在韓國。

我的朋友全都是滿頭金髮、名字叫做珍妮或艾琳的白人女孩，她們會把鞋穿進屋內，直接叫大人的名字，吃著奇怪的晚餐像是起司通心麵和豆子罐頭。所以，每次有朋友來家裡，我都會忙東忙西地想把所有和韓國有關的東西藏起來，因為我不希望她們發現我有多麼不一樣，我甚至還拜託媽媽試著準備美式食物（當然她拒絕了）。

和東尼一起拍攝《波登不設限》韓國特輯之前，我是個很不同的人，展現出自己不一樣的部份，會讓我感到羞愧和尷尬，我一心只想著要融入。我這一生都覺得自己沒有歸屬感，一直到那次拍攝經驗之後，我才意識是這樣的背景成就了現在的我。

現在，如果要我說出自己為什麼是個獨一無二的人，第一個原因就是我有韓國背景。這一點比身為女人、身為母親、身為妻子都還重要，現在我最想做的事，就是在美國推廣韓國文化的好。

現在我有兩個孩子，我會對他們說韓文。我成立了韓國親子學校，宗旨是推廣韓文和教導幼兒說韓文。我們常吃韓國料理，我也試著引導非韓人認識韓國料理和韓國文化，透過我的工作，我製作出以韓

國文化為主的創意內容。

　　現在我做的一切都是從這樣的觀點出發，而東尼就是幫助我發掘這種觀點的那號人物。他幫助我發現了身為創意工作者想做的是什麼，還有身為人想追求的是什麼，就是這樣，他徹徹底底地改變了我。

　　謝謝你，東尼。

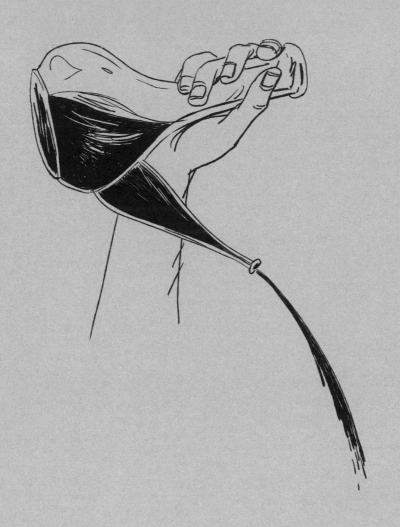

35

西班牙
SPAIN

2002年首次造訪西班牙之後，東尼就深深著迷於這個國家的飲食文化。西班牙有觸動人心的自然之美和改朝換代後依然聳立的壯麗建築，而在這裡，傳承數個世紀的傳統和世界上最現代的技術及理念相互碰撞。

巴塞隆納

「除了亞洲之外，這裡就是全世界最出色、最令人期待的美食國度。所有的年輕廚師都想到這裡工作，所有的年輕學徒都想在此建立舞台。這裡是創新與創意誕生的地方。他們會接觸到那些大多數西班牙人視為理所當然的簡單西班牙美食。」

「火腿怎麼會這麼好吃？！放在罐頭裡的東西怎麼會如此美味？一隻鯷魚、一顆橄欖、一片起司，就是這麼簡單的東西，你在這裡每天都會看到的食物，這就是西班牙最酷的地方。」1

抵達後通達四方

何塞普·塔拉德利亞斯巴塞隆納—埃爾普拉特國際機場（Barcelona– El Prat Josep Tarradellas Airport，BCN）通常簡稱為埃爾普拉特機場，是全國僅

---

1. 出自《波登不設限》，第4季第17集：西班牙。

次於馬德里第二繁忙的機場，要前往西班牙北部的旅客多會由此入境。

　　機場距離市中心約14公里，所有入境大廳外都有排班計程車，無論實際距離遠近，每趟車程最低收費是20歐元（22美元），一般而言，至市中心的車資約35歐元（39美元）。不一定要支付小費，不過建議可以多付車資到最接近整數的歐元，或是加上一成的優良服務小費。

　　巴塞隆納地鐵系統巴塞隆納城鐵（TMB）的9號線在兩座機場航廈都有設站，請參閱www.tmb.cat以瞭解路線、費用和時刻表等資訊。搭乘R2 North鐵路路線可以從機場前往市中心及附近的城鎮；另外也有一些巴士路線可載客前往市中心、地方城市，與南法、瑞士和安道爾（Andorra）的部份地區。

　　巴塞隆納聖徒車站（Barcelona Sants）是當地的主要車站，可在此搭乘地區性和跨國列車；西班牙國鐵和巴塞隆納地鐵都有往返機場和此車站的列車。

吃吃喝喝的美食時間

Quimet & Quimet

　　「如果我就住在此處的街上，我絕對會辭掉工作，然後整天逛來逛去，直到我把錢全部花光為止。Quimet & Quimet是一家已經傳承四代的塔帕斯小酒館，位在巴塞隆納的乾村區（El Poble- Sec），這裡的生意絕大多數都是以罐頭食物為招牌的加泰隆尼亞塔帕斯小酒館。」2

　　店內有豐富的葡萄酒可選擇，以及各種雞尾酒和啤酒，但最吸引人的是西班牙小三明治（montadito），這種開胃餅乾大小的開放式迷你三明治3通常會夾著塞滿內餡的小烏賊（cipriones）、鰻魚、淡菜、鮪魚腹肉、海膽、西班

---

2. 出自《波登不設限》，第4季第17集：西班牙。

3. Canape-size open-faced sandwiches，通常是由一片麵包或餅乾作為底層，覆蓋上各種食材，如薄切的肉類、乳酪、蔬菜、魚類、水果、醬料等。由於是開放式，因此可以看到各種美食材料的顏色和紋理，外觀非常漂亮。這種迷你三明治只需要一、兩口就可以吃完，因此非常適合派對和雞尾酒會等場合。

牙和法國起司、醃漬蔬菜等，全都是在酒吧後方準備好等待客人點餐。店內沒有廚房，而且空間非常有限，一次只能容納約二十名客人。

Taverna Espinaler

「在老舊的木質吧台前，一口咬下這麼棒的食物，就是會讓人覺得很輕鬆，眾人皆無階級之分，彼此的互動又很有趣。在最理想的狀況下，你可以同時體驗到手裡有杯啤酒或苦艾酒，置身氣氛活躍社交環境中的感受。這裡就像移動式的宴會，想來就來、想走就走、想吃就吃，你高興就好。」

從巴塞隆納市區往外開車約半小時，就可以抵達Taverna Espinaler。「這裡看起來和其他的老式酒吧沒什麼不同，就是地方性的酒吧。不知情的人當然第一印象會覺得不怎麼樣，但在這裡其實可以吃到世上最頂級、最美味又最昂貴的海鮮。店裡最棒的食材都是由漁船直送至此，就像是在船上就被裝進罐頭裡保存般新鮮。」

大約20年前，Espinaler的第四代經營者米格爾・塔皮亞（Miguel Tapia）希望能擴張家族事業，因此決定跨足零售海鮮罐頭的生意，貨源是來自加利西亞（Galicia）一帶大西洋，讓旅客可以把竹蟶、鳥蛤、貽貝、高級鮪魚以及家族品牌所供應的其他珍饈帶回家。

「放心，這種食物和你大學時期凌晨兩點醉到不得不吃的煙燻生蠔罐頭完全不一樣。這可是世界上最頂級的海鮮，而且最讓人感到不可思議的是，做成罐頭之後更美味。」[4]這種等級的海鮮當然不可能太便宜，大約170克的竹蟶（razor clam）罐頭零售價可能高達225歐元／250美元。

●Quimet & Quimet：Carrer del Poeta Cabanyes, 25, 08004 Barcelona，電話：+34 93 442 31 42，www.quimetquimet.com（塔帕斯下酒菜價格為2-18歐元／2.25-20美元）

---

4. 出自《波登不設限》，第4季第17集：西班牙。

●Taverna Espinaler：Camí Ral, 1, 08340 Vilassar de Mar, Barcelona，電話：+34 937
591 589，www.espinaler.com（塔帕斯下酒菜價格為2–14歐元／2.25–15.5美元）

聖塞巴斯提安

兼具傳統與創新的美食料理

「我們可以大膽假設，歐洲最適合享受美食的地方，應該就是聖塞巴斯提
安這座城市了。這裡的人口擁有米其林餐廳的平均數量是全球之冠，但就連
一般的餐館也是無可挑剔。對食物的熱愛、對頂級食材的堅持，就是當地文
化的核心，也是當地的生活理念。而且這裡真美。」

Arzak

「將這座美食之都串連在一起的，是新式西班牙料理教父璜‧馬利‧阿爾
扎克（Juan Mari Arzak）。他和女兒艾蓮娜（Elena）共同經營傳說級的米其
林三星餐廳Arzak，做出的料理既創新、充滿狂野創意又具前瞻性，但絕
對、絕對是真正的巴斯克料理[5]。」[6]

東尼經常提到，在製作電視節目的過程中，他可以在一週之內交到要好的
朋友，但由於他實在太頻繁旅行，所以大部分的友誼都很難維持下去。然而
他和璜‧馬利及艾蓮娜之間的情誼，卻是相當罕見的特例。

「我父親很早就過世了，」東尼在拍攝《波登闖異地》時告訴艾蓮娜：
「但我希望璜‧馬利知道，自從我第一次來這裡，就覺得他像父親一樣照顧
我。他是個忠誠的好友，非常支持我，我也希望他知道我非常重視他。」[7]

---

5. Basque cuisine，居住於西班牙和法國的巴斯克人的飲食文化，可分為以魚類為主的沿海地區的飲
   食文化，和以肉類、蔬菜、豆類、淡水魚為主的內陸的飲食文化。
6. 出自《波登闖異地》第902集：巴斯克自治區。
7. 出自《波登闖異地》第902集：巴斯克自治區。

東尼形容只要與瑪‧馬利和艾蓮娜坐在一起，就會覺得「有種歸屬感、踏實感，像是被一群朋友包圍，有種回到家的感覺。當美夢成真，那種感覺真棒，所有的一切都妙不可言。」[8]

Arzak的重點料理會是龍蝦佐橄欖油泡沫；雞高湯燉煮雞蛋，並以冷凍脫水雞和焦糖化的雞皮調味，包在竹葉裡的烤海鱈（hake）下巴搭配苔麩（Teff）籽和新鮮杏仁，以及白鮪魚佐綠色哈密瓜和菠蘿蜜醬。

Elkano

「這家位於沿海村莊吉塔里亞（Getaria）名為Elkano的餐廳，在世界各地的廚師間相當有名，而且備受喜愛，原因就在於他們稱為『原始人』的料理手法。這是一種接用明火和極少食材的烹調方法，最後會端出像魔法一樣的料理。蝦頭和蝦身是分開煮的，蝦身以幾乎是生食的狀態上桌，他們稱為『半熟』（semiceviche），頭部則用來燒烤。

烏賊以原始的方式烹調，抹上洋蔥甜椒醬燒烤。接下來是燉魚（kokotxa），這道料理從食材到精神都是徹頭徹尾的傳統巴斯克風格：將海鱈下巴放入以大蒜辣醬（pil-pil）調味的橄欖油烹煮，並且不斷攪拌讓油和魚的自然膠質一起乳化。」[9]

「不過真正讓全世界的熱情老饕都奔向Elkano的是這一道料理：歐洲比目魚（turbot）經過燒烤之後，由老闆艾托‧亞瑞吉（Aitor Arregi）親自切開分盤。這背後的概念是要突顯每個部位的肉質都不一樣，各有不同的特色。輕盈膠狀的魚皮，搭配柔軟又稍微焦糖化的魚肉，充滿油脂的厚重腹肉，魚骨以及連在上頭最甜美的小塊魚肉。就是這樣的一道料理，卻像是眾多獨特風味和口感拼湊而成，而且每個部位都絕頂美味。」[10]

---

8. 出自《波登闖異地》第902集：巴斯克自治區。

9. 出自《波登闖異地》第902集：巴斯克自治區。

10. 出自《波登闖異地》第902集：巴斯克自治區。

Ganbara

「Ganbara是我的愛店，我簡直像熱導彈一樣，每次都往這裡跑。這家店的招牌菜，在我眼裡無人能及。這裡會把野生蘑菇和鵝肝煎到焦黃，再把生蛋黃鋪在鵝肝上，等到蛋黃滋滋作響時，再和熱騰騰的蘑菇拌在一起。」[11]

Bar Haizea

「在完美版的平行時空世界裡，我會住在聖塞巴斯提安（San Sebastian）。這裡的所有食物，這整個地方，我都可以理所當然地享受到。艾蓮娜·阿爾扎克會是我的妹妹，而璜·馬利·阿爾扎克會收養我。我敬愛這個男人，也很喜歡艾蓮娜，一想到能和他們約在他們最愛的塔帕斯小酒館 Bar Haizea，就完全無法按捺滿心的期待。店內最值得一嚐的巴斯克一口小菜（pintxos）包括炸鱈魚餅（brick de bacalao）、惡魔蛋、鮭魚慕斯，及又辣又鹹又美味的醃香蕉椒和鰻魚。簡單、傳統且出乎意料地讓人滿足。」[12]

Etxebarri

「當你在Etxebarri用餐的那一刻，你絕對是這世上吃得最好的人，這絕非吹牛。這裡的料理在各方面都非常傑出，這個男人更是傳奇。他看起來像是崇尚簡樸的大師，但實際上卻是對處理在地食材一絲不苟的完美主義者，幾乎會讓人以為他是日式料理的師傅。」[13]

維多·阿金佐尼茲（Victor Arguinzoniz）跳脫傳統的燒烤餐廳位在阿特桑多谷（Atxondo Valley），距離聖塞巴斯提安約1小時車程。在幾名助理的協助下，維多會親自用木炭燒烤他準備的每一道料理，連木炭也是用他砍下橡木燒成的。他的燒烤有各式各樣的肉類，像是加利西亞（Galician）帶骨牛

11. 出自《波登闖異地》第902集：巴斯克自治區。
12. 出自《波登不設限》，第4季第17集：西班牙。
13. 出自《波登闖異地》第902集：巴斯克自治區。

排、伊比利豬里肌做成的西班牙辣腸，以及蝦子、竹蟶、在地當令的鰻魚、
烏賊佐墨汁，與當季的嫩豌豆（以訂製的烤盤盛盤，並放上海草）；甚至還
有冰淇淋，是先在乳製成份注入煙燻味（暴露在烟燻中，使其吸收烟燻
味），再加入糖和雞蛋，形成充滿飄逸氣息的冷凍甜點。

　　「這絕對是我這輩子吃過最美好的一餐。我認為你必須瞭解西班牙的一點
是，如果要理解新的料理、新的烹飪方式，你必須先認知到這群大廚深深愛
著這種料理。」東尼這麼說的意思，是這些料理界的先驅相當重視傳統料
理。他更補充說道：「**創新和傳統是相互依存的。**」14

● Arzak：Avenida del Alcalde J. Elosegi Hiribidea, 273, 20015 Donostia, Gipuzkoa，
電話：+34 943 27 84 65，www.arzak.es（一餐平均價格為每人242歐元／286美元）
● Elkano：Herrerieta Kalea, 2, 20808 Getaria, Gipuzkoa，電話：+34 943 140 00 24，
www.restauranteelkano.com（一餐平均價格為每人70-100歐元／78-111美元）
● Ganbara：San Jeronimo Galea, 21, 20003, Donostia, Gipuzkoa，電話：+34 943 42
25 75（單份塔帕斯下酒菜價格為9-20歐元／10-22美元）
● Bar Haizea：Aldamar Kalea, 8, 20003, Donostia, Gipuzkoa，電話：+34 943 42 57
10（巴斯克一口小菜價格為1.5-4歐元／1.75-4.5美元；盤菜（raciones）價格為
4-14歐元／4.5-15.5美元；三明治（bocadillos）價格為4-5歐元／4.5-5.5美元）
● Asador Etxebarri：San Juan Plaza, 1, 48291 Atxondo, Bizkaia，電話：+34 946 58
30 42，www.asadoretxebarri.com（固定菜單價格為每人180歐元／200美元）

---

14. 出自《波登闖異地》第902集：巴斯克自治區。

36

斯里蘭卡
SRI LANKA

　　「好熱，熱到爆，熱到一天要沖三次澡，熱到一天要換三次衣服。我覺得身體浮腫、頭暈噁心而且筋疲力竭，完全被這種熱度打敗。這座南亞城市毫無秩序的日常狀態、擁擠的街道、快速發展的商業活動、毒辣的赤道豔陽，還有濕度和交通，全都讓我有種超現實的感覺。」[1]這是東尼在斯里蘭卡度過第一個24小時之後脫口而出的哀歌。

　　《波登不設限》團隊在2008年前往斯里蘭卡首都可倫坡拍攝節目，當地悶熱、戒備森嚴，且全面封城，一年之後國內漫長的內戰才終於結束。東尼的感想是：「有一句話是這樣形容海外探險和帝國稱霸的年代：『全歐洲都愛上了錫蘭。』葡萄牙人以為自己發現了伊甸園、香料貿易的寶地，小豆蔻、肉桂、豆蔻、丁香、胡椒、肉豆蔻、薑，這些全都是各大帝國夢寐以求的商品。現在的斯里蘭卡以前被中國人稱為錫蘭，意思是『沒有悲傷的國度』，但現在應該沒有人會這樣形容了吧？」[2]

　　2017年東尼重遊舊地，這一次是為了拍攝《波登闖異地》，並看看當地有什麼變化、開放了什麼，以及25年的爭鬥造成了什麼永久的後果。他表示：「你舉目所及的每一個地方都是建設、發展、新飯店、外國資金，看起來充滿了希望。在數百萬人死亡和失蹤之後，這個國家終於恢復平靜，我們

---

1. 出自《波登不設限》，第5季第9集：斯里蘭卡。
2. 出自《波登不設限》，第5季第9集：斯里蘭卡。

終於也可以去想去的地方了。」[3]

漫長的內戰

「1983年到2009年，斯里蘭卡的血腥內戰將這座海島一分為二，宗教分歧撕裂了這個國家，南方信奉佛教的僧伽羅人（Sinhala）多數，對上北方少數信奉印度教的泰米爾人（Tamil）。長年的不公對待和壓迫，導致泰米爾伊拉姆猛虎解放組織（LTTE）成立，宗旨是建立獨立國家。這場衝突在2009年劃下句點，但有大批流離失所的人仍住在國內的難民營內。」[4]

抵達後通達四方

斯里蘭卡是位於印度次大陸東南方的島國，在地圖上應該就很容易看出島嶼和大陸曾經在印度洋相連之處。

可倫坡是斯里蘭卡的首都，主要國際樞紐機場班達拉奈克機場（Bandaranaike Airport，CMB）則位在可倫坡的北方31公里處。有多家航空公司在此服務，包括國泰航空、印度航空、阿聯酋航空，荷蘭皇家航空、大韓航空和阿提哈德航空（Etihad Airways）。馬特拉拉賈帕克薩機場（Mattala Rajapaksa Airport，HRI）位於島嶼的東南角，是全國第二大國際機場，有斯里蘭卡航空（SriLankan Airlines）、杜拜航空（flydubai）和三佛齊航空（Sriwijaya Air）在此服務。

雖然在斯里蘭卡可以租車自駕旅遊，但包車並僱用司機會是更輕鬆的選項，而且意外地平價，建議向飯店或旅行社詢問。在城市區，到處都可以招攬到計程車和嘟嘟車。

如果搭乘政府經營的斯里蘭卡鐵路（Sri Lanka Railways），跨城市的鐵路旅行會相對便宜，沿途景致優美，也是體驗斯里蘭卡生活的好方式。

---

3. 出自《波登闖異地》第1005集：斯里蘭卡。
4. 出自《波登闖異地》第1005集：斯里蘭卡。

在2017年，東尼和拍攝團隊搭乘火車從可倫坡前往賈夫納（Jaffna），全程共十個小時。

「大清早的可倫坡車站，月台鬧哄哄地擠滿了通勤乘客、長途旅客和偶爾出現的觀光客。脫離可倫坡的都市拉力之後，景色變得開闊。第二和第三包廂混雜著各種人、氣味和生活寫照。通勤乘客從其中一站上車，在另一站下車，其他像我一樣的旅客則是要長途旅行。

賈夫納皇后號（Jaffna Queen）列車可以正常行駛，象徵著這個國家正往統一的方向邁進。當時隨著斯里蘭卡北部的泰米爾獨立建國戰爭越演越烈，泰米爾伊拉姆猛虎解放組織摧毀了這些鐵道。過去戰火連天的二十年間，賈夫納和外界的聯繫簡直被徹底切斷。」（請見維蒂亞・巴拉坎德詳細介紹賈夫納和可倫坡料理的短文，第324頁。）

「列車漸漸駛向終點站時，累壞的乘客一醒來就發現自己來到了另一個世界。車窗外，空氣聞起來很厚重，那是鹽和海的氣味。」[5]

今晚住哪裡？

「印度洋的海浪打在加勒菲斯飯店窗外旁的海堤，突然打了一道雷，閃電照亮整個地平線。在遠方，一個個黑暗輪廓是來自印尼和東方據點的油輪，正向著波斯灣和遠方疾行。這裡就是我每天早上醒來的地方，也是我每晚回來休息之處。

這間飯店有點詭異，但是很酷，像是小說家格雷安・葛林筆下的『後殖民戰爭期間的華麗殖民時期風格飯店』。你沒看錯，海灘上有一臉兇惡又帶著槍的傢伙在晃來晃去；你也沒看錯，這裡到處都是烏鴉，大概有好幾百隻。這些巨大又吵雜的混蛋像支軍隊一樣叫個不停，還在窗外飛來飛去。顯然得靠只手持著彈弓的那個人，防止牠們靠近客人和他們的早餐。」[6]

---

5. 出自《波登闖異地》第1005集：斯里蘭卡。
6. 出自《波登不設限》，第5季第9集：斯里蘭卡。

每天傍晚日落十分，在風笛樂手奏樂的同時，位在陽台和大海之間的斯里蘭卡國旗會從旗竿漸漸降下。這項傳統儀式很值得一看，觀賞時最好再搭配一杯飯店高級酒吧裡的琴通寧。

● 加勒菲斯飯店（Galle Face Hotel）：2 Galle Road, Colombo 3，電話：+94 112 541 010，www.gallefacehotel.com（客房價格約每晚23,300盧比／130美元起）

斯里蘭卡料理：刺激風味與短餐

我們來看看斯里蘭卡街頭小吃的風情：先將整把香料放入芥末油中拌炒；在辛辣的醬料加些咖哩葉，再倒入椰奶增加醬汁的濃稠度；富有彈性的米製薄餅（hoppers）或米糕（idli）；將整隻魚、河蟹以及大塊山羊肉或雞肉抹上辛辣的香料醬，並搭配帶有甜、酸、鹹和辣味的調味料參巴醬；又辣又酥脆、可以邊走邊吃、俗稱為「短餐」（short eats）的街頭小吃；濃稠的甜味

卡士達及水果乾和腰果風味的雪克；在茶葉產地悉心泡製的紅茶。簡單來說，斯里蘭卡的飲食風格就是如此鮮明而強烈。

如果你來到可倫坡後想在街上找尋街頭美食，很可能會大失所望，因為這裡的流動攤販並不多，通常凌晨時才會出現在知名的酒館外頭，且多半集中在加拉路（Galle Road）上。

不過別擔心，在海灘和街道之間的開闊綠地，就是歷史悠久的濱海大道公園加勒菲斯綠地（Galle Face Green），這裡聚集了大量的流動食物攤販，販售的食物有魚肉咖哩餃（samosa）、蝦肉扁豆餅（isso wade）、海鮮燒烤、辣螃蟹、鐵板烤餅加上蔬菜、雞蛋或自行選擇的肉和咖哩醬拌炒（kottu roti）、用鹽和辣椒粉調味的水果，以及包裝好的零食。

這些攤販都遵守清真標準，所以不會有豬肉和酒精（不過如果提出要求，很多服務生會願意低調地幫忙找來一、兩瓶啤酒）。找到有最多在地人圍繞的攤位，然後加入他們的行列就對了。傍晚時分生意會變熱絡，太陽下山時人潮便開始湧入。

●加勒菲斯綠地夜市（Galle Face Green Night Market：56 Colombo- Galle Main Road, Colombo（無電話、無網站）（無固定既格，兩人份餐點加飲料的價格約 3,000 盧比／15美元）

深入認識可倫坡和賈夫納料理

文／維蒂亞‧巴拉坎德

　　我寫的文字都是關於食物，我是美食記者。尤其過去幾年來，我試著專門從食物的角度出發，來探討這個國家各式各樣的其他主題，包括歷史和文化。

　　以前我住在孟買，自從搬到可倫坡之後，我想在這裡找到某種精神支柱，而食物就是我的精神支柱，因為這是我再熟悉不過的東西了。我把食物當作嚮導，開始探索斯里蘭卡，不過以斯里蘭卡為主題的食物文獻非常有限。

　　我想一般人對斯里蘭卡的認識都是有戰爭，對吧？大家都只有這樣的認識，直到2009年和戰爭結束後，這個國家的形象才變得清晰。就某方面而言，這裡的人民還在尋找值得他們引以為傲之處。這種現象在賈夫納特別明顯，與外界隔絕30年之後，這個地方幾乎開始對自我認同感到混亂，對賈夫納料理是否有特別之處感到懷疑。

　　我試著尋找答案，但要在賈夫納找到在地料理卻不太容易，戰爭是一大原因，根本沒有人會重視外食。在遭到圍困的狀態下，你只能忙著逃難，所以「享受」這件事根本就是個新的概念。

　　過去幾年情況當然有所改變，雖然步調稍嫌緩慢。現在有越來越多餐廳開始供應「道地的」賈夫納菜餚，可倫坡的某些餐廳甚至有販售北部的特色料理，例如燉海鮮（odiyal kool）——這種辛辣的海鮮燉菜加入了螃蟹、蝦、魚、米和各種蔬菜，如辣木葉，而且會用扇椰子製成的乾粉（odiyal maa）勾芡。現在北部也有政府經營的連鎖餐館，叫做「Ammachi」，主要由受到戰爭影響的女性管理，並以非常

合理的價格供應南印度和斯里蘭卡小點。

　　我到現在還是無法理解，為什麼可倫坡沒有發展出更興盛的街頭美食文化。我的意思是，照理說應該要有的，尤其是跟孟買出色的街頭美食文化相比，這裡真是差太多了。相較於曼谷、新加坡或香港又或是胡志明市，根據我造訪這些城市的經驗，可倫坡的料理相對單一。

　　不過「短餐」確實很不錯，還有麵包車也是。我的公公住在可倫坡第七區（肉桂園〔Cinnamon Gardens〕），是城裡最高級的住宅區，家家戶戶都像是隱身在牆後，只有在那位麵包小販出現時（他的箱型車會一邊播放熟悉的曲調），大家才會打開家門，出來問他今天有什麼商品。

　　有些麵包是斯里蘭卡獨有的特產。有種看起來像是灑了糖粉的可頌，不過口感比較密實，叫做鱷魚麵包（kimbula banis），「kimbula」字面上的意思就是鱷魚。總之，這是營造社區的其中一種方法。

　　根據我的觀察，這個社區在某些時候會刻意與他人劃清界線，只有發生與美味食物有關的事情時，居民才會走出家門，正視鄰居的存在，我希望可以在當地看到更多這種因為享受食物而產生的即時互動。在可倫坡，我沒有看過那種可以讓大家願意排隊好幾個小時的厲害三明治小販，就像我在孟買看到的那樣。

【撰文者簡介】
　　2017年拍攝《波登闖異地》斯里蘭卡特輯時，記者維蒂亞‧巴拉坎德負責提供當地的資訊。他在孟買出生長大，長居可倫坡5年，現在則定居在杜拜。

37

台灣
TAIWAN

✈

不斷聽說台灣有厲害的街頭美食和超多的夜市後，東尼就決定要把台灣納入《波登過境》第二季的必去名單。

「台灣就像是平行宇宙版的中國。它未曾拋棄傳統中華文化，是個崇尚享樂，也是經濟蓬勃發展的老饕之國。

這裡曾被西班牙殖民，接著是荷蘭人殖民，到了清朝，台北成為台灣的首都，後來日本在此從1895年到1945年，統治了將近50年，帶來了很多醜陋的建築，和一些非常糟糕的歷史事件。」[1]

「不過日本在台北留下了一座日本城[2]，以及深遠又普遍的影響，例如對壽司和居酒屋的喜愛，還有很多酒吧。1949年，蔣介石和中國國民黨（我想，更委婉的說法是「反共政黨」）從大陸撤退到台灣，把中國讓給了毛澤東。當時有兩百萬人湧進台灣，多數是軍人或政府官員。中正紀念堂就是紀念這位善變的將領，他無疑是台灣歷史上最重要的人物。」

抵達後通達四方

旅客通常會從台灣桃園國際機場（TPE）入境，位在台北以西約27公里處，這裡是亞洲規模最大和最繁忙的機場之一，有數十家國際、國家和地區

---

1. 本章引用內容皆出自《波登過境》，第2季第8集：台北。
2. 台北市新生北路和南京西路交叉口附近，曾是二戰前的日本街區，當時有許多日本移民在此落戶生活，並留下不少日式建築和文化遺產。

航空公司在此服務。機場內共有兩座多樓層的航廈，第三座正在興建中，預計2023年完工。桃園機場捷運（MRT）系統有直達車和普通車，往返於兩座航廈和台北市中心，中途會停靠多個站點。路線、時刻表和票價等資訊請參考www.tymetro.com.tw。

兩座機場航廈都有巴士總站，可以轉乘至台北和台灣的其他城市，另外入境大廳外也都有排班跳錶計程車。搭計程車從機場前往台北市只需要不到1小時，車資為新台幣1,200–1,400元（40–45美元），不一定要支付小費給計程車司機。

另一個入境選擇是台北松山機場，正式名稱為台北國際機場（TSA），機場內主要是台灣國內航線，以及部份直飛中國大陸、首爾和東京城市的航班。旅客可以搭乘捷運、市區公車和計程車前往台北市中心，車程約20分鐘，費用大約為新台幣600元（20美元）。抵達市中心之後，就可以利用相對便宜的車資搭計程車暢遊台北，捷運和公車票價則便宜，而且相當便於搭乘。

令人大開眼界的夜市小吃和大師級小籠包

基隆廟口夜市

「台灣在亞洲地區擁有一些最讓人興奮的食物，尤其是街頭小吃。台北有非常多夜市，也以此聞名，不過接下來要去的地方這才有我最想嚐到的東西：搭乘區間車半小時後抵達位在太平洋沿岸的基隆，這座海港有最棒的夜市。」

記得要空腹來基隆廟口夜市，就位在基隆港旁，從車站步行即可抵達。在這裡，你可以品嚐到鼎邊趖，這是將蒸熟的米漿加入香菇、竹筍、乾金針花、乾蝦仁、蚵仔以及豬肉絲；刈包則是蒸熟的麵皮，夾著以醬油、米酒、紅蔥和五香粉燜燒且入口即化的豬五花，配上酸菜、香菜和花生粉；口感豐富濃郁的海鮮珍饈海膽，上桌時還帶著殼；用香料調味的迷你硬殼螃蟹可以

整隻吃下肚；帝王螃蟹加上紅蔥和大蒜一起清蒸和煸炒；還有肉圓，也就是台灣版的肉丸，外皮是用蒸過的米製成，內餡則有竹筍、豬肉和香菇，並且用大蒜和醬油調味。

「我必須說，我去過不少街市，但這裡真像樂園。最讓人驚嘆的是這裡的食物種類，太瘋狂了。說真的，我覺得我們可以直接入住旁邊的飯店，然後接下來整集節目都在這裡邊逛邊吃就可以了。」

饒河夜市

另一個在台北不容錯過的夜場是饒河夜市。「你可以在這裡購物，有一般的T恤、便宜的洋裝、鞋子，如果你需要的話，還有非常多的手機殼，甚至連寵物都買得到。如果你無法接受到處都有賣的臭豆腐，還有沾滿酸甜醬汁的美味豬血糕，那就吃胡椒餅吧！這是一種小麥麵團裡包著用胡椒調味的豬肉和青蔥，然後放入圓柱形的土窯裡烘烤，很類似印度的泥窯。」

你可以在福州胡椒餅的攤位買到這種小吃，其他令人印象深刻的料理還有蚵仔煎、麻糬和藥燉排骨。

鼎泰豐

「鼎泰豐是大師，小籠包界的大師。這是間是連鎖店，目前為止已經有很多分店，照理說食物應該不怎麼樣，對吧？說實在的，如果你只挑其中一道菜來比較，也許可以在世界上找到一樣好吃的，但你絕對可以非常有信心、也非常合理地確定，接下來這道料理即使找遍全世界也不會有比它更好吃的了。」

「這道料理需要頂尖的手藝，卻能夠數以千次不斷在我們眼前現做出來，在其他眾多分店也是同樣的品質。鼎泰豐的分店遍及全世界，就我所知，每一間店的品質都很好，吃過才能體會到這種心滿意足的感覺。幾年前我曾在這裡第一次吃到小籠包，當時我獲得猶如開悟般的體驗，對它充滿了感激與

敬意，而且我可以整天吃都吃不膩。這裡是來到台北必吃的餐廳，鼎泰豐很明白這一點，而且做足了讓你大飽口福的準備功夫。」

●基隆廟口夜市：基隆市仁愛區愛4路20號（無電話），www.taiwan.net.tw（無固定價格）

●饒河夜市：台北市松山區饒河街，松山站對面，電話：+886 2 2763 5733，www.travel.taipei/zh- tw/attraction/details/1538（無固定價格）

●鼎泰豐：台北市大安區信義路2段194號，電話：+886 2 2321 8928，www.dintaifung.com.tw（10顆小籠包價格為新台幣250元／約8美元）

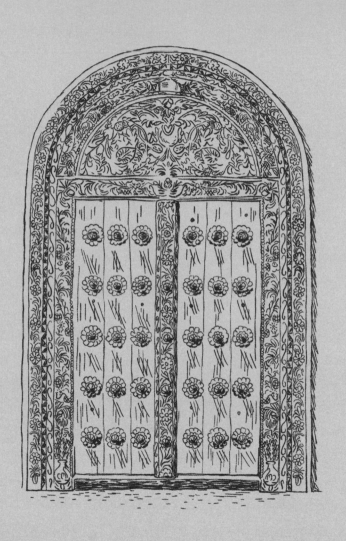

38

坦尚尼亞
TANZANIA

✈

因為對馬賽族、野生動物和豪華狩獵小屋深感興趣,東尼和《波登闖異地》拍攝團隊在2014年造訪了東非國家坦尚尼亞。在當地,東尼不得不去思考西方世界對非洲的想像,那個想像中的非洲真的存在嗎?如果真的存在,是大多數人都抱持這種想像嗎?又為什麼會存在這種幻想呢?

「開車進入塞倫蓋蒂(Serengeti)實在是太瘋狂了,過一會兒,你真的會開始習慣車窗外呈現《叢林奇譚》(Jungle Book)裡所描述的景色。長頸鹿和牛羚、斑馬,這些動物似乎都能和平共處,毫無衝突。現在正是數百萬頭牛羚一年一度的大遷徙,到處都可以看到牠們的身影。遠看像是一個巨大的圓圈,從坦尚尼亞延伸到肯亞,牠們一路尋找著茂密的草場,因為一定要有水、有草的好地方才能生得出小牛羚。」[1]

「過去幾年來,我和製作團隊一起去過賴比瑞亞、迦納、納米比亞、南非、莫三比克、剛果和諸多北非地區拍攝節目,但是我們卻從來沒有跳脫自己對非洲的第一印象,我們很多人從小到大在好萊塢電影和自然紀錄片中看到的那個非洲,有成群的野生動物在塞倫蓋蒂平原上奔馳,還有獅子、長頸鹿、斑馬和河馬、狩獵裝備、Land Rover越野車,以及同樣令人驚嘆、穿著鮮艷長袍的當地土著。這樣的非洲真的存在嗎?如果存在,它是如何存在?又是為了誰存在的?」

---

1. 本章引用內容皆出自《波登闖異地》第405集:坦尚尼亞。

「那個樣貌的非洲,電影中的非洲真的存在。你可以在美到無法形容的恩戈羅恩戈羅火山口(Ngorongoro Crater)和周邊找到這樣的非洲,獅子和牠們的宿敵馬賽戰士,至今仍然過著和一百年前差不多的生活。」

「獅子能夠存活下來,是因為受到保護。吸引外國遊客來坦尚尼亞欣賞和拍攝這些美麗又危險的生物(以及其他動物)已是重要的產業,每年能為這個國家賺進數百萬美元的收益,因此就有財源保護這些動物和牠們的棲息地。」

「馬賽族是游牧民族,同時也是戰士。他們在部落內的地位及自我形象多半是建立在負責捍衛牧群這個傳統角色上,也就是戰士與獅子獵人的角色。獅子只要有辦法就會吃掉牛和山羊,而馬賽族必須保護自己賴以維生的牛和山羊。獅子會在平原四處遊蕩,和其他各種掠食者爭搶食物,馬賽族也會大範圍遊牧,所以兩邊對立的關係已經延續了數個世紀。」

「馬賽族是世上僅存極少數的戰士部落之一,屬於半遊牧民族,他們相信世上所有的牛都是神賜予他們的禮物。馬賽族帶著他們的動物橫越坦尚尼亞平原,在草場最肥沃的地方定居。牛群就是馬賽人的一切,是家庭的財富、貨幣的單位、維生的牛奶來源,也在特殊場合提供肉和血。」

「獅子是美麗的動物,身價值好幾百萬美金,因為世界各地有數以百萬計的遊客都想要踏上坦尚尼亞的土地,一睹牠們的風采。」

「馬賽人也是美麗的民族,但卻沒有太多人想來到這裡欣賞他們。」

「現在你知道問題在哪了吧。」

「很多努力又善良的人正試圖幫忙解決這種利益衝突,不過這又再次引發我們在旅行中經常遇到的問題:自然世界是為誰存在?是為世世代代都住在那裡的人嗎?即使他們已經……不合時宜。還是是為一直以來都住在那裡的動物而存在的?然而牠們就和宿敵一樣,也都面臨了威脅,如果沒有穿著好鞋的白皮膚專家(通常是這樣)介入就無法生存嗎?」

「這是個讓人左右為難的問題,只有真正冷酷無情的人,才會提出要犧牲

其中一方以保全另一方的建議。不過歷史緩慢的巨輪早已為我們做好決定，而結果往往都不怎麼美好。」

抵達後通達四方

遊客應該會先抵達吉力馬札羅國際機場（Kilimanjaro International Airport，JRO），從這裡可以往返坦尚尼亞和東非其他地區，以及杜哈、法蘭克福和阿姆斯特丹。

強烈建議先請下榻飯店或野生動物之旅代辦公司安排你的陸上交通方式；單程接送費用大約為690,000坦尚尼亞先令（300美元）。

火山口邊的奢華旅店

在塞倫蓋蒂探險期間，東尼選擇的住宿地點是&Beyond Ngorongoro Crater Lodge，風格令人感到彷彿重回殖民時期：「如果你有機會住在這裡，一定會很滿意，非常、非常滿意。在野外度過一整天後可以享受暖呼呼的泡泡浴，也許再配上裝在雕花醒酒瓶裡不甜的雪利酒。隔天早上，你可以在房間裡，或是陽台上吃早餐，以銀製餐具享用熱咖啡，還有現烤可頌。」

這間旅館共有十八間豪華套房，房內附有壁爐、浴缸和Wi-Fi。住在這裡要價不菲，費用包含餐點、每日的野生動物之旅、洗衣服務、撤離保險和各種頂級好酒。

「恩戈羅恩戈羅火山口曾是大型火山，大約在二百五十萬年前自然塌陷，形成火山口，也打造了一個真正的失落世界。在火山口內，一個生態系統裡又有另一個生態系統。」這個火山口最寬的距離有19公里，周圍被森林環繞，有一大片草原，對於先前提到的獅子、河馬和大象來說是絕佳棲地，這一帶也有犀牛、花豹、疣豬、瞪羚和水牛，淺水的馬迪加湖（Lake Magadi）則非常適合粉紅火鶴棲息。

「野生動物基本上都是待在原地，牠們會來到這裡喝水，說真的，簡直就

在我房間正下方。這裡就連從廁所望出去的景色都很棒，風光明媚的自然環境加上良好的抽水設備，根本是天堂。」

　　但請務必要遵守住宿規則，避免獨自一人外出遊蕩，尤其是在晚上。

　　「在這裡迷路真的很不妙，又或是步行、人在車外、受傷，絕對都是非常糟糕的狀況。就像大家說的，大自然冷酷無情，自有一套規則，而且不會手下留情，到處都可以看到『生存』這場殘酷遊戲的證據。」也就是動物殘骸。

● &Beyond Ngorongoro Crater Lodge：Ngorongoro Conservation Area，電話：+27
11 809 4300, www.andbeyond.com/our-lodges/africa/tanzania/ngorongoro-crater/
andbeyond- ngorongoro-crater-lodge/（價格約每人每晚2,500,000 先令／1,100美
元起）

39

千里達及托巴哥
Trinidad and Tobago

　　東尼為了拍攝《波登闖異地》造訪千里達及托巴哥的時間點，是為了暫時遠離紐約市的冬天，也比當地知名的嘉年華還早了好幾週，因為他向來就很厭惡這種混亂的活動盛會。

　　「千里達及托巴哥是同一個國家，但分別位在兩座非常不同的島嶼上。其中一座島就如你想像的，去旅遊時可以穿著夾腳拖和夏威夷風襯衫，或是全身塗滿可可脂。」₁這那座島指的是托巴哥，是兩座島嶼中土地面積比較小、開發程度較低、氣氛比較輕鬆、海灘較多，並且更以服務為導向的小島，文化明顯帶有非洲特色。

　　「托巴哥就是當你在挪威郵輪（SS Norway）上享用完豐盛的自助餐，酒足飯飽之際，想找個地方走走的寧靜島嶼，這裡有慵懶的海灘時光、船上雞尾酒、別墅，全然充滿著卡利普索音樂的情調。」

　　「至於另一座島，則完全不是這麼一回事。」（千里達，位在距離托巴哥約48公里的西南方）

　　「你在街上看到的面孔會有非洲人、印度人、華人和中東人的特徵，膚色則是介於這些人種之間的色調。像這樣混合多種族裔和膚色，是殖民時期在千里達留下的明顯痕跡。」

　　千里達高度工業化，也較為繁忙，在文化和宗教上比托巴哥更多元，雖然

1.　本章引用內容皆出自《波登闖異地》第907集：千里達及托巴哥。

兩個島的語言、歷史和經濟層面都有共通之處。

「千里達及托巴哥位於加勒比海南端，距離委內瑞拉約7公里，向來都是重要的停靠港。就像這一帶的許多島嶼一樣，許多人或多或少都曾造訪此處，尤其那些想發財的歐洲人。西班牙人來這裡尋找黃金，荷蘭人、法國人和英國人則輪流把持當時真正的財源——糖，這是種建立在種植工人和奴隸制度上的經濟活動。最後，這個島國中樂透了：他們挖到了石油。」千里達及托巴哥至今仍然是加勒比地區最大的石油和天然氣出產國。

「綜觀全世界，沒有任何一座島嶼稱得上是天堂，不論住在水泥建築、玻璃帷幕或木造房屋裡的我們，對於這些海島抱有什麼樣的幻想。這世上的舞蹈、音樂和美食不可能自動融為一體，畢竟這就是區分你我之所以不同的關鍵。有些島雖然乍看像是各種族群和文化相互融合，在搖曳的椰子樹下生活的烏托邦，但實際情況當然沒這麼簡單。不過千里達及托巴哥已經以他們引以為傲且獨一無二的方式，做得比大多數國家都更好了。」

抵達後通達四方

皮亞爾科國際機場（Port of Spain Piarco International Airport，POS）幾乎是搭機入境的唯一門戶，儘管托巴哥也有一座小型國際機場，也就是雷蒙德‧羅賓遜國際機場（Arthur Napoleon Raymond Robinson International，TAB），在2011年之前的舊稱為皇冠角國際機場（Crown Point International Airport）。皮亞爾科機場是加勒比航空（Caribbean Airlines）的基地，而兩座機場都有來自加勒比地區其他地點、北美和幾處歐洲城市的航班。

從皮亞爾科機場，你可以搭乘計程車前往西班牙港（Port of Spain），距離大約為27公里。車程30分鐘的車資約240千里達及托巴哥元／35美元，請務必選擇有官方執照的司機，他們會身穿白色襯衫和深色長褲的制服，並且配戴官方認證的徽章。另外，必須支付總車資的一成到一成五做為小費。

由千里達及托巴哥的大眾運輸服務公司（PTSC）營運的巴士是每小時一

班，從皮亞爾科機場開往巴士總站城門站（City Gate），位於歷史悠久的南碼頭（South Quay），這裡曾是現已停用的千里達政府鐵路系統（Trinidad Government Railway）總站。單程巴士車票可在機場航廈的電子售票機或報攤購買，價格為27千里達及托巴哥元（4美元），回程票則可在巴士總站購買。

從托巴哥的機場搭乘官方計程車（有照車牌的是以H開頭）前往下楊飯店或其他目的地，車資大約會落在34–475千里達及托巴哥元（5–70美元），取決於目的地的遠近，並外加一成到一成五的小費。

大啖美食：雙麵餅

「千里達脫離大英帝國成為獨立國家半個世紀後，當地意外地沒有留下太多建築遺跡。不過這個國家的面貌及人口卻在1834年永遠改變了，當時奴隸制度終結，大不列顛王國亟需廉價勞工讓農場正常運作。英國人在東印度找到了這些人力，在徹底廢除奴隸制度後一直到第一次世界大戰爆發期間，有十五萬名來自印度的契約傭工被帶往千里達。基本上契約傭工就是換了名稱的奴隸，這些從印度帶來的人口，猶如雇主的個人資產般被買賣與對待，

但他們被告知只要做完五年極為痛苦的勞動就能重獲自由。」

「這一段歷史所留下的深遠影響之一，就是印度料理在千里達不可磨滅的地位，其中最經典的菜色就是可以快速上桌的熱騰騰早餐（類）三明治，叫做雙麵餅（Doubles）。」

大家在街上看到我都會跑來打招呼，第一句話就是問：『你吃過雙麵餅了沒？』最後我只能回答：我去吃就是了，好嗎？」

「雙麵餅就是加勒比版本的印度鷹嘴豆咖哩佐炸麵包（channa bhatura），兩塊鬆軟的印度麵包，夾滿大量的鷹嘴豆咖哩、胡椒醬和芒果。」

這種麵包（bara）經過油炸，有時候麵團會加入薑黃，鷹嘴豆咖哩（channa）則會以孜然、洋蔥、大蒜和咖哩粉調味。另外也可能會搭配各種口味的印度沾醬（chutneys），像是酸豆、小黃瓜或椰子；享用雙麵餅時最不可或缺的是辣椒醬，有小辣、中辣和大辣三種辣度可選擇。

遊客要慎選辣度。千里達作者及詩人阿努・拉坎（Anu Lakhan）在《波登闖異地》中分享了她的獨門雙麵餅食譜，並且鄭重警告：「在千里達及托巴哥，一個人選擇的小辣，可能會讓另一個人送急診。」

雙麵餅會用蠟紙包起來維持形狀，強烈建議多準備一點紙巾。

東尼坐在U-Wee外的椅子上享用雙麵餅時，一邊手忙腳亂地想要避免灑出來，一邊說：「這種食物的構造真是讓我充滿疑問，我不想讓醬汁流得到處都是，這樣真的很麻煩。」但吃到最後他終於妥協了：「裡面應該沒有包肉，不過我還是很喜歡。說實話，這真的、真的很好吃。」

●U-Wee Doubles & Roti Shop：Augustine Street, M9V St. Augustine, Trinidad（無電話、無網站）（一份雙麵餅價格為5–8千里達及托巴哥元／0.75–1.25美元）

40

大不列顛暨北愛爾蘭聯合王國
UNITED KINGDOM

英格蘭，倫敦

　　東尼每次拍攝新的電視節目，都會固定把倫敦納入行程，而且他觀察到這座城市是宣傳和銷售著作的好地方。他曾經在倫敦居住一個月，期間還和好友兼同行奈潔拉・勞森（Nigella Lawson）及路多・勒費弗爾（Ludo Lefebvre）一起拍攝英國版的烹飪競賽節目《決戰英國好味道》（The Taste）。

　　東尼最後一次在電視上造訪倫敦是2016年，當時正好遇上英國脫歐公投，讓倫敦人焦慮不已，只能流連在這座城市的傳奇酒吧和餐廳裡，藉此逃避恐懼和悲傷。

　　「倫敦，英格蘭的首都，它所吸引的國際遊客超過世界上任何一座城市。它是禮儀之城嗎？不太對吧，不，這不是我認識的倫敦。說實話，倫敦本來就不太有英國風情吧？目前比炸魚薯條還受歡迎的國民料理是香料烤雞咖哩，如果你還有英國食物很難吃的印象，這種觀念已經過時到無藥可救了。事實上，倫敦一直都是美食之都。你應該聽說過關於這裡酒吧的軼事吧，實際上真的就像大家說的那麼精彩。倫敦人很愛喝酒，通常都是喝得太多，有時候確實也是到了喝過頭不太妙的程度。」

　　「也許這樣你就能理解，為什麼倫敦是我最愛的城市之一，這裡通常是我旅行在外的第二個家。過境倫敦就有機會可以見見老朋友、景仰的大廚，當然還可以吃到在紐約很難找到的獨特失傳料理，這些料理會使用最頂級的食

材、忠於這些食材的頂級烹調手法。而這些大廚也熱切探究英國人對於烹飪和用餐的意義，以及隨著時間推移，這些態度和價值觀如何改變。」[1]

抵達後通達四方

倫敦有兩座大型機場：希斯洛國際機場（Heathrow Airport，LHR）是大規模且極為繁忙的國際樞紐機場，共有五座航廈；蓋威克國際機場（Gatwick Airport，LGW）也是大型的國際機場，不過跟希斯洛機場相比，面積較小，也較不擁擠。兩座機場都有鐵路讓乘客往返倫敦市中心，價格和速度都優於計程車。計程車費約45-70英鎊（55-90美元），另外必須支付車資總額一成到一成五的小費。

倫敦幾處主要的火車站都有支線延伸到市郊和英國其他地區，例如滑鐵盧（Waterloo）、帕丁頓（Paddington）、國王十字車站（King's Cross）以及聖潘克拉斯（Saint Pancra）車站，這裡就是搭乘歐洲之星（Eurostar）列車往返倫敦和巴黎或布魯塞爾時的出入站。

如果要遊覽倫敦，可以搭乘倫敦的地鐵系統，當地人稱之為「Underground」或「Tube」。「單日旅遊卡的有效期是二十四小時，你可以去任何地方，不過請動作快一點，而且不要在尖峰時刻背著後背包搭地鐵。不論是不是你讓孕婦懷孕了，也都一定要讓座給她。這些都做到之後，倫敦地鐵可能會是你的好旅伴。但也只是可能而已。」[2]

不過，如果你比較習慣計程車的速度：「一定要特別注意，千萬不要搭私人計程車（minicab），只能搭黑色計程車。黑色計程車有計費表，你可以清楚知道自己要支付多少車資。而且黑色計程車司機除了認識路之外，還知道其他的替代路線。私人計程車基本上是看心情收費，而且有可能繞遠路。」[3]

---

1. 出自《波登過境》，第1季第6集：倫敦。
2. 出自《波登過境》，第1季第6集：倫敦。
3. 出自《波登過境》，第1季第6集：倫敦。

黑色計程車可以在街上招到，飯店和知名景點外也會有車子排班。

今晚住哪裡？

「我在幾座城市有特別安排住處，倫敦就是其中之一。在蘇活劇院（Soho theater）區的中心地帶，有三棟可追溯到1718年的喬治時代建築，這裡就是我的私人綠洲Hazlitt's，也是接待過非常多作家的精品飯店。」

「這間飯店的特色之一，就是每一樣東西都是傾斜的。我老是覺得自己身處於一艘傾斜的船上，門沒有確實地貼合地板，傢俱也是歪斜的，這就是我喜歡這間飯店的其中一個原因。」4

Hazlitt's有二十三間客房和套房，擺滿古董傢俱和藝術品，其中的圖書館也很有名，留宿的作家通常會把已出版的著作放在書架上，東尼的書也包括在內。飯店內沒有餐廳，不過有二十四小時的客房服務和誠實酒吧（無人看管，但設有投錢箱和價格表），讓顧客可以飯飽酒足。

●Hazlitt's：6 Frith Street, W1D 3JA, London， 電話：+44 20 7434 1771，www.hazlittshotel.com（客房價格約每晚320英鎊／400美元起）

訂製鞋子

「自從看了亞倫・班奈（Alan Bennett）的戲劇作品《英國人在國外》（An Englishman Abroad，暫譯）之後，我就一直對英國訂製鞋匠與客戶之間的關係很有興趣，劇情講述的是英國間諜及貿易商蓋伊・伯吉斯（Guy Burgess）叛逃後在莫斯科的真實經歷。雖然他已經向俄羅斯投誠，卻還是一直向某位倫敦鞋匠訂製鞋子。這樣的細節讓我非常好奇，他們之間到底有什麼特別的情感？」5

4. 出自《波登不設限》，第4季第6集：倫敦與愛丁堡。
5. 出自《波登過境》，第1季第6集：倫敦。

為了找到答案，東尼造訪了訂製鞋品牌George Cleverley的工作室。

「手工定製鞋真是實實在在的奢侈品。但你知道嗎，這年頭一雙好鞋到底得花多少錢？總之是貴得誇張、離譜，這雙鞋應該永遠都不會壞。」6鞋匠會先繪製腳型，在製鞋之前和製作過程中都會仔細測量雙腳，接著通常會花一段時間打造，然後交付一雙完全合腳又經典的紳士鞋。

創辦人克萊維利（Cleverley）先生在1991年去世，目前由與他共事二十年的老喬治‧格拉斯哥（George Glasgow Sr.）接手經營生意，並由兒子小喬治‧格拉斯哥（George Glasgow Jr.）和一小群受過嚴格訓練的工匠組成團隊做助手。

●George Cleverley & Co. LTD：13 The Royal Arcade, 28 Old Bond Street, London W1S 4SL，電話：Tel +44 20 7493 0443，www.georgecleverley.com（無固定價格）

像英國人一樣用餐與喝酒

Sweetings

「聽說Sweetings會讓你覺得像回到寄宿學校一樣，但不會有被藤條鞭打和性暴力的部份。你分配到的服務生就是你在此唯一的服務人員，你必須等到他告訴你哪裡有空的桌位時才能入座，而且只有他才能服務你。這可是段比某些婚姻還來得長久的關係。」7

東尼在Sweetings享用的午餐有豌豆泥、深海小龍蝦（scampi）、薯條和煙燻黑線鱈搭配水煮蛋。這家海鮮餐廳從1889年開業以來，一直提供品質穩定又舒心的英式料理（包括：威爾斯乾酪、雞尾酒蝦、漁夫派、鱈魚卵土司）。多年來它只供應午餐，而且最美好的午餐通常會一路喝酒喝到晚餐時

---

6. 出自《波登過境》，第1季第6集：倫敦。
7. 出自《波登過境》，第1季第6集：倫敦。

段。在2018年年底,這家位於倫敦金融區的百年海鮮老店,終於開始嘗試偶爾在晚餐時段營業。

St. John

「有趣的是,雖然勞工階級對於內臟類食物的需求銳減,但在餐飲光譜的另一端,美食家和精緻餐飲派卻得掏出大把鈔票才能嚐到以前窮人吃的食材,這種情況雖然令人心痛,但卻昭然若揚。會有這樣的變化,最大的功臣莫過於格斯・亨德森(Fergus Henderson)本人,號稱是行走的活佛,是貫徹『從鼻子吃到尾巴』整隻豬吃透透的豬肉愛好者的精神領袖。」

「弗格斯・亨德森開了餐廳St. John之後,沒多久又出版了以『從鼻子吃到尾巴』為主題的食譜書,他讓我們這些在西方各地以料理維生的人,有機會重新發掘豬肉其他部位真正的美味之謎。他讓眾人重新開始關注這一種遭到嚴重誤解、也被明顯低估的料理傳統。」

東尼一次又一次回訪St. John,發現了很多讓他讚不絕口的料理。「烤骨髓佐烤麵包、荷蘭芹酸豆沙拉加上一點海鹽,我本來以為這是我在世上最愛的一道料理,結果下一道料理根本是全新境界——英式豬血糕,現在終於有人以應有的尊重態度和法式料理技術端出這道菜色。噢,豬血糕,真是太美了。黑布丁就應該要是這個樣子,濃郁、溼潤、厚重的豬血糕,再配上兩顆稍微炸過的雞蛋,請快點給我一份。太完美了。」[8]

位於克勒肯維爾區(Clerkenwell)的St. John是間樸素而優雅的餐廳,其他的招牌料理包括牛肉腰子派,份量至少足夠讓兩位飢腸轆轆的顧客分食;製作不費工且新鮮的季節性沙拉,以及簡單卻出色的甜點,像是熱米布丁佐燉煮水果,或薑餅佐奶油蘇格蘭威士忌醬。

---

8. 出自《波登不設限》,第4季第6集:倫敦與愛丁堡。

Trisha's

　　無論東尼身處世界的哪個角落，他總是尋找那些有點骯髒破舊的城市酒吧，以此來感受城市的另一面。在倫敦蘇活區（Soho），他發現「一間有很多不同名字的店，它叫做『Trisha's』，也被稱為『Hideout』或『New Evaristo Club』。這些不同的名稱都殊途同歸，可以帶你穿過不起眼的門，進入倫敦真正引以為傲的地方。」9

　　這家店類似私人俱樂部，不過只要支付幾英鎊，並在本子上簽個名，幾乎任何客人都可得其門而入。這個空間原本是義大利裔族群的飲酒和賭博藏身處，以俱樂部形式經營超過75年，店內看不太出來時間的痕跡，只是有新照片會被掛在逐漸斑駁老舊的牆上，包括在世或已故的重要常客和受歡迎的名人。

　　這裡的飲料沒有特殊之處，閉店時間（凌晨1點）比大部分的英國酒吧都晚。客群相當多元，有常客、記者、演員、觀光客，和無法分類的怪人。東尼堅持要把這家店納入這本指南，原因單純就是這裡「讚到沒話說。」

●Sweetings：39 Queen Victoria Street, London EC 4N 4SF，電話：+44 020 7248 3062，www.sweetingsrestaurant.co.uk/menu（一餐平均價格為每人50-75英鎊／65-95美元）

●St. John：26 St. John Street, Clerkenwell, London EC1M 4AY，電話：+44 020 7251 0848，www.stjohnrestaurant.com（價格為每人50-75英鎊／65-95美元）

●Trisha's / New Evaristo Club /The Hideout：57 Greek Street, London W1D 3DX，電話：+44 020 7437 9536（無網站）（雞尾酒價格約6英鎊／7.5美元）

---

9. 出自《波登過境》，第1季第6集：倫敦。

蘇格蘭，愛丁堡

(PRONOUNCED "EDINBURRAH," PLEASE)

（請務必要注意愛丁堡的發音是「EDINBURRAH」）

　　東尼和《波登闖異地》拍攝團隊向來都具有在重要時刻出現在正確地方的本領，他們碰巧在2014年前往蘇格蘭，而當時蘇格蘭人正進行是否要脫英獨立的公投。

　　「愛丁堡讓我有賓至如歸的感覺。這裡曾有犯罪的歷史，某些食物可能不太光彩。然而這裡也是個越變越好的地方。愛丁堡顯然是全球最優美的城市之一，而且以當地的歷史、獨有的國家認同為傲。」[10]

抵達後通達四方

　　愛丁堡機場（Edinburgh Airport，EDI）是蘇格蘭最繁忙的機場，有往返大多數歐洲主要城市的航班，也有往返北美洲、中東和亞洲幾處目的的航班。

　　旅客可以搭乘巴士、鐵路、路面電車或計程車前往市中心，機場距離市中心約13公里，搭乘計程車需要約20分鐘，車資大約是20英鎊（約25美元）。不一定要給小費，不過如果要表現得有禮貌，建議可以多付車資到最接近整數的英鎊，並且在司機協助搬運行李後再給予小額小費。進入市中心後，則有市區公車路線和計程車可選擇。

波登最愛的蘇格蘭酒館

　　英國文學與其文化的重要性讓東尼深深著迷，他每次造訪英國時，常會尋訪其他作家做為旅伴。在愛丁堡，東尼和犯罪小說家伊恩‧藍欽（Ian

---

10. 出自《波登不設限》，第4季第6集：倫敦與愛丁堡。

Rankin）一起去藍欽最愛的酒吧Oxford Bar，他以雷博思探長（Inspector Rebus）為主角的系列小說就是以這家店做為背景。樸素、明亮、沒有節奏強烈的音樂，也不供應食物，就只是個讓大家可以見面、喝酒和聊天的空間。這裡也是東尼最愛的蘇格蘭酒館。

「我覺得這種酒吧就是我小說的主角會想待在裡面喝酒的地方，」藍欽這麼說：「這裡非常樸實、不做作、基本、簡單，幾乎有點像是私人俱樂部，每個人都彼此認識⋯⋯。我筆下的愛丁堡，就是在描述遊客從未見過、事情只發生在檯面下的神祕愛丁堡。我覺得Oxford Bar就是很適合的代表。」

在2018年末，經營Oxford Bar多年的店主哈利・庫倫（Harry Cullen）轉讓給在《蘇格蘭人報》工作的親戚克利絲蒂・格藍特（Kirsty Grant），她發誓絕不會對這間店做任何更動，並表示她希望這裡可以一直是「一間好酒館」。

● The Oxford Bar：8 Young St, Edinburgh EH2 4JB，電話：+44 131 539 7119（一般飲料價格約4英鎊／4.5美元）

蘇格蘭，格拉斯哥

「格拉斯哥是我最愛的蘇格蘭城市，也是我在世上最愛的城市之一。我本來想說的是『我在歐洲最愛的城市』，但格拉斯哥算是歐洲嗎？我不這麼認為，總之這裡感覺更加古老。在很多外人眼裡，格拉斯哥是貧瘠之地，甚至會讓人有點害怕。時間已然前行，但這裡卻沒跟上歷史的腳步。」

「最後，有五成五的蘇格蘭人投票選擇留在聯合王國，這表示有將近半數人口依然渴望獨立。另外有73.5％的青少年投下贊成獨立票，所以英格蘭必須非常小心將來聯合王國和蘇格蘭分道揚鑣的可能性。比起其他城市，格拉斯哥的獨立意識普遍得驚人。除了其他特色外，格拉斯哥向來也以英國最暴

力的地區著稱。這種循環很令人熟悉，和我們在其他地方觀察到的狀況有很
多類似之處，例如經濟狀況不佳、製造業根基消失、高失業率、外界漠不關
心、政府無法或不願解決問題。在倫敦和愛丁堡的權力中心，那些高層根本
不在乎格拉斯哥的死活。」[11]

抵達後通達四方

格拉斯哥國際機場（Glasgow International Airport，GLA）有往返歐洲大
陸、北美和中東的航班。乘客可以利用機場快捷巴士或當地公車的市區路
線，從機場前往格拉斯哥，或是搭乘排班計程車，可事先安排預訂。

從機場前往市中心的車程約16公里，搭乘計程車的車資大約為17英鎊
（22美元）。

格拉斯哥的地鐵系統有15個站點，是以克萊德河（River Clyde）為中心的
環狀路線，範圍涵蓋格拉斯哥的西部和中心地帶。

任何食物都能油炸

「每個國家的人都有不同的小怪癖，蘇格蘭的怪癖就是『什麼食物都要油
炸』。現在我只想聊聊那一大鍋滾燙的熱油，就在那裡，正在呼喚著我。以
前有個地方會讓我非常快樂，讓曾經年輕又無憂無慮的我可以在油炸技藝的
世界裡盡情嬉戲。」那個地方就是University Café，這間有百年歷史的薯條
店以炸物聞名。

「沒錯，這家店會油炸瑪氏巧克力棒，還有油炸披薩。我是過來人，真的
炸過這些東西。不過這位卡羅（Carlo）和他的雙胞胎兄弟從1918年就一直
努力延續維瑞奇亞（Verrecchia）家族的傳統，但可不是巧克力棒。我點了
炸魚薯條和一些肉餡羊肚。」

---

11. 出自《波登闖異地》第503集：蘇格蘭。

「黑線鱈裹上麵糊，漂浮在給予新生命的神秘油海之中，炸魚像挪亞方舟般上下晃動的同時，各種奇妙食材的風味交疊在一起，在無限的變化中創造出新生。」

「油炸肉餡羊肚是我的最愛。這道食物把神秘的羊內臟做成長條狀，如果你不怎麼喜歡剁碎的肝和肺之類的好料，相信我，這裡的咖哩醬絕對會改變你的想法。

肉餡羊肚大概是世上因為誤解而最被看不起的美食了，事實上，跟你吃過的任何熱狗相比，這裡頭的成份還比較普遍、正常而美味。你知道雞塊裡有多少肛門腺嗎？我不知道，我不是在影射雞塊裡有肛門腺，但如果裡面真的有，你會很驚訝嗎？」[12]

● The University Café：87 Byres Rd, Glasgow G11 5HN，電話：+44 141 339 5217（無網站）（多種品項的價格範圍為2-7英鎊／2.25-7.75美元）

---

12. 出自《波登闖異地》第503集：蘇格蘭。

41

美國
UNITED STATES OF AMERICA

加州，洛杉磯

東尼為了拍攝《波登不設限》而第一次造訪洛杉磯之後，就像著了魔一樣不斷重遊舊地。包括拍攝《波登過境》、兩集《波登闖異地》和好幾季的烹飪競賽節目《The Taste》，以及有多次以獲提名人（有時候會是得獎人）的身分參加艾美獎，在簽書巡迴時會停留好幾站，還有處理其他事務。

「我是個大騙子、大混蛋。我以前很常數落洛杉磯，因為紐約人就是這副德性。我擺出那種常見的紐約客態度，心想：『啊，這裡有夠爛。這裡的人什麼都不懂，簡直是世界末日。這裡太墮落了，整天只會做白日夢，過安逸的日子。』」

「不過我很久以前就自願臣服在電視圈腳下，所以說真的，我也不是沒親眼見過洛杉磯或好萊塢，或沒當過手段卑鄙的媒體小人。在一整天都開著敞篷名車到處晃之後，你再問我，我會想：『我可以接受住在這裡，喔耶。』」

「所以，現在我會承認：我喜歡這個地方。我愛棕櫚樹、商場街、太平洋，還有到處都像是大製作電影場景的古怪景色。」[1]

---

1. 出自《波登過境》，第1季第9集：洛杉磯。

抵達後通達四方

洛杉磯國際機場（Los Angeles International Airport，LAX）是洛杉磯最具代表性的巨型機場，共有9座航廈，服務往返美國、加拿大和墨西哥各地以及亞洲、澳洲、歐洲、南美和中東主要城市。此機場是阿拉斯加航空（Alaska Airlines）、美國航空、達美航空和聯合航空（United Airline）的基地，也是全球最繁忙的機場之一，總是高居全球前五名，和亞特蘭大、北京、杜拜和東京羽田機場齊名。

機場位於洛杉磯市中心西南方約29公里處，如果要往返洛杉磯機場和市區，有一些公營巴士可選擇（詳細資訊請參考flylax.com）。如果較有餘裕，可以搭乘在航廈外繞行的免費接駁車，前往佔地廣大的候車區（Lax-it），這裡有計程車和應用程式叫車服務的車輛在排班。以上的措施是為了減緩洛杉磯機場航廈外嚴重的車輛阻塞問題。而在編寫本書的當下，這種做法預計會在2023年終止，因為屆時洛杉磯機場的擴建工程將完工。（更多詳細資訊請參考www.flylax.com/lax- it。）如果是搭乘計程車，往返洛杉磯機場和西好萊塢一帶的車資通常會落在60美元，包含標準的百分之十五的小費。

「我喜歡洛杉磯機場是因為我和大多數正常人一樣偏好直飛班機，但考慮到洛杉磯傳說中的可怕交通，你的住宿地點決定了你將選擇在哪個機場抵達。洛杉磯國際機場位在西邊；長灘機場（Long Beach Airport，LGB）位在最南邊；鮑勃‧霍普機場（Bob Hope Airport，BUR）則是位在偏北的伯班克市（Burbank）。」[2]

聯合車站

時間充裕的旅客也許會想要搭乘美國國鐵前往聯合車站（Union Station），這座車站建於1939年，屬於所謂的「現代傳教風格」（Mission

---

2. 出自《波登過境》，第1季第9集：洛杉磯。

Moderne）建築，融合了西班牙殖民時期風格、傳教復興風格和裝飾藝術風格。美國國鐵有一些路線是以聯合車站為起始站和終點站，在這一站也可以轉乘地方和區域鐵路，另外也有公車轉乘站。

聯合車站經常會展出藝術品、放映電影和舉辦其他文化活動，附近還有各式各樣的高級餐飲，因此不論是否有搭乘火車的需求，都建議你來這裡逛一逛。

沒錯，洛杉磯就如眾人所說，是一座到處都是車的城市。**「雖然這裡有不少大眾運輸可選擇，但基本上都很糟。洛杉磯人不走路，人人都開車，就是這樣。」**[3]儘管現狀已經不太一樣了，不過當時在沒有透過各種公司和人脈僱用司機時，東尼喜歡租一台 Dodge Charger 到處兜風。

話雖如此，負責掌管洛杉磯所有交通運輸系統的洛杉磯捷運（Metro）指出，每天有超過100萬名乘客利用公車和地鐵，所以並非所有人都以車代步。如果你來到洛杉磯之後想要逆開車潮流而行，可以在 metro.net 查詢時刻表、路線和費用。

● 聯合車站（UNION STATION）：800 North Alameda Street, Los Angeles, CA 90012, www.unionstationla.com

波登心中排名第一的飯店

「說真的，對於我真心喜愛的那幾間飯店，我可是非常忠誠而且充滿熱情的，在這之中，我心目中排名第一的飯店就是馬爾蒙莊園。這間飯店歷久不衰，從1929年開業，歷經五次大地震，接待過歌手吉姆‧莫里森（Jim Morrison）、演員約翰‧貝魯西（John Belushi）和記者亨特‧湯普森（Hunter S. Thompson），名人就這樣來來去去。」

---

3. 出自《波登過境》，第1季第9集：洛杉磯。

「這間傳奇的高級飯店，風格雖暗黑但卻舒適，氣氛很隨興，感覺像是待在某個怪叔叔的宅邸。一般來說，任何人都可以入住，只要你遵守一些不成文的規則：不要因為看到名人就興奮過度，絕對不要拍照，不要做出混帳的行為，這樣你就可以享受和隔壁桌名人同等的待遇。歡迎來到我的樂園。」[4]

在這間頂級飯店，即使是最普通的客房也相當寬敞，有大量的裝飾、衣櫃、帷幔及復古的磁磚浴室。在泳池區對面有比較隱密的平房房型，適合展開始或結束一段火熱的戀情、寫一本小說，或是來一瓶包裝時髦、且現在已經合法的娛樂性大麻，再把飯店精心準備的迷你吧洗劫一空。

「我第一次住進這裡時，其實不怎麼喜歡洛杉磯。我不想和其他人互動，也不想出門。所以，如果你和我一樣，剛開始光是人在這座城市就不自在，這裡就是最適合你的飯店。你可以躲在這裡，根本感覺不出自己身在洛杉磯，環顧四周，你看不到任何事物。你有屬於自己的小庭園，外面的人也看不到你，而且在飯店裡每一個角落都是這樣。這間飯店就像校園一樣，如果你一直不想離開學校，沒有人會怪你的。只是要留意一下這裡的飲料價格，非常驚人。」[5]

●馬爾蒙莊園飯店（Chateau Marmont）：8221 Sunset Boulevard, Hollywood, CA 90046，電話：+1 323 656 1010，www.chateaumarmont.com（客房價格約每晚450美元起）

吃吃喝喝的美食時間

IN-N-OUT

「這是我從機場出來的路上，以及去機場的路上都必經之處：In-N-Out Burger。噢，真的太好吃了。」

---

4. 出自《波登過境》，第1季第9集：洛杉磯。
5. 出自《波登過境》，第1季第9集：洛杉磯。

In-N-Out是很受歡迎的速食漢堡連鎖店，成立於1948年，創辦人是哈利（Harry）和埃絲特・史奈德（Esther Snyder）。初期只有一家位在加州鮑德溫公園市（Baldwin Park）的店面，後來版圖漸漸擴張到整個洛杉磯，最後進軍到其他州。現在已經有超過三百家分店，包括內華達、亞利桑那、猶他、德州和奧勒岡州的店點。

「建議你來一份雙層牛肉雙層起司堡（Double-Double），裡頭有黃芥末和烤洋蔥、酸菜、萵苣、蕃茄，以及不曉得到底是什麼口味的大量抹醬。這的確是速食，這裡也的確是連鎖店。他們就是有辦法現點現做每一份漢堡，而且還可以按照你想要的溫度烹製。這是美國唯一值得稱讚的連鎖店，這裡的漢堡就算冷掉都凝固在一起了還是很好吃。相信我，他們也用很人道的方式對待員工，而且把薯條和奶昔做得非常美味。接招吧，邪惡的麥當勞叔叔。」6

Tacos Villa Corona

儘管紐約的墨西哥料理界在過去十年大有改善也更加多元，但還是比不上洛杉磯的墨西哥美食。

「在好幾代墨西哥裔和菲律賓裔居住的阿特沃特村（Atwater Village），有一家店叫做Tacos Villa Corona。這裡離洛杉磯市中心雖然只有幾公里之遙，這樣的距離卻足以讓大部分的旅客不願前往，就此止步。

家族經營，再加上是小餐館，這些都是優質美食的指標。在只有衣櫃大小般的廚房裡，瑪利亞（Maria）和費莉西亞・弗洛雷茲（Felicia Florez）做出一份又一份的塔可餅和墨西哥捲餅。」7

這裡的招牌是份量超大的早餐墨西哥捲餅，不過塔可餅也十分美味。

---

6. 出自《波登過境》，第1季第9集：洛杉磯。

7. 出自《波登過境》，第1季第9集：洛杉磯。

Jumbo's Clown Room

　　洛杉磯有很多、很多的脫衣舞俱樂部，但只有一間抓住了東尼的心，那就是：Jumbo's Clown Room。

　　「這裡是滑稽歌舞雜劇這門古老藝術最後的庇護所，這些女孩非常認真看待自己的表演，而且運動神經好到嚇人，我是真心這麼覺得。來消費的話，我會想帶個伴，這裡這麼好玩，應該對任何人都很有吸引力。這家店有某種出乎意料的正向氛圍，我的意思是，還蠻有魅力的。」[8]

　　1970年，傑克・「特大號」・泰勒（Jack "Jumbo" Taylor）在東好萊塢區開了這家店，當時叫做「泰國城」（Thai Town）。起初這裡只是一間簡單的社區酒吧，有時會舉辦睡衣派對、烤豬聚餐和其他有趣的社區活動。Jumbo先是短暫轉型為迪斯可舞廳，接著又改為鄉村西部酒吧。後來從1982年起，這裡就一直是脫衣舞俱樂部——或者嚴格來說是「比基尼酒吧」，這是為了符合洛杉磯的規範。泰勒的女兒凱倫（Karen）從1990年開始接手經營，酒保多半是女性，並且由舞者控制曲目豐富的點唱機，這一切都讓整體氛圍比一般的脫衣酒吧更有趣、更尊重人，也更加歡樂。

　　要注意的是，雖然店名叫做Jumbo，但店內空間其實不大，等待入場和送上飲料的時間可能會偏長，尤其是在週末時段。

Musso & Frank

　　「Musso & Frank是一間維持著老派好萊塢氛圍的餐廳，這裡專業的成年酒保知道該如何調出完美的雞尾酒，因為這就是他們的工作，而不是因為他們迷戀蒸汽龐克[9]或不小心打翻老爸放在地下室已年代久遠的舊鬍鬚蠟。」2016年東尼接受《Haute Living》雜誌採訪時這麼說道。

---

8. 出自《波登過境》，第1季第9集：洛杉磯。
9. Steampunk，是一種融合了工業時代維多利亞時期的科技與美學風格的文化現象，通常包括復古的機械設計、蒸汽動力、齒輪、螺絲等元素，創造出一種類似於19世紀科學幻想小說的奇幻世界感。

雖然東尼沒有在店內拍攝過任何電視節目，但他人在洛杉磯時，喜歡在這裡招待記者和好友，享用熟度恰到好處的帶骨肋眼牛排、奶油菠菜和煏炒蘑菇，這些料理都可以在餐廳的經典菜單中找到，而且這份菜單從1919年開幕後就幾乎沒有變過。

「這就是洛杉磯做得非常、非常好的地方，」2016年東尼接受《Smart Mouth》播客節目的訪談時，對記者凱瑟琳・斯皮爾斯（Katherine Spiers）這樣說：「這裡有很棒的老酒吧和持續經營的老店，而且是很認真經營。Musso & Frank完全沒有在開玩笑，就是直截了當地表現出：『我們就是這樣做事的，從以前到現在都是這樣，少管閒事，滾出我的草坪。』」

韓國城

《波登闖異地》用一整集節目來記錄洛杉磯的韓裔美國人歷史，並從1965年的《移民法案》（Immigration Act）開始說起，當時有數以千計的韓國移民因此來到洛杉磯。東尼和廚師崔洛伊（Roy Choi）談到1992年的洛杉磯暴動，以及這個事件對後來所謂的韓國城造成的莫大影響：當地的生意人及其家人被警方遺棄，只能留在原地保護自己，對抗打劫、縱火和人身暴力。

在崔洛伊和藝術家崔大衛（David Choe）的陪伴下，東尼深入認識了現今的韓國城，第二和第三代韓裔美國人在這裡繼續傳承飲食傳統，完全沒有為了配合西方胃口而做出任何改變。經過暴動結束後的重建，這一區也匯集不少了泰國、菲律賓、薩摩亞、墨西哥、中美洲和孟加拉餐廳。

Park's Bar-B-Q

「Park's Bar-B-Q是我每次必去的地方。所有餐點我會全部都點一輪，尤其是牛舌，絕對是必點的食物。來一點韓式烤牛排、再來一點牛小排——總之他們給什麼我就吃什麼。我覺得他們的飯饌〔用來佐餐的小菜和米飯，大多是以蔬菜和魚肉做成〕大概是我吃過最好吃的食物。」2016年東尼接受

Thrillist的傑夫‧米勒（Jeff Miller）採訪時這麼說。

　　金珍妮（Jenee Kim）在首爾女子大學取得食品科學學位後，在2000年移居洛杉磯，並在2003年開了餐廳Park's，店內招牌是美國和牛，不過也有供應同樣美味的豬肉、海鮮、豆腐、燉湯和麵食料理。2018年初，已故美食評論家強納森‧古德（Jonathan Gold）在《洛杉磯時報》以韓國城為主題的專欄寫道：「毫無疑問，金珍妮充滿現代感的餐廳，至今仍是韓國城裡大啖韓國烤肉的最佳選擇。」

●IN-N-OUT Burger：分店遍及南加州和各地；www.in-n-out.com（漢堡價格為2.5–4美元）

●l Tacos Villa Corona：3185 Glendale Boulevard, Los Angeles, CA 90039，電話：+1 323 661 3458，www.tacosvillacorona.net（早餐墨西哥捲餅價格為3–7美元；塔可餅價格為2–3美元）

●l Jumbo's Clown Room：5153 Hollywood Boulevard, Los Angeles, CA 90027，電話：+1 323 666 1187，www.jumbos.com（一般雞尾酒價格約7美元。低消為兩杯飲品，不收保險費，但強烈建議要給舞者小費。）

●l Musso & Frank：6667 Hollywood Boulevard, Los Angeles, CA 90028，電話：+1 323 467 7788，www.mussoandfrank.com（主菜平均價格為42美元）

●l Park's Bar-B-Q：955 South Vermont Avenue, Los Angeles, CA 90006，電話：+1 213 380 1717，www.parksbbq.com（晚餐時間一整套牛肉燒烤價格為每人40–60美元；午間特餐價格為15美元）

洛杉磯的珍寶——獨立書店

　　洛杉磯可不是只有牛肉、肌肉車和經典雞尾酒，在Book Soup可以找到另一種特殊的樂趣，這家「少數僅存的好獨立書店」從1975年經營至今。這間書店的存在本身，就足以推翻世間對洛杉磯人「對於與好萊塢無關的文化

完全不感興趣」的刻板印象。

「這裡的每一列書架都是由飽讀各類書籍的員工精心規劃，在這裡可以找到很多驚人又神秘的藏書。此處瀰漫著洛杉磯式的怪異風格，就像珍貴的寶庫，藏了很多美好、古怪又美麗的作品。所有重量級的作家也必定會造訪此處。總之，人人都愛這家書店。」[10]

這裡的另一個賣點是有提供停車位，在這車滿為患的城市簡直是珍寶。

● Book Soup：8818 Sunset Boulevard, West Hollywood, CA 90069， 電話：+1 310 659 3110，www.booksoup.com（一般零售書籍價格）

佛羅里達州，邁阿密

東尼每過一段時間就會去一趟邁阿密，不論是因為家族旅遊、拍攝節目、宣傳著作，或是出席公司贊助的年度美食和葡萄酒盛會。

「邁阿密會出其不意地靠近你；或者該這麼說，是我們變了，發現自己會不知不覺越來越接近、跟著浪花、最後就到了邁阿密？」

「這裡是一座大城市，比一般想像中的更大，也有更多面向。這麼多年來，大家關注的通常都是邁阿密的派對區。幾乎沒人能抗拒邁阿密的誘惑：鎂光燈、棕櫚樹、怡人的夏夜、裝飾藝術風格的建築，還有眾多電視節目編織出來幾乎像是成真的美夢。」[11]

不過邁阿密絕不只如此，這裡不只有閃爍著霓虹燈和鎂光燈的南方海灘（South Beach）和林肯路（Lincoln Road）。你也千萬別錯過附近的海島、科勒爾蓋布爾斯（Coral Gable）、新開發且充滿藝術氣息的溫伍德區（Wynwood），以及市中心的設計區（Design District）。

10. 出自《波登過境》，第1季第9集：洛杉磯。
11. 出自《波登闖異地》第502集：邁阿密。

「還有，絕對要去一趟小哈瓦那（Little Havana）和小海地（Little Haiti）區。邁阿密是最有拉丁美洲氣息的城市，有無數的古巴、南美洲以及加勒比地區的移民居住在這裡，他們也帶來各種美好的文化傳統。」[12]

「當初打造出邁阿密的那些夢想家、有遠見者，還有無賴和騙子，腦中描繪的是許多不同樣貌的天堂。這塊新聖地的房地產簡直是永無止境地擴張，只要在有水源的地方佔地，就可以獲得房產。或者像在科勒爾蓋布爾斯（Coral Gables）一樣，打造出一座新水都，有令人聯想到《奧賽羅》的好萊塢摩爾風格建築和大型運河，外來訪客搭著小船前往他們在豔陽下的豪華宅邸。這裡的夢想就像空間一樣無限地膨脹，當初是水域的地方，如今都神奇地變成了土地。」[13]

「後來在1980年代的經濟衰退真空期，突然出現了一種新興的財源，讓大家都有錢賺，邁阿密也因此滿街都是嶄新大樓、閃亮名車、奢華夜店、大把現金，隨之而來的是謀殺和犯罪率高居不下的臭名。這個新財源就是古柯鹼。」

「不管怎麼說，古柯鹼確實永遠改變了邁阿密的天際線。不論這是好的或是壞的改變，邁阿密都因此再度變得誘人無比。」[14]

抵達後通達四方

邁阿密國際機場（Miami International Airport，MIA）是當地規模最大的機場，可以在這裡轉機往返南北美洲，也有直飛美國各地、中南美洲、墨西哥和加勒比地區和一些歐洲及中東城市的航班。

如果要從機場前往下榻飯店，可以招攬跳表計程車或搭乘接駁車SuperShuttle；請參考www.miami- airport.com以瞭解前往各區的固定費率

---

12. 出自《波登過境》，第1季第5集：邁阿密。
13. 出自《波登闖異地》第502集：邁阿密。
14. 出自《波登闖異地》第502集：邁阿密。

（取決於與機場之間的距離）。另外也可以選擇搭乘雙路線的鐵路系統Metrorail，以及一些巴士路線；詳細資訊請參考www.miamidade.gov。

住宿與餐廳

羅利飯店

東尼是羅利飯店（Raleigh Hotel）的忠實客戶，這間熱門飯店位在南海灘，建築是裝飾藝術風格，裝潢呈現出獨特的時代感，附有豪華泳池（還有頂級的池邊服務），在這裡可以享有隱私和低調而周到的個人服務，令人在此處流連忘返。

「我住在這可不只是因為它的酒吧或復古裝潢，甚至不是因為高級泳池，而是因為這裡是少數有新鮮感、富成熟氣息，又稍微帶點不正常的飯店，我真的非常喜歡這個藏身處，讓我有家的感覺。」[15]

但好景不常，在編寫本書的當下，這間飯店已經停止營業，而且陷入房地產糾紛，新業主威脅要把飯店改為私人住處，除非他能取得分區改建許可，在相連的地產上興建另一座高樓飯店。根據最新的當地消息指出，新業主的要求似乎已經達成，所以羅利飯店也許會繼續營業。

Mac's Club Deucet

在邁阿密，餐廳、飯店和節慶來來去去；只有海洋和Mac's Club Deuce能永垂不朽。

「有個地方讓我不斷回訪，在這裡，如果你觀察得夠深入，問出正確的問題，就可以從一號人物口中聽到邁阿密的完整歷史，這號人物就是麥可・克萊（Mac Klein），也是Mac's Club Deucet的擁有人、經營者兼長駐酒保。這間酒吧至今邁入了第一百個年頭。」東尼在2014年是這麼介紹的。隔年克

---

15. 出自《波登過境》，第1季第5集：邁阿密。

萊去世，不過酒吧仍然繼續營業。

　　「麥可歷經諾曼第戰役（Battle of Normandy）之後，在1945年從紐約下東城（Lower East Side）搬到邁阿密。第二次世界大戰期間，邁阿密湧入大量軍人，蕭條的飯店業便與政府達成協議，讓部隊入住空蕩蕩的度假旅館。到了1942年秋季，已經有超過七萬八千個部隊長住在邁阿密和邁阿密海灘的三百家飯店。」

　　這間酒吧在1933以店名Club Deuce開張；1964年麥可接手後，在店名加上自己的名字。這間典型的廉價酒吧五十年來從未改變，整間店的狀態簡直像是保存良好的時間膠囊，牆面仍然漆成黑色，樸實的灰泥外牆仍然掛滿霓虹燈（雖然1980年代影集《邁阿密風雲》（Miami Vice）的劇組都會在拍攝酒吧場景前先把霓虹燈掛在室內），客群也仍混雜了各式各樣的人。

　　「各種社會階層的酒客都能在這個樂園恣意享受，這裡非常適合打發傍晚或深夜的時間。我很愛這間酒吧，說真的，我愛死這裡了，這可是我在邁阿密最愛的酒吧。」16

---

16. 出自《波登闖異地》第502集：邁阿密。

● Mac's Club Deucet：222 14th Street, Miami Beach , FL 33139，電話：+1 305 531 6200，www.macsclubdeuce.com（每日上午8：00至下午7：00飲品買二送一，只收現金。）

喬治亞州，亞特蘭大

「亞特蘭大，我曾去過幾次，但是對這個城市不怎麼瞭解，而且我已經很久沒有在那裡好好吃過東西了。」[17]東尼在某集《波登過境》的開頭這樣說道。後來他在當地發現了極為多元的料理，例如Colonnade的經典菜色炸牛排、美味的塔可餅以及北方中華料理，而且旁邊就有「新南方」餐廳，供應精緻且不落俗套的料理。

「關於南方食物有一種說法，不只是非南方人有這樣的誤解，就連南方人自己也認為，只要將食物油炸到酥脆就是經典的南方鄉村料理法。但如果你看到有人出了食譜書，封面上頻繁出現南方腔調的『你哋』（Ya'll），那麼書裡的菜色的確有可能全部都是用豬油油炸、全都裹了麵包粉、全都是重口味。然而實際走訪一趟此處，就會發現並非全是如此。」東尼這麼說的意思是，真正值得特地前來一嚐的南方料理，其實會有豐富的新鮮蔬菜、豆子、穀物、醃菜、在良好環境飼育的肉類，以及來自大西洋和墨西哥灣的新鮮海鮮。

抵達後通達四方

「哈茨菲爾德—傑克遜亞特蘭大國際機場（Hartsfield–Jackson Atlanta International Airport，ATL）是一座大型樞紐機場，佔地又大又廣，一點也不好玩。」以每年服務的航班和乘客數量而言，這裡是全世界最繁忙的機場，

---

17. 本節引用內容皆出自《波登過境》，第2季第4集：亞特蘭大。

幾乎有往返全球主要機場的全部直飛航班，以及可以前往美國南方各地的地區性航班。

由於規模極大，亞特蘭大機場提供多種鐵路、巴士和捷運系統，方便旅客往返航廈和大廳。其他供旅客前往市中心的方式包括接駁車和市營巴士、亞特蘭大都市區快速運輸局（MARTA）營運的地鐵，以及一般跳錶計程車和其他私人交通工具。

亞特蘭大機場距離市中心約21公里，搭乘計程車費時大約30分鐘，車資加上小費約為35美元。

亞特蘭大的交通不怎麼樣。所有人都習慣開車，即使如此，你可能還是開車比較好。這裡的大眾運輸很有限，尤其是如果你趕時間的話，建議自行租車或搭乘計程車。

在布福德高速公路邊買邊吃

「亞特蘭大每一年都會有更多的外來人口。只要去布福德高速公路（Buford Highway）逛逛，就會發現自己置身於國際美食區，有一整長排的商店街在賣各式各樣來自異國的好東西。這是個值得一遊的地方」

El Taco Veloz

不妨租一台經過改裝的汽車外出兜風，然後在El Taco Veloz停留一下，享用牛舌塔可餅（tacos de lengua）。「年輕人，快跳上車去吃點道地的天殺美食。塔可餅、墨西哥捲餅，也許再配上一杯歐洽塔[18]，全部一起下肚。」

Taco Veloz是亞特蘭大的小型連鎖店，大概有六家左右的分店。創始店位在布福德高速公路，從1991年開始營業至今，在《亞特蘭大憲法報》

---

18. horchata，源自於西班牙瓦倫西亞的一種飲品，由油莎草（Cyperus esculentus）、水和糖調配而成。

（Atlanta Journal- Constitution）的當地投票活動中，被讀者票選為「亞特蘭大最美味的塔可餅」。

京津小吃

「在布福德高速公路上還有其他亮點，能讓你彷彿置身天堂嗎？那應該就是京津小吃（Northern China Eatery）或Crawfish Shack Seafood了。

中國東北的主食是小麥而不是稻米，這就表示會有餃子，有很美味的餃子、包子、麵條，配上各種肉食，像是以孜然和辣椒調味的烤羊肉串或紅燒獅子頭。對了，這不是真的獅子，而是很大顆的豬肉丸。我認為一定要吃的是乾鍋魚，這是炸魚加上很多很多辣椒。簡單、便宜，而且非常、非常好吃。現在就把這道菜寫在你待吃清單的第一項。」

Crawfish Shack Seafood

接下來，「沿著黃色磚路走到底，就是融合了卡郡19風格和亞洲元素的Crawfish Shack Seafood，老闆范曉（Hieu Pham）是越南與柬埔寨混血的亞

---

19. Cajun，源於紐奧良的特色料理，融合法國、西班牙、非洲和美國南部土著印第安人的傳統烹飪技巧和食材，以辛辣濃重口味聞名，經常使用海鮮、肉類、蔬菜、調味料和米飯等食材，其中包括著名的辣味香腸、墨西哥灣蝦和牛腩燉菜等。

特蘭大人。這裡有油炸魚肉、南方傳統風味煮海鮮（Low Country Boil），雖然不是一般的卡郡料理，但是，噢，實在太好吃了。」

水煮路易斯安那小龍蝦這道菜是向越南移民者的致敬，這些族群從1970年代開始定居在當地。范曉在調味的綜合香料中加入了檸檬草，除此之外，做法其實相當簡單。菜單上的蒸或炸魚和貝類、窮小子三明治（po' boy）以及配菜都非常有水準。

布福德高速公路農夫市集

「布福德高速公路農夫市集（Buford Highway Farmer's Market）大到無法形容，但這就是它最棒之處。好像全世界的美食都集中在同一個屋簷下，來自全亞洲各地的亞洲菜、東歐、非洲，還有很多其他地方的料理，全都可以在這個超乎想像的地方找到……簡直是綿延不絕，永無止境，對吧？這裡有菲律賓、泰國、中華和印度料理，還有拉麵區。」

當你漫步在這座約九千平方公尺國際大商場的走道上，一定會邊看著玉黍螺、榴槤、鯰魚頭、生海螺和幾百種特殊的食材發出驚嘆，然後邊吃著某個攤位剛蒸好的韓國包子當作點心。

Holeman & Finch Public House

「Holeman & Finch Public House原本是專門為滿足其他廚師、主廚和餐廳業界人士的高要求而設計，現在則是所有人的最愛。美國餐廳業的未來，下一個趨勢，很有可能正出現在梅森—迪克森線（Mason-Dixon）以南。這個趨勢已經發展一陣子了，而且只會變得更強更好。

在這家餐廳，你可以品嚐到「和伊比利火腿或義大利火腿一樣下了功夫的鄉村火腿；有三種吃法的惡魔蛋；醃豬頭起司（souse），任何廚師如果能把這道料理放入菜單，應該都會很驕傲，尤其吃起來是這麼美味。」接著上桌的是「玉米烤餅（Johnnycake）、水煮蛋、培根、鴨肝和糖高粱，」再下一

道是「羊睪丸佐加入香料調味的胡桃、洋蔥、薄荷和芥末白奶油醬汁。」

在多年前，Holeman & Finch 會在每天晚間 10 點招待二十四份「雙層」漢堡給在場客人，送完為止。現在他們開了一間漢堡專賣店 H&F Burger，而且依然會在開始營業時招待限量二十四份的漢堡。

●El Taco Veloz：5084 Buford Highway, Doraville, GA 30301，電話：+1 770 936 9094，www.tacoveloz.com（塔可餅價格約 2 美元，墨西哥捲餅價格約 5 美元，主菜價格約 9 美元）

●京津小吃（Northern China Eatery）：5141 Buford Highway, Doraville, GA 30304，電話：+1 678 697 9226，www.northernchinaeatery.com（乾鍋魚價格為 20 美元；餃子價格為 8-9 美元）

●Crawfish Shack Seafood：4337 Buford Highway, Atlanta, GA 30341，電話：+1 404 329 1610，www.crawfishshackseafood.com（一人份海鮮拼盤價格為 30 美元；整份窮小子三明治價格為 10-15 美元）

●布福德高速公路農夫市集（Buford Highway Farmer's Market）：5600 Buford Highway, Doraville, GA 30340，電話：+1 770 455 0770（無網站）（無固定價格）

●Holeman & Finch Public Housel：2277 Peachtree Road NE, Atlanta, GA 30309，電話：+1404 948 1175，www.holeman-finch.com（開胃菜平均價格為 12 美元，主菜平均價格為 25 美元）

脫衣舞俱樂部之都

「雖說除了脫衣舞俱樂部之外，亞特蘭大還有很多值得一看的東西，不過這裡的確有很多脫衣舞俱樂部。你或許會覺得這很矛盾，畢竟這裡是相對保守的南方。我不喜歡傳統的脫衣舞俱樂部，不過，其中一個罕見的例外就是位在亞特蘭大。」

「喬治亞州屬於篤信基督教的聖經地帶（Bible Belt），對吧？南方應該很

保守，對吧？敬畏上帝的浸信會、福音派？那為什麼這裡是美國的脫衣舞俱樂部之都？全亞特蘭大最好、最頂級、最特異古怪，而且備受喜愛的俱樂部，非Clermont Lounge莫屬。這裡應該要被當成國家級地標才對，也是整座城市裡最有人氣的店家，徹底展現出文藝復興時期的美與色，以及夜生活細膩的一面。在這裡，大家都用迷你塑膠杯一口口喝下烈酒。這裡和其他脫衣舞俱樂部完全不同，運作方式根本是另一個層次。」

東尼（以及節目來賓艾頓·布朗（Alton Brown）和特別訪問了傳說中的「金髮妞」（Blondie）阿妮塔·雷·史傳奇（Anita Ray Strange），當時她50多歲，依然在表演用雙峰壓扁啤酒罐，還有在Clermont的唯一一個小舞台上熱舞。金髮妞解釋了為什麼這家從1965年營業至今的俱樂部這麼特別：「這裡真的很親民，而且女孩們也很親切。這裡最年輕的女孩是29歲，而最年長的是66歲。這間俱樂部的女孩子可能外型沒那麼亮眼，但是我們個性都很好。」後來，東尼給她一張20美元的鈔票後，金髮妞提議，如果東尼願意為她唱的下一首歌付錢，她就會表演飛踢和劈腿——Clermont沒有DJ，而且舞者必須自己負擔點唱機的費用，才能用其中的歌曲為表演伴奏。

「其實，金髮妞和我也沒有想像中的那麼不同。我們年齡差不多，也都是表演給陌生人觀賞，而且在某些情況，可能她比我還更喜歡自己的工作。如果你住在亞特蘭大或經常來訪，卻還沒向這位偉大的女性致敬，請務必來一趟。這間俱樂部值得肯定，而且在市中心絕對找不到比這裡更適合享受一夜娛樂的地方了。」

飯店Clermont Motor Hotel和俱樂部位在同一棟建物，曾經是那種一週付費一次的劣質旅館，在2013年遭到衛生部門勒令停業，並在投入數百萬美元翻新後，以精品飯店之姿重新開幕。值得慶幸的是，這些變遷都無損俱樂部的吸引力，簡直可以稱得上是奇蹟。

●Clermont Motor Hotel：789 Ponce de Leon Avenue NE, Atlanta, GA 30306，電話：+1 404 874 4783，www.clermontlounge.net（晚間多半需要支付10美元的保險費）

伊利諾州，芝加哥

東尼對芝加哥真心又毫不掩飾的熱愛，從他總是樂在其中就可以看得出來。東尼在芝加哥拍攝了《波登不設限》、《波登過境》和《波登闖異地》各一集的節目，每一次都帶領觀眾認識當地的酒吧、熱狗和三明治專賣店、運動迷、有想法的廚師、心懷大志的表演者，以及堪稱是芝加哥特色的雄偉建築。

「我到過洛杉磯拍攝節目，那是一座恣意發展的亮眼城市；舊金山，是很棒的城市；紐奧良，則是一種心境。但說到芝加哥，它就是一座城市。」[20]

「芝加哥從來都不需要和任何城市比較，而是其他地方需要和芝加哥比較。這座城市巨大、開朗、堅韌又有主見，而且每個人都有自己的故事。」

「這裡可以稱得上是全球最出色的城市，在芝加哥沒有人會亂搞。我不確定這裡是不是面積最大或人口最多的城市，但說真的，我也不在乎這些數字；這個地方基本上就是美國最優秀的城市。**芝加哥在文化方面就像是聖母峰，無人能超越，是一座沒有自卑情結的城市。**」[21]

最後，當你的旅程即將結束：「如果你的旅遊方式正確，應該會拖著疲憊的身體出發前往機場，下巴沾滿義大利牛肉三明治的油脂，打嗝的芥末味是來自昨天晚上所吃的熱狗，然後依稀想起自己好像應該要為某件衰事向某個人道歉。噢，芝加哥，真是非常、非常美好的城市。」[22]

---

20. 出自《波登不設限》，第5季第1集：芝加哥。
21. 出自《波登過境》，第2季第7集：芝加哥。
22. 出自《波登過境》，第2季第7集：芝加哥。

抵達後通達四方

芝加哥有兩座機場，其中規模明顯較大的是歐海爾國際機場（O'Hare International Airport，ORD）。

「首先要注意的是，很不幸地，在芝加哥這座大城短暫停留，通常都不是出於自願，因為沒有多少人會想待在那裡。歐海爾機場的體驗通常都很糟糕，由於規模大，又是重要的樞紐機場，再加上中西部難以預測的天氣狀況，這裡是全世界乘客最容易被迫滯留的機場。總之就是爛透了，我只能這樣說。但如果要說句公道話，比起受困在其他地方，滯留在芝加哥已經算是幸運了。」23

歐海爾機場有大量的國內航班，也有更多飛往中南美洲、歐洲、非洲、亞洲、甚至還有澳洲和紐西蘭的班機。機場位於市中心西北方約29公里處；搭乘跳錶計程車的車程約40分鐘，車資為35–40美元，加上車資總額一成五到兩成的小費。

機場有一些接駁巴士服務，例如Coach USA和Go Airport Express，往返於歐海爾機場和市區，以及往返於不同機場。芝加哥交通管理局（Chicago Transit Authority，CTA）營運的藍線鐵路（當地人把這條地鐵系統稱為「the El」，因為這條路線多半是高架〔elevated〕軌道）是24小時行駛，從歐海爾機場開往森林公園站（Forest Park），途中可以輕鬆轉乘到其他路線。從歐海爾機場出發的單程票價格為5美元，而搭乘藍線在多數其他車站之間移動的票價則是2.5美元。

「我必須說，芝加哥的中途國際機場（Midway International Airport，MDW）規模比較小，卻是比較理想的選擇。」24這裡是西南航空（Southwest Airline）的基地，並以國內航線為主，不過也有飛往墨西哥、牙買加、多明尼加共和國和加拿大的航班。中途機場位在芝加哥市中心西南方約19公里

---

23. 出自《波登過境》，第2季第7集：芝加哥。
24. 出自《波登過境》，第2季第7集：芝加哥。

處，車程為25到45分鐘，車資和從歐海爾機場出發差不多，落在35–40美元，加上車資總額一成五到兩成的小費。

中途機場和市區之間也有Go Airport Express通行，CTA橘線則是會從機場開往阿當斯／瓦巴什站（Adams/Wabash），途中可以輕鬆轉乘到其他路線。和歐海爾機場不同的是，從中途機場出發不需要支付額外票價；而是和藍線的標準單程費用一樣是2.5美元。請注意，橘線在凌晨1點到4點會停駛。

抵達市中心之後，芝加哥是相當適合步行的城市，車道和人行道都十分寬敞，沿途也有很多值得欣賞的地方。如果需要去比較遠的地方，或是遇到極端天氣狀況，可以善用CTA高架鐵路和完善的巴士系統，也可用電話或在街上招攬滿街跑的計程車。

當然你也可以租車，停車和交通的難度及成本和其他大都會區域相去不遠，所以請先考量自己對這類情況的容忍程度。

黃金海岸奢華體驗

「我住的可是四季飯店啊。和所有度假飯店一樣浮誇，還有符合業界黃金標準的超大舒適床舖。」[25]

這家飯店的地點絕佳，位在頂級的黃金海岸（Gold Coast）住宅區，可以一覽密西根州湖的景色，步行就能抵達所謂的華麗大道（Magnificent Mile）享受豪華購物體驗，飯店內更有卓越的服務和設施，像是隨點隨到的冰淇淋聖代和馬丁尼餐車、有玻璃屋頂的水療和室內羅馬風泳池。簡單來說，當東尼結束辛苦工作的一天，去過廉價酒吧、吃過夾滿肉的三明治，並見識過一些狠角色之後，他想回到的就是這樣的住處。

● 芝加哥四季飯店（Four Seasons Hotel Chicago）：120 East Delaware Place, Chicago,

---

25. 出自《波登過境》，第2季第7集：芝加哥。

IL 60611，電話：+1 312 280 8800，www.fourseasons.com/chicago（客房價格約每晚425美元起）

另類文化

　　住在四季飯店的另一項優點就是文化場館就在附近，這個地方可以滿足東尼向來對醫療疾病、怪奇現象，以及罕見、恐怖，抑或既悲慘又無效療法等事物的迷戀。

　　「我其實蠻喜歡博物館的，我知道我看起來一點都不像這樣的人，因為幾乎沒有人看過我走進博物館。而且我確實也很常告訴觀眾不要去參觀，但芝加哥是例外。芝加哥有很棒的博物館，而且有很多座。像是藝術博物館（Art Institute）就很不錯，但更讓人讚嘆的是在湖濱大道（Lake Shore Drive）上的國際外科醫學博物館（International Museum of Surgical Science）。」

　　這座博物館位在國際外科學院（International College of Surgeon）創辦人馬克斯・托雷克（Max Thorek）醫師如同城堡般的故居，展示了各種年代久遠的醫學器材，除了讓人目不暇給外，也令人不禁對現代醫學相對先進的程度心懷感激。

　　「我對頭部穿孔很有興趣。」東尼對博物館員工這麼說。當然，他指的是在活人頭骨鑽洞來緩解各種病痛的古老手術。「在古時候，如果你的頭痛很嚴重，或是行為舉止異常，又或者只是覺得不太舒服，有一種很普遍的療法是會在你的頭骨上開一個洞，就像開啤酒罐一樣，藉此釋放壓力。聽起來很有趣，對吧？有時候，這還真的管用。不過，小朋友千萬不要在家裡模仿喔！」[26]

　　除了頭部穿孔工具組和那些不太幸運的手術對象保存下來的顱骨之外，博

---

26. 出自《波登過境》，第2季第7集：芝加哥。

物館內也有收藏歷史文本、以醫學為主題的藝術作品，還有讓人格外心跳加速的禮品店。

●國際外科醫學博物館（International College of Surgeon）：1524 North Lake Shore Drive, Chicago, IL 60610，電話：+1 312 642 6502, www.imss.org（成人票16美元，兒童票8美元）

吃吃喝喝的美食時間

Old Town Ale House

「在老城區（Old Town）寧靜的一角，有一間全國最有故事、最傳奇的酒館之一，堪稱美國文化歷史的標竿，就如同羅馬元老院是理性辯論的始祖。」東尼形容地方的當然就是Old Town Ale House。

「很多具代表性的文學、喜劇、舞台劇和電影界人物，以及那些從未獲得肯定的哲學家詩人，都曾或多或少造訪過此處，即使只是短暫的停留。」

這家酒吧從1958年開始營業。在1960年代因為火災全毀，於是從西北大道（West North Avenue）的一側搬遷到另一側。2005年老闆碧翠絲·克魯格（Beatrice Klug）過世時，將酒吧交給託賓·米切爾（Tobin Mitchell）和她的前夫經營，東尼是這樣介紹她的前夫：「布魯斯·卡邁隆·艾略特（Bruce Cameron Elliot）是作家、世界知名畫家、高爾夫球詐騙者，擅長說故事和推廣者，同時也是名部落客。」27

艾略特經營的部落格風格活潑辛辣，詳細描寫酒吧常客來來去去、喝酒和打架的趣事（偶爾會變成悲劇），他也會發表一點政治論述和個人故事。在酒吧的地下室，布魯斯經營著臨時但有模有樣的藝術家工作室，認真繪製酒

27. 出自《波登過境》，第2季第7集：芝加哥。

吧常客和知名客人的肖像畫，他也會繪製諷刺和搞笑的肖像畫，對象是有如小丑和有犯罪紀錄的民選官員和候選人，目前人數不斷增加中。

「隨著芝加哥老城區漸漸入夜，是時候來一杯了，雖然任何時間都是來Old Town Ale House喝一杯的好時機。一群常客會在店內聚集，發表對當天時事的看法，畢竟事關這座湖上之城、這座肩負重任的城市、這座真正的大都會。」[28]

Ricobene's

芝加哥絕對不缺世界級的精緻餐飲，但不出所料，在這座城市的各種料理選項中，吸引東尼的還是有大量肉、平價而且要用手拿的美食。

「我們應該會需要超多餐巾紙，根本沒有辦法優雅地吃這個東西，只能拿起來就大口咬下去。」在芝加哥傳奇音樂家及製作人史蒂夫・阿爾比尼（Steve Albini）的邀請下（請參閱「如果東尼還在，我會帶他去這些地方吃個過癮」一文，第382頁），東尼試吃了會同時帶來極致罪惡感和愉悅感的裹粉炸牛排三明治，這是老牌芝加哥披薩店Ricobene's非常有名的商品。腹

---

28. 出自《波登闖異地》第702集：芝加哥。

橫肌牛排裹上麵包粉之後油炸，接著浸入蕃茄醬（不知他們怎麼料理的，為何還能維持酥脆口感），再裹滿莫札瑞拉起司絲和醃辣椒，最後塞入法國圓麵包，讓這道傑作不會四處散落。

Johnnie's Beef

費城有起司牛排，紐奧良有窮小子三明治，芝加哥則有義大利牛肉三明治。

「在回到可怕的歐海爾機場途中，我特別去了很重要的一站：Johnnie's Beef，這家店把芝加哥最重要、最具代表性的義大利牛肉做得無可挑剔。」Johnnie's從1961年就在艾姆伍德公園（Elmwood Park）近郊營業，不開玩笑、只收現金而且通常需要排隊，即使如此還是非去不可。

「難怪芝加哥人會這麼喜歡，恰到好處地溼潤，有些人可能會這樣形容，吸滿醬汁又可口，慢燉牛腿肉、新鮮甜椒、辣椒一層層地加了後簡直是超凡美味，充滿油脂的神奇牛肉汁幾乎要溢出來……看看這個偉大的作品、芝加哥的寵兒──噢天啊，你看看，真是太要命了。」29

● Old Town Ale House：219 West North Avenue, Chicago, IL 60610，電話：+1 312 944 7020，www.theoldtownalehouse.com（一般壺裝啤酒價格為10美元）
● Ricobene's：252 West 26th Street, Chicago, IL 60616，電話：+1 312 225 5555，www.ricobenespizza.com（一般牛排三明治價格約9美元）
● Johnnie's Beef：7500 West North Avenue, Elmwood Park, IL 60707，電話：+1 708 452 6000（無網站）（義大利牛肉三明治價格約5美元）

29. 出自《波登過境》，第2季第7集：芝加哥。

如果東尼還在，我會帶他去這些地方吃個過癮

文／史蒂夫・阿爾比尼

芝加哥的平民小吃非常精彩，有一家叫做Jim's Original的熱狗攤每天營業二十四個小時，十年來始終如一，菜單上的熱狗選項不多，另外也賣波蘭香腸和和豬排三明治。其中，波蘭香腸絕對稱得上是傑作。我已經想不起來到底有幾次，我在深夜的高速公路上，突然想到我可以先停在路邊，去Jim's點一份波蘭香腸，然後一口氣吃完，每一次都讓我覺得非常滿足。

Jim's的周圍似乎形成了一個小型社會，總是會有乞討的人，還有人在兜售中筒襪和二手色情片。攤子位在麥斯威爾街市集（Maxwell Street Market）那一區，原本是已經有150年還是170年歷史的公有市場。總之，這就是我會帶東尼去的第一個地方，而且是深夜的時候。我也會帶他去Jim's，然後來一份波蘭香腸配烤洋蔥。

市區也有其他有特色的熱狗專賣店，有一家叫做The Wiener's Circle，在瑞格利球場（Wrigley Field）附近，招牌就是員工會欺負顧客，這也是去店裡的樂趣之一。他們的熱狗不錯，不過真正值得跑一趟的原因是讓專家來侮辱和欺凌自己實在太好玩了。

說到值得一吃，位在西北區Superdawg可能是全芝加哥最棒的熱狗專賣店。他們的菜單上有非常多種口味的熱狗，每一種熱夠的名稱都很有吸引力。Superdawg是經典的芝加哥熱狗，用罌粟仔麵包夾熱狗再灑上醬料。Whoopskidawg是辣椒口味的熱狗。Francheesie則是把波蘭香腸切開，塞入起司之後火烤，再用培根包起來。總之，真的是沒話說的體驗。

除了熱狗之外，芝加哥也有一些地方可以吃到非常美味的冷切肉和醃肉這類食物。有間店叫做Publican Quality Meats，是Publican酒吧和餐廳的分店，位在市中心，但不需要預約，他們供應很多不同種類的自製熟食冷肉，每一種都很讚。

如果在特別的日子要買肉親自下廚，我會去一趟Paulina Market。店裡僱用的都是傳統、老派、專業、技術又好的肉販，而且他們會自製熟食冷肉和燻肉，每一種商品都很棒。他們也曾經表態支持進步的政治理念，所以我對這家店也就更有好感了。

接下來，這座城市的另一個招牌就是燒烤文化，芝加哥有非常、非常、非常多燒烤餐廳可以選擇。而這裡的燒烤之王就是Lem's Bar-B-Q，他們的烤肉帶有濃郁厚重的煙燻風味，並且會醃泡在自製的醬料中，這種以醋為基底的醬超級美味。他們的肋排像是來自另一個世界，也是店裡的招牌料理，不過他們還有一種品項叫做熱條（hot link），也就是把碎肉和軟骨做成肉腸。熱條可以說是一大傑作，是那種要費點力才能吃下去的肉腸，有很多軟骨又有嚼勁，口感十足而且風味濃郁。

如果你人在Lem's所在的社區，幾個街區外有家店叫做Original Soul Vegetarian，是一間全素的靈魂料理（soul food）餐廳。經營者是個奇怪教派的信徒，我去用餐時會盡量不去想這件事，因為這裡的食物真的是讚到不行。店裡供應的全都是經典靈魂料理——綠色蔬菜、通心粉、甜馬鈴薯派，它們都具備了靈魂料理所有迷人的元素，就是因為有這些特點，靈魂料理才會是一種獨特而豐富的飲食傳統。這裡也是少數你可以享受美味素食的地方。

另一個可以嚐到真正美味素食的地方是Amitabul，雖然店裡供應的

是傳統韓國料理，但完全不含動物性成份。料理很好吃，而且有非常豐富的選擇，可以滿足任何人的口味，只能用美味來形容。

如果想吃雞肉，Harold's Chicken Shack是很有名的連鎖店，在芝加哥有二十家分店。至於烤雞，我會推薦Hecky's，是極少數開在郊區的美味BBQ專賣店。芝加哥大多數好吃的BBQ專賣店都位在市區，但可以稱得上是好店的Hecky's卻位在埃文斯頓（Evanston）。他們的招牌商品是燻雞，把雞肉經過大火煙燻，並在熟透後塗抹烤肉醬，真的非常、非常好吃。

東尼曾經去過Kuma's Corner，而且不論是從文化還是料理的角度，他都相當欣賞這家店。芝加哥的售酒法規有些很奇怪的地方，像是要開一家可以純粹喝酒和聽音樂的酒館就極為困難，所以幾乎全芝加哥的這類店家都是用餐廳的名義取得許可，而這也表示店家必須要提供某種形式的餐點服務。

Kuma's的老闆原本想要開一間重金屬酒吧，因為芝加哥沒有真正這類的酒吧可以讓重金屬樂迷聚在一起聽音樂，所以他們想要自己來。可是他們無法開酒吧，所以就開了一間漢堡店，而且每一款漢堡都是用重金屬樂團來命名。其實他們不需要把食物做到絕頂美味的程度，但他們的漢堡真的就是超級好吃。從漢堡本身、使用的調味料到組合在一起的風味，全都非常用心。

Kuma's也有配菜菜單，非常值得讚賞。他們有供應手撕豬薯條，類似起司澆肉汁馬鈴薯條的概念，不過口味是手撕豬加烤肉醬。還有一種「隨你加」的起司通心粉，基本上你可以往上加任何他們提供的配料。所以，你可以對店員說：「我的起司通心粉要加波旁威士忌燉梨、豆子和辣燻腸。」好，沒問題，他們會馬上幫你準備好。

店裡的餐點份量很大，讓人非常滿足。而且他們還有寬敞的酒吧，有豐富的波旁威士忌可選擇，在這裡喝一杯也很不錯。不過如果你不是重金屬樂迷，最值得你跑一趟的是食物；如果你不在乎食物，那麼值得你跑一趟的就是重金屬音樂了。

芝加哥的每個社區都有一間小小的墨西哥速食店，而在威克公園（Wicker Park）一帶，最典型的應該就是 La Pasadita 了。他們的營業時間通常在深夜或整夜，料理非常接近瓦哈卡食物——醃豬肉塔可餅、烤牛肉塔可餅，以及塔可餅加牛舌、炸五花肉或烤肉，因為有很多芝加哥的廚師都是來自瓦哈卡，而且每一種塔可餅都讓人讚不絕口。

另外有一些不是來自墨西哥的拉丁美洲料理店，不過墨西哥菜應該是芝加哥最盛行的拉丁美洲料理。Irazú 這家店賣的全都是哥斯大黎加菜，稍帶有加勒比地區的風味，而且相當好吃，超級讓人驚豔。

有一間店叫做 Café Tola，和其他墨西哥速食店一樣賣的是塔可餅和墨西哥捲餅。他們是少數有供應種類非常豐富又極為美味餡餃的市區墨西哥速食店，店裡還有一個招牌是歐洽塔（horchata）飲料，類似混合口味的咖啡，叫做歐洽塔拿鐵。

在市中心有不少賣越南河粉的店家，我特別喜歡的一家叫做 Nhu Lan Bakery。另一家店 Ba Le 已經開業將近四十年，有非常好吃的越南麵包和河粉，麵包還是自家烘培。這家店位在上城區（Uptown），不算是非常豪華的社區，很棒的一點是，他們維持不漲價，好讓社區居民以及來到這裡的旅客可以負擔得起。

路易斯安那州，紐奧良

東尼曾經擔任過《劫後餘生》（Treme）的特約編劇，這部由大衛‧西蒙（David Simon）和艾瑞克‧歐文邁爾（Eric Overmyer）共同製作的HBO影集，講述的是在歷經颶風卡崔娜之後的紐奧良生活樣貌。據他所說，那是他寫作生涯的頂點，也讓他有機會發揮所長來描寫廚房場景和對話，同時深入接觸紐奧良的獨特文化。

「這世界上沒有一個地方可以和紐奧良有任何相似之處，連比都不用比。就連要如實形容這座城市都很困難，因為你很有可能根本不瞭解這個地方，不論你有多喜歡這裡。酒吧永不關門，還有很多很多美食，這些我們都知道。這麼說好了，當地人有種獨特而奇妙的特質。這裡有一種不論挫折或差錯都不屈服的態度，這座美好但命運多舛的城市總是會以最驚喜的方式推翻常識。」[30]

抵達後通達四方

搭乘飛機前往紐奧良會先抵達位在肯納市（Kenner）的路易‧阿姆斯壯紐奧良國際機場（Louis Armstrong New Orleans International Airport，MSY），距離紐奧良市中心約18公里。這裡的航班主要是往返美國大城市，以及一些位於加拿大、墨西哥和歐洲的目的地。

你可以搭乘車資固定的計程車從機場前往市中心，車資為36美元，最多可以乘坐兩人，如果是三人以上搭乘，車資為每人15美元，並（在編寫本書當下）需要外加一成五到兩成的小費。機場接駁車的單程票為每人24美元，來回票每人44美元，可以在領取行李區的購票亭購票。

另外，最經濟的選項（票價為1.5–2美元）是往返機場和市區的巴士路

---

30. 本節引用內容皆出自《波登過境》，第2季第10集：紐奧良。

線，由傑佛遜運輸（JeT）和紐奧良運輸局（New Orleans Regional Transit Authority）負責營運；時刻表和路線等詳細資訊請參閱www.jeffersontransit. org和www.norta.com。

紐奧良的大眾運輸基本上就像這裡的政治人物或官僚制度管理的所有東西一樣，說好聽點就是參差不齊。所以，還是做好步行、租車的打算吧，或是搭乘市區裡數量多、便宜又優質的計程車，這裡的司機什麼都見識過，所以聽他們的就對了。

吃吃喝喝的美食時間

Cochon

主廚唐納德・林克（Donald Link）是東尼的忠實好友和鏡頭前的好跟班，而且東尼非常愛他的餐廳，尤其是Cochon。「在這間餐廳，林克和合作夥伴史蒂芬・斯特里耶夫斯基（Stephen Stryjewski）讓顧客有機會交流對卡郡[31]）傳統和南方家庭料理的熱愛。我指的可不是甜甜圈漢堡或天殺的油炸餡料，而是真正的祖母輩會做的那些菜色，當然為了要從餐廳端出還是有經過一些調整。」

晚餐包括Cochon的招牌佳餚，像是法式血腸、裹粉炸豬頰肉、煙燻豬腳佐紅豆、碳烤蘿蔔和雞心、通心粉和砂鍋起司，以及烤豬佐蕪菁、高麗菜、醃桃子和豬皮。Cochon在法文裡意思是「豬」，當然在這裡可以吃到很多的豬肉美食。

R&O's

「全紐奧良最好吃的窮小子三明治在這裡，我沒有想要說服別人，也沒有想要討論。我只能說，雖然看不太出來，但R&O's精心製作的烤牛肉窮小子

---

31. Cajun，居住在美國路易斯安那州，為法裔加拿大人的後代。

三明治是最接近完美的版本，有麵包、牛肉、富含碎肉的肉汁、美乃滋、萵苣和蕃茄。麵包經過烘烤，三明治看起來亂七八糟但份量大得驚人。」

R&O's的服務親切但隨性，空間寬敞明亮，如果有坐不住的小孩（和大人），店裡有一台小型街機可以玩復古射擊遊戲《Galaga》。R&O's位在巴克鎮（Bucktown），原本是介於17街運河（17th Street Canal）和龐恰特雷恩湖（Lake Pontchartrain）之間的釣魚營地，現在則設有巨型水門和抽水站，目的是防止像颶風卡崔娜帶來的天災。不過仍然會有當地人和老饕旅客特別來到這裡，造訪像R&O's這樣屹立不搖的幾間家庭餐廳，享用炸海鮮、義大利特色料理和窮小子三明治。

東尼在是作家也記者的紐奧良達人洛里・艾瑞克・伊利（Lolis Eric Elie）的陪伴下前往R&O's，東尼注意到菜單上並沒有把這種三明治寫成「窮小子三明治」，伊利是這麼解釋的：「紐奧良餐廳分成兩種，一種是迎合觀光客地說『您好，在這裡可以吃到您在旅遊資料讀到的那些食物。』我覺得R&O's的態度就是另一種：『聽好了，我們這裡是煮給當地人吃的餐廳，因為你們一年只會來一次。』」

Domilise's Po- Boy and Bar

另一家有好風評的窮小子三明治專賣店是Domilise's Po- Boy and Bar，從1918年起就由多莫萊斯（Domilise）家族代代相傳，經營模式幾乎沒有隨時間改變。店面依然位在不起眼的黃色房屋，座落在天使報喜街（Annunciation）和貝拉卡索街（Bellecastle）的街角。三明治依然是用Leidenheimer的蓬鬆白麵包製成，店裡的員工多年都已經在職好幾十年。

建議可以來一份不在菜單上的特殊三明治，裡頭包有炸蝦、瑞士起司和烤牛肉汁。就算會吃得狼狽不堪，還是一定要嚐嚐看。

Verti Marte

待在舒適的飯店客房時，不妨利用外送服務向名氣響亮的 Verti Marte 點餐，這間賣酒的便利商店也供應種類相當驚人的熱食和三明治，而且一天營業二十四小時，365天全年無休。

必點的品項是「超級西西里圓麵包」（Mighty Muffuletta），這種三明治源自紐奧良的西西里社區，以蓬鬆且加了種籽的西西里圓麵包為基底，加上熱那亞臘腸、火腿、瑞士和波弗隆（provolone）起司；另外還附了橄欖沙拉，採用希臘和卡拉馬塔（kalamata）出產的橄欖製成，並加入烤紅椒、橄欖油和羅馬起司。一整道餐點的份量非常驚人。東尼建議要立刻吃掉半個三明治，然後把剩下的一半放在書本下方壓上一整晚，讓麵包能充分吸飽油脂和橄欖汁。

Snake & Jake's Christmas Club Lounge

「我這個人很忠誠，只要愛上一個人，就會陷得很深。即使分開多年，我心中可能還有愛。我對這個地方的情感，雖然模糊，但仍深刻地記在我心裡，而且將會永遠持續下去。這裡真是美國的寶藏。」

　　只有在廉價酒吧，才能讓東尼說出這一番動人的獨白。而這一間酒吧就是 Snake & Jake's Christmas Club Lounge，位在上城區，由土生土長的紐奧良人 戴夫‧克萊門（Dave Clement）從1992年經營至今。酒吧的建築破破爛爛， 飲品很便宜，完全沒有供應雞尾酒，燈光相當昏暗，微弱的耶誕樹裝飾燈在 旁一閃一閃，是為了紀念前一任老闆山姆‧耶誕節（Sam Christmas）。

　　以前有一隻凶狠的店貓會偷喝客人的威士忌和咬人，現在店裡則是有隻親 人的狗叫做皮皮，你可以向店家購買小份的「一口酒份量」的狗點心請牠 吃，所得款項會捐贈給動物收容所。酒吧營業時間是晚上7點到早上7點， 歡迎任何客人光臨。

●Cochon：930 Tchoupitoulas Street, New Orleans, LA 70130 電　話：+1 504 588 2123，www.cochonrestaurant.com（主菜平均價格為24美元）

●R&O's：216 Metairie- Hammind Highway, Metairie, LA 70005，電話：+1 504 831 1248，www.r-opizza.com（三明治價格約9美元，主菜價格為10–20美元，披薩價格 約16美元）

●Domilise's Po- Boy and Bar：5240 Annunciation Street, New Orleans, LA 70115， 電話：+1504 899 9126，www.domilisespoboys.com（三明治價格為 5.5–18美元）

●VERTI MARTE：1201 Royal Street, New Orleans, LA 70116， 電　話：+1 504 525 4767（三明治價格為2.25–10美元）

●SNAKE & JAKE'S CHRISTMAS CLUB LOUNGE：7612 Oak Street, New Orleans, LA 70118，電話：+1 504 861 2802，www.snakeandjakes.com（飲品價格約3美元）

麻薩諸塞州，普羅威斯頓

麻州的普羅威斯頓在東尼的成長故事裡佔有很重要的地位，任何《安東尼‧波登之廚房機密檔案》的讀者應該都看得出來這一點。離開當地十年之後，他帶著《波登闖異地》拍攝團隊重回舊地，想看看當初陪伴他成長的夏季避風港是否還在。

「北大西洋真的是無與倫比，太壯麗了。我好愛這裡的海灘，我幾乎所有的人生初體驗都是在這片海灘上經歷的，你可以說，我做的每件事的第一次都是在這片海灘。當時我墜入愛河，時而痛苦，時而快樂，只有十七歲的少年才能像這樣去愛。1970年代初期我就是在這裡度過非常愉快的夏日，仔細想想，這裡其實是個很厲害的地方，有一群傻蛋在這裡當洗碗工、服務生和披薩店員，然後我們竟然可以住在像這樣美麗的海灘。那真是一段比現在快樂也更單純的時光。」[32]

「麻州普羅威斯頓就位在鱈魚角（Cape Cod）的最頂端。此處是清教徒最早登陸的地點，我在1972年也來到此地，和幾個朋友滿腦子都充滿橘色陽光的幻象（因為服用迷幻藥的緣故）進入市區。

普羅威斯頓是充滿包容力的樂園，一直以來都有接納藝術家、作家、行為不良者、同性戀和異類的風氣。這裡簡直是天堂。這種喜悅只有在絕對確信自己是無所不能，以及所做的選擇不會對未來生活產生任何影響或後果時才能感受到。因為當時我們從未想過這些事情。」

抵達後通達四方

普羅威斯頓有一座小型市立機場（PVC），距離市中心約10分鐘車程，主要服務來自波士頓的航班，以及夏季期間的紐約航班。降落之後，機場有租

---

32. 本節引用內容皆出自《波登闖異地》第407集：麻薩諸塞州。

車服務、一些自營計程車服務（前往市區的車資約每人7美元），以及票價
為2美元的接駁巴士，往返於機場和市中心。另外也有幾家渡輪公司會季節
性經營來回波士頓和普羅威斯頓的船班。高速渡輪的航程為90分鐘，來回
票價格約100美元；傳統渡輪會費時3小時，來回票價格約60美元。

　　當然，直接從波士頓或其他地方自駕前往鱈魚角也是一個選擇，但是在夏
季度假時節的交通情況可能會讓開車變得漫長又痛苦，搭乘飛機或渡輪會是
比較理想的選項。

吃吃喝喝的行程

Lobster Pot

　　「普羅威斯頓的很多老地方都不見了，但Lobster Pot這麼多年來還是屹立
不搖，而且還有賣我想要和需要的食物。」

　　Lobster Pot的特色是亞速爾群島的葡萄牙風味和食材，而這向來也是普羅
威斯頓料理的代表性元素。店裡豐富的菜單包括冷的蒸海鮮雞尾酒、湯品、
燉菜、龍蝦和各種魚料理，現在也提供一些與時俱進的選項，像是泰式沙嗲
雞肉、鮪魚生魚片和無麩質餐點。

　　「本市版本的薯蓉青菜湯（caldo verde），和我記憶中的一模一樣：有羽
衣甘藍、火紅的西班牙辣腸、葡萄牙煙燻腸、腰豆、馬鈴薯。這就是為什麼
我很愛這裡的食物，因為它充滿葡萄牙風味。」另一道美味料理則是「葡式
香腸碎肉和麵包屑裹鱈魚肉，內餡是扇貝和螃蟹，最後佐一點雪利酒和些許
紅醬。」

Spiritus Pizza

　　Spiritus Pizza的真實故事相當驚人，這間位在普羅威斯頓的店家從1971年
至今都是由同一位老闆約翰‧「叮噹」‧英林（John "Jingles" Yingling）經
營，供應派、咖啡和冰淇淋，還開放牆面展示在地藝術家的創作。

　　「這座城市就是我的一切。」英林在《波登闖異地》中這麼說：「普羅威斯頓是非常特別的地方，大家都可以在這裡做自己。我們都會嗑藥，過著年輕又瘋狂的日子，至於東尼……，他可能比某些人還瘋狂一點吧，但還有比他更誇張的人。不過他一直都是那個我很喜歡的傢伙，後來都沒變過。」

　　「那時候你還讓我睡在衣帽間的上層！」東尼邊回憶邊說道：「我都搞不清楚自己有多常夢到Spiritus Pizza了。夢裡我走在商業街（Commercial Street）上，隱隱約約注意到Spiritus好像搬走了，我突然覺得無處可去，倍感失落，只能在這個四十年前普羅威斯頓的夢境裡走一步算一步。幸而現在我們都還在這裡，仍充滿希望地活著。」

Old Colony Tap

　　每座漁港或派對城鎮都需要一家老人酒吧，以前的普羅威斯頓可是有很多家。「以前我還在市中心工作的時候，漁夫都會去Fo'c'sle、Cookie's Taproom和這裡：The Old Colony。三家店只有這家還在經營，而且從我剛進城的時候就在了，我覺得這裡應該是全市中心唯一沒變的店。」這家酒吧

從1954年開始就由伊諾斯（Enos）家族經營至今，看起來幾乎沒有留下歲月的痕跡。木板牆掛著常客（包括已過世的客人）的畫作和相片，吧台後方擺著球隊三角旗、船舶小飾品、耶誕燈飾，桌子上刻有幾代人刻下的姓名縮寫，總之，它就是一間典型的海濱酒吧。

●The Lobster Pot：321 Commercial Street, Provincetown, MA 02657，電話：+1 508 487 0842，www.ptownlobsterpot.com（開胃菜價格為14–16美元，主菜價格為23–40美元）

●Spiritus Pizza：190 Commercial Street, Provincetown, MA 02657，電話：+1 508 487 2808, www.spirituspizza.com（披薩價格一份約25美元；一片約3美元；只收現金）

●Old Colony Tap：323 Commercial Street, Provincetown, MA 02657，電話：+1 508 487 2361，www.old-colony-tap.business.site（飲品價格約5美元）

密西根州，底特律

　　東尼向來對底特律很感興趣，在2009年造訪時是為了拍攝《波登不設限》特輯「鐵鏽帶」（Rust Belt）的部份內容，這一集也介紹了水牛城（Buffalo）和巴爾的摩（Baltimore）。後來他在2013年再度造訪，是為了拍攝《波登闖異地》。東尼在安排課程和簽書巡迴活動時，一定會把這裡設為其中一站，他也幫忙製作了一部關於這座城市的紀錄長片，靈感源自記者及作家大衛・馬拉尼斯（David Maraniss）的作品《曾經偉大的城市：底特律的故事》（Once in a Great City: A Detroit Story）。

　　「幾乎所有象徵美國的好東西都是來自這裡，那些全世界想要的東西，都是在這裡生產的。工業文化強權的心臟、靈魂和脈動就在此處，吸引所有夢想美好未來的人投奔而來，從東歐到南美無一例外。想實現美國夢嗎？來這

裡就對了。」

「底特律是美國最美的城市之一，展示了工業時代對無比光明未來的夢想。那些打造出這些建築物的人，他們真的是胸懷大志。」

「你會想在這裡拍照，底特律大部分的地區都像這樣，讓人想按下快門。大家把這種活動稱作都市探險：四處逛逛這座偉大美國城市所留下長期存在的悲慘遺跡。這些景色讓人有股難以抗拒的衝動，會想在它們前面擺姿勢，拍照留念。然而底特律人最討厭這種行為，所有觀光客——我必須直說，也包括你——卻都沉溺在廢墟幻境裡。」

「這些廢墟真是讓人目不轉睛，眼前雖是一片衰敗，卻仍能感受到其中的美，讓人忍不住聯想到吳哥窟、馬丘比丘、古羅馬。這些雄偉的建築象徵逝者無窮無盡的野心。然而和吳哥城、大萊普提斯古城（Leptis Magna）不同的是，還有人住在底特律，我們常都忘了這一點。」[33]

抵達後通達四方

底特律都會機場（Detroit Metro Airport，DTW）是美國中西部的大型樞紐機場，為大大小小航空公司的國內和國際航班提供服務。搭乘計程車從底特律機場前往市中心約需要30分鐘，車資大約為55美元加小費。密西根州東南區交通局（RTA）營運的巴士系統也有往返機場和底特律市中心的路線，車程大約45分鐘，票價為2美元；詳情請參考smartbus.org。

美國國鐵在底特律市中心設有站點，如果你是從芝加哥出發，選擇鐵路就相當合理，搭乘高速的狼獾號列車（Wolverine）全程約5個半小時；詳情請參考www.amtrak.com。

抵達市中心後，如果你沒有開車，也不想走路，有很多計程車服務可選擇，不過很有可能會需要透過電話叫車，因為路上很少有為了載客而到處行

33. 出自《波登闖異地》第208集：底特律。

駛的計程車。底特律市區也有完善的公車系統，由底特律交通部（Detroit Department of Transportation）營運，另外市中心還有單軌列車 People Mover，會以順時鐘方向繞行，並在當地幾處景點停靠，時刻表、路線和費用等資訊請參考 www.detroitmi.gov。

吃吃喝喝的美食時間

Duly's Place

「如果你說要去一趟底特律，很有可能會有當地人跟你說：『一定要去吃吃看康尼（Coney）。』我一直無法理解為什麼康尼是熱狗的意思。對了，有個距離我家大概30分鐘車程的地方叫做康尼島（Coney Island），所以那邊的人應該很懂熱狗，對吧？」

Duly's Place 是開業將近一個世紀的傳統餐館，在這裡很適合盡情發揮好奇心。除了經典菜單裡的雞蛋、漢堡、雞翅、三明治和派之外，你也可以品嚐到美味版的康尼。

「我無法解釋清楚這種食物的創意在此地的影響有多深刻。在芝加哥有深盤披薩，在費城有起司牛排，然而當地人未必都百分之百喜歡，但這裡可不一樣。康尼看起來很簡單，就是熱狗、辣椒、生洋蔥、芥末、蒸過的麵包。不過當這些食材微妙而完美地融合在一起時，簡直像是耳邊響起了交響

樂。」34 你很有可能會像東尼一樣，吃完第一份之後馬上又追加第二條熱狗。此外，Duly's只收現金。

Polonia

如果想來點道地的波蘭食物，就去一趟Polonia吧，餐廳位在佔地約5平方公里的小村莊漢特蘭克（Hamtramck），這座底特律市區內的小城曾經聚集了不少想在汽車產業找到好工作的波蘭移民。現在當地還保有波蘭文化的核心，雖然工作和大量人口都已經外移。

Polonia營業了將近五十年，提供豐盛而樸實的美食，店內擺滿了波蘭的民俗藝品，並播放主要以手風琴演奏的波蘭民俗音樂。

餐廳的招牌培根抹醬搭配的是麵包和解膩的酸菜。「如果一餐是從豬油和酥脆豬肉塊開始，那接下來一定很值得期待。接著是現做香腸、高麗菜卷、馬鈴薯餃、美味的匈牙利燉牛肉、烤鴨佐蘋果醬、馬鈴薯餅包蘑菇，以及神秘又可口的『城市雞肉』，實際上卻是小牛肉串，在切成丁後裹上麵包粉，再經過油炸、燉煮。

「好吧，我聽說有人會用雞肉來取代其他比較貴的肉類，但是『鐵鏽帶』（ruot belt）的經典菜色、所謂的城市雞肉，竟然是罕見的反例。顯然這道菜是在1930年代興起的——當時的牛肉、豬肉和小牛肉不像相對高級的雞肉那麼昂貴。當然，店裡也有供應六、七種伏特加和其他豐富種類的烈酒。」35

Cadieux Café

「聞聞這生死之戰的血、汗、淚的氣味：這是神秘而殘酷的地下世界——羽毛保齡球。歡迎來到Cadieux Café。從外表看來，這家店很普通，但是就

---

34. 出自《波登闖異地》第208集：底特律。
35. 出自《波登不設限》，第5季第10集：鐵鏽帶。

像尚一克勞德‧范‧達美（Jean-Claude Van Damme）電影裡那些在泰國的無名倉庫一樣，裡面完全是另一回事。這裡是世上唯一每天都會進行傳統羽毛保齡球比賽的地方。」

羽毛保齡球是源於比利時的運動，概念上有點類似硬地滾球、法式滾球或擲馬蹄鐵，比賽時要很有策略地把形狀像整顆起司的圓盤球丟向位於賽道盡頭直立的羽毛。1930年代，來自法蘭德斯（Flemish）的移民把這項運動帶到密西根州，幾十年來，羽毛保齡球都是不對外公開的團體運動，直到Cadieux Café的老闆在1980年代明智地決定將這項運動開放給大眾參與。在這裡可一邊欣賞神秘的飲酒運動，一邊享用一盤經典的貽貝加薯條，並配上比利時艾爾啤酒一起下肚。

「這種餐廳沒有任何意義，但它的營業模式真的很獨特。這簡直是種商業模式，可以拿去向銀行家提案：『**你知道嗎，我想要開一間比利時主題餐廳，裡面可以打羽毛保齡球，還可以吃淡菜。**』」36

在晚間時段，Cadieux通常會有現場音樂演奏或卡拉OK活動，週二和週四是球隊聯盟專用球道的時間，不過在其他時段，球道會開放給大家使用，非常建議先行預約。

● Duly's Place：5458 West Vernor Highway, Detroit, MI 48209， 電話：+1 313 554 3076（無網站）（熱狗價格約2美元）

● POLONIA：2934 Yemans Street, Hamtramck, MI 48212，電話：+1 313 873 8432，www.polonia-restaurant.net（主菜價格約10美元）

● Cadieux Café：4300 Cadieux Road, Detroit, MI 48224，電話：+1 313 882 8560，www.cadieuxcafe.com（貽貝晚餐價格為19.95美元；羽毛保齡球收費為平日25美元／小時，假日50美元／小時）

---

36. 出自《波登不設限》，第5季第10集：鐵鏽帶。

蒙大拿州，利文斯頓

「有些人就是喜歡住在很寬敞的空間，天空無邊無際的那種地方。在那裡，每個人都要彎腰耕作；打獵、補魚、在無盡的夜空下沉沉入睡，這不是休閒活動，而是一種生活方式。」

「下次如果你在新聞播報上看到大吼大叫的傻蛋，讓你忍不住關掉電視，心想美國即將墮落成到處都是白痴的地獄，那麼也許你該來這裡走走。這裡有紫色調的壯觀山脈，一代又一代的夢想家、專制的領導者、冒險家、探險家、傻瓜和英雄奮鬥並犧牲生命，就是為了這片美景。這裡是世界上最美的地方，而且無可比擬，那就是蒙大拿州。」

「長年來有許多人來到這裡佔地開墾，不過採礦者和探險家駐足之前，這裡就已經住著平地印第安人了。阿柏薩羅卡（Absaroka）印地安人從18世紀開始騎乘西班牙人引進的野馬之後，就一直是相當擅於騎馬的民族。他們比較為人所知的名稱是克羅族（Crow），曾經隸屬規模比較大的希達察（Hidatsa）部落。幾個世紀前，克羅族獨立自成一個部落並四處流浪，又或是因為在黑腳區（Blackfeet）、夏安（Cheyenne）和達科他（Dakota）發生

衝突而被迫離開，最後才在這裡的黃石河（Yellowstone River）谷落腳。」37

抵達後通達四方

蒙大拿州幅員遼闊，是美國第四大州（不過以人口計算的話，在五十州裡僅排名第四十二）。東尼的旅程是以利文斯頓和附近地區為主；最接近的機場是博茲曼黃石國際機場（Bozeman Yellowstone International Airport，BZN），主要服務美國各大航空公司約20個飛往美國城市的直達航班，大多集中在西部。

機場距離利文斯頓約35分鐘車程，可以選擇租車或搭乘商業接駁車，兩者都有多種選擇。

如果你沒有自行租車或預訂旅行社的行程，市中心有一些私人計程車服務、很多自行車租借店，以及免費的公車服務Windrider，平日上午6點半至下午6點半會以固定路線繞行市區。

盡情享樂

「蒙大拿州利文斯頓很獨特，但很奇怪地又是很典型的美國小鎮，留下來的當地人和新來的移居者一起住在這裡，成了同一陣線、彼此照應，最後都變得一樣古怪。我喜歡這個地方。」

從1960年代起，一群藝術家和作家開始來利文斯頓定居和創作，包括作家及編劇湯姆・麥昆（Tom McGuane）、演員瑪格・基德（Margot Kidder）和傑夫・布里吉（Jeff Bridge）、畫家羅素・切森（Russell Chatham）以及詩人與作家吉姆・哈里森（Jim Harrison）。

在比較近期，富豪階級也來了，用大把現金買下一片片經營困難的牧場，想擁有可以享受田園風光的去處。而這些人的興趣和需求在穆瑞街飯店

---

37. 出自《波登闖異地》第集 704：蒙大拿州。

（Murray Hotel）有了交集。

「當初的牛仔、拓荒者和鐵路工人，他們的後代或多或少都和穆瑞街飯店有一段歷史。我一旦在旅行過程中找到精緻又古怪的老飯店，就會變成忠實的顧客，一有空就會來住。我喜歡有歷史的飯店，而穆瑞街飯店可是有段歷史的。

一個世紀多以來，這裡招待過非常多有名和惡名昭彰的人物，像是拓荒者災星簡（Calamity Jane）和水牛比爾（Buffalo Bill）都是常客，但我覺得很酷的是，《日落黃沙》（The Wild Bunch）和《午後槍聲》（Ride the High Country）的導演山姆・畢京柏（Sam Peckinpah），選擇藏身在這間飯店，度過人生中最後也最瘋狂的幾個月。他因為吸食大量古柯鹼，又像瘋子一樣酗酒而有妄想症狀，偶爾會拿槍往牆上、門上和天花板上射出洞。儘管如此，他在城裡還是很受歡迎。」[38]

穆瑞街飯店建於1904年，並在1990年代初期經過改建，飯店共四層樓，有25間客房和套房，裝飾與內部裝潢反映出飯店特色，卻不顯得俗氣。這裡原本名為菁英飯店（Elite Hotel），客群是北太平洋鐵路（Northern Pacific Railway）的乘客。1934到1961年在職的美國參議員詹姆斯・E・莫瑞（James E. Murray），其家族在原本的經營者破產之後，資助飯店的建設並且行使所有權（也改了飯店名稱）。要前往黃石國家公園（Yellowstone National Park）旅客經常會選擇下榻莫瑞飯店，距離目的地約1小時車程。

「這是一間好飯店，而每間好飯店也都會有好酒吧。」東尼這麼說，鏡頭前後他在莫瑞飯店的酒吧待了好幾個小時。酒吧門口的霓虹燈招牌完好無缺，牆上排列著當地傳說級的飛蠅釣專家肖像照，座位上滿是常客和旅客，而且通常會現場進行音樂表演。

飯店的高級餐廳Second Street Bistro在2004年開幕，主廚是布萊恩・門傑

---

38. 出自《波登不設限》，第5季第17集：蒙大拿州。

斯（Brian Menges），一直以來都是由他管理、拓展和完善飯店的餐飲服務。

「毫無疑問，他是這一帶最厲害的大廚。」東尼在2009年這麼說：「他很用心經營和當地農家及供應商的關係，都是為了要打造出真正在地又真正頂級的菜單，再加上一流的料理手法，來展現蒙大拿州的美妙之處。在小型且人員精簡的廚房，利用算是這一帶最先進的設備，布萊恩獨自一人投入非常多時間和心血，用相對有限的資源，做出非常了不起的料理。要當個有野心又前衛的在地廚師並不容易，幾乎是孤軍奮戰。不過我想這裡就是有獨自打拼的傳統，打從開墾時期就是這樣了。」39

門傑斯的招牌就是不照規矩來的料理，像是水牛、麋鹿和雞肉凍；煎到酥脆的在地產豬肉抹醬餅；以及燜燒白鮭肉卷佐煙燻鱒魚和白鮭魚子醬，如果有機會，絕對要每一道菜都嚐嚐看。餐廳平常會供應的餐點則有薰衣草烤羊排和燜燒牛小排佐在地羊肚菌，真的是只有在這裡才能吃到這麼美味的料理。

●穆瑞街飯店（MURRAY HOTEL）：201 West Park Street, Livingston, MT 59047，電話：+1 406 222 1350, www.murrayhotel.com（客房價格約每晚240美元起）

紐澤西州

東尼是在紐澤西州的市郊住宅區利歐尼亞（Leonia）一帶長大，出身重視藝術、文化、教育和良好餐廳禮儀的小家庭。對於一個心向紐約市那種物質享受的叛逆小子來說，這些剛好成了反抗的理由，雖然他心中一直以來都保有一個柔軟的角落，懷念著花園之州（Garden State）紐澤西。

「噢，我小時候的魔幻國度！這裡像是文化的培養皿，每隔一陣子就會孕

---

39. 出自《波登不設限》，第5季第17集：蒙大拿州。

育出偉大的產物。」40

「你可能不知道，紐澤西有海灘，很美的海灘，而且沒有擠滿那種演出實境秀又類固醇使用過量的傻瓜。我小時候都是在這些海灘度過夏天，真是棒透了。」

「紐澤西有農地，有環境優美的近郊住宅區，而且《比佛利嬌妻》41裡那個長得像佐斯博士42的女人不住在這，這裡也沒有任何一個像她一樣的居民。就連精鍊廠、看不到盡頭的三葉草狀公路、溼地上方千迴百轉的高速公路，在我眼裡也有一種特殊的美。想要瞭解紐澤西，就得先愛上她。」

抵達後通達四方

紐澤西州唯一的大型機場是紐華克自由國際機場（Newark Liberty International Airport，EWR），位於紐約市西南方的紐華克，藉由紐澤西交通（New Jersey Transit）捷運和巴士與曼哈頓相連。美國國鐵也有停靠紐華克自由機場附近的紐華克賓州車站（Newark Penn Station），以及州內各地的其他幾處車站。

紐澤西交通的巴士和鐵路網路都相當完善且遍布全州，不過說實在的，抵達紐澤西之後，基本上就是踏入了開車文化的核心地帶。

橋邊的熱狗和海邊的潛水艇三明治

Hiram's Roadstand

「李堡（Fort Lee）：你可能有聽過這個地方。〔前〕州長克里斯‧克里斯蒂（Chris Christie）的某些下屬之前曾密謀讓這裡的交通堵塞了好幾天，這

---

40. 本節引用內容皆出自《波登闖異地》第505集：紐澤西。
41. Real Housewives，美國真人實境秀，以居住在比佛利山的幾位女性的家庭與個人生活為節目主題。這些憑藉著自身實力或倚賴丈夫財力達到財富自由的貴婦，不斷相互攀比、炫耀，從聯合排擠到眾叛親離。波登在接受訪問時曾把該節目裡的女人列入他最害怕的事物名單中。
42. Dr. Zaius，《猩球崛起》系列電影中的猿族首領。

是一座有著可笑貪污歷史的城市，也是我的愛店Hiram's所在的地方。這家店在一九三二年開業後到現在幾乎沒有變過，我爸從一九五〇年代開始帶我和弟弟克里斯來吃東西，他們到現在還維持著這個習慣。我有試著想讓女兒認為這裡有全國最好吃的熱狗，這裡實在很值得驕傲。現在我女兒非常期待可以來吃吃看，這真的讓我好欣慰。」

Hiram's使用的熱狗品牌是採用天然腸衣的Thumann's，料理方式是油炸到帶有彈牙的口感，尤其是利用超長時間油炸的壓力讓熱狗直線裂開；這道招牌就叫做「開膛手」（Ripper）。

「不可思議的是，歷史上的偉大美食家竟然都沒有在作品裡提過炸薯條，還有這種像是炸薯條的熱狗『開膛手』，這是他們的損失。之所以叫做『開膛手』，是因為這種熱狗的特色就是有直線的裂口，它的瘋狂粉絲都一致都認為這就是油炸技藝最巔峰。」餐廳的精簡菜單也包括漢堡、薯條、洋蔥圈、生啤酒和很有代表性的巧克力飲料Yoo-Hoo。

Frank's Deli

「就像我常常掛在嘴邊的那句話，好東西永遠都會是好東西，就像好音樂、好歌和經典的紐澤西三明治。」最能呼應這段話的，莫過於道地的義式

潛水艇三明治，例如位在阿斯伯里帕克（Asbury Park）的Frank's Deli。

「Frank's依照紐澤西傳統做法，一定會一層層疊上火腿片、義大利臘腸、義式辣味香腸、帕芙洛尼起司、一點蕃茄、洋蔥、生菜絲。裡頭有烤甜椒，還有最重要的油和醋，滲入柔軟、剛出爐的麵包之後，會把所有風味都融合在一起，溼軟可口的麵包就這樣承載著所有的美味。」

請注意，阿斯伯里帕克是有海灘的城鎮，從美國陣亡將士紀念日到勞動節期間會湧入大量人潮，而Frank's店內空間不大、有好口碑又頗受歡迎，所以請先好排隊的準備，並盡量不要在店內逗留。

● Hiram's Roadstand：1345 Palisade Avenue, Fort Lee, NJ 07024，電話：+1201 592 9602，www.restaurantsnapshot.com/HiramsRoadstand（熱狗價格約單份4美元）
● Frank's Deli & Resaturant：1406 Main Street, Asbury Park, NJ 07712，電話：+1 732 775 6682，www.franksdelinj.com（三明治價格為10美元以下）

與東尼重遊紐澤西州

文／克里斯多福‧波登

2015年，東尼告訴我他要拍一集以紐澤西州為主題的《波登闖異地》，而且會去一些我們小時候常去的地方。他問我想不想參與拍攝，他的話都還沒說完，我就一口答應了。

在預定拍攝的那天，我和東尼約在曼哈頓會合，然後開車前往長灘島。東尼開了他自己的車，這對我來說其實有很特別的意義，因為在那之前東尼一直都沒有買車，我甚至覺得他在40歲之前應該都沒有駕照（不過其實他和大多數人一樣，在快成年時就學會開車了）。這

是我生平第一次，讓東尼載著我在家鄉到處跑。

東尼的播歌清單充分展現出他廣泛的音樂品味，開到花園州立公路（Garden State Parkway）的時候，有一首歌引起了我的注意：法國流行歌手米歇爾‧博爾納雷夫（Michel Polnareff）的情歌〈與你相愛〉（L'Amour Avec Toi），這首歌在1960年代引起了一陣流行風潮。1966年我和東尼跟著父母一起去法國玩的時候，我們在點唱機聽到的歌曲多半都是來自美國：普洛柯哈倫（Procol Harum）的〈蒼白的淺影〉（Whiter Shade of Pale）；法蘭克‧辛納屈（Frank Sinatra）的〈午夜的陌生人〉（Strangers In The Night），以及辛納屈的一片歌手女兒南西（Nancy Sinatra）的〈穿著長靴走路〉（These Boots Were Made for Walkin'）。但是我們也聽到了〈與你相愛〉這首法語歌，我很驚訝東尼竟然把這首歌放入他在紐澤西公路之旅的播放清單裡。而且重點是，我們的老媽很愛這首歌！

抵達巴奈加特萊特（Barnegat Light）之後，依照計畫，我們要在以前夏天常來的餐廳吃午餐，或至少要選個容易回想起當初的地點。

老實説，如果我們是夏天來，的確有可能找到營業中的老餐廳，但拍攝當時是二月。大多數的店家在這個季節都沒有營業，而Kubel's卻有開。這是一家經典紐澤西海岸餐廳，位在巴奈加特萊特較多遮蔽物的一側海灣處。我依稀記得有這家餐廳，但不確定我和東尼小時候確實有來過。儘管如此，Kubel's仍很符合我們的期待，百分百符合：這裡是溫馨的在地好去處，供應炸魷魚、啤酒、炸魚薯條、漢堡之類的食物。這家店招待當地人已長達數百年，而紐澤西特輯裡出現的店家大多都有這樣的共通點。

我們家從1960到1970年代在巴奈加特萊特租過幾處房子，都是在

海邊的一層樓兩房格局,通常我們會待上兩週,有時候會待到四週。我們並不算是富裕的家庭,這裡是我們家比較負擔得起的地方。我們老爸一年只有兩週的假期,所以這麼多年來,我們都會租個地方度假一個月,爸爸放完兩週的假之後先回去上班,在接下來的兩個週末就會從紐約搭巴士回來這裡和我們團聚。

我們小時候喜歡的東西包括:老派的廉價物專賣店Surf City,裡頭有顏色讓人眼花撩亂(而且氣味讓人難忘)的沙灘玩具、充氣塑膠海灘球和水上充氣床、游泳圈、充氣船,還有迷你高爾夫,以及叫做Tumble Town的戶外彈簧床遊樂中心(現在這個時代看來真是無法想像,畢竟有過度保護的家長和不好對付的訴訟律師)。當時我們會吹著海風在露台烤肉。每天都可以吃到軟綿綿的冰淇淋甜筒。

還有,晚上去海灘在黑夜中亂晃。這真的很酷,但有時候也蠻可怕的,因為老是會覺得暗處有黑影飄來飄去。我們一群小孩就這樣在外面玩,有時候會待上好幾個小時。而且總是有人有辦法拿到仙女棒(當時是合法的)、鞭炮和沖天炮(當時並不合法,但在曼哈頓或卡羅萊納的中國城,有人不知道用什麼方法就是買得到)。直到現在,我還是很喜歡晚上時在海灘上放煙火。

巴奈加特萊特的街道都有編號,我們通常會租20號街區的房子。所以在2015年,我們回到了這裡,用東尼的車載著攝影師和收音系統,到處看看能不能找到我們記得的地方。

然而巴奈加特萊特變了很多,小農舍和樸素的住家成了更高大、更顯眼的房子。顯然,背後的原因是比較富有的遊客以及出手闊綽的年輕租客越來越多。再加上2012年的「超級颶風」珊迪造成大片災情,經過災禍重建後,我們幾乎認不出這個地方。

於是我們往大西洋城前進。

小時候爸媽帶我們去過幾次大西洋城，都是短暫停留，我只能想起一些模糊畫面，像照片一樣的記憶。我喜歡寬大的木板路、商店街、碼頭的遊樂設施，以及像體育場館那麼大的地標海鮮餐廳Captain Starn's。有一次去玩，我們下榻在歷史悠久的馬爾博羅一布倫海姆酒店（Marlborough- Blenheim Hotel），那是我第一次見到有室內泳池的飯店，當時我覺得真是太厲害了。這間飯店興建於1910年之前，帶有浮誇的西班牙和摩爾設計元素，曾經是史上最大的鋼筋混凝土建築，而且在鼎盛時期有不少顯赫的政治人物、好萊塢明星等名人入住。不過就像大部分的老建築，飯店在1978年遭到拆除。

我和老哥度過了一段很愉快的時光，但是最後在大西洋城的收尾，卻讓我覺得很悲傷。這裡曾經是揚名全世界的海岸勝地，卻衰敗了好幾十年。

1970年代，當地人把希望放在能帶來新的財富和工作機會的合法賭場，但發展卻遠不如預期，就連在最有人氣的初期也是如此。賭場建設公司蓋的是一道「柏林圍牆」——整排巨大無窗的建築群，基本上把大西洋和與其同名的城市完全隔開了。有一段時間賭場的經營狀況還過得去，但後來就一敗塗地了。到了2015年我們造訪時，大多數的木板路上的賭場都已經人去樓空，只剩下以前的川普賭場矗立在原地，留下最花俏高聳的失敗證據。大西洋城沒有如希望般重生，反而落得再死一次的窘境。

很可惜的是，當天我因為要出差，無法參與拍攝李堡的Hiram's Roadstand，這個對我來說最神聖的紐澤西景點，也是充滿我一生快樂回憶的地方。

　　我和東尼小時候來過無數次，當時我們住在隔壁的歐尼亞。當老媽不想煮飯的時候，Hiram's就是我們外出吃晚餐的首選之一。這家餐館在1932年開業，和許多典型的路邊餐館一樣，跟上1931年喬治華盛頓大橋（George Washington Bridge）啟用的風潮，這項交通建設催生出第一代自駕度假的遊客和一日遊的紐約旅客。以Hiram's來說，店面位在便利的地點，鄰近有幾十年歷史的帕利塞茲遊樂園（Palisades Amusement Park，名稱是來自弗雷迪·卡農（Freddy Cannon）於1962年發行的收音機傳唱熱門曲〈帕利塞茲公園〉〔Palisades Park〕），是這家餐館成功的關鍵之一。

　　這一帶其他眾多的路邊景點包括Callahan's，它是Hiram's長年的鄰居兼競爭對手，還有17號線上的Red Apple Rest，去卡茲奇山（Catskill）的途中會經過，但現在這家店已經不見了，原因可能是改建、房地產買賣或州際公路系統，很多路邊店面都是因為後者而不再有存在的必要。至於數十年來吸引大批遊客湧入李堡的帕利塞茲遊樂園，則已在1971年關閉，取而代之的是大型公寓建築群。

　　即便如此，Hiram's依然屹立不搖，真是老天保佑。這家店代代相傳，不屈服於一時的熱潮。這裡必點的食物包括可口的基本款漢堡和知名（又美味）的酥脆外皮油炸熱狗，還有薯條或洋蔥圈，或者你也可以兩者都點。每種食物都用紙盤盛裝，再放入可折疊的紙板餐盒。

　　據我所知，Hiram's從來沒有測試過新的菜單品項，像是卡郡水牛雞翅、培根莎莎醬漢堡或高價的優格奶昔。這裡沒有羽衣甘藍或巴西莓，只有最基本、且萬年不變的菜單。

　　Hiram's的格局也幾乎沒有變過：前方是封閉式的走道櫃台，另一面是像廉價酒吧（但是很適合家庭用餐！）的小型用餐空間。接著是

廚房，你可以看到美食鉅作在眼前成形，早在開放式廚房流行以前，
Hiram's就已經這麼做了！

　最後的最後：外面那座可怕的加油站——基本上就是時髦的洗手
間，繞到後方就會看到。到底為什麼要破壞這一小塊完美的1930年
代景緻？

紐約市

　要如何呈現出紐約市，這個東尼成年之後居住和工作一輩子的地方？小時
候他和家人一起去過中國城；青少年時期當過曼哈頓自行車快遞員；就讀烹
飪學校時在市區餐廳輪班；接下來的四十年定居在紐約，展開起起落落的烹
飪、寫作和電視業生涯，雖然過去十五年左右離開紐約的頻率和期間越來越
越長，他總是會回到曼哈頓某處。

　簡而言之，東尼和Zero Point Zero的同事總共為紐約製作了八集特輯。下
文會介紹東尼喜愛到不斷回訪的地方，有些在鏡頭前曝光過，有些則沒有。
有些內容會稍微側重在他口中所謂的「古董紐約」（Dinosaural New York），
也就是介於新舊時代間的愛店，以及幾間新近開業、但他覺得會廣受歡迎的
店家。

　「即使是在1960年代後期到1970年代早期的紐約遺跡中，也能發現此處
曾有具有高尚文化的場所。有些地方仍保留著過去的歷史和文化，讓我們可
藉此窺探過往。顯然這些店家的賣點不是時尚，有些甚至還超過時的，不過
它們都同樣值得珍惜。」43

---

43. 出自《波登不設限》，第5季第8集：消失中的曼哈頓。

抵達與離開皆通達四方

紐約有三座大型機場：規模龐大又繁忙的甘迺迪國際機場（John F.
Kennedy International Airport，JFK）位在皇后區（Queens）的東南部；規模
較小、稍嫌雜亂的拉瓜迪亞機場機場（La Guardia Airport，LGA）也位在皇
后區，面朝法拉盛灣（Flushing Bay）和鮑里灣（Bowery Bay）；還有紐華克
自由國際機場（EWR）位在紐約市西南方的紐澤西州紐華克。

甘迺迪機場和紐華克機場都有捷運與市區相連，也有公營和私營巴士選項
可以往返於市區和三座機場，另外還有常見的各種計程車和租車服務。甘迺
迪機場機場捷運（AirTrain）的相關資訊請參考www.mta.info；紐華克機場
的相關資訊請參考www.njtransit.com。

「和其他多數城市比起來，基本上這裡的大眾運輸工具全都很爛，真的會
讓人滿肚子氣。如果你有行李，在我看來，最聰明的方式，就是先找到地上
交通的標示，排隊等計程車，然後搭上黃色計程車。」[44]

當然，交通絕對是需要考量的限制因素，所以強烈建議要注意預計的旅行
時間、進行中的工程，以及其他可能讓你上不了飛機的所有阻礙。

紐約也有兩座大型車站：壯麗的布雜藝術風格建物大中央總站（Grand
Central Terminal）位在曼哈頓東區，是大都會北方鐵路（Metro-North）的南
端終點站，這條通勤鐵路路線延伸到紐約州南方的都會區和康乃狄克州；而
在西區，則有明顯不討喜的賓夕法尼亞州車站（Pennsylvania Station），是美
國國鐵、長島鐵路（Long Island Rail Road）和紐澤西交通鐵路在紐約的基
地，另外也有幾條地鐵路線停靠於此站。這裡也是體育及娛樂場館麥迪遜廣
場花園的所在地。

想要搭乘巴士前往或離開紐約市的旅客，可以在傳說中很可怕（但其實也
沒那麼糟啦）的港務局巴士總站（Port Authority Bus Terminal）轉乘灰狗巴

---

44. 出自《波登過境》，第1季第1集：紐約市。

士、紐澤西交通公司或各區巴士業者。

　　雖然東尼很少搭乘大都會運輸署（MTA）營運的紐約市地鐵，甚至以前
當廚師時也不常坐，但基本上他對這個交通系統是讚譽有加。「其實這是個
蠻方便搭乘的網格狀系統，和我們的街道一樣，而且很便宜。單程票就可以
搭到五個行政區內的任何地方，票價還包括免費轉乘一次的費用。」[45]大部
分的市區公車也是採用這套計費方式，不過有幾條快捷路線需要在公車站的
機台另外購票。

曼哈頓下城的吃吃喝喝

　　「下東城，從各個層面來看都可以說是紐約的搖籃——新移入者先是在這
裡定居、建立社區，過一陣子之後搬離，再由新一批人進駐。

　　1970年代的紐約市瀕臨破產、貪腐問題嚴重，下東城不得不自謀生計，尤
其是字母城（Alphabet City）一帶。大部分的區域都被棄置、破壞或空無一
物。很多地方成了交易毒品的露天超市，整個街區遭到有組織的毒品幫派佔
領。當時的租金相當便宜，於是住宅區開始吸引新一批很有活力和創意的居
民，他們想要創作音樂、詩歌、電影和藝術。那時候，每個人看起來都像大
明星，可以稱得上是下東城的黃金時代，至少有一段時期是如此。然而這一
帶很危險，住在這裡，你必須有勇氣、有才華，而且通常要迅速應對許多狀
況。現在這裡已經非常不一樣了。」[46]

Russ & Daughters

　　「從開幕至今，Russ & Daughters一直都是煙燻和醃製魚肉的專家，這家
店的前身是推車小販（pushcart），算是一種開胃菜專賣店。馬克・羅斯
（Mark Russ）的祖父是這家店的創辦人，提供最古老、也最樸實的歐亞風

---

45. 出自《波登過境》，第1季第1集：紐約市。
46. 出自《波登闖異地》第1207集：下東城。

味。店裡的一對一服務完全沒變，和過去這裡還是住宅區的時候一樣。透過網站或相關的宣傳資料，你可以先瞭解店內的眾多商品。一旦你這麼做之後，肯定就會掏腰包購買了。」

「一百年前，附近的社區多半是猶太人，而且幾乎都很貧困。就像很多好東西一樣，我們曾因為它便宜才吃的食物，現在每磅要價得超過40美元。」[47]

在2014年，Russ & Daughters經營一個世紀之後，在果園街（Orchard Street）又開了一間餐館，距離本店只有幾個街區，顧客可以坐下慢慢享用燻魚或魚子醬拼盤配沙拉或湯，再來杯葡萄酒或雞尾酒。

Katz's Delicatessen

「Katz's Delicatessen是最典型的紐約餐廳，秉持著叛逆精神，不隨波逐流。入場資格是要愛紐約，也愛煙燻牛肉。」

「如果有外地人對這間店感到大驚小怪，紐約人會忍不住翻個小小的白眼，不過你只需走到櫃台前面，直盯著那一堆熱騰騰的煙燻牛肉、鹽醃牛肉和牛腩不放，然後深吸一口氣，就會再次想起什麼是活著，為什麼住在紐約值得引以為傲。」

東尼必點的是什麼呢？「煙燻牛肉黑麥三明治。煙燻牛肉只能手切，因為肉質非常嫩，如果用機器切會變成一團糊，而且要切成肥瘦相間的厚片。牛肉必須放在剛出爐還溫熱的黑麥麵包上，然後抹上大量的黃芥末。當然，你還要加上一些酸菜，再來杯奶油汽水。」[48]

Emilio's Ballato

Emilio's Ballato從外頭看起來非常不起眼，不過卻是當紅音樂家和演員的

---

47. 出自《波登不設限》，第5季第8集：消失中的曼哈頓。
48. 出自《波登不設限》，第5季第8集：消失中的曼哈頓。

秘密天堂，這間美式義大利餐廳從1956年起就在東休斯頓街（East Houston Street）低調營業。目前的經營者兼主廚埃米利奧·維托羅（Emilio Vitolo）從1992年開始接手管理，經常可以看到他就坐在門邊的桌前。

有些敏感的酸民和其同類人曾經抱怨過這家店像私人俱樂部般，令人感覺有點排外，難以親近。不過為什麼不鼓起勇氣走進去吃看看呢？市中心仍有不少現存的義大利餐廳會供應道地的黑胡椒乳酪義大利麵，或是帕瑪森烤牛肉佐義式細麵等料理，但埃米利奧端出來的就是特別美味。

合記飯店

「對一個在紐澤西州長大的小孩來說，全家人經常一起去中國城就像是刺激的冒險。那裡是充滿異國風情的樂園，到處都是龍的圖案、會算命的雞，還有滾球機（Skee Ball）。

不過，那個年代的食物越來越不討喜，大家開始意識到，中國有許多不同的省分，中國城的料理可能根本不是道地的廣東菜。後來，我們的經驗越來越豐富，也嚐過更道地的料理，但我想我們可能也失去了一些東西。而且我很懷念那些古早風味，就像合記飯店這樣的餐廳，依然供應著一壺又一壺的茶水、炸春捲，以及其他從當年就有的經典菜色。」

東尼從童年就烙印在心中的必點料理包括餛飩湯、炸春捲、燒排骨、豬肉

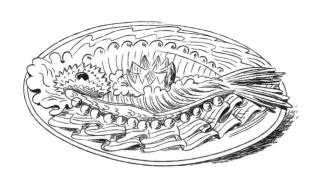

炒飯和糖醋肉。

「當初，我們家大概還不知道外面存在著我們不知道的美味世界。現在回想起來，感覺真的好傻好天真，但那時候真是一段快樂的時光，眼前看到的一切彷彿都閃閃發亮，也充滿新鮮感。」[49]

● Russ & Daughters：179 East Houston Street, New York, NY 10002，電話：+1 212 475 4880，www.russanddaughters.com（無固定價格）

● Katz's Delicatessen：205 East Houston Street, New York, NY 10002，電話：+1 212 254 2246，www.katzdelicatessen.com（煙燻牛肉三明治價格為23美元）

● EMILIO'S BALLATO：55 East Houston Street, New York, NY 10012，電話：+1 212 274 8881（無網站）（一餐價格約50美元／人）

● 合記飯店（HOP KEE）：21 Mott Street, New York, NY 10013，電話：+1 212 964 8365，www.hop-kee-nyc.com（一餐價格約25美元／人）

曼哈頓中城的吃吃喝喝

Esposito's Pork Store

「感謝老天讓Esposito's Pork Store存在。就我所知，這世上已經沒有幾家像這樣禁得起考驗的好肉舖了。你應該可以理解吧，我就住在附近的大樓，所以這對我來說根本就是完美的早餐：牛蹄、牛肚、好吃的煙燻豬尾，就在眼前。」[50]

這家肉舖正式的名稱是Esposito Meat Market，創立於1932年，現在依然在原店址營業，並由家族第三代的泰迪‧埃斯波西托（Teddy Esposito）接手管理。

---

49. 出自《波登不設限》，第5季第8集：消失中的曼哈頓。
50. 出自《波登不設限》，第5季第8集：消失中的曼哈頓。

Keens Steakhouse

Keens Steakhouse不太可能倒店，事實上它是曼哈頓僅存這種類型的唯一牛排館，數十年來都持續提供簡單的懷舊美食。

「現在這個時代，好像每個名廚、餐飲集團、頂尖經營者或TGI星期五餐廳都想要進軍牛排館事業——但他們做不到這種程度，很難。如果你想找到真正的紐約風牛排館，從紐約開始就對了。而且說真的，沒有人可以比Keens做得更好或更道地。

這裡充滿傳統保守的舊時代文化，是屬於男人的世界。在這種男性聚會中，通常會提供豐盛的牛排等肉食。過去這裡也曾是政治菁英彼此交流的場所，空間中瀰漫著煙霧與廚師圍裙沾著血腥的味道。跟肉有關的食物是此處的重點美食，其他還有一些無法超越、也無可比擬的料理，像是雞尾酒鮮蝦（jumbo shrimp cocktail），而且要配辣醬，我可不想沾芥末美乃滋。來到這裡的男人，得有足夠的胃口跟食量享受豐盛的菜肴。這裡有各式各樣的肉，可以選擇羔羊或羊排、牛排或一大片半熟的烤牛肉，配菜就只有唯一一種奶油菠菜。也許可以再來點薯餅。」51

餐廳的服務熱情又專業，吧台以威士忌和紅酒見長，最後來一份墨西哥萊姆派，就可以為當晚劃下完美的句點。

Gray's Papaya

比起曼哈頓街邊餐車賣的「髒水」熱狗52，更便宜也絕對更衛生和美味的，就是Gray's Papaya的熱狗了。

「這裡是紐約深夜出沒的廚師和當地人夜遊的好去處，也是我的第二個家。經典紐約客窮人餐就是：肉類、澱粉和蔬菜，全都濃縮在這幾口裡。烙

---

51. 出自《波登不設限》，第5季第8集：消失中的曼哈頓。

52. 編註：這是指在紐約等地熱狗攤販所使用的熱狗烹飪方式。這種熱狗是在加熱的水中煮熟，過程中水會因為長時間不更換或清洗而變得渾濁不清，因此被稱為「髒水」熱狗。

印在錫箔紙上那種特殊的紐約熱狗香氣、德式酸菜，以及營養的木瓜飲料綿密可口的口感。天啊，當我想念紐約的時候，最懷念的就是這一味。」53

近年來，Gray's 的分店和其他同樣知名的熱狗專賣店都不幸遭到曼哈頓高漲的房租拖累，不過位在上西城和港口局附近時代廣場的分店仍然生意興隆，兩處店點都是二十四小時營業。

The Distinguished Wakamba Cocktail Lounge

「這裡就像是另一個時代的遺跡。」東尼這樣對雜誌《FOOD & WINE》形容 The Distinguished Wakamba Cocktail Lounge。

店名雖然叫做雞尾酒吧，但其實有點言過其實。「吧台裡根本沒有調酒師，如果你想點的飲料超過兩種成份，對方應該不會給你好臉色可看。」但你絕對會忍不住愛上這裡原汁原味的南太平洋小島裝飾風格，或是「帶著危險氣息的媚俗設計，我覺得應該有人死在這裡過。」

● Esposito's Pork Store：500 Ninth Avenue, New York, NY 10018，電話：+1 212 279 3298，www.espositomeatmarket.com（無固定價格）
● Keens Steakhouse：72 West 36th Street, New York, NY 10018，電話：+1 212 947 3636，www.keens.com（一餐價格約100美元／人）
● Gray's Papaya：2090 Broadway, New York, NY 10023，電話：+1 212 799 0243，以及612 8th Avenue, New York, NY 10018，電話：+1 212 302 0462，www.grayspapaya. nyc（加料熱狗含飲料價格約7美元）
● The Distinguished Wakamba Cocktail Lounge：543 Eighth Avenue, New York, NY 10018，電話：+1 212 564 2042（啤酒價格為4-5美元，雞尾酒價格為8-10美元）

---

53. 出自《波登過境》，第1季第1集：紐約市。

曼哈頓上城的吃吃喝喝

Le Veau d'Or

「這裡像是宇宙中的黑洞，是通往其他維度的傳送門。」Le Veau d'Or 餐廳有如保存良好的化石，是傳統法式精緻餐飲界中歷史最久的古董。

「這家餐廳藏身在低調的外觀和一些暫時性的鷹架後方，可以讓人時空穿越到法國，而且是 1930 年代到 1940 年代的法國。在店內，從畫作、木製品到身穿燕尾服的服務生，儼然就是回到 60 年前。這家餐廳霸氣十足地反潮流、時間、邏輯及理性而行，光是菜單就足以讓人踏上通往過去的旅程，菜單上那些食物在我小時候就已經算是古早料理了。」

讓東尼如此充滿懷舊情感的是這些法國經典料理：西芹頭沙拉（remoulade）、里昂乾腸千層酥派（saucisson chaud en croute）、主廚肝醬（pâté du chef）、燉春雞（poussin en cocotte）和樹莓醬桃子霜淇淋（peach melba）。**「我真是太滿足了，真的太棒了。我的人生又充滿了光明，宇宙也恢復了秩序。」**54

2019 年，經驗豐富的主廚兼經營者里亞德・納斯爾（Riad Nasr）和李・漢森（（Lee Hanson）宣佈，他們已經買下 Le Veau d'Or，並且會重新裝修，兩人也承諾會保留經典菜單和服務的精神和精髓（包括蛙腿、蝸牛和牛肚），同時對空間做必要的升級。在編寫本書的當下，翻新工程正在進行中。

Pastrami Queen

東尼從來沒有帶著拍攝團隊去過 Pastrami Queen，這是一間位在上東城的猶太潔食熟食店，和煙燻牛肉三明治名店 Katz's 很類似，但他對這間店的喜愛程度也不遑多讓，每當有紐約媒體想知道東尼沒旅行時都喜歡吃些什麼，他總是會提到 Pastrami Queen。

---

54. 出自《波登不設限》，第 5 季第 8 集：消失中的曼哈頓。

2016年4月的某天早晨，東尼剛結束長期在海外錄製節目的行程，從完全沒有類似紐約熟食店美食的地方回來後，他寄了封電子郵件給我，信中他這麼寫著：

「可以請妳安排一下外送Pastrami Queen到我的公寓嗎？可以在下午1點前送到嗎？謝了！

1份煙燻牛肉黑麥三明治
1磅切片火雞肉
2磅碎肝
1條切片黑麥麵包
2份馬鈴薯煎餅
1/2磅切片牛舌
1/2磅馬鈴薯沙拉。」

Barney Greengras

「每次我想要用全紐約最讚的早餐犒賞自己時，更正，應該是全宇宙最讚的早餐，我就會去一間因早餐而聞名的店家，就位在我住的社區，那就是傳說中的Barney Greengras，有『紐約鱘魚之王』之稱。」

店裡的用餐空間並不是特別的出色或舒適，服務也只能用「粗魯」來形容，但對很多紐約人來說，沒有任何店的餐點能比得上這裡的經典早餐。如果有剪輯人員把《波登不設限》或《波登闖異地》的片段剪接得特別精彩，東尼就會寄一份Barney Greengras禮物籃到對方家以表達謝意。

「這家店從1908年開始在紐約營業，當時有超過一百萬名來自東歐的猶太人移居紐約市。在這裡點餐會遇到很多問題，因為菜單上有太多好東西了。鱘魚是燻魚的絕對王者，雖然是薄片卻口感結實，帶有細膩到幾乎像是奶油的風味。所以想當然，我點的是鱘魚拼盤。」

東尼也很喜歡冷燻鮭魚配上炒到焦糖化的洋蔥和雞蛋，而且經常會外帶一份的碎肝，混合大量鵝油、更多焦糖化的洋蔥和水煮雞蛋泥。眾所皆知，東尼不是有虔誠信仰宗教的人，但去過 Barney Greengras 之後，他竟然感動到這麼說：「**如果上帝創造出更美味的東西，一定會留著自己享用。**」[55]

Bar Boulud

東尼和丹尼爾・布魯德兩人雖然在料理界屬於完全不同的領域，他們的友誼卻相當穩固，只要行程對得上，他們就會合作，或單純享受彼此的陪伴，再配上一些美味的食物和葡萄酒。

在《波登不設限》的「食色狂潮」（Food Porn）特輯中，大部分的內容都是在紐約拍攝，東尼和丹尼爾來到 Bar Boulud，在大師級豬肉販吉爾斯・維洛（Gilles Virot）的指導下開發和料理菜單，與熟食冷肉（charcuterie）有更進一步的接觸。

「古時候的大師、昔日的主廚，尤其是18和19世紀法國的大廚，他們深知其中的訣竅，很瞭解該怎麼處理各種野獸的每一個部位，美味的熟食冷肉就是這麼來的。把這些肉堆疊、塑形、裝飾後冷卻，裹上細緻的酥皮，灑上松露，並且用清澈到如鑽石般的肉凍加以裝飾，這就是天上珍饈。做到這個地步，可以說是幾乎失傳的藝術。」

「在我眼裡，熟食冷肉的巔峰就是酥皮野味（tourte de gibier），雖然這道菜來自如今根本沒什麼人記得的那個年代，但它突破時空限制，上演了一場狂野大秀。基本上這就是像超級浮誇版的酥皮肉派（pâte en croute），將風味獨特的雉雞、野豬、斑鳩、麋鹿和鵝肝分層疊在一起，包入恰到好處的酥皮，最後裹上薄薄一層金黃色天然肉凍，像是要隔絕和防範殘暴的外力。」

「這裡的招牌是嚇人又可口的血腸，也是世上最美味的食物之一。這種古

---

55. 出自《名廚吃四方》，第1季第19集：我的家鄉愛店（MY HOMETOWN FAVORITES）。

老又原始的料理可以讓你每咬下一口，都嚐到人類歷史上所有的美好滋味。神秘、黑暗又巨大的血腸，口感柔軟，但在剛咬下的瞬間又帶有些許彈性，而在咬斷之後，所有的風味瞬間湧入口中。血、洋蔥和香料，帶來絕對的愉悅感，卻又勾起一點點的罪惡感。」

「最後是豬頭肉凍（fromage de tete/ head cheese）：頰肉、豬舌、豬耳，各種鮮明又充滿生命力的風味及口感交織在一起。」56

布魯德回想那頓午餐以及他記憶中的東尼時這樣表示：「說到豬頭肉凍，最有美感的地方就是你要用豬的其中一個部位呈現出豐富的風味，也就是豬的頭部，包括豬鼻、豬耳、頰肉、豬舌，還有豬頰兩側那些充滿膠質的肉。這些部位都是連著頭骨一起烹煮，對我來說這就是美感和美味所在。我覺得對東尼來說，任何可以連頭骨一起煮的食材，都是好食物。」

Kitchen Arts & Letters

「你知道什麼是好東西嗎？書。說出這句話我一點也不會心虛。我有閱讀的習慣，而且我不只讀書，還收藏書，我會收藏關於食物和烹飪的書籍。很令人驚訝，對吧？在曼哈頓上東城，剛好有一家特別迷人的書店叫做Kitchen Arts & Letters。店裡有各種以食物為主題的書籍，可說是選書最出色的書店，你也可以在這裡找到罕見且很難買到的書。」57

以下是給消費者的注意事項：書店內也販售時下的暢銷書和期刊，在管理合夥人麥特‧薩特威爾（Matt Sartwell）的領導下，員工人數雖少但非常熱心。

●Le Veau d'Or：129 East 60th Street, New York, NY 10022，電話：+1 212 838 8133（價位中等至昂貴； 改裝後的餐廳定價尚未確定）

---

56. 出自《波登不設限》，第5季第7集：食色狂潮。
57. 出自《波登不設限》，第5季第8集：消失中的曼哈頓。

●PASTRAMI QUEEN：1125 Lexington Avenue, New York, NY 10075，電話：+1 212 734 1500，www.pastramiqueen.com（辣煙燻牛肉三明治價格為20美元）

●BARNEY GREENGRASS：541 Amsterdam Avenue, New York, NY 10024，電話：+1 212 724 4707，www.barneygreengrass.com（蛋炒鹽漬鮭魚價格約20美元）

●BAR BOULUD：1900 Broadway, New York, NY 10023，電話：+1 212 595 0303，www.barboulud.com（開胃菜價格約21美元，主菜價格約33美元）

●Kitchen Arts & Letters：1435 Lexington Avenue, New York, NY 10128，電話：+1 212 876 5550，www.kitchenartsandletters.com（無固定價格）

外行政區

　　「我認為自己的人生已經很圓滿、很精彩了，我沒有否定自己的理由。我走遍全世界，也做了很多事。可是說到我住的城市，我號稱引以為傲的家鄉，老實說，我認為似乎還是個謎，我對它真的一無所知，這實在有點諷刺。我對新加坡的認識可能比對紐約外行政區還要多。天啊，我就是在說皇后區、布朗克斯、史泰登島和布魯克林，我真的一點都不瞭解這些地方。」

　　「隨著日子一天天過去，我越來越明白，如果要瞭解我住的這座城市——天殺的紐約市、美國的美食之都，我已經錯失良機；火車出發了，遊行結束了，公車開走了，但我卻沒跟上。如今為時已晚，不過至少，我可以心懷歉意地隨性品嚐一點東西，就像是在傷口上撒鹽，提醒自己錯過了多少東西。原本我可以做得更好的。我也真心希望，這對各位來說還不會太晚。」[58]

皇后區

　　「在這個年代，開皇后區的玩笑只會透露出你是什麼樣的人，而無法顯現皇后區是什麼樣子。因為這可是皇后區啊，如果你想找大份量、多樣性的食

---

58. 出自《波登不設限》，第5季第19集：外行政區。

物，只要你說得出，這裡都做得到。」

「熟練手工拉製的麵條和羊肉，悠遊在牛奶色澤的清湯裡，配上充滿香氣的蔬菜和香草，像是芫荽、百合、枸杞和黑木耳。一點點香料就能把所有食材都融合在一起。」[59]

西安名吃的原店位在現已停業的法拉盛皇后區黃金購物中心（Golden Shopping Mall），是一處佔地約十九平方公尺的地下室攤位，不過現在空間較大的新店就在一個街區外，曼哈頓、皇后區和布魯克林也有幾處分店。

王傑森（Jason Wang）的父親石大衛（David Shi）在東岸各大中式餐廳任職十年之後，創辦了西安名吃，他則是大學畢業沒多久就開始參與父親的事業，而在東尼來訪之後，他更計畫擴大事業版圖，也很快就獲得肯定。

王傑森為本書補充了一點說明：「餐廳裡的招牌料理雖然是源自西安或陝西省的菜色，卻是我們家獨門的做法。這裡的食物當然不會和西安街上吃到的味道一模一樣，我們是依照自己偏好的口味，對食物進行詮釋。舉例來說，我們的孜然羊肉辣麵，還有因為東尼介紹而爆紅的孜然羊肉辣味漢堡，在西安根本就不是常見菜色。孜然羊肉料理確實在當地很常見，可是很少搭

---

59. 出自《波登不設限》，第5季第19集：外行政區。

配麵條或漢堡麵包。我們的料理也許會讓一些人（像是來自中國北方的移民）在異鄉想起道地的家鄉味，也可能會讓一些不是來自中國、或甚至完全不熟悉這種料理的人，開始踏入全新風味的領域，徹底打破他們對中式料理的認知。」

● 西安名吃（Xi'an Famous Foods）：41-10 Main Street, Flushing, NY 11355，電話：+1 212 786 2068，www.xianfoods.com（麵食料理價格為7-8美元）

布朗克斯

「我原本以為紐約已經沒有這種店家，一間間從我們生活的社區中消失了。結果，原來像這樣豬肉美食源源不絕的店一直都在，就在我們眼前。」

這家店叫做188 Cuchifritos，供應的是傳統紐約波多黎各好料：例如血腸（morcilla）、磨豐果（mofongo，炸大蕉佐大蒜和豬皮）、炸熟大蕉（plátanos），當然還有炸豬雜（cuchifritos），也就是把各種碎料如豬耳、豬舌和豬鼻拿去油炸。

「怎麼可能會有人不喜歡這間店？這裡可是我在紐約看過最接近豬肉宇宙中心的地方啊。」[60]

● 188 Cuchifritos：158 East 188th Street, Bronx, NY 10468，電話：+1 718 367 4500（無網站）（一般盤菜價格約7美元）

布魯克林

《波登不設限》最後一集的內容是東尼的布魯克林探索之旅，這一區就在東尼所住區域的隔壁，但他認為自己從沒有好好認識過那裡。

---

60. 出自《波登闖異地》第402集：布朗克斯。

布魯克林幅員廣闊，儘管近年來越來越有名士的派頭，不過骨子裡依然是個無比多元的行政區，東尼從一端逛到另一端，然後在羊頭灣（Sheepshead Bay）的海邊稍做停留，造訪了堪稱義大利紅醬料理的指標餐廳：Randazzo's Clam Bar。

Randazzo's的起源可以追溯到幾十年前的家族事業，原本是海鮮小販，後來發展成一間熱鬧滾滾、客人絡繹不絕的餐廳。該店以長時間煨煮、帶有濃烈奧勒岡香氣的紅醬而聞名，在料理各種海鮮和義大利麵時都會用此醬調味。

「店裡的菜單，從蛤蜊吧餐廳還盛行時到現在都沒變過，不過菜單上的菜色，包括帕馬森起司雞肉、水煮鮭魚、龍蝦蕃茄義大利麵（lobster fradiavolo）等，現在已經很難在曼哈頓的餐廳看到了。這種美式義大利料理基本上就是有龍蝦、蝦、貽貝、蛤蜊，還有辣味義式紅醬，拌入失去彈牙口感的軟爛義大利麵裡，份量大到可以餵飽下東城一整個街區的人。如果你沒辦法真心享受Randazzo's的風味，那你就是個遊魂。」[61]

●Randazzo's Clam Bar：2017 Emmons Avenue, Brooklyn, NY 11235，電話：+1 718 615 0010，www.randazzosclambar.nyc（義大利麵價格約20美元，主菜價格約25美元）

史泰登島

「史泰登島的暱稱是『石頭』（the rock），這一區對我來說一直都是個謎。我知道「美國犯罪集團老大」保羅・卡斯特蘭諾（Paul Castellano）住在這裡，但我對這裡的認知大概就只能到這種程度。位在布魯克林、曼哈頓和紐澤西之間的史泰登島，不像它的那些鄰居一樣，那麼具有辨識度。」

相較於紐約有眾多多元而豐富的移民社群，史泰登島的斯里蘭卡族群人口

---

61. 出自《波登不設限》，第8季第18集：布魯克林。

偏少，但卻是紐約市的斯里蘭卡移民核心，想當然，這裡可以找到最可口的
斯里蘭卡食物。

New Asha

「New Asha就像是島上許多佛教徒、穆斯林和印度教徒的小園地，當然
也包括任何喜歡斯里蘭卡辛辣料理的人。這裡的招牌是山羊黑咖哩，我想應
該和印度咖哩很類似，不過因為香料用煎鍋烤過，味道更辛辣而豐富。」62

這是一家小型的樸實餐館，店內只有幾張桌子和隨性的櫃台式服務。在這
裡你也可以嚐到雞蛋薄餅（hoppers，用發酵米粉糊製成的碗狀烤餅，並在
中間加上太陽蛋）、各式各樣風味濃厚的豆類、蔬菜和以椰子為主的調味
料，這些都是斯里蘭卡廚師的拿手好菜。

Jade Island

「要喝一杯的話，就只能去一趟華麗的Jade Island了，這間絲毫不受歲月
洗禮影響的餐廳，可以說是正統南太平洋小島風格的聖地。」

Jade Island也供應傳統的廣東料理，炸春捲、餛飩湯、糖醋肉，也就是東
尼小時候在曼哈頓中國城嚐到的風味。

「我要阿莎力地喝下這杯『獵頭』（Head Hunter），這是以水果加蘭姆酒
的特調飲料。說真的，反正有插一支小雨傘而且裝在頭顱造型的杯子就好
了，誰在乎裡面是什麼啊？我突然覺得渾身充滿戰鬥力，我好愛這個地方。
如果我住的社區有賣這種飲料，我一定會變成更好、更優秀的人。」63

● New Asha：322 Victory Boulevard, Staten Island, NY 10301， 電 話：+1 718 420
0649（咖哩價格約5美元；薄餅價格為4美元）

---

62. 出自《波登不設限》，第5季第19集：外行政區。
63. 出自《波登不設限》，第5季第19集：外行政區。

● Jade Island：2845 Richmond Avenue, Staten Island, NY 10314，電話：+1 718 761
8080，www.jadeislandstaten.com（一餐價格約14美元）

奧勒岡州，波特蘭

太平洋西北地區勇於冒險的精神讓東尼非常著迷。此處較偏遠，歷來在科
技、藝術和音樂方面的創新不斷，天氣陰沉詭譎，盛產優質海鮮、農產品、
葡萄酒和（合法的）大麻，這些種種成就了整體充滿魅力的西北地區。

「波特蘭，這裡的政府應該可以算是自由主義。這座怡人的城市只有六十
五萬人，大多數人看起來都是廚師或老饕。不過波特蘭可不是只有傳統手工
起司，或是出自嬉皮之手的高級有機農產品。親愛的朋友，波特蘭可是有黑
暗面的。」[64]

抵達後通達四方

波特蘭國際機場（Portland International Airport，PDX）主要服務美國各地
的航班，以及一些往返加拿大、墨西哥、西歐和日本的班機。呼應這座城市
崇尚獨立創作的特異風格，機場有微型電影院展示當地電影製作人的作品，
還有個自行車修理站，以及美國機場首見的品酒間，供應House Spirits
Distillery釀製的威士忌和其他烈酒。

如果要從波特蘭機場前往市區，可以搭乘輕軌列車MAX Red Line，單程
票價為2.5美元，車程大約40分鐘。（市區輕軌、巴士和通勤鐵路系統的完
整資訊請參考www.trimet.org。）另外也可以搭乘計程車，車資約35美元加
上小費；車程為20至40分鐘，視交通狀況和目的地而定。

這裡有三種美國國鐵列車，瀑布號（Cascades）和海岸星光號（Coast

---

64. 本節引用內容皆出自《波登不設限》，第2季第13集：太平洋西北地區。

Starlight）的路線是南北向，而帝國建設者號（Empire Builder）則是東西向連接芝加哥和西北地區，三者都會在波特蘭的聯合車站（Union Station）停靠。（詳情請見www.amtrak.com。）聯合車站興建於1896年，位在市中心區，鄰近威拉米特河（Willamette River）西岸，此處的一大特色是邀請路人「來搭火車」（Go By Train）的霓虹燈招牌。

波特蘭是對自行車很友善的城市，有大量的自行車專用道、路徑和山林小路，也有獨立經營且價格合理的自行車共享系統Biketow可使用。詳情請見www.biketownpdx.com。

住在鬧鬼的希斯曼飯店

「乍看之下，希斯曼飯店是個時尚又溫馨、舒適又奢華的住宿地點。這裡有貴氣的柚木、水晶吊燈，還有安迪・沃荷的藝術品，不過只要仔細觀察，就會發現背後有個可怕又暴力的故事，是段與悲劇、死亡和可能鬧鬼有關的黑暗歷史。」

根據地方傳說，大約在1930年代有位房客從飯店八樓跳下，他墜落時經過的每一間客房恐怕都會鬧鬼，也就是所有尾數是「03」的房間。據傳曾經發生過家具和物品莫名移位，還有整杯水消失和處方用藥不見的事件。

撇除超自然現象的謠言（或不滿的員工）不談，希斯曼飯店是間建於1927年的豪華飯店，客房和公共空間都十分寬敞，服務無可挑剔，還有很不錯的Headwater餐廳，由主廚維塔利・帕利（Vitaly Paley）和他的妻子金柏莉（Kimberly）負責經營。

從希斯曼飯店可以步行抵達波特蘭藝術博物館（Portland Art Museum），以及隔壁的亞琳・施尼澤音樂廳（Arlene Schnitzer Concert Hall）。

●希斯曼飯店（Heathman Hotel）：1001 SW Broadway, Portland, OR 97205，電話：+1 503 241 4100，www.heathmanhotel.com（客房價格約每晚150美元起）

吃吃喝喝的美食時間

Apizza Scholls

「著迷是一種古怪的狀態，有時候也是件很美好的事。有些人會蒐集玻璃蛋，有些人是收藏剪下來的指甲和死皮，這樣他們就能在地下室裡打造出心目中夢幻女郎，還有一些人則喜歡做披薩。」

「歡迎來到波特蘭的 Apizza Scholls。這家店位在以手作料理出名的社區，具有滿腔的熱誠，一心只想把料理做到最好，老闆布萊恩‧史潘格勒（Brian Spangler）就是背後的推手。」

史潘格勒著魔般地想要徹底理解發酵的藝術，為了讓這門技藝臻於完美，還規定每一種披薩的配料份量都必須有所限制，而其成品所展現出來的絕佳品質，也深獲東尼的尊重和敬佩。

2008 年東尼為了拍攝《波登不設限》來訪時，史潘格勒向他解釋了「配料不超過三種」的規則。「製作披薩的重點就在於平衡，」他這麼說：「餅皮配上醬料、加上起司，能夠維持這之間的平衡，就表示做披薩的人真的懂這門技藝。我們店裡的麵團百分百都是手工揉製，完全不使用揉麵機，才能做出這種口感，不只要有點彈性，還要帶些酥脆。說起來簡單，但要做到真的很難。」

嚐到成品之後，東尼這麼說：「這可是決定性的一刻……噢耶！這就是紐約披薩，真的是非常、非常好吃的頂級紐約披薩。這就是他想要做出來的東西，這就是他著迷於親手做出來的美食，雖然我不知道紐約到底還有誰仍在用手揉麵團。說真的，這實在太狂了，是讓人著迷的美味。」

Voodoo Doughnut

「Voodoo Doughnut 的美食，這是莓果麥片嗎？等等，應該是水果口味的麥片圈吧！那上面放的是培根嗎？竟然把甜甜圈和培根加在一起！」

「肯尼斯‧「貓爹地」‧波格森（Kenneth 'Cat Daddy' Pogson）和他的搭檔

理查・「崔斯」・夏儂（Richard 'Tres' Shannon）為美國人最愛的點心打造了詭異混亂的世界觀！起身反抗吧，你們這些叛逆的甜甜圈！」

東尼在2008年造訪時，Voodoo Doughnut還只有一間店，現在已經擴展到有八間分店（而且數量持續增加中），遍佈於奧勒岡州、加州、科羅拉多州、德州和佛羅里達州。

本店的怪誕精神至今未曾改變，波特蘭、科羅拉多和德州分店則是二十四小時營業全年無休，招牌品項包括「骯髒老混蛋」（Old Dirty Bastard，自培酵母甜甜圈裏上巧克力糖霜、Oreo餅乾和花生奶油）和酸甜軟糖（Tangfastic，香草糖霜蛋糕甜甜圈灑上Tang果汁飲料粉，並加上棉花糖），每間分店都吸引了想大快朵頤的顧客大排長龍。

● Apizza Scholls：4741 SE Hawthorne Boulevard, Portland, OR 97215， 電 話：+1503 233 1286，www.apizzascholls.com（前菜和沙拉價格為11–14美元；18吋披薩價格約每份25美元）

● Voodoo Doughnut：22 SW 3rd Avenue, Portland, OR 97204， 電 話：+1 503 241 4704，www.voodoodoughnut.com（甜甜圈價格為0.95美元起，取決於尺寸和佐料）

賓州，費城

直到2012年拍攝第二季的《波登過境》時，製作旅遊節目超過十年的東尼，才帶著拍攝團隊前往費城，總算是彌補了遺珠之憾。

「費城，號稱友愛之城（City of Brotherly Love）。我們會盡量避開那些老掉牙的東西，不會有任何起司牛排，費城也老早就已經不流行這個了。特別聲明一下，我對起司牛排沒什麼意見，我還蠻喜歡的，只是時代已經變了。」

「我和費城的關係向來都……說是複雜好了。有一陣子，大概是我在進行簽書巡迴的時候，會有人對我說：『嘿，你應該要來費城做節目』，然後很快就變成有人說：『你怎麼還沒來費城錄節目？』最後一下子就變成：『去死吧，我們才不需要你。』費城人的個性大概就是這樣，而且奇怪的是，我覺得這種態度其實還蠻迷人的。」[65]

抵達後通達四方

費城國際機場（Philadelphia International Airport，PHL）位在市中心以南約11公里處，各大航空公司都有在此服務。如果要前往市區，你可以搭乘市營的SEPTA鐵路（請參考www.septa.org），車程大約25分鐘，票價為8美元，或是搭乘跳錶計程車，車程為20到30分鐘，車資加上小費大約30美元。

進入市中心之後，東尼建議：「費城蠻適合走路的，所以其實不需要開車。而且說實話，在這裡找車位很痛苦，所以還是盡量避免租車吧，這裡大眾運輸還不錯。」

---

65. 本節引用內容皆出自《波登過境》，第2季第9集：費城。

今晚住哪裡？

在住宿方面，費城的飯店算是高價，和紐約或華盛頓特區不相上下，不過市中心和附近一帶還是有些平價的連鎖旅館可選擇。東尼只會在費城待幾天，花的又是公司的錢，身為豪華飯店狂熱粉絲的他建議住里滕豪斯廣場（Rittenhouse Square）的里滕豪斯飯店（Rittenhouse Hotel）。

它是傳統的大飯店，旅客可以用昂貴的價格換取奢豪的體驗。這家寵物友善的飯店附有泳池和水療設施、免費擦鞋服務、會開Jaguar汽車載你遊遍全市的待命司機、二十四小時的客房服務和禮賓部、四間餐廳、美髮沙龍以及花店。

● 里滕豪斯飯店（Rittenhouse Square）：210 West Rittenhouse Square, Philadelphia, PA 19103，電話：+1 215 732 3364，www.rittenhousehotel.com（客房價格約每晚400美元起）

起司、三明治、巨結腸症
Di Bruno Brothers

「早在1884年，義大利移民就開始落腳在南費城，直到今天，這一區仍被視為費城義大利裔社群的核心地帶。在第9街的Di Bruno Brothers起司專賣店，是從1939年就由家族經營的店面，老闆（Emilio Mignucci）基本上就是在這條街上成長的。」

「我知道你在想什麼，你認為我會去打開那道門，然後看到莫札瑞拉起司、一些義大利火腿、一些吊掛的波芙隆尼起司，還有處理熟食的料理台，對吧？這些他們都有，一應俱全。可是我的老天，他們有的可不只這些，而是來自世界各地的神奇起司，有柔軟、濃郁、液狀，還有各式各樣美味的選擇。」

Di Bruno Brothers現在有五間零售分店，還有穩定發展的線上事業和一家

葡萄酒與起司酒吧，不過位在第9街的本店是這一切的源頭，店面與義大利市集區的農產品街頭小販、肉舖、魚販、麵包店等相鄰，店內擺滿進口特產，員工友善且非常專業。

Paesano's

下一站，到Paesano's來一份正統的三明治，由老闆彼得·麥德魯斯（Peter McAndrews）親手製作。

「好啦，我知道他不是義大利裔，但是他做的三明治非常厲害，大多數的三明治也和他一樣瘋到極限。Liveracce三明治聽起來不怎麼樣，裡面有酥脆炸雞肝、義大利臘腸、戈貢佐拉起司（gorgonzola）、橘子果醬、萵苣。說真的，這些東西我全都喜歡，可是要加在一起，我還是有點懷疑了。但不知道為什麼，它們還真的蠻合的，太奇妙了。」

如果你想來點健康的口味，又剛好有幾位朋友同行，建議可以嚐嚐Arista（烤豬肉、球花甘藍、義大利甜椒和波芙隆尼起司）、Paesano（牛腩佐波芙隆尼起司、希臘金椒和炒蛋），以及 Gustaio（羊肉腸、芥末櫻桃、戈貢佐拉起司和烤蕃茄）。但如果你只有獨自一人，最好帶點胃藥，在大快朵頤後找個安全的地方小睡片刻。

馬特博物館

「這裡有說不完的歷史故事。例如，他們在這裡簽署了《美國獨立宣言》、憲法，還有這裡是第一座白宮的所在地。不過我喜歡的是那種有很多人骨、殺戮、性病和假陰毛的歷史。」

「費城有很不錯的博物館，毫無疑問；我的最愛是位在西費城的馬特博物館（Mütter Museum），這座教學型博物館收藏了各種精彩的怪異醫學案例、解剖和病理標本、蠟像和古董醫療器材，真是讓人心滿意足。」

東尼對陪著他參觀的博物館員工說：「我想看看和腸子下半部還有大腸相關的收藏品……噢，我的老天，那是屁股裂縫嗎？啊，真是太慘了。感染梅毒細胞壞死，你的頭骨就會變成這樣，這就是梅毒惡化到太嚴重的時候，他們真的會在你的頭骨開好幾個洞。老爸，你的瘻管在哪裡啊？噢，天啊，人類居然還會長角，真是太噁了，那一定很痛。噢，帶狀皰疹，看了誰還敢去紐澤西海邊啊。」

「讓人嘆為觀止的巨結腸症。『16歲時，他的大腸長達一個月都未蠕動，他死亡時，結腸重約18公斤，這應該就是這座博物館內的聖杯了。』我想這其中的寓意就是，食物一定是最後的贏家。」

●Di Bruno Brothers Cheese Shop：930 South Ninth Street, Philadelphia, PA 19147，電話：+1 215 922 2876，www.dibruno.com（無固定價格）

●Paesano's：148 West Girard Avenue, Philadelphia, PA 19123，電話：+1 267 886 9556，www.paesanosphillystyle.com（三明治平均價格為10美元）

●馬特博物館（MÜTTER MUSEUM）：19 South Twenty- Second Street, Philadelphia, PA 19103，電話：+1 215 560 8564, www.muttermuseum.org（入場票價為成人20美元，年長者18美元，兒童15美元，5歲以下免費）

賓州，匹茲堡

「匹茲堡是由許多不同社區所組成的城市，每一區都有自己的慣例和儀式，多種文化交錯並存已經超過一個世紀。過去，在全世界眼中，匹茲堡是代表希望和可能性的燈塔，提供就業、成功和新生活的機會。匹茲堡原本可能會是另一座淪為淒美廢墟的企業城鎮，但出於某種原因，這座城市開始躍身為全美國最宜居之處。匹茲堡漸漸迎來新一波的移居潮，這些新居民也想改造自己，並打造新世界。」

當然，經濟轉型和創新的營利模式總是會對特定族群比較有利。希爾區（Hill District）曾經是繁榮的非裔美國人社區，卻為了配合所謂的「地區活化」而被夷為平地，如今是曲棍球場館。

「現在，我們得提出其他轉型中城市也面臨的問題：新的移入者、新的錢潮、新的理念是在拯救這座城市，還是蠶食整座城市？將來住在匹茲堡的會是誰？那些死忠、一輩子都留在匹茲堡的人還會有生存空間嗎？」[66]

抵達後通達四方

匹茲堡國際機場（Pittsburgh International Airport，PIT）有美國各大航空公司在此服務，另外也有幾家地區型航空公司。大多數的航班都是往返美國境內城市，不過也有飛往英格蘭、加勒比海度假區和加拿大城市的直達班機。

從機場前往市中心的車程約29公里，搭乘跳錶計程車的車資大約為40美元外加小費；搭乘機場接駁車（請參考www.supershuttle.com）的票價為27美元；或者也可以搭乘票價為2.75美元的市營公車（請參考www.portau-thority.org）。

在市中心，匹茲堡的公車和輕軌系統可以帶你前往各處，不過範圍不大的

---

66. 本節引用內容皆出自《波登闖異地》第1004集：匹茲堡。

市區其實很適合步行。市區各處的大型飯店和計程車前也都有排班計程車。

舊世界和新世界相互交融的餐飲

Jozsa Corner

「在蘇聯強力鎮壓1956年匈牙利革命期間，亞歷山大‧波德納（Alexander Bodnar）決定逃離匈牙利。」現在他定居在匹茲堡，經營著「有美食可吃的自家派對」，採預約制、且需自備啤酒的晚餐俱樂部Jozsa Corner。

俱樂部供應的餐點包括匈牙利紅椒燉雞（chicken paprikash）、蘭戈斯（langos，經過發酵與油炸的馬鈴薯麵包）以及波蘭香腸（kielbasa），這些全都以家庭料理的形式上桌。除了有唱歌、跳舞和說故事等節目外，晚餐結束後你很可能會和陌生人變成朋友。

Superior Motors

2017年，位在賓州匹茲堡東部近郊布拉多克（Braddock）的Superior Motors開幕一個多月後，東尼和時任市長的約翰‧費特曼（John Fetterman）一起到這間餐廳用餐。

費特曼有兩百公分高的足球員體格，頂著光頭、山羊鬍、刺青，一身隨性的衣著，「看起來一點都不像一般的市長，他也確實很另類。他在2001年來到布拉多克，想幫助年輕人獲得普通教育發展證書（GED），四年後，他決定在這個全州最了無生氣的城市競選市長。」他的妻子吉賽兒‧費特曼（Gisele Fetterman）則是投入管理非營利組織，每個月都會發放食物和生活必需品給當地的一千多戶人家。

現在Superior Motors之所以能順利營運，要歸功於主廚兼老闆凱文‧蘇薩（Kevin Sousa）。餐廳供應的料理包括來自附近伊利湖的玻璃梭鱸，以及牛小排佐川燙乳草和菊芋片，讓東尼大呼「好吃到爆！」。

自從當地醫院的咖啡店在2010年停業之後，Superior Motors是首家可以稱

得上是餐廳、而且在布拉多克開業的店家。主廚凱文·蘇薩給予當地居民很大方的折扣，也有計畫要在社區內開辦烹飪學校。

New Alexandria Lions Club Crash-a-Rama

最後，用老派的方式享樂吧，讓我們到 New Alexandria Lions Club Crash-a-Rama。

「從匹茲堡往東48公里，就可以來到新亞歷山大（New Alexandria）。這裡簡直像是另一個世界，沒有技術育成中心，也不必擔心中產階級化，就單純是個週五晚上享樂的園地，在這裡可以家人相聚同樂、享用各種炸物，還有搞破壞。」

這裡的撞車大賽是由當地獅子會分會主辦，來為當地的慈善活動募款。「贏家可以獨得900美元獎金。整個賓州西部，從像這樣的小城鎮，到最大的城市匹茲堡，全國各地陷入困境，去工業化地區都面臨相同的難題，那就是：在邁向未來的同時，要如何守護自己喜愛的舊事物？也許不太容易找到答案。改變在所難免，也已經發生。但現在，先讓我們撞爛幾台車子吧。」

● Jozsa Corner：4800 Second Avenue, Pittsburgh, PA 15207，電話：+1 412 422 1886，www.jozsacorner.com（多道料理家庭式全餐價格約每人28美元，只收現金）

● Superior Motors：1211 Braddock Avenue, Braddock, PA 15104，電話：+1 412 271 1022，www.superiormotors.com（主菜平均價格為27美元）

●New Alexandria Lions Club Crash-a-Rama：1874 Lions Club Road, New Alexandria, PA 15670，www.newalexandrialions.com/demolition- derbies.html

南卡羅萊納州，查爾斯頓

「南方並不是單一的整體，而是每個地區都有不同的特色，有些地方比較奇怪，也有些地方還蠻迷人的。對了，還有查爾斯頓。最近這裡的料理界出現不少重大變化，多半都和這號人物有關。」這號人物就是主廚西恩·布洛克（Sean Brock），他可說是查爾斯頓的地下市長，至少稱得上是這座城市最有影響力的大使，不僅旗下有數量驚人的餐廳，他還善用全國性的平台，來推廣美國南方被遺忘、且即將失傳的料理。

「我花了一點時間，才發現這個男人有異於常人的頭腦、樂於求知的天性、獨特而專精的才能，以及遠大的目標。毫無疑問，他足以名列美國最重要的主廚其中之一。這號人物重新定義了南方料理的過去、現在和未來，甚至影響了整個美國料理界。」[67]

抵達後通達四方

查爾斯頓國際機場（Charleston International Airport，CHS）是全州最繁忙的機場，這裡的航班主要飛往密西西比州（Mississippi）以東的主要城市，以及幾處德州和科羅拉多州的目的地，還有季節限定的倫敦航班。

機場距離查爾斯頓市中心約19公里。計程車是跳錶計費，從基本車資15美元起跳，一般而言車程大約為20分鐘，車資加小費大概會落在3美元。查爾斯頓市中心接駁車是另一個選項，票價為15美元，可以在行李領取處附近的服務櫃台購票。還有更便宜的選項是CARTA巴士，只需要2美元就可

---

67. 本節引用內容皆出自《波登闖異地》第608集：查爾斯頓。

以從機場搭到市中心多個站點，有直達車和區間車可選擇，相關資訊請參考 www.ridecarta.com。

抵達市中心之後，可以利用CARTA的十三線公車系統前往各處，也可以搭乘當地計程車，或是輕裝步行。查爾斯頓是一座美觀、友善又適合步行的城市。

在低地地區大吃南方美食

「什麼是『美國南方料理』？這個概念是哪來的？又是誰發明的？聽我說，不論你人在哪裡，在提出這類問題之前，先這樣問就對了：『最早最早以前，是誰做這種料理的？他們來自哪裡？』」

「以上問題的正確答案是：在以前的南方。南方料理的菜色、風味和食材，也就是所謂的美式料理，和歐洲料理不同，很可能食材都是由非洲奴隸種植、採收、生產和烹調的。」

在過去實行種族隔離政策（Jim Crow）的南方，詹姆斯島（James Island）的蚊子海灘（Mosquito Beach）曾經是非裔美國家庭戶外休閒的好去處，現在仍然是古拉人（Gullah Geechee）的文化中心。他們的祖先是遭到奴役的非洲人，居住在南卡羅萊納和喬治亞州的海岸和島嶼地區。之所以統稱為古拉人，是因為他們有共同的語言 —— 古拉語[68]，屬於非洲克里奧爾語（creole）的方言，源自歐洲和非洲語言。

「南方料理明顯受到西非料理風味、口感和食物文化的影響，如果想知道美國南方和西非料理之間的相似度有多高，最好的方式就是認識古拉文化[69]。」在蚊子海灘，廚師很有可能會端出「軟殼蟹和海螺搭配明顯是西非風味的燉花生，佐卡羅萊納飯、焗炒夏南瓜和櫛瓜。」

---

68. 編註：是一種混合了英語、西非語言和美洲原住民語言的獨特方言。
69. 編註：古拉人擅長手工藝、傳統捕魚、農業、音樂，並以米為主食，其生活方式和文化在美國南部沿海地區有很大的影響。

蚊子海灘曾經是農園用地；在美國重建時期，這些土地經過重新分配，並且出售給獲得解放的奴隸的家人。

「你在這裡遇到的人，他們的祖先幾乎都是被解放之後留在這裡的奴隸。」艾希莉‧葛林（Ashley Greene）這麼說道，她母親的家族在蚊子海灘擁有土地，而且已經傳了好幾代。

古拉料理的特色是運用新鮮海鮮、米飯、在地蔬菜和水果，以及非洲進口的農產品，例如薯類、芝麻、羊角豆、花生和高粱。「我認為即使你把人帶到另一個地方，也沒辦法改變他們的本質。」葛林表示：「你無法改變他們透過傳統所傳承到與生俱來的知識。」

廚師 B‧J‧丹尼斯（B. J. Dennis）也加入了東尼和艾希莉的行列，東尼對他的評價是「他認為自己有責任發揚和守護祖先傳承的傳統料理」。在規劃這本書的過程中，東尼想要找一些位在查爾斯頓或鄰近地區的餐廳，讓一般人可以有機會接觸到古拉料理，於是丹尼斯推薦了兩家餐廳。

Buckshot's Restaurant

「我欣賞Buckshot's的原因是他們從不走捷徑。」丹尼斯這麼說：「他們堅守在地風味，使用當地的海鮮。他們的招牌是螃蟹飯、羊角豆飯和羊角豆湯，都是經典的低地地區料理。如果是當季的話，你就會機會吃到在地產的蕪菁、綠色蔬菜、櫛瓜、夏南瓜，他們在這方面做得非常好。」

Hannibal's Kitchen

丹尼斯也很喜歡位在查爾斯頓市中心的Hannibal's Kitchen，它們的招牌餐點是低地地區早餐，也深受港口工人喜愛。

「你知道嗎，這種豐盛、可以讓你撐過一整天的經典工人早餐，就是必吃料理。粗玉米粉佐炸鯊魚，煸炒鮮蝦和螃蟹配粗玉米粉，都是非常古拉的元素。」

Scott's Whole Hog BBQ

「這間店位在荒郊野外，遠離主要幹道，能找得到這裡算你幸運。這就是全美國最受推崇的燒烤專賣店，由最受推崇的窯烤大師經營。問問專業廚師，問問任何懂得什麼是好燒烤的人，他們會告訴你該去哪裡。這家看起來年久失修的外賣餐館，距離查爾斯頓約兩小時車程，位在南卡羅萊納的海明威（Hemingway）。」

這個地點原本是 Scott's Whole Hog BBQ，也就是羅德尼・史考特（Rodney Scott）從1970年代開始經營的家庭餐廳分店。

「羅德尼・史考特的名聲傳遍全世界，因為他能端出最頂級的全豬烤肉。羅德尼和他的家族一直都是用這種方法烤肉，而且只用這種方法，四十三年來始終如一。準備好燒桶、全新的煤炭，在烤窯上慢慢、慢慢、慢慢地烤一整晚，完全沒有捷徑。這不只是一門技藝，更是天職。」

2015年東尼造訪之後，史考特的兒子多米尼克（Dominic）接手管理海明威的店面，另外羅德尼又開了兩間新分店，一間位在查爾斯頓市區，另一間則是與餐廳經營者尼克・皮哈基斯（Nick Pihakis）合作開在阿拉巴馬州的伯明罕。2018年，詹姆斯比爾德基金會將羅德尼・史考特封為美國東南部最佳廚師。

● Buckshot's Restaurant：9498 North Highway 17, McClellanville, SC 29458，　電話：+1 843 887 3358（三明治價格約6美元）

● Hannibal's Kitchen：6 Blake Street, Charleston, SC 29403，　電話：+1 843 722 2256，www.hannibalkitchen.com（三明治價格約6美元，主菜價格為6-9美元）

● Scott's Whole Hog BBQ：2734 Hemingway Highway, Hemingway, SC 29554，　電話：+1 843 558 0134，www.rodneyscottsbbq.com（豬肉三明治加兩種配菜價格約10.5美元）

鬆餅屋

　　「真的每一間Waffle House都這麼讚嗎？真的，太厲害了，在這個讓人安心的地方，一切都是那麼美好又充滿包容。這裡誠摯歡迎每一個人，不論種族、信仰、膚色或酒醉的程度。這座發出溫暖黃光的燈塔，帶來希望和救贖，邀請南方所有飢餓、迷失、爛醉的人入座。這個安全又療癒的空間，永遠不打烊、永遠守在原地、永遠為你敞開大門。」

　　西恩‧布洛克帶著東尼一起點了他稱為「Waffle House品嚐菜單」的餐點，包括胡桃格子鬆餅、漢堡、丁骨牛排、薯餅、起司肉排、太陽蛋以蔬菜沙拉佐千島醬。用餐完畢，東尼說他有股衝動想「爬上櫃台，朗誦惠特曼的詩，還有唱美國國歌。而且你知道嗎？我一定不是第一個這麼做的人。」

●Waffle House：有將近兩千家分店分佈在美國南部、中西部和西南部，www.wafflehouse.com（格子鬆餅價格為3–4美元，牛排加蛋價格約10美元）

德州，奧斯汀

2012年拍攝《波登不設限》最後一季時，東尼和拍攝團隊，為了一年一度的西南偏南（South by Southwest）盛會來到奧斯汀。

「每年有一小段時間，這座中型的德州城市、出乎意料地不像德州的首府，會搖身一變成為文青湧入的末日。沒辦法，我只能入境隨俗了。每年的三月會有六天，人潮蜂擁而至，前來欣賞超過兩千組樂團在九十幾個場地的表演，總共有……算了，你自己算吧，總之場數多到嚇人。」[70]

這一週期間，東尼和幾組樂團一起用餐，也看了他們的表演，他的感想是：到處巡迴表演的音樂人通常都吃得不太好。

抵達後通達四方

奧斯汀-伯格史東國際機場（Austin-Bergstrom International Airport，AUS）是德州第三大的機場，僅次於休士頓和達拉斯機場，主要是服務國內航班，另外有一些往返加拿大、墨西哥和幾座西歐城市的航線。

機場距離奧斯汀市中心約8公里。如果是從機場出發的跳錶計程車，車資會從14美元起跳，通常到市中心飯店的車資會落在約40美元，再加上一成五的小費。

奧斯汀的Capital MetroRail路線從機場通往奧斯汀市中心，並且一路延伸到北區近郊。單程票價格為1.25美元，可在月台購票。在市中心，Capital Metro營運的公車系統相當完善。鐵道和公車的路線及費用相關資訊請參考 www.capmetro.org。

---

70. 本節引用內容皆出自《波登不設限》，第8季第11集：奧斯汀。

今晚住哪裡？

東尼在奧斯汀的住宿選擇是Hotel Saint Cecilia，這家精品飯店的房型分為公寓式套房、套房和度假小屋，其中的餐廳僅開放房客用餐，讓顧客可以在市區的中心地帶享有隱私和與世隔絕的體驗。主建築物是建於1888年的維多利亞風格宅邸，曾經是美國政治家大衛・克拉克（Davy Crockett）直系後代的住家。

每間客房的裝潢都各有特色，風格介於高級設計、精心佈置的古董店，以及擁有精彩故事的富有嬉皮之間。房客可向飯店借黑膠唱片、吉他和自行車，所有房間都配備黑膠唱盤，飯店也設有圖書館。

● Hotel Saint Cecilia：112 Academy Drive, Austin, TX 78704，電話：+1 512 852 2400, www.hotelsaintcecilia.com（公寓式套房淡季價格約350美元／每晚）

受到烤肉啟發的神奇體驗

「西南偏南本身就是一大奇觀，不過來奧斯汀還有另一個原因，這個原因足以讓你犧牲最要好的朋友、偷一台車、橫越整個美國，然後在一間看起來很普通的小屋外頭排上兩小時的隊，那就是Franklin Barbecue。

亞倫‧富蘭克林（Aaron Franklin）是傳說中沉迷於做出完美慢火燻肉的大師，他的成品也讓人著迷不已。現在在隊伍最前方，亞倫‧富蘭克林手上的料理，絕對是值得等待的美食。」

富蘭克林製作燻肉，牛腩、豬肋排、手撕豬、火雞和加上牛心的手工製肉腸的過程長達十八個小時，煙燻爐內燒的是橡木，所有肉品都只用鹽和胡椒調味。他的服務風格相當平民，有耐心才有好料可吃。顧客早在開店前就會先來排隊，先排到就可以先享用。另外還會有一名員工負責管理人流，讓排隊的顧客知道大概的等待時間，以及如果他們排得太後面，有可能會買不到，因為一旦烤肉賣完，當天就會結束營業。除了烤肉之外，富蘭克林也供應種類不多的配菜、派以及啤酒和葡萄酒。

東尼委託丹尼爾‧沃恩（Daniel Vaughn）根據兩人在奧斯汀的部份旅程，寫了一本旅遊書《燻肉聖經》（The Prophets of Smoked Meats，暫譯），主要是介紹德州最值得一吃的烤肉，這是東尼旗下的同名出版社所發行的第一本書籍。

他們兩人排隊等待烤肉的同時，沃恩向東尼傳授了幾個和燒烤有關的重要詞彙：

糖霜餅乾（Sugar Cookie）：烤肉焦黑的邊緣，油脂、鹽和肉全都交融在這個部份，形成酥脆又柔軟的口感，像糖霜餅乾一樣。

煙圈（Smoke Ring）：肉因為化學作用而呈現一圈明顯的粉紅色，溫度必須夠低，濕度必須夠高，才能形成這種代表肉質柔軟、烤到恰到好處的圈。

樹皮（Bark）：肋排類似樹皮的酥脆尾端。

「我必須說，火雞和肉腸都很好吃，」東尼表示：「但是比起牛肉讓人忍不住驚嘆的程度，就有點失色了。有脂肪的那一端多汁又可口，遠遠勝過我之前吃過最好吃的烤肉。這簡直是一次受到烤肉啟發的神奇體驗。」

●Franklin Barbecue：900 East 11th Street, Austin, TX 78702， 電 話：+1 512 653 1187，www.franklinbbq.com（三明治價格約10美元；烤肉價格約每磅22美元）

華盛頓州，西雅圖

「西雅圖這座城市在擁有自己獨特文化和社會背景的同時，也一直在變革中。但向來不變、將來也不會改變的是，西雅圖會不斷吸引創作者前來實驗並打造出屬於他們的城市。西雅圖一直都是個可以重塑自我的地方，表面上看，這個地方似乎需要人們付出承諾和投入，才能夠參與或享受其中的好處。」

「此處位在美國最北邊、也最遙遠的角落，是眾所皆知的灰暗、多雨、不太友善。在這個地方，你可以投身手工藝產業、做音樂，或者當個震驚全國的連續殺人魔。不論是阿拉斯加淘金熱時代全副武裝的淘金客，或是想在音樂界找到璞玉的投資者，不是迎來榮景，就是一落千丈。現在西雅圖正迎接新型態的榮景。微軟、智遊網和亞馬遜成了這裡的領頭羊。新一波的移入者是科技產業工作者，多半是男性，被戲稱為『科技男』或『科技兄弟』，他們正在快速改變這座城市的DNA。」[71]

抵達後通達四方

西雅圖―塔科馬國際機場（Seattle-Tacoma International Airport，SEA）簡稱為SeaTac，主要服務大量的國內和國際航班；是達美航空跨太平洋航班和阿拉斯加航空在西岸的主要基地。

西雅圖機場位於西雅圖市；距離市中心約23公里，搭乘計程車的車資加上小費會落在45–50美元，車程可能從20到60分鐘不等，視交通狀況而

---

71. 出自《波登闖異地》第1007集：西雅圖。

定。目前，西雅圖Yellow Cab獨占機場接送服務的權利，不過在市中心就有多家彼此競爭的計程車公司。

你也可以搭乘輕軌Link從機場移動到西雅圖的各個站點，視當下時間而定，大約每6到15分鐘會有一班列車。從機場前往市中心的車程為40分鐘，票價3美元；時刻表、費用和路線等資訊請參考www.soundtransit.org。

鐵道迷可以考慮搭乘美國國鐵的瀑布號前往西雅圖，這條路線有經過溫哥華、英屬哥倫比亞和奧勒岡州尤金（Eugene），或者也可以搭乘行駛西北部路線的帝國建設者號，終點站是芝加哥和西雅圖。（詳情請參考www.amtrak.com。）

在拓荒者廣場（Pioneer Square）附近的國王街站（King Street Station），可以搭乘美國國鐵以及多條通勤鐵路路線。這處優美且功能完善的車站有一座鐘塔，車站建築是在1906年建成並在2013年完成修復。

如果想要依靠大眾運輸工具通行西雅圖，最聰明的方法是購買ORCA卡，可以用於搭乘連通市區的各種公車、渡輪航、輕軌和通勤鐵路系統。詳情請參考www.orcacard.com。

在翡翠之城吃吃喝喝

2012年拍攝《波登過境》時，東尼以半瘋狂的步調探索西雅圖，在48小時內找出最美味的早餐、午餐、晚餐和飲品。

Seatown

「先從早餐開始，對吧？在主廚湯姆・道格拉斯（Tom Douglas）的美味餐廳帝國裡，Seatown是其中特別出色的一間，這就是我現在需要的。」[72]

Seatown位於派克市場（Pike Place Market），菜單精簡的選項包括生鮮和

---

72. 出自《波登過境》，第2季第6集：西雅圖。

熟食海鮮、巧達濃湯、三明治、盤菜和飲料。東尼此行的目的是享用招牌蟹
肉雞蛋三明治：炒蛋三明治加了首長黃道蟹，再配上一杯精心調製的血腥瑪
莉，這種早餐雞尾酒最適合用來展開新的一天。

Revel

2017年前往西雅圖拍攝《波登闖異地》時，東尼在 Revel 一邊享用可口的
午餐，一邊進行深入的談話與交流。

「這裡的主廚是瑞秋·楊（Rachel Yang），菜色是韓國料理。必吃的品項
有：香菜麵、油菜以及薄片翼板牛排；泡菜煎餅佐燜燒五花肉和豆芽；醃漬
牛小排拌飯佐獨家叄巴醬、白蘿蔔、泡菜和雞蛋；牛小排餃子搭配醃紅蔥和
青蔥沙拉。」73

The Walrus and the Carpenter

在華盛頓州的海岸，由於太平洋和又深又廣的普吉特海灣（Puget Sound）
洋流交會，大量冰冷的海水，孕育出任何地方都比不上的優質淡水魚。如果
想嚐嚐太平洋西北地區種類多到驚人的海鮮，最適合的地方就是氣氛隨性的
生蠔吧餐廳 The Walrus and the Carpenter，是由芮妮·埃里克森（Renee
Erickson）負責掌廚。

埃里克森的餐廳是以路易斯·卡羅（Lewis Carroll）1872年的詩作《海象
與木匠》命名，十幾年來堅持供應在地產的生蠔，並且以令人驚嘆的純熟技
巧重新詮釋經典料理，例如羽衣甘藍沙拉佐長鰭鮪魚，以及貽貝開放三明治
佐海苔奶油和醃茴香。

「西雅圖會讓人想得到自己原以為不需要的東西，但我們當然需要那樣東
西。你可能還沒發覺自己需要它，但你真的需要。」

---

73. 出自《波登闖異地》第1007集：西雅圖。

「今天晚上，我可以吃到蒸蛤蜊佐培根、大蒜和白腰豆。對我來說，這就是最完美的幸福，太美味了。」[74]

Taylor Shellfish Oyster Bar

「拓荒者廣場的 Taylor Shellfish Oyster Bar 也是傳統風格。泰勒家族在普吉特海灣、威拉帕灣（Willapa Bay）和胡德運河（Hood Canal）有超過四十九平方公里的養殖場，從1890年算起已經傳承了五代。」

2017年東尼在拍攝《波登闖異地》時造訪這家餐廳，根據他的觀察，「他們很懂自己的專業」。讓東尼印象特別深刻的是「在地的胡瓜魚，快炒後佐希臘金椒參巴蒜泥美乃滋，此外也是當地的首長黃道蟹烹煮後，以冷盤上桌並搭配醃薑醬料。還有生蠔，很多很多的生蠔。」[75]

Canlis

拍攝《波登過境》時，東尼花了幾個小時在高級餐廳「Canlis，這家餐廳以美到令人驚豔的姿態，展現貨真價實的復古風采，六十多年的歷史讓他們深知該怎麼處理一大塊血淋淋的肉。在流行隨興穿著的西雅圖，這裡是少數要求顧客穿著西裝外套的餐廳，非常時尚。」

Canlis 從1950年開始在安妮女王區（Queen Anne）營業，優美的建築採用客製化設計的現代風格，城市、湖泊和山群景色都盡收眼底。

布萊恩（Brian Canlis）和馬克·坎里斯（Mark Canlis）兩兄弟是餐廳的第三代經營者，他們的家族發跡故事可以從祖輩說起，他們的祖父曾經為美國前總統老羅斯福遠赴埃及工作，協助處理珍珠港攻擊事件的餘波，後來開始在夏威夷和美國本土之間走私新鮮海鮮。（讀者可至餐廳官網瞭解故事詳情。）

---

74. 出自《波登過境》，第2季第6集：西雅圖。
75. 出自《波登闖異地》第1007集：西雅圖。

　　主廚布萊迪・威廉斯（Brady Williams）負責掌管廚房，他在東尼來訪時端出了「洋蔥義大利餃、韃靼牛肉和首長黃道蟹肉餅做為開場」，接著登場的是「乾式熟成十四天的番鴨，整隻火烤之後搭配柳橙酸甜醬、茴香和奇波里尼小洋蔥（cipollini onion）；Gleason Ranch草飼超大肋眼牛排，三分熟；以及伊比利豬頰肉佐草莓和茴香。」[76]目前的菜單品項包括昆布醃鯖魚、越橘莓糖漬胡蘿蔔佐西班牙辣腸和蛤蜊，以及黑鱈佐法式玉米濃湯。

● Seatown Market Diner：2010 Western Avenue, Seattle, WA 98121，電話：+1 206 436 0390，www.seatownrestaurant.com（螃肉雞蛋三明治價格為20美元；主菜價格15–31美元；生蠔價格40美元／一打）

● Revel：513 Westlake Avenue North, Seattle, WA 98109，電話：+1 206 547 2040，www.revelseattle.com（料理價格為12–22美元；雞尾酒價格為10–12美元）

● The Walrus and the Carpenter：4743 Ballard Avenue NW, Seattle, WA 98107，電話：+1 206 395 9227，www.thewalrusbar.com（盤菜價格為13–22美元；一餐價格約50美元／人）

● Taylor Shellfish Oyster Bar (Pioneer Square location)：410 Occidental Avenue South, Seattle, WA 98104，電話：+1 206 501 4060，www.taylorshellfishfarms.com（生蠔價格為每顆2.5–3.25美元；生食和熟食、湯品以及三明治價格為5.5–19美元）

● Canlis：2576 Aurora Avenue North, Seattle, WA 98109，電話：+1 206 283 3313，www.canlis.com（四道料理品嚐菜單為每人135美元，外加固定兩成服務費）

西部大麻讓你飄飄然
Emerald Haze

　　「大麻葉（weed）、呼麻（smoke）、大麻草藥（ganja）、大麻菸（ree-

---

76. 出自《波登過境》，第2季第6集：西雅圖。

fer）；你想用什麼說法都可以，反正就是大麻。噢，這個話題我可以講一整天。簡單來說，華盛頓州在2012年將大麻合法化，所以我打算在好好遵守法律條文的同時善用這一點，這就是我一貫的作風。這裡的其中一家專賣店叫做 Emerald Haze，真的是讓人大開眼界。」[77]

東尼在2017年來到 Emerald Haze，入手了藍莓庫什（Blueberry Kush）、阿拉斯加天殺雷電（Alaskan Thunderfuck）和荷蘭式招待（Dutch Treat），這些產品都是來自貨真價實的家庭式小店[78]。

Hollingsworth Cannabis Company

「其他同業趕著用這種新作物賺進大把現金的同時，Hollingsworth Cannabis Company 選擇用速度較為緩慢、但比較有個性的方式做生意：太陽能溫室、人工採收花苞、手工包裝，以確保顧客體內只有最頂級和最新鮮的優質大麻。

這是一門家族事業，拉夫特負責製造和生產，喬伊負責加工和銷售，阿姨退休後來幫忙做 YouTube 影片行銷，老爸專門貼包裝標籤，老媽專門裝填菸捲和協助品管。我也要幫忙做點品管，畢竟我有經驗，將來這肯定會派上用場。」[79]

● Emerald Haze Cannabis Emporium：4033 NE Sunset Boulevard #5, Renton, WA 98056，電話：+1 425 793 4293，www.emeraldhazece.com（無固定價格）

● Hollingsworth Cannabis Company：請前往 www.hollingsworthcannabis.com 查找華盛頓州有販賣該公司產品的零售商清單（無固定價格）

---

77. 出自《波登闖異地》第1007集：西雅圖。
78. 編註：mom-and-pop，字面上的意思是「老媽和老爸共同經營的店面」，同時「pop」也有大麻的意思。
79. 出自《波登闖異地》第1007集：西雅圖。

西維吉尼亞州

　　川普當選美國總統一年後，東尼和《波登闖異地》拍攝團隊造訪了西維吉尼亞州，想要不帶偏見地深入瞭解堅定支持共和黨的紅州在2017年過著什麼樣的生活。

　　「我在紐約市住了一輩子，很容易誤以為全美國看起來都像那樣：大家會有一致的想法，以為對我來說很重要的事，對每個人也一樣重要。其他所有地方在我眼裡都是……『別的地方』，我完全無法想像那裡會是什麼樣子。」[80]

　　「從曼哈頓中城移動了九百六十多公里，終於來到西維吉尼亞州麥克道威郡（McDowell County）一個截然不同的美國。此處座落在南方州界，曾經是繁榮的採礦區。」

　　「韋爾奇市（Welch）在景氣大好的年代有『小紐約』之稱，過去幾十年來，全美國靠這些礦山賺了不少錢，數十億又數十億美元接連賺個不停。結果，在其他地方採礦發電和製造鋼鐵變得更便宜或更便利之後，這一切就被留在原地。」好幾個街區都是空蕩蕩的店面，人口大量流失，這座鄉村小鎮幾乎被大自然吞噬，連距離最近的大賣場都要開一小時的車才能抵達。

　　「但不論你怎麼想，都不需要可憐這裡的居民，他們並不會不切實際地期待能重回礦業和景氣的全盛時期。」

　　「在很多紐約客眼裡，這裡是虔誠、擁槍又支持川普的國度核心，是攸關國家存亡的敵對陣營。我們無法想像與理解五代都是礦工、生活在這種環境下的人，更別說要同情他們。這種缺乏同理心的無知與偏見，對於我們來說是種恥辱。

　　總之，我來到了西維吉尼亞，結果你猜發生什麼事？這裡的人抱持的每一

---

80. 本節引用內容皆出自《波登闖異地》第1101集：西維吉尼亞州。

種信念，我都曾經大力嘲笑或反對過，但大家都張開雙臂歡迎我。這裡是多麼令人心碎又美麗的地方，也是美國的縮影，從中可以看見這個國家所有的問題，以及所有的美好與希望。」

抵達後通達四方

西維吉尼亞州麥克道威郡當地並沒有機場，距離最近且可以搭乘商用班機的地方是西維吉尼亞州查爾斯頓（Charleston）的葉格機場（Yeager Airport，CRW），前往麥克道威郡的車程為2個半小時；位在北卡羅萊納州格林斯伯勒（Greensboro, North Carolina）的山麓三子城國際機場（Piedmont Triad International Airport，GSO），則需要3個半小時的車程；位於北卡羅萊納州夏洛特（Charlotte）的夏洛特道格拉斯國際機場（Charlotte Douglas International Airport，CLT），車程為4個小時，或者也可以選擇匹茲堡國際機場（PIT），車程為5個小時。距離最近的美國國鐵車站是西維吉尼亞州王子站（Prince），前往韋爾奇的車程為90分鐘。

雖然這一帶有些區域性的計程車服務，但韋爾奇市區並沒有計程車，而且儘管以APP為主的叫車服務公司已經在當地營運，但通訊品質卻不太可靠。總而言之，強烈建議備車自駕。

今晚住哪裡？

待在韋爾奇的期間，東尼選擇下榻在簡樸但乾淨舒適的Count Gilu Motel，是這個無聊連鎖店充斥的地區很少見的家族事業。

旅館建築物後方設有花園區，每一間客房都配備咖啡機、微波爐和冰箱，在旅館內還可以聽到附近的潺潺溪流，就如同東尼接受《韋爾奇新聞報》（The Welch News）訪問時對西維吉尼亞州南部的形容：「世界上沒剩多少像這裡這麼美的地方了，根本是無價之寶。」

●Count Gilu Motel：201 Vocational School Road, Welch, WV 24801，電話：+1 304 436 3041（無網站）（客房價格為80美元／晚）

在阿帕拉契品嚐過去與未來

「阿帕拉契擁有非常深厚的飲食文化底蘊，但這種文化現在卻不斷被炒作、扭曲和濫用，只因為時尚菁英願意付出大把鈔票一嚐曾經是窮人在吃、到現在也還有很多窮人在吃的食物。」

法學院畢業的經營者艾咪‧道森（Amy Dawson）和擁有新聞學位的廚師麥可‧卡斯提洛（Mike Costello）在重建家族所傳承但荒廢已久的農場之後，他們「希望能保存阿帕拉契文化，讓更多人欣賞，同時也回饋孕育出這些文化的當地。他們經營的移動廚房（Lost Creek Farm）會至全州各地巡迴旅行，除使用當地的食材料理之外，也會告訴人們阿帕拉契食譜背後的故事和烹飪文化。」

道森和卡斯提洛走訪各地的目的是募得足夠的資金，並且吸引更多人關注，最後在農場開設定點餐廳和教育中心。目前，他們主要的業務是外燴、

私人活動、工作坊和快閃店。

在他們的農場體驗戶外用餐，可以品嚐到十足在地種植、培養和採集的食材，例如可以製成冰淇淋的番木瓜、兔肉、鹿肉和真正的家傳系列蔬菜，這些都是用悉心保存好幾個世代的種子種植而成。

「有機商店未販售的家傳系列蔬菜原來是這個樣子：血屠夫玉米[81]、肥馬（Fat Horse）菜豆、糖果烤爐（Candy Roaster）南瓜和荷馬費克斯（Homer Fikes）黃牛心蕃茄。這些食材承載的是瀕臨消失的時代和風味。」

● Lost Creek Farm：104 Sunrise Road, Lost Creek, WV 26385（請前往 www.lostcreek-farmwv.com 查詢活動和各地快閃店的日程）

---

81. Bloody Butcher，又稱「紅屠夫玉米」或「血紅屠夫玉米」，是非常古老的玉米品種，因穗花呈暗紅色或暗粉紅色而得名。

42

烏拉圭
URUGUAY

✈

　　「我們的家族歷史在烏拉圭似乎有番外篇尚待發掘，說真的，我們到底是誰？」東尼在2008年的《波登不設》烏拉圭特輯中這樣問道。當時他和弟弟一起前往烏拉圭，希望能找到祖先留下的足跡，結果是喜悲參半（請參閱克里斯多福・波登的短文〈烏拉圭之夢〉，第462頁）。數年後，東尼又再度前往烏拉圭拍攝《波登闖異地》。

　　從1500年代到1800年代初期，烏拉圭都是西班牙的殖民地，時不時還會遭到葡萄牙侵略。和美國很相似的是，烏拉圭因為第二次世界大戰而經濟起飛，接著在1960和1970年代，以學生運動為主的社會和政治思潮興起，引起了掌權者的疑心。

　　「這麼說好了，1960年代拉丁美洲社會主義（或者嚇人的共產主義）運動發展的可能性，讓美國和較集權的南美盟國產生很大的疑慮，所以當極端的國家解放運動組織（National Liberation Movement）圖帕馬羅斯（Tupamaros）興起時，美國中情局不得不保持警戒。」

　　「獲得美國私下和公開的支持後，烏拉圭政府宣佈全國進入緊急狀態，右翼獨裁政府大權在握，並展開長期的鎮壓行動，從1973年一直持續到1985年。在美國中情局的輔助和指導之下，軍政府中最殘暴的惡棍接受所謂的『強化偵訊手段』（enhanced interrogation method）訓練，進而在拉丁美洲各地的牢房摧毀人民的身心。1980年代中期，烏拉圭人民受夠了。大規模的示威和罷工行動終於成功迫使政府舉行選舉，軍政府從此失去權力。」

談到現在的烏拉圭，東尼這麼說：「這裡真的是我最喜歡的國家之一。關於烏拉圭你必須要知道的是，這是一個相當進步的國家，大麻合法、人工流產門檻低、同性婚姻、全民健保、包括大學在內的免費教育制度。而且，這裡的民主制度可不是開玩笑的，在上一次選舉，烏拉圭人的投票率高達九成六。」[1]

抵達後通達四方

卡拉斯科國際機場（Carrasco International Airport，MVD）是烏拉圭的國門，可以由此前往蒙特維多和境內其他地區。在編寫本書的當下，唯一從美國直飛的航班是從邁阿密出發，另外還有一些來自西班牙馬德里和幾處中南美洲城市的航班。

機場距離市中心約18公里，車程為30到40分鐘。如果要前往住宿飯店，可以事先預訂私人座車服務，價位大約是1,500烏拉圭披索（40美元），或是搭乘跳表計程車，雖然不太需要事先規劃，但是通常較不舒適，也沒有比較便宜。機場和市中心之間也有巴士服務連通，不過巴士通常都很擁擠，而且不是所有車輛都有存放行李的空間。

已經在阿根廷的旅客也可以選擇搭乘渡輪橫越其實是三角灣的拉普拉塔河，直接從布宜諾斯艾利斯前往蒙特維多，全程需要2至4個多小時，單程費用落在1,900至5,600披索（50至150美元）之間，取決於當天搭乘的時間，以及是否只有搭船又或有加上轉乘巴士。請特別注意，這是跨越國境的交通方式，因此你必須通過安檢、護照查驗和海關，就像搭乘飛機一樣。當地的兩大渡輪公司是Buquebus（www.buquebus.com）和Colonia Express（www.argentina.coloniaexpress.com）。

---

1. 出自《波登闖異地》第1102集：烏拉圭。

蒙特維多

「西班牙人在1700年代初期建立了蒙特維多，現在略顯殘破斑駁的老城區仍散發著一股從容宏大的美感。重要的不只是這座城市有什麼，還有這座城市沒有什麼。這裡沒有洶湧的人潮，沒有太多巡邏的警察，沒有慈祥萬年總統或類似人物的畫像。烏拉圭是個相對較小的國家，而我必須說，蒙特維多真是充滿魅力。它是國內唯一的大城市，有一半的人口都在這裡，即使這樣也稱不上是人數眾多。」

「1868年，以縱樑和玻璃興建的蒙特維多港口市場（Mercado del Puerto）落成。那股味道，那股迷人的香氣，即使人在一個街區外也會被打動，那誘人的呼喚讓人不得不屈服，從木柴升起的煙和滋滋作響的烤肉散發的香氣，傳遍你能想像的每個角落。」

「現在港口市場依然是座雄偉的建築，不過幾乎要被最屬害的烹飪設備佔領了，那就是烤肉爐（parrilla）。普羅米修斯應該沒料到，人類竟然能以如此純熟的手法利用煤炭和火焰。一根根帶有香氣的木柴不斷被用來補充柴火，最後化為火紅的灰燼。巨大的烤肉架之下，擺著一層又一層的煤炭。接著再丟入更多木柴。煤炭燒得火熱，又因為大量烤肉和美味內臟滋滋作響所噴出的油脂而燒得更旺。豬里肌、豬排、大塊羊排、小鳥、牛排、腹脅肉、菲力、烤全膝、肉腸拼盤，每一塊肉都在嘶嘶冒油，香味四溢：這一整片烤肉的香氣真是讓人心滿意足。」[2]

港口市場

如果想要來一份真正的全肉大餐，不妨前往港口市場（Estancia del Puerto）。建議選擇在當地經營許久的店家，如果你想喝點容易入口的飲

---

2. 出自《波登不設限》，第4季第12集：烏拉圭。

料，務必要點一份「七加三」（siete y tre），是一種七成紅酒加上三成可樂
的當地特調。

Bar Arocena

　　「位在蒙特維多卡拉斯科區（Carrasco）的 Bar Arocena 專門供應烏拉圭的
國民三明治：傳說中的牛排漢堡（chivito），從1923年開業至今，一天營業
二十四小時，三百六十五天全年無休。它是三明治界中的王子、國王、巨
人，這一大份讓人心生敬畏的蛋白質是層層疊疊的牛排、火腿、培根、起
司、水煮蛋、美乃滋和調味料。」[3]

●港口市場（Estancia del Puerto）：Rambla 25 de Agosto de 1825, 228，11000
Montevideo,www.mercadodelpuerto.com（無固定價格）
●Bar Arocena：Avenida Alfredo Arocena, 11500 Montevideo（牛排漢堡價格約10美
元）

加爾松

「我在這裡落腳是為了安靜地重新開始。」

　　「加爾松這個寧靜的村莊距離海岸約32公里，人口只有兩百人。不過這
其中有位奇特的廚師，他放棄在鄰近何塞伊格納西奧（José Ignacio）開餐廳
的淘金夢，來到安靜地像鬼城一樣的街坊。」

　　「法蘭西斯・馬爾曼（Francis Mallmann）是土生土長的阿根廷人，現在
卻在母親的出生國家過著最快樂的日子。他追求的到底是什麼？寧靜，這裡
的確安靜得不得了，但是他的事業發展如此成功，版圖遍及三個大陸，這麼

3.　出自《波登闖異地》第1102集：烏拉圭。

做一定有更深層的原因，也許和遠方劈啪作響的柴火和烤肉有關。」

　「料理用簡單的木板盛裝，沒有亂七八糟的裝飾。烤豬肉、用餘燼燜烤的南瓜、放在熱石頭上烘烤的蔬菜，原始、簡單而美味。調味方式也相當極簡，只有增添酸味的柑橘，以及海鹽、胡椒、橄欖油，何須多餘的味道呢？馬爾曼的料理方法幾乎和居住洞穴裡的原始人無異，只是手法更加精準。」4

　Restaurante Garzon的餐點極為簡樸，不過可能是因為地處偏遠，價格非常昂貴，開胃菜要價約40美元，主菜約70美元，在地釀造的佐餐葡萄酒則約每瓶100美元。餐廳附設的飯店有五間客房，每晚價格將近900美元。

●Restaurante Garzon：Costa José Ignacio, 20401 Garzón, Departamento de Maldonado，電話：+598 4410 2811，www.restaurantegarzon.com（價格請參考上文）

---

4. 出自《波登不設限》，第4季第12集：烏拉圭。

烏拉圭之夢

文／克里斯多福・波登

「35年前，一箱老照片和滿是皺摺的文件在法國重見天日。當時還小的我和弟弟總是會盯著照片上的人，猜想他們到底是誰。奧雷利恩・波登（Aurelien Bourdain）是我們的曾祖父，和我們小時候度假去過法國當地的多數人一樣，他以養殖生蠔為業。在那個時候，我們對波登家族系譜的瞭解就只有這樣。不過，在那個舊箱子裡其實還藏著線索，是關於一段橫越大西洋前往遠方南美大城的神秘旅程。」

「1972年，珍恩姑婆去世，我和克里斯幫忙整理她的房子。我們對這個藏寶盒裡的褪色照片和文件好奇不已，想到背後可能有各種南美洲冒險和跨國婚姻故事，我們兄弟倆在那年夏天成了業餘的族譜學家。我弟從此一頭栽進去。」[5]

這是東尼為2008年《波登不設限》烏拉圭特輯錄製的開頭旁白，那一集節目我也加入拍攝。他為了戲劇性描述得稍微誇張了點，不過大致上就是如此。小時候我們聽老爸說的故事背景，是在第一次世界大戰結束後那段期間，他的母親和父親分別從法國來到美國，後來在紐約相遇並結婚，所以我們兄弟有法國血統。我們全家第一次的長途海外旅行就是去法國，當時是1966和1967年。在這兩次旅行，我們都曾拜訪爸爸的姑姑珍恩，她住在法國西南部的拉泰斯特（La Teste）。

1972年時我們已是青少年，姑婆珍恩去世了，我們又去了一趟拉泰斯特，主要是協助整理她的房子準備出售。我們就是在那時找到那些

---

5. 出自《波登不設限》，第4季第12集：烏拉圭。

舊文件，而且透過這些資料得知，至少有兩個都叫做尚恩（Jean）或約翰（John）的祖先，1800年代中期時曾經住在巴西南部和烏拉圭一段時間，最後才在1860年回到法國。

　噢，原來我們還是烏拉圭人的曾曾祖母，所以我們家以前是拉丁美洲人！

　這整個故事讓我們深深著迷，那時候有多少家庭成員住在烏拉圭？他們是怎麼謀生的，捕魚嗎？用推車兜售蝸牛、法國服飾或香水嗎？最讓人興奮的猜測是，他們有可能在幾年後變成軍火走私商，因為就我所知，在1800年代中期整個南美洲都是紛爭的溫床，當地和想插手的歐洲勢力都蠢蠢欲動。

　不論是我們，又或是任何人，對烏拉圭又瞭解什麼呢？在1960和1970年代的美國學校，你可能會學到一點關於印加、馬雅和阿茲特克的知識，還有一點關於早期歐洲探險家的事，但沒有人談過歐洲人抵達拉丁美洲然後消滅當地古老文化的歷史。我不覺得現在的教育有什麼大改變。

　《世界百科全書》──我們小時候的印刷版Google──也沒有幫上太多忙，烏拉圭基本上就是一條註腳而已。當地人有養牛，有點像是阿根廷。

　由於我們對烏拉圭沒什麼概念，想到波登家族可能在當地做過什麼，就顯得更有神秘感。

　在2007年末，東尼問我願不願意一起去烏拉圭拍攝《波登不設限》。我上一次短暫出現在電視上，是在2001年和東尼一起去法國，那時候我玩得非常開心，而且我一直想要再和他一起出遊。說實話，我願意跟著他去任何地方。剛果、路易斯安那州水澤區（Bayou）、

戈壁沙漠？可以，可以，全都可以。

　　表面上我受邀參與這集節目是為了研究族譜，但實際上，節目的重點還是在東尼探索烏拉圭的料理。在沒有攝影機跟拍的時候，我的確花了15分鐘在法國大使館，想找到一些歷史資訊，但毫無所獲。總之，實地考察的家庭族譜研究就在這裡劃下句點。

　　但令人開心的是，拍攝時間訂在2月，正好可以體驗烏拉圭的夏日時光。出發的那一天，我從舒適但不怎麼有趣的紐約市辦公室下班後，直接去和我遊遍世界各國的老哥會合，立刻飛往蒙特維多，同行的還有他的製作公司團隊：製作人馬克斯・蘭德斯（Max Landes）和黛安・舒茨（Diane Schutz），以及攝影師查克・讓柏尼（Zach Zamboni）和陶德・利柏樂（Todd Liebler）。

　　我努力不表現出這對我來說是一次瘋狂又好玩的假期的神情，能讓我徹底脫離舒適圈，因為對其他人來說，這可是工作。

　　在旅行時，我基本上蠻有冒險精神的，每次長途旅行到新的目的，我都會抱持著相同的信念：「這可能是我最後一次來這個地方了。」我喜歡長時間散步來觀察當地，即使是大半夜或下雨也是如此。所以一抵達蒙特維多，我就想立刻看看附近有什麼。

　　查克和馬克斯也加入我了的行列，我們都想要吃點午餐，所以結伴出發。我們的目標是港口市場，也就是蒙特維多市中心知名的食物市集，不過在這之前我們先在老城區閒逛了一下。

　　我向來特別喜歡這種榮光褪去的地方，迎來繁榮之後的衰敗，曾經宏偉現在卻略顯破舊的車站，工業時代早期的運河系統，有數世紀歷史的荒廢工廠，曾顯赫一時但如今已被遺忘的人物所留下的斑駁宅邸。蒙特維多的老城區有一座空蕩蕩的大型車站，一處社區有粉彩色

調的殖民時期風格住家，雖然壯觀卻有種鬧鬼的氛圍，荒廢棄置，門窗都釘上了木板，很符合這一帶的調性。我喜歡這個地方，就像薩爾瓦多、哈瓦那和布宜諾斯艾利斯一樣，這裡在18和19世紀，曾是跨大西洋與西班牙和葡萄牙和其他國家貿易的主要樞紐，但到了20世紀，這些樞紐的重要性和繁榮程度卻大幅下滑。

　　我、馬克斯和查克終於走到了港口市場，在這座建於19世紀、讓人眼花撩亂的樂園裡，肉販和飲料小販經營著自己的攤位，頭頂上燻黑的挑高屋頂是個巨大的遮雨棚。幾個老人拿著吉他在附近遊蕩，唱著復古的歌曲，聽眾則用現金或飲料打賞。我們和幾位當地人一起到酒吧消磨時間，我喝了「半半」（medio y medio），這是一種非常容易暢飲的特調，混合了有氣泡和沒氣泡的白酒。才剛到這裡幾個小時，我就有預感這次旅程一定會非常有趣。

　　那次初訪烏拉圭時，我注意到那裡有種很特別的烤肉方式，關鍵就是要讓金屬烤架的平面對角傾斜，逼近、但不是直接接觸柴火。負責烤肉的人每過一段時間，就會從烤架下方的柴火掃掉淺淺的一層餘燼，這種技巧可以烤出全世界最好吃、最有風味的肉，我此生都會對此深信不疑。

　　我們在鏡頭前拍的第一個場景，是東尼開著1951年的Chevy Bel Air來接我（應該就是出現在2006年《邁阿密風雲》電影版裡的車款，而電影中的哈瓦那場景其實是在蒙特維多拍攝），想呈現出我們在車上一邊欣賞風景，一邊在老城區兜風。

　　但觀眾不知道的是，這一整趟蜿蜒顛簸的車程，馬克斯和當地的幫手蘇非亞（Sofia）都擠在後座的地板上。如果他們再矮個60到90公分，被迫抱在一起的情境可能就會顯得浪漫，但我想實際情況應該是

非常痛苦。

同一時間，查克坐在我們正前方的小摩托車上，他冒著生命危險反坐著拍攝我們兄弟倆愉快兜風的畫面，而且完全不知道他的司機下一秒會往那裡傾斜。總之，他順利撐過了這次拍攝。

接下來幾天，我們造訪了 Los Mortados 牧場，位在內陸的拉瓦耶哈省（Lavalleja）是舉辦戶外宴會的絕佳地點，也是整趟旅程中最深得我心的部份（雖然要結束犰狳的生命時，全場情緒一度有點激動）。前往牧場的路程相當漫長又孤獨。在烏拉圭，一旦遠離海岸大約 32 公里，就幾乎不會看到人影，只有放牧場上的牛和其他動物，每過 20 到 30 分鐘，眼前才會閃過一棟建築，不過一路上倒是有很多柵欄。

我們暫停在一座城鎮並在類似酒館的小店吃午餐，鎮上活像是塞吉歐・李昂尼（Sergio Leone）拍出來的西部片，雖然完全沒有馬。我有點期待可以看到配著槍帶的李・范・克里夫（Lee Van Cleef）走進店裡，然後依尼歐・莫利克奈（Ennio Morricone）在後方演奏《黃昏三鏢客》（The Good, the Bad and the Ugly）的配樂。

我們的下一站是卡波波洛尼奧（Cabo Polonio），這一小塊區域位在大西洋沿岸兩條綿長且未經開發的壯麗海灘交會處，距離任何地方都很遠，比起到烏拉圭的各大城鎮，反而離巴西更近。而且不知道為什麼，這裡有個 1960 年代風格的嬉皮公社竟然存續到 21 世紀，有點像是哥本哈根的克里斯蒂安尼亞飛地（The freetown of Christiania），只不過是在海灘上而且沒有電網。

這裡的部份住民顯然謹記提摩西・李瑞（Timothy Leary）的「激發熱情、向內探索、脫離體制」（Turn on, tune in, drop out）口號。我想應該是蠻有趣的，不過對我來說，這整個地方的氣氛比較類似童書

《錯位玩具島》（*Island of the Misfit Toys*）。説實話，不太適合我，但維持這個樣子總比變成另一個百萬富翁的領地好多了。

在東海岸路線後段的其中一站，絕對是這趟旅行中特別令人難忘的畫面。阿根廷廚師法蘭西斯．馬爾曼準備好了一整頭牛，在餐廳附近的廣場把牛固定在類似十字架的可怕支架上，然後用蝴蝶刀法（butterflied）處理整隻牛！接著用明火連續慢烤好幾天。這可不是在紐約市近郊可以從事的活動，不管從哪個方面來看都很驚人，而且也美味到令人驚嘆。後來我還聽説一件令人開心的事，馬爾曼把剩下的巨量肉塊切分後，再分送給整個小鎮。真是天才又慷慨的做法。

我們的最後一站是知名的度假地帶埃斯特角（Punta del Este），其中有座同名的小城市，還有一連串沿海岸形成的社區。有些區域很像加州的精品街羅迪歐大道（Rodeo Drive），吸引了一批光鮮亮麗的富有阿根廷和烏拉圭遊客，以及在這裡購置別墅的有錢人。何塞伊格納西奧則是比較低調的城鎮，有很多被太陽曬得褪色的樸實木製建築，更像紐約的火島（Fire Island）而不是漢普頓（Hamptons），很符合我的喜好。

我們來到海灘餐廳 La Huella，這應該是我在整趟旅行中最喜歡的時光。天氣怡人，我又開心又放鬆。過去幾天我跟著東尼還有他那有趣的團隊一起到處遊歷，看到了各種有趣的事物，享用了很出色的料理（而且還不用工作！）。在 La Huella，可以暢飲美味的迎賓莫希托（而且不只一杯），各式各樣的美食不斷上桌，還能不斷聽到海浪聲，並欣賞這美麗的背景音。

這樣的體驗既放鬆又樸實，就像烏拉圭本身。我熱愛旅行，也很幸運能夠經常旅行。我注意到有些國家似乎很喜歡強調自己有哪些優

勢，或是曾經建立了某種形式的帝國，又或是在現代佔有重要地位，但是……誰在乎這些啊！

　　烏拉圭之所以怡人，是因為這個國家非常樸實。沒有宮殿、金字塔或航海博物館，有的是非常寬敞的空間、優美的海岸線以及毫無壓力的生活型態。可口的食物和飲料種類豐富又唾手可得，而且人人似乎都很享受人生中的微小樂趣，例如這個國家有個獨特的習慣，隨身帶著裝有瑪黛茶的漂亮保溫瓶，隨時都可以喝一口，感覺像是「整天都在喝茶」。

　　我希望有一天能回到那裡，見見2008年拍攝節目時遇到的那些人，然後舉杯向東尼致意。

43

越南
VIETNAM

✈

「你聞到了嗎？摩托車廢氣、魚露、線香、那遠方傳來的味道是……某種東西，是炭烤豬肉嗎？」

「越南，是讓人魂牽夢縈，無法脫身的地方。一旦愛上這裡，就會愛一輩子。從2000年起，我來越南好幾趟了，當我第一次來到世界的這個角落時，越南從此在我的內心和想像中佔有很特殊的地位。我不斷重遊舊地，到了無法自拔的地步。」[1]

越南中部：會安與順化

西方旅客如果是第一次造訪越南，很容易在規劃行程時漏掉會安和順化，相較於河內或西貢，這兩個地區的旅遊體驗更為寧靜。但這兩座城市都各有特色，包括地方特色美食和豐富的文化和歷史景點。

抵達後通達四方

會安與順化都沒有機場，這一帶最大的城市峴港則有峴港國際機場（Da Nang International Airport，DAD），距離市中心不到2公里，與會安相距約32公里，與順化則是相距97公里。

---

1. 出自《波登闖異地》第801集：河內。

入境大廳外有計程車可搭乘，航廈內的租車服務選擇有限。如果是搭乘計程車或預訂的座車服務，從峴港機場前往會安的車程為30到40分鐘，車資會落在345,000–700,000越南盾或15–30美元。如果目的地是順化，車程大約會是2小時，車資介於115萬到161萬越南盾（50–70美元）之間。建議但不一定要支付小費給計程車司機。

你可以搭乘越南鐵路（Vietnam Railways）營運的北向統一線（Reunification Express）列車，往返於峴港和順化，車程約2個半小時（時刻表、費用和購票相關資訊請參考www.vietnam- railway.com）。列車並不會停靠會安，所以搭乘計程車應該是相對較快抵達目的地的方式。

會安：平靜完好

「會安位在越南的中部，基本上躲過了戰爭的摧殘，大多數地區都保有20世紀初的樣貌。如畫的街道和古老的商家建築，可以追溯至這裡仍是船運和商業重鎮的時代，富有的中國和日本貿易商都聚集在此。這裡的平和感是越南中部獨有的氛圍，這才最真實的樣貌。這裡沒有『開發區』，也沒有大型計畫，只有它原本的樣貌，這就是會安的美麗之處。」

綜觀全越南，東尼最喜歡的越南法國麵包就在Bánh Mì Phuong。「在老城區的中心地帶，在中央市場，有個路人低聲對我說，這是城裡最好吃的越南法國麵包，我對此深信不疑。有些越南法國麵包非常清淡，這一家則是什麼料都加上去，簡直是豪華版越南法國麵包。這個越南法國麵包像拼盤一樣什麼都有：肝醬、小黃瓜、某種火腿、魚醬、美乃滋。長棍麵包本身就可以稱得上是奇蹟了，表皮怎麼可以維持這麼酥脆的口感又這麼新鮮？中心還這麼蓬鬆、這麼完美？」[2]

2. 出自《波登不設限》，第5季第9集：越南。

●Báhn Mì Phoung：2b Phan Chu Trinh, Cam Chau, Hoi An, Quang Nam 560000，電話：+84 905743773，www.tiembanhmiphuong.blogspot.com（價格約29,000越南盾／1.25美元）

順化：鬼魂之城

在順化市範圍內和四周，你會看到「宏大的宮殿、寶塔和墓碑」，可以說是「越南的知識、藝術、美食和宗教中心。」

「順化位於香江（Perfume River）的南北岸，屬於越南中部地區——後有高山，前有大海，選擇在這裡建城是同時考量到軍事因素，也有一定的精神意義。長達一百四十三年的時間，順化一直是阮朝的權力中心，一統越南的阮朝在1800年代晚期劃下句點，這時法國開始掌控越南的權力和國土。法國允許皇室在名義上統治越南，直到1945年第二次世界大戰結束。」

越戰時期的學生，或是年紀大到經歷過這個時期長大的人，可能聽過「新春攻勢」（Tet Offensive）這個詞，這波聯合行動重創了順化大部分的地區。「順化的歷史地位在越戰期間徹底改變。1968年，順化成了戰爭中最慘烈的戰場之一，當時正值越南農曆新年，通常應該會是停戰狀態，南越各地卻有超過一百座城市遭到北越和越共攻擊，順化沒有多久便淪陷。」[3]

順化牛肉粉

在順化熱鬧的東巴市場（Dong Ba Market）之中，也許你會找到心目中的夢幻湯品。「在不同美味等級的金字塔裡，順化牛肉粉（bún bò Hue）就位在最頂端。在這裡，金曉精心用各種大骨熬製高湯，並且用檸檬草、香料和發酵蝦醬調味。碗底先放入米粉，再加上——不，是堆上配料，有慢燉到軟嫩的牛腱、蟹肉餃、豬腳和豬血（huye^′t）。佐料包括萊姆片、芫荽、青

---

3. 出自《波登闖異地》第404集：越南順化市。

蔥、辣椒醬、香蕉花絲和綠豆芽，風味和口感都是一絕。這是全世界最好喝的湯——我是真的這麼認為。這一碗食物的細緻和複雜程度，可以媲美任何一家法國餐廳，真的是料理的巔峰。」4

●東巴市場（Dong Ba Market）：Bún Bò Hue Kim Chau，2 Tran Hung Dao, Phu Hoa, Hue，電話：+84 234 3524663，www.chodongba.com.vn（價格為50,000越南盾／約2美元）

河內

2016年東尼造訪河內時，剛好有機會和時任總統歐巴馬一起隨興享用烤肉米粉（bun cha），這是他最後一次興高采烈地拍攝越南特輯，東尼過去拍攝了不少以越南為主題的集數，每一集都用不同的角度呈現他對這個地方深沉不渝的愛。

抵達目的地

內排國際機場（Noi Ba International，HAN）是位在河內的機場，距離市中心約45公里。第二航廈建於2014年，主要服務國泰航空、大韓航空、全日空、越南航空、泰國航空和亞洲航空的國際航班。

入境大廳外有計程車可搭乘，建議出發前先與司機溝通好固定車資，合理價格大約是420,000越南盾（18美元）。雖然不一定要給小費，但建議可以這麼做。

為了避免常見的詐騙行為，也就是司機會載你到另一間飯店，並堅稱你預訂的飯店已經停業或搬遷，強烈建議事先請下榻飯店為你安排計程車。

---

4. 出自《波登闖異地》第404集：越南順化市。

大都市回憶錄

一如既往，東尼在河內偏好的住宿選擇是大張旗鼓重新開幕的河內索菲特大都市飯店，前身為大都市飯店（Hotel Metropole），座落在河內的法國區（French Quarter），對面就是河內歌劇院（Hanoi Opera House）。「數十年來，作家、間諜和聲名狼藉的人物都選擇下榻在這裡。」5 寬敞舒適的泳池，以及進入越戰時期美國留下的防空洞，也是飯店引人入勝的亮點。

這座飯店是由法國人興建並在1901年開幕，當時越南剛脫離法國獨立，因此飯店原本的名稱是統一飯店（Thong Nhat Hotel）。1936年，卓別林（Charlie Chaplin）和寶蓮·高黛（Paulette Goddard）選在大都市飯店度蜜月，1951年，格雷安·葛林投宿大都市飯店，當時他正撰寫《沉靜的美國人》。1972年，珍·芳達（Jane Fonda）展開充滿爭議的河內之旅時，也是下榻在大都市飯店。

● 河內索菲特大都市飯店（Sofitel Legend Metropole Hanoi）：15 Ngo Quyen Street, Hoan Kiem District, Hanoi，電話：+84 24 38266919，www. sofitel-legend-metropole-hanoi.com（客房價格約每晚580萬越南盾／250美元起）

從螺肉吃起

清湯的肉香來自豬骨或雞骨，刺激的辣味則來自檸檬草，吸了部分湯汁的麵條其實是米粉。除了螺肉之外，碗裡通常會擺滿炸豆腐、蝦子或魚板，最後加上萊姆片和叻沙葉（rau ram），這種帶有薄荷和胡椒味的香草又稱作越南香菜。

● Bún oˆ´c Pho Co：36 Luong Ngoc Quyen, Hong Buom, Hoan Kiem District,

5. 出自《波登不設限》，第1季第4集：越南。

Hanoi，電話：+84 125 4733723（35,000–45,000越南盾／1.5–2美元）

歐巴馬，謝了！

幾乎人人都對牛肉河粉有一點認識，而還沒踏入越南料理這美味樂園的
人，通常也都是從牛肉河粉入門。

自從東尼在2016年和時任美國總統歐巴馬一起用餐的畫面登上電視，就
有越來越多人開始注意到烤肉米粉，烤豬五花和豬肉餅搭配香草、辣椒、乾
米粉，還有酸辣鮮甜的魚清湯做為蘸醬。

在第一次造訪河內時，東尼稍微觀察到了一種很自然的行銷手法：「看似
簡單實則不簡單。直接把臨時搭建的烤爐放在走道上，沾滿煤灰的漆黑爐口
向著街道，烤肉米粉大師把煤炭搧得火紅，到達足以把豬肉外層烤熟但不會
讓中間變乾柴的溫度。油脂從醃漬豬肉上滴落，炭火滋滋作響，冒出一陣
煙，讓油脂的香氣貫穿豬肉。在扇子的輔助下，四散的煙味就成了免費廣
告，用誘人的香氣勾引著經過的路人。」[6]

「在我看來，想要款待自由世界的領導者，最適合的地方就是這種河內隨
處可見、典型、不起眼、家族經營的麵攤。晚餐加一瓶啤酒只要6美元。我
想總統應該很少在國宴吃到這種菜色吧。河內最普遍又最具代表性的料理，
絕對非烤肉米粉莫屬。」[7]

●Bun Cha Huong Lien：29 Le Van Huu, Pham Dinh Ho, Hoi Ba Trung, Hanoi，電
話：+84 439 434106（一般餐點價格約140,000越南盾／6美元）

---

6. 出自《名廚吃四方》，第1季第4集：越南湄公河。
7. 出自《波登闖異地》第801集：河內。

西貢／胡志明市

「從我來到這個國家的第一分鐘開始，我就知道自己的人生不同了。突然之間，過去的人生再也稱不上令人滿意。我需要新的人生，一個可以不斷重遊此地的人生。在這裡的街道，永無止境的車流停了又走，走了又停。似乎無論如何都無法穿過車陣，只是過個馬路都需要做足心理準備。這裡讓人感官刺激超載，像攝取咖啡因之後知覺突然變得敏銳，而好東西總是會隨之而來。」

「2000年我第一次來這裡的時候，還可以看到格雷安·葛林的小說《沉靜的美國人》裡描寫的那個西貢。當時整座城市仍然到處都是自行車、機車和人力自行車（cyclos）。廟宇傳來燒香的氣味，街邊小吃攤傳來燒木炭的煙味，還有柴油味、茉莉花香。穿著優雅『奧黛』（越式長襖áo dài）、戴著斗笠的女性踩著自行車經過。這裡的地標包括華麗飯店（Majestic Hotel）、歌劇院、帆船酒店（Caravelle），以前從這座建築的頂樓可以看到遍地戰火。」

「如今，擁有一台本田機車的夢想，好像幾乎在每個人身上都成真了。自行車被速克達和機車取代，傳統斗笠則被安全帽取代。老東西還在，但在法國殖民時期古建築的週邊和之間，無處不是現代建設。這裡正在大興土木，

迎來新時代的來臨。」[8]

抵達目的地

　　新山一國際機場（Tan Son Nhat International Airport，SGN）是越南規模最大的機場，有多家大型航空公司在此服務，包括國泰航空、聯合航空、阿聯酋航空、大韓航空、全日空航空、新加坡航空和法國航空，另外也有幾家地區性的航空公司。

　　你可以在機場內安排預先付款的計程車服務，或是等待排班計程車。從機場前往約6公里遠的市中心，單程車資為185,000–462,000越南盾（8–20美元）。不一定要支付小費給司機，但還是建議這麼做。

　　另外還有一種附冷氣的黃色接駁巴士，從機場前往市中心的票價為23,000–46,000越南盾／1–2美元；離開航廈時跟著英文標示走就對了。

今晚住哪裡？

　　東尼待在西貢時選擇的住宿地點是西貢歐陸飯店，是在1880年建成的法國殖民時期風格建築，也是越南首家飯店，原本是為接待法國殖民者而興建，並且命名為巴黎洲際大飯店（InterContinental Paris Le Grand）。

　　格雷安・葛林是歐陸飯店的老顧客，在他的小說《沉靜的美國人》中，這裡是很關鍵的地點，而在越南與美國交戰期間，也有眾多記者、承包商等人住宿在此。

　　飯店一樓的酒吧面向街道，在1970年代被戰時記者戲稱為「歐陸酒櫃」（the Continental shelf）。超過一個世紀前原本種在庭園的雞蛋花，現在仍然矗立在酒吧的白牆之內。1975年，取得勝利的北越政府接管飯店，並且透過國營的觀光企業西貢旅行社（Saigon Tourist）加以控管。如今，雖然歐陸飯

---

8. 出自《波登不設限》，第5季第9集：越南。

店少了一點其他殖民風格古蹟的富麗堂皇，但在繁忙、吵雜又炎熱的西貢，這裡仍然是略為豪華的避暑綠洲。

● 西貢歐陸飯店（Hotel Continental Saigon）：132–134 Dong Khoi Street, District 1, Ho Chi Ming City，電話：+84 2838 299 201，www.continentalsaigon.com（客房價格約每晚200萬越南盾／90美元起）

吃吃喝喝的美食時間

雷克斯飯店

雷克斯飯店曾經是法國殖民時期商人經營的汽車銷售及服務廠，後來在1950年代後期改建為飯店，這裡也是越戰時期美軍每日向媒體匯報戰況的地點，這些記者會後來被戲謔地稱為「五點鐘傻瓜會」（the Five O'Clock Follies）。

和歐陸飯店一樣，西貢雷克斯飯店在西貢淪陷後成為國有財產。東尼很喜歡飯店的屋頂酒吧，下方的街頭景色一覽無遺，他認為在這裡喝個一兩杯是必備行程。

午餐夫人

「阮氏清（Nguyen Thi Thanh）被稱作『午餐夫人』，她特立獨行，從週一到週日每天都會供應不同口味的湯，並把菜單寫在黑板上。」

其中一天的餐點會是順化牛肉粉。「順化風味的牛肉，我覺得裡頭好像還加了豬血。用豬骨和牛骨熬成高湯，然後加入牛肉片、豬肉片、豬腿、豬腳。接著是塊狀的豬血、洋蔥、薑、米粉，還有各式各樣的特殊香料、內臟，以及絕對不能透露的祕密配方，這就是湯中極品的魔法。」[9]

---

9. 出自《波登不設限》，第5季第9集：越南。

這裡的價位大概落在46,000–69,000 越南盾（2–3美元）。遊客要小心的是，如果有服務生把春捲端到你桌上，而且你也吃了，春捲的價格就會被記在帳單上。

自從東尼在電視上介紹阮氏清後，她便從地方傳奇躍身為國際上的當紅炸子雞。即使登上主流媒體多年後，她仍始終如一地餵飽一群又一群的當地人和旅客。

濱城市場

濱城市場其實有非常不同的兩面：白天的市場賣的是布料、鞋子、紀念品、電子產品、居家用品、農產品、海鮮、活小鳥和熟食，而夜市，則擠滿更多食物和飲料攤販，在這個充滿生氣的地方幾乎可以吃遍城裡最美味的食物。

「許多活禽和各種烹煮食物的氣味混合在一起，產生一股非常濃烈的氣味。不論是什麼食物，都新鮮到不可思議，而且聞起來非常好吃。有時候你

真的會被這些攤販的自信嚇一跳，他們都搶著要讓你吃吃看自家的招牌美食。」10

● 西貢雷克斯飯店（Rex Hotel Saigon）：141 Nguyen Hue, Ben Nghe, District 1, Ho Chi Minh City，電話：+84 28 3829 2185，www.rexhotelsaigon.com（客房價格約每晚350萬越南盾／150美元起）

● 午餐夫人（Quan An Lunch Lady）：Phuong Da Kao（靠近Hoang Sa）, District 1, Ho Chi Minh City（無電話、無網站）（價格為46,000-69,000越南盾／2-3美元）

● 濱城市場（Ben Thanh Market）：Le Loi, Ben Thanh, District 1, Ho Chi Minh City，電話：+84 283829 9274，www.chobenthanh.org.vn（無固定價格）

---

10. 出自《名廚吃四方》，第1季第3集：壯陽食物（Cobra Heart Foods That Make You Manly）。

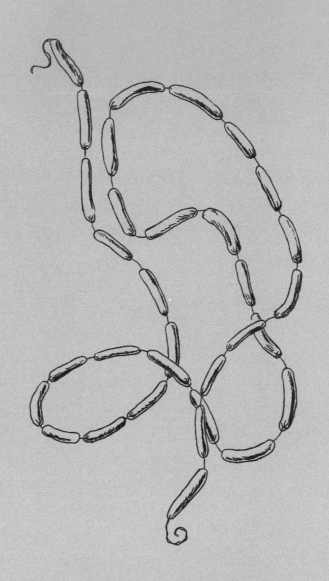

致謝

我對東尼充滿感激之情，正因為他的魅力、好奇心、智慧、機智和慷慨，才有了這本書的誕生。他對我的信任意味著一切。

特別感謝Ecco團隊中的Sara Birmingham、Sonya Cheuse、Meghan Deans、Gabriella Doob、Ashlyn Edwards、Dan Halpern、Doug Johnson、David Koral、Renata De Oliveira、Miriam Parker、Allison Saltzman、Rachel Sargent、Michael Siebert和Rima Weinberg，是他們的創意才華與強大技能使這個想法能夠得以實現。

感謝Inkwell Management的Kimberly Witherspoon和Jessica Mileo，為這本書提供了創意指導、支援和保障。

感謝Wesley Allsbrook為這本書提供完美的插圖，東尼‧波登一定會喜歡。

感謝那些大方為這本書提供他們的回憶和見解的人，包括Jen Agg、Steve Albini、Vidya Balachander、Christopher Bourdain、Bill Buford、BJ Dennis、Nari Kye、Claude Tayag、Daniel Vaughn和Matt Wals。

特別感謝Zero Point Zero Production，Inc.的Chris Collins和Lydia Tenaglia，他們與東尼和一支夢幻團隊的導演、製片人、攝影師和編輯，包括Jeff Allen、Jared Andrukanis、Nick Brigden、Helen Cho、Morgan Fallon、Josh Ferrell、Sally Freeman、Nari Kye（再次感謝！）、Todd Liebler、Alex Lowry、Toby Oppenheimer、Lorca Shepperd、Michael Steed、Tom Vitale和Sandy Zweig一起製作了精彩的電視節目，他們都樂於回答我的許多問題，真是太感謝了！

同樣也很感謝以下的人，他們回答我許多問題，為我提供建議、旅行陪伴／或招待，以及在其他方面幫助我打造出本書的人，包括：Seema Ahmed, Hashim Badani, Jonathan Bakalarz, Raphael Bianchini, Daniel Boulud, Jessica Bradford, Kee Byung-kuen, Jessica Delisle, Lolis Elie, Paula Froelich, Jonathan Hayes, Fergus Henderson, Kate Kunath, Akiko Kurematsu, Matt Lee, Ted Lee, Esther Liberman, Yusra and Mohamed Ali Makim, David Mau, Claudia McKenna-Lieto, Dave McMillan, Max Monesson, Antonio Mora, Fred Morin, Inky Nakpil, Aik Wye Ng, Esther Ng, Cory Pagett, Sara Pampaloni, Matt Sartwell, KF Seetoh, Crispy Soloperto, Katherine Spiers, Gabriele Stabile, James Syhabout, Yoshi Tezuka, Nathan Thornburgh, Chris Thornton, Alicia Tobin, Alison Tozzi Liu, Jason Wang, Maisie Wilhelm, and Amos and Emily Zeeberg.

附錄

影片參考資料

阿根廷布宜諾斯艾利斯：雖然拍攝地點是在香港而不是布宜諾斯艾利斯，但東尼和攝影團隊參考了王家衛的電影《花樣年華》（2000），其中勾起渴望感和孤獨感的氛圍、間隔剪接快樂瞬間的手法，都是《波登闖異地》布宜諾斯艾利斯特輯的靈感來源。

奧地利維也納：在《波登不設限》的維也納特輯，東尼引用了令人倍感焦慮的摩天輪場景，出自卡洛・李（Carol Reed）執導的《黑獄亡魂》（The Third Man，1949）。

婆羅洲、柬埔寨、越南：製作電視節目多年來，東尼和拍攝團隊多次參考柯波拉（Francis Ford Coppola）執導的經典越戰電影《現代啟示錄》（Apocalypse Now，1979），從片中陰鬱的氣氛尋找靈感；這部電影是改編自約瑟夫・康拉德（Joseph Conrad）在 1902 年發表的中篇小說《黑暗之心》（*Heart of Darkness*），描寫的是發生在剛果河的冒險旅程，後來柯波拉和約翰・米利爾斯（John Milius）並未忠於原著改編。

加拿大魁北克：《波登闖異地》魁北克特輯的導演邁克・斯蒂德（Michael Steed）在寧靜又廣闊的北方冰雪大地拍攝時，從喬・柯恩（Joel Coen）和伊森・柯恩（Ethan Coen）執導的《冰血暴》（Fargo，1996）以及艾騰・伊格言（Atom Egoyan）執導的《意外的春天》（Sweet Hereafter，1997）找到靈感。

香港：導演王家衛的在作品中會運用到香港獨特的霓虹燈標誌、大量的電扶梯、密集的垂直建築以及戲劇性的港口，例如電影《重慶森林》（1994）、《墮落天使》（1995）和《花樣年華》（2000），為在香港拍攝的《波登不設限》、《波登過境》和《波登闖異地》集數提供了視覺層面的靈感。

芬蘭赫爾辛基：《波登不設限》芬蘭特輯黑暗古怪的風格，是參考賈木許（Jim Jarmusch）執導的《地球之夜》（Night on Earth，1991）以及阿基·郭利斯馬基（Aki Kaurismäki）執導的《火柴工廠的女孩》（The Match Factory Girl，1990）。

法國馬賽：導演托比·奧本海默（Toby Oppenheimer）規劃如何在馬賽拍攝《波登闖異地》時，參考了法國新浪潮導演侯麥（Éric Rohmer）比較輕快的作品，例如《克萊爾的膝蓋》（Le Genou de Claire，1970）和《海灘上的寶琳》（Pauline à la Plage，1983）。

印度旁遮普邦：在《波登闖異地》旁遮普邦特輯中，部份火車轉乘場景的風格是仿效魏斯·安德森（Wes Anderson）執導的《大吉嶺有限公司》（The Darjeeling Limited，2007）。

義大利羅馬：在當地拍攝《波登不設限》、《波登過境》和《波登闖異地》時，東尼和拍攝團隊參考了費里尼（Federico Fellini）執導的電影《生活的甜蜜》（La Dolce Vita，1960）；帕索里尼（Pier Paolo Pasolini）執導的《羅馬媽媽》（1962）；以及里帕蒂蒂（Giuseppe Lipartiti）執導的《Via Veneto》（1964）。

義大利薩丁尼亞：東尼參考了柯波拉執導的《教父》（The Godfather，1972）中非暴力、非犯罪的片段，來拍攝這一集《波登不設限》中的大家庭場景，入鏡

的是妻子奧塔薇亞的家人。東尼開玩笑地說：「當然，我猜想自己應該會在嘴裡含著一片柳橙、追著孫子在後院到處跑的時候，突然在蕃茄藤裡倒下。」這段話其實就是出自片中馬龍‧白蘭度（Marlon Brando）飾演的維托‧柯里昂（Don Corleone）平靜去世的場景。

日本東京：導演尼克‧布瑞登（Nick Brigden）在《波登闖異地》東京特輯中，模仿了塚本晉也執導的《東京鐵拳》（Tokyo Fist，1995）風格，採用極具躍動感的剪接手法和密集的特寫鏡頭。

奈及利亞拉哥斯：根據導演摩根‧法隆（Morgan Fallon）的說法，吉恩─雅克斯‧弗洛里（Jean-Jacques Flori）和史提芬‧查爾加哲夫（Stephane Tchal-Gadjieff）執導的《Music Is the Weapon》（1982），為這一集《波登闖異地》補足了敘事脈絡和音樂歷史。

加利福尼亞州洛杉磯：麥可‧曼恩（Michael Mann）執導的《落日殺神》（Collateral，2004）呈現出洛杉磯有如黑色電影的陰暗面，在洛杉磯拍攝的《波登不設限》、《波登過境》和《波登闖異地》也反映出這一面。

佛羅里達州邁阿密：東尼和《波登闖異地》拍攝團隊在一間邁阿密飯店呈現的派對場景，是向義大利電影《絕美之城》（La Grande Bellezza，2013）中的生日派對片段致敬，該片的導演是保羅‧索倫提諾（Paolo Sorrentino）。當然，東尼扮演的是主角蓋耶‧甘巴德拉（Jep Gambardella）。

影評人羅傑‧埃伯特（Roger Ebert）在評論這部電影時，對主角進行這樣的分析：「他是代表品味的知識分子，在受到過度刺激的同時卻又無動於衷……蓋耶這一生相遇的對象來來去去，每一個人都讓他變得更有智慧，儘管他們並未意識到此事。」

紐約州紐約市：導演邁克·斯蒂德參考了查理·阿赫恩（Charlie Ahearn）執導的《Wild Style》（1982）和斯坦·布拉哈格（Stan Brakhage）的非敘事電影，藉此定調《波登闖異地》曼哈頓下東城特輯的風格。

西維吉尼亞州：安德莉亞·阿諾德（Andrea Arnold）執導的《美國甜心》（American Honey，2016）探討了美貌、矛盾和日常生活中的微小喜悅，讓《波登闖異地》西維吉尼亞州特輯的導演摩根·法隆受到啟發。

WORLD TRAVEL

波登的世界旅遊指南：一直在路上，體驗在地風味的非典型之旅 / 安東尼‧波登（Anthony Bourdain），
勞莉‧屋勒佛（Laurie Woolever）著；廖亭雲 譯.
-- 初版. -- 臺北市：時報文化出版企業股份有限公司, 2023.03
　　面；　公分.
譯自：World travel : an irreverent guide
ISBN 978-626-353-464-3（平裝）
1. CST: 旅遊　2. CST: 烹飪　3. CST: 世界地理
719　　　　　　　　　　　　　　　　　　　　　　　　　　　　　　112000498

時報文化出版公司成立於一九七五年，並於一九九九年股票上櫃公開發行，
於二〇〇八年脫離中時集團非屬旺中，以「尊重智慧與創意的文化事業」為信念。

KT03034

波登的世界旅遊指南：
一直在路上，體驗在地風味的非典型之旅

作者　安東尼‧波登、勞莉‧屋勒佛｜譯者　廖亭雲｜主編　郭香君｜特約編輯　汪春沂｜
責任企劃　張瑋之｜封面設計　莊謹銘｜內頁設計　陳文德｜內頁排版　新鑫電腦排版工作室｜
編輯總監　蘇清霖｜董事長　趙政岷｜出版者　時報文化出版企業股份有限公司　108019台北市和平
西路三段240號7樓｜發行專線—(02)2306-6842｜讀者服務專線—0800-231-705‧(02)2304-7103｜
讀者服務傳真—(02)2304-6858｜郵撥—19344724 時報文化出版公司｜信箱—10899　臺北華江橋郵局
第99信箱｜時報悅讀網—http://www.readingtimes.com.tw｜綠活線臉書　https://www.facebook.com/
readingtimesgreenlife｜法律顧問　理律法律事務所　陳長文律師、李念祖律師｜印刷　絃憶印刷有
限公司｜初版一刷　2023年3月17日｜初版二刷　2023年7月5日｜定價　新台幣620元｜版權所有
翻印必究（缺頁或破損的書，請寄回更換）